Peter Frey

Von Bagdad nach St. Petersburg

Mein Reisetagebuch

Hoffmann und Campe

Für Sabine und Charlotte,
meine liebsten Reisebegleiterinnen

1. Auflage 2002

www.hoffmann-und-campe.de
Schutzumschlaggestaltung: Büro Hamburg/Claudia Lieb
Foto: privat
Satz: Dörlemann Satz Lemförde
Druck und Bindung: Clausen & Bosse, Leck
Printed in Germany
ISBN 3-455-9357-4

Inhalt

»Wer die Welt beschreibt, so wie sie ist,
auch der verändert sie.«
(Klaus Bresser)

Einleitung
Nach dem Terror eine neue Welt?

Der Schock des 11. September

Als am 11. September 2001 gegen neun Uhr Ortszeit zwei große Passagierflugzeuge in die beiden Türme des World Trade Centers an der Südspitze Manhattans rasten, stockte Menschen in aller Welt der Atem. Millionen von Fernsehzuschauern wurden zu Augenzeugen eines unerhörten Verbrechens. Der Angriff auf die Zwillingstürme des Welthandelszentrums forderte mehr als 3000 Menschenleben. Terroristen hatten eine Ikone des Kapitalismus getroffen. Das Symbol des wirtschaftlichen Erfolgs der Vereinigten Staaten fiel in sich zusammen. Es zerstörte die Legende von der Unangreifbarkeit der USA, dass es den Attentätern zur gleichen Stunde gelang, einen weiteren entführten Passagierjet ins amerikanische Verteidigungsministerium, das legendäre Pentagon, zu steuern und auch dort viele hundert Menschen mit in den Tod zu reißen, Menschen, deren Aufgabe es doch war, die Sicherheit des Landes zu garantieren. Die Vereinigten Staaten fühlten sich im Innersten getroffen, und mit ihnen die ganze Welt. Achtzig Nationen trauerten um ihre Toten, unter ihnen viele Moslems.

Schockierend und in der Dimension völlig neu waren die Symbolik und Präzision der Tat: Der Terror war eiskalt für das Medienzeitalter berechnet. Im »Big Apple«, dem Zentrum des amerikanischen Nachrichtenjournalismus, waren Kameras vom ersten Moment an dabei und übertrugen die Schreckensbilder über den Globus – den Aufprall der ersten, dann der zweiten Boeing, den Einsturz des ersten, des zweiten Turms, schließlich die aus der riesigen Staub- und Schuttwolke in panischer Angst fliehenden Menschen. Hollywood als grausige Wirklichkeit. Vielleicht hätten die Terroristen mit Angriffen auf Atomkraftwerke oder Chemieanlagen noch mehr Menschen töten können. Aber es ging ihnen – teuflisch genug – vor allem ums Bild. Amerika und die globalisierte Welt sind an diesem 11. September 2001 in ihren Grundfesten erschüttert worden.

Auch in Deutschland war und bleibt der Schock über den Terror-Angriff groß, nicht nur wegen der Echt-Zeit-Fernsehübertragung. Die »Twin Towers« galten Millionen deutscher Touristen als ein »Fenster zur Welt«. Der Blick über das Empire State Building bis zum Central Park im Norden und zur Freiheitsstatue im Süden gehörte zum Pflichtprogramm jedes New-York-Reisenden. Deshalb das Gefühl vieler Deutscher: Es hätte auch uns treffen können. Für mich gab es kein eindrucksvolleres Bild, keinen stärkeren optischen Beweis dafür, was der Mensch aus dem Nichts schaffen kann, als dieses Panorama der Hochhauslandschaft von Manhattan. Mit dem 11. September 2001 ist New York City zum Sinnbild für die Verletzlichkeit unseres technisierten Zeitalters, zu einem furchtbaren Menetekel geworden.

Einen Monat nach der Terror-Attacke besuchte Bundeskanzler Schröder mit einem Tross Journalisten »Ground Zero«, die »Todeszone«. Es war die letzte Station eines Blitzbesuchs in Amerika, bei dem er zuvor mit Präsident Bush in Washington und UN-Generalsekretär Kofi Annan in New York gesprochen hatte. Der sichtlich geschockte Regierungschef nannte die noch rauchenden Überreste der Wolkenkratzer ein »Monument des Grauens«. Die steil in den Abendhimmel ragenden letzten Gebäudeteile, Metallverkleidungen der Türme, acht, zehn Stockwerke hoch, wirkten in den Fernsehbildern und auf Pressefotos wie ein Piktogramm des Schreckens oder ein modernes Bild der Apokalypse. Kein Wunder, dass viele an die Geschichte vom Turmbau zu Babel dachten. Unwillkürlich stellte man sich vor dieser beängstigenden Szenerie die Frage: Womit haben wir dieses Gottesgericht verdient? Und doch war im Ohr geblieben, was der Kapitän des Schnellboots der New Yorker Feuerwehr gesagt hatte, als er uns vom Notfallzentrum an der Pier 92 in »Midtown« zur Unglückstelle brachte: »Ich denke nicht mehr darüber nach. Wir lassen uns nicht vertreiben. Ich bin New Yorker und stolz, hier zu leben.«

Der in seiner Dimension einzigartige Terrorschlag gegen völlig unbeteiligte Menschen traf den Lebensnerv einer Generation, für die zu reisen und zu fliegen, mit internationalen

Verbindungen zu leben und zu arbeiten, globales Denken und Handeln nicht nur selbstverständlich, sondern Teil ihres Selbstverständnisses, ihres Lebensentwurfs geworden war. Auch ich hatte – auf Reisen für das ZDF – in den vergangenen Jahren Tausende Flugkilometer zwischen Amerika, Europa und Asien hinter mich gebracht. Auch meine Unbefangenheit, in Flugzeuge zu steigen, mein Gefühl, nicht bedroht zu sein, wo immer ich gerade gelandet war, hatte Schaden genommen. Bei Flügen nach dem 11. September merkte ich plötzlich, wie ich einzelne Mit-Passagiere misstrauisch musterte.

George W. Bush, der neue Präsident der USA, reagierte nach den Anschlägen – für viele unerwartet – besonnen. Keine sofortigen Militärschläge gegen die Hauptverdächtigen Osama Bin Laden, sein Al-Qaida-Netzwerk und das Land Afghanistan, das fanatische Moslem-Kämpfer zum Stützpunkt des Terrors gemacht hatten. Bush jun., von vielen Europäern, aber auch im eigenen Land als »Sheriff aus Texas« mit äußerster Skepsis betrachtet, setzte zunächst auf diplomatische Anstrengungen. Wie sein Vater zehn Jahre zuvor im Golfkrieg baute er – parallel zur Entsendung einer enormen Streitmacht ins Krisengebiet – eine große politische Koalition auf: Westeuropa, aber auch Russland, China, Indien, arabische Staaten, ja sogar der Iran verurteilten die Tat und erklärten sich bereit, ihre Rolle bei der Bekämpfung des Terrors zu spielen.

Eine neue Rolle für Deutschland

Der deutsche Bundeskanzler versprach den USA »uneingeschränkte Solidarität«. Und er vertrat den Standpunkt, dass Deutschland, anders als 1991, nicht mehr mit großzügiger finanzieller Unterstützung der Militäroperationen, aber ohne eigenen militärischen Beitrag davonkommen würde. Gerhard Schröder wusste, dass er mit diesem Versprechen und mit seinen Vorstellungen von der neuen außen- und sicherheitspolitischen Rolle Deutschlands die Öffentlichkeit überraschen und Widerspruch herausfordern würde. Er war sich auch über das Tempo im Klaren, das er unter dem Druck der Ereignisse und der anstehenden amerikanischen Forderungen nach einem praktischen deutschen Militärbeitrag anschlagen musste. Er konnte freilich nur ahnen, dass diese neue Politik seine rot-grüne Regierung an den Rand des Abgrunds führen würde und für beide Regierungsparteien – vor allem für die Grünen – eine schwer auszuhaltende Zerreißprobe werden würde. Was mit den amerikanisch-britischen Gegenschlägen auf Afghanistan am 4. Oktober begann und seinen Höhepunkt am 16. November 2001 in der mit zwei Stimmen äußerst knapp gewonnenen Vertrauensfrage im Deutschen Bundestag fand, war ein Parforce-Ritt zu einer neuen weltpolitischen Rolle Deutschlands. Viele Beobachter sahen darin einen nicht wiederholbaren Kraftakt des Regierungschefs, die Opposition gar den »Anfang vom Ende« des rot-grünen Bündnisses.

Dass Deutschland tatsächlich auf dem Weg zu einer neuen Rolle in der Welt war, zeigte die Blitz-Reise des Kanzlers durch Asien Ende Oktober 2001. Wirtschaftliche Gesichtspunkte traten plötzlich in den Hintergrund. Hauptanliegen war jetzt eine Stärkung der »Allianz gegen den Terror«, dieses äußerst fragilen, nicht formalisierten Bündnisses von Staaten, die bis vor kurzem noch Antipoden auf der Weltbühne waren. Bei Schröders Gesprächen ging es aber nicht nur um die künftige Ordnung Afghanistans, sondern unausgesprochen immer auch um die Frage, wer in einer sich langsam entwickelnden neuen Weltordnung künftig zu den Führungsmächten gehören solle. Wie eine Bestätigung der neuen deutschen Rolle in der Welt wirkte die Entscheidung der Vereinten Nationen, die Konferenz über die Zukunft Afghanistans auf dem Petersberg bei Bonn abzuhalten, während noch um die Hochburgen der Taliban gekämpft wurde.

Deutschland sollte aus dem Schatten des Kalten Krieges und den Befangenheiten seiner Geschichte heraustreten. Doch was 56 Jahre nach Ende des Zweiten Weltkriegs außenpolitisch Normalisierung andeutete und von den Verbündeten – den USA an erster Stelle – fast begeistert begrüßt wurde, hatte eine Kehrseite. Der Krieg war, wie Clausewitz geschrieben hatte, offenbar immer noch »ein Instrument der Politik«. Die Hoffnungen derjenigen, die in Deutschland jetzt Regierungsverantwortung trugen und in den Jahrzehnten zuvor dafür gekämpft hatten, internationale Konflikte anders zu regeln (»Frieden schaffen ohne Waffen«), hatten sich als trügerisch erwiesen, wie schon zuvor im Kosovo-Konflikt. Zwar

war in der deutschen Bevölkerung alles andere als Kriegsbegeisterung zu spüren. Aber der stille Konsens über die Schrecken des Krieges, der in der alten Bundesrepublik gegolten hatte, darüber, dass er immer unkontrollierbare Risiken und Gefahren mit sich bringt, schien nicht mehr zeitgemäß. Der 11. September 2001 beendete so manche Illusion. Das 21. Jahrhundert begann mit Terror und Krieg.

Im Zuge der politischen Bemühungen fiel Deutschland eine besondere Rolle zu. Die Bundesrepublik sollte ihre Beziehungen zu Ländern wie Syrien oder Iran, die von den USA in den letzten Jahren noch als »Schurkenstaaten« bezeichnet worden waren, spielen lassen, um auf die Konfliktparteien im Nahen Osten einzuwirken. Der Kampf zwischen Israelis und Palästinensern hatte längst Symbolcharakter angenommen. Aus arabischer Sicht bewies gerade diese Auseinandersetzung, wie ungerecht der Westen die Muslime über viele Jahrzehnte hinweg behandelt hatte. Der Nahost-Konflikt dürfe künftig radikalen Islamisten kein Anschauungsmaterial für mediale Propagandaschlachten mehr bieten, kein Vorwand mehr sein, um die arabischen Volksmassen gegen Amerika aufzubringen, erklärten Diplomaten in Washington wie in Berlin. Sie räumten damit erstmals ein, dass ihre Politik in Teilen verfehlt und einer der Gründe für die Krise war, die die Welt nun erschütterte. Dabei geriet freilich ein wenig aus dem Blick, dass die Palästinenser auch von ihren arabischen Brüdern über all die Jahrzehnte wenig konkrete materielle Unterstützung erhalten hatten, dass ihr Konflikt mit dem Staat Israel sowie ihre schlimmen Lebensumstände in Flüchtlingslagern und den neuen autonomen Gebieten politisch ausgenutzt worden waren, um den Westen anzuklagen. Angesichts der Explosion der Gewalt, die Israel und die Palästinenser-Gebiete mit dem Ausbruch der zweiten Intifada im Jahr 1999 erlebt hatten, der Radikalisierung auf beiden Seiten, waren die Hoffnungen, gerade jetzt den Durchbruch zum Frieden zu schaffen, kaum realistisch. Natürlich konnten Washington und die Europäer Druck, vor allem finanziellen Druck, auf Israelis und Palästinenser ausüben. Aber die Frage blieb, wer sich mit Geld beeindrucken lässt. Die Fanatiker bestimmt nicht.

Die Welt im Umbruch

Die Ereignisse des 11. September 2001 haben kollektive Erinnerungsbilder geschaffen – so eindrücklich und prägend wie der japanische Angriff auf Pearl Habor oder der Fall der Berliner Mauer. Rasch wurde klar: Dieser Tag markiert einen historischen Einschnitt, das Ende eines Jahrzehnts, das am 9. November 1989 in Deutschland begonnen und bei manchen die Hoffnung ausgelöst hatte, die Zeit von Kriegen und Konflikten sei nach der überwundenen Konfrontation zwischen Ost und West endgültig vorbei; ein neues, globales Zeitalter ohne existenzielle Bedrohungen und mit stetig steigenden Wachstumsraten breche an. Die Trümmer von New York bewiesen das Gegenteil. Die zwölf Jahre nach dem Mauerfall wirkten jetzt wie eine Zwischenkriegszeit. Wir mussten erkennen: Die Gefahren sind keineswegs aus der Welt. Neue Risiken und Spannungen treten an die Stelle der alten Gegensätze. Dass Menschen von Kairo bis Pakistan ihrer Sympathie mit den Attentätern so gar nicht klammheimlich Ausdruck verliehen, machte schmerzhaft deutlich: Viele Millionen Weltenbürger fühlen sich mit ihren Zukunftswünschen und -hoffnungen bei den Reichen und Mächtigen nicht in guten Händen. Das Problem hieß eben nicht nur Bin Laden. Die Demonstrationen wurden von vielen als erste wirkungsvolle Massenbewegung der Dritten Welt, als wütender Protest gegen eine Globalisierung verstanden, der die soziale Komponente fehlt.

Dass die Welt eine andere geworden ist, zeigt auch ein Blick auf die wichtigsten Akteure der Krise: In den Schaltzentralen der Welt sitzt eine neue Generation, Männer allesamt ohne die Erfahrung des Zweiten Weltkriegs. Kohl und Jelzin, Bush sen. und Margaret Thatcher, die im Golfkrieg noch die Achse zwischen Washington und London gebildet hatten, waren abgetreten. Jetzt regieren überall die Vierzig- und Fünfzigjährigen: George W. Bush in Washington, Tony Blair in London, Gerhard Schröder in Berlin und Wladimir Putin in Moskau.

Die Entschlossenheit, mit der der junge russische Präsident nach dem Anschlag die Solidarität Russlands anbot und seine Kollegen aufforderte, endlich das Ende des Kalten Krieges nicht nur in Sonntagsreden zu beschwören, sondern der neuen

Welt – natürlich unter Einbeziehung Russlands – auch eine Form zu geben, war wohl am überraschendsten. Seine Rede vor dem Deutschen Bundestag im Berliner Reichstag am 25. September verblüffte viele, war aber in zahlreichen früheren Begegnungen vorbereitet worden. In makellosem, fast literarischem Deutsch bekannte er sich zu seiner Liebe zu Deutschland und warb um die Sympathien der Deutschen – ein starker Auftritt ausgerechnet an dem Ort, der zum Symbol des Sieges der Sowjetunion über Hitlerdeutschland geworden war. Putin sprach klar, schnörkellos und selbstbewusst: Ohne Russland wäre die Mauer nicht gefallen. Kein neuer Eiserner Vorhang – weder an der Ostgrenze der Nato noch der Europäischen Union – dürfe Europa und Russland trennen. Die historische Rede, die das Image des ehemaligen KGB-Spions nachhaltig verändern sollte, enthielt aber auch Fallstricke. Putin zog eine Linie von den Anschlägen in New York und Washington zur Lage in Tschetschenien. Auch hier seien islamistische Terroristen am Werk. Bei dieser Erklärung war die Begeisterung im Bundestag dann doch gebremst. Nicht nur Außenminister Fischer wird sich daran erinnert haben, dass das zerschossene Grosny, dass Tausende toter Zivilisten nicht das Werk von Terroristen, sondern der außer Kontrolle geratenen russischen Armee waren.

Dennoch machte Putin mit der demonstrativen Aufforderung, Deutschland solle die Schatten der Vergangenheit überwinden und seine Schlüsselrolle in Europa selbstbewusst akzeptieren, großen Eindruck. Seine Mahnung, ohne Russland bliebe Europa unvollständig, konnte man allerdings auch als Warnung verstehen – immerhin hatte Putin in den Monaten davor geradezu demonstrativ Russlands Verbindungen zu China aufgefrischt. Mit dem Besuch in Berlin wurde denkbar, was bislang nur in politikwissenschaftlichen Seminaren erörtert wurde: die russische Mitgliedschaft in der Nato. Die Entwicklung einer globalen Sicherheitsarchitektur kam auf die internationale Agenda, die sich nicht mehr an den überwundenen, sondern an den wirklichen, den neuen Konflikten orientieren sollte. Ohne Amerikas Pläne für eine nationale Raketenabwehr konkret beim Namen zu nennen oder gar zu kritisieren, forderte Putin vor dem Bundestag die Welt auf, eine Antwort auf die realen Bedrohungen – Terrorismus, Drogen, Waffenhandel – zu suchen und die Sicherheitspolitik des neuen Jahrhunderts nicht auf überkommene Bedrohungsszenarien zu gründen.

Und noch etwas zeigte der 11. September: Die alten Allianzen und Bündnisse schienen im Kampf gegen den Terror unbrauchbar, sie wirkten überholt. Die Nato durfte zwar politisch grünes Licht zu den amerikanischen Militäraktionen geben, blieb aber in Planung und Ausführung außen vor. Die Staatsmänner der Europäischen Union brauchten lange bis zu einer gemeinsamen Reaktion und traten – trotz gegenteiliger Beteuerungen – eher zu einem Schönheitswettbewerb um die schnellste und überzeugendste Solidaritätskundgebung für das amerikanische Volk an, statt die Krise zu einer schnellen europäischen Antwort zu nutzen. Auch diese Krise brachte die eine europäische Telefonnummer, die das Weiße Haus so gerne als erste anrufen würde, nicht hervor. Der neu ernannte »Mr. Gasp«, der außen- und sicherheitspolitische Beauftragte Europas, Javier Solana, blieb bei den vielfältigen diplomatischen Bemühungen nur eine Randfigur. Kritisch betrachtet: Die entstehende »Allianz gegen den Terror« diente jedem der ungleichen Partner auch, um im Namen der neuen Koalition seine eigenen Probleme zu lösen beziehungsweise zu verdecken. Putin ging es um den ständigen Unruheherd Tschetschenien, China um seine aufbegehrende muslimische Minderheit im Westen. Selbst Präsident Bush hatte, nach schwachem Start, mit dem Kampf gegen den Terror endlich ein Thema für seine Präsidentschaft gefunden. Und der Bundeskanzler konnte in der Rolle des Staatsmanns von schlechten Wirtschaftszahlen ablenken.

Trotzdem wirkten die Ereignisse wie Katalysatoren der Weltpolitik. Für Amerika wurde auf schockierende Weise klar, dass Isolationismus kein Weg ist. Bush musste zur Kenntnis nehmen, dass seine Weigerung, die Nahost-Vermittlerrolle seines Vorgängers Bill Clinton fortzuführen, ein folgenschwerer Fehler gewesen war. Den Europäern stellte sich die Frage, ob sie sich zu viel Zeit mit der Integration des Kontinents nach dem Epochenwechsel von 1989 genommen hatten. Die neuen mittelosteuropäischen Nachbarn noch länger auf die Mitgliedschaft in der Gemeinschaft warten zu lassen konnte langfristig ebenso verheerende Folgen haben – nur mit viel unmittelbareren Auswirkungen auf unser tägliches Leben.

Die Welt hat sich mit jenem 11. September 2001 tatsächlich verändert. Nach 1989 definierten wir uns quasi im Blick zurück – die Neunziger waren die Jahre »nach dem Kalten Krieg«, »nach dem Fall der Mauer«. 2001 wurde klar: Die Geschichte ist nicht zu Ende, und wir müssen nach vorne schauen und unseren Lebensstil des freien Reisens, unbeschränkter Kommunikation und unbeschränkten Handels, kulturell-religiöser Toleranz selbstbewusst leben und verteidigen.

Wie lange der Kampf gegen Terror und Fanatismus dauern werde, »einen Monat, ein Jahr, eine Dekade«, sei, so sagte Präsident Bush in der gemeinsamen Pressekonferenz mit dem Bundeskanzler im Rosengarten des Weißen Hauses, nicht klar. Der Gegner zeige kein Gesicht. Die Ängste, nach dem Angriff auf das World Trade Center könnten die Terroristen noch zu ganz anderen Mitteln greifen, klangen zunächst nach Science Fiction. Doch als dann die ersten Anthrax-Briefe auftauchten, bestätigte sich wie schon so oft, dass es immer noch schlimmer kommen kann. Selbst die trotz der Terror-Attacken gefassten Amerikaner ergriff für einen Moment Panik. Die Katastrophe und der darauf folgende zweite Akt, der Milzbrand-Alarm von der »New York Times« bis zum Weißen Haus, riefen auf beklemmende Weise die verdrängten Hinterlassenschaften einer vergangenen Epoche, des Kalten Krieges, in Erinnerung. Hatten Experten nicht wieder und wieder vor den verschwundenen Waffenarsenalen der Sowjetunion gewarnt, vor vagabundierenden Atomsprengköpfen, biologischen und chemischen Waffen, die in Geheimlabors zusammengemixt worden waren und von denen nur naive Optimisten glauben konnten, sie seien wie der Realsozialismus vom Erdboden verschwunden? Am 11. September hatten fanatische Terroristen Flugzeuge mit wehrlosen Passagieren zu Mordinstrumenten gemacht. Aber wie viele »falsche Waffen in den falschen Händen«, wie ein amerikanischer Fachmann das schreckliche Erbe des 20. Jahrhunderts nannte, bedrohen uns noch am Beginn einer neuen Epoche?

Die Auflösung der staatlichen Strukturen in Zentralasien – auf dem Gebiet der ehemaligen Sowjetunion wie in Afghanistan und an anderen Schauplätzen des Konflikts – führte zu einer Situation, in der Abrüstungsverträge plötzlich wertlos schienen. Seriöse Sicherheitsexperten waren sich in der Einschätzung einig, dass Rüstungsspezialisten der untergegangenen Weltmacht sich dort verdingten, wo ihnen das meiste Geld garantiert werde – und gerade biologische Waffen könnten als »Atombombe der Armen« eine verheerende Wirkung erzielen, gegen die die hoch gerüsteten Gesellschaften des Westens plötzlich furchtbar schutzlos wirken. Auch wenn bald klar wurde, dass die Milzbrand-Briefe mit höchster Wahrscheinlichkeit nicht in Zusammenhang mit Bin Laden standen, auch wenn die Taliban in Afghanistan insgesamt verblüffend schnell niedergerungen werden konnten – der Terroranschlag und seine Verursacher hatten der modernen Welt eine Ahnung von der eigenen Verletzlichkeit gegeben. Die neuen Bedrohungen verfehlten ihre Wirkung nicht. Als erstes bekamen es Reiseveranstalter und Fluggesellschaften zu spüren. Geschäftsleute wie Touristen bremsten plötzlich ihren Drang zu reisen. Die Welt war unsicher geworden – der Spaß vorbei.

Als Reporter unterwegs

Ich habe den 11. September 2001, den Putin-Besuch in Berlin und Schröders Reise nach Amerika als Hauptstadtkorrespondent des ZDF erlebt. In den Jahren zuvor hatte ich als Leiter der Hauptredaktion Außenpolitik viele der Länder, die jetzt im Brennpunkt standen, bereisen können. So hatten wir im Frühjahr 2001 – zehn Jahre nach dem Golfkrieg – die Region von Bagdad bis Jerusalem erkundet: vom Irak, wo Saddam Hussein, von den Amerikanern 1991 zum Feind Nummer eins erklärt, immer noch regierte, bis nach Israel, wo der Konflikt mit den Palästinensern außer Kontrolle geraten war. Auch Saudi-Arabien, das als Geburtsland von Osama Bin Laden jetzt im Mittelpunkt des Interesses stand, hatten wir besucht.

Dass sich das Herz der arabischen Halbinsel für einen kurzen Moment unseren Kameras geöffnete hatte, war Ausdruck des Wunsches der Reformkräfte, Saudi-Arabien stärker in den Weltmarkt zu integrieren – mit allen absehbaren gesellschaftlichen Folgen. Wir hatten bei einem Aufenthalt in der Stadt Dammam am Persischen Golf eine sonderbare Gesellschaft erlebt. Frauen kamen in der Öffentlichkeit nicht vor, und der Empfang von CNN war im Sheraton-Hotel nicht möglich. Trotzdem wirkten Shopping-Malls, Straßenkreuzer und Fast Food wie ein Imitat des amerikanischen Lebensstils. Zwei Welten trafen dort aufeinander, und trotz des sichtbaren Wohlstands passte vieles nicht zueinander. Unser zwiespältiger Eindruck: Dies war zwar »unser« westlicher Lebensstil – aber nur zur Hälfte; das war zwar »unsere« heutige Zeit – doch zugleich tiefste Vergangenheit. Was wir als Ungleichzeitigkeit, als Unvereinbarkeit von Tradition und Gegenwart, empfanden, das führt auch in der saudischen Gesellschaft unvermeidlich zu tiefen Spannungen.

Dabei sind wir auf unseren Reisen selten mit mehr Aufmerksamkeit begrüßt worden als von der alteingesessenen Händlerfamilie Kanoo. Über Bin Laden, den abtrünnigen Sohn Saudi-Arabiens, der als gläubiger Moslem gegen die sowjetische Besetzung Afghanistans gekämpft und seine Wut dann gegen die Amerikaner in seinem eigenen Land gekehrt hatte, wurde bei Tisch nicht geredet. Aber die inneren Widersprüche in dem für die Energieversorgung des Westens so entscheidenden Land waren auch bei dieser Begegnung unverkennbar. Mancher unserer Gastgeber zeigte hinüber zur Brücke nach Bahrain, wo das Leben viel freier sei, Frauen Autos steuern dürften, selbstverständlich unverschleiert, und die Herrscherfamilie die Demokratisierung vorantreibe. Saudi-Arabien dagegen versucht die wirtschaftliche Öffnung ohne Veränderungen in der Gesellschaft, kopiert westlichen Lebensstil ohne Modernisierung der archaischen Strukturen, versteht sich als Bewahrer der heiligen Stätten des Islam, ist aber gleichzeitig dem besonders konservativen Wahhabismus verpflichtet. Viele tausend Prinzen wollen ihre Pfründe sichern und leben vom natürlichen Reichtum des Landes, während die Jugend nach ihrer Zukunft und ganz praktisch nach Arbeitsplätzen sucht. Alle diese Unverträglichkeiten waren während unseres Aufenthalts im Frühjahr 2001 fühlbar, auch wenn unsere Kameras nur einen sehr eingeschränkten Blick hinter die Kulissen werfen durften und wir um jede Einstellung kämpfen mussten.

Seit 1999 hatten wir für lange Auslandsdokumentationen des ZDF Reisen in viele Länder unternehmen können, auf die es bei der Afghanistan-Krise und weltpolitischen Neuordnung besonders ankam. So waren wir im Winter und Frühjahr 2000 durch Russland gefahren und hatten Menschen getroffen, die sich erschüttert über die Entwicklung ihres Landes in den chaotischen Jelzin-Jahren zeigten und die Zuversicht hinsichtlich der Errungenschaften von Demokratie und Marktwirtschaft längst verloren hatten. Für sie war nur noch wichtig, dass ein »starker Mann« für Sicherheit und Ordnung sorgte, den Niedergang der einstigen Supermacht aufhielt. Der Sieg Putins im März war nach unseren Reiseerfahrungen nicht mehr überraschend. Aber wer dieser Putin eigentlich ist, Demokrat oder autoritärer Modernisierer, und wohin er Russland führen will, das ist den Menschen im eigenen Land wie auch vielen Nachbarn nicht klar.

Auf der anderen Seite: die USA. Vor der Präsidentschaftswahl im Herbst 2000 erklärten uns bei einer Reise von Küste zu Küste viele, warum ihnen nach den wirtschaftlich so erfolgreichen Clinton-Jahren jetzt der konservative George W. Bush als Mann im Weißen Haus gefallen würde. Viele unserer Interviewpartner waren schockiert vom Verfall der moralischen Werte – die Lewinsky-Affäre mit den peinlichen Sex-Enthüllungen des Präsidenten war unvergessen. Auch deshalb forderten viele einen Neuanfang und vor allem mehr Glaubwürdigkeit in der Politik.

Zwei Reportage-Reisen hatten uns durch Europa geführt. Im Sommer 2000 hatten wir die Südgrenze erkundet – fasziniert vom Zauber des Mittelmeers und schockiert von der neuen Mauer, die Europa an seiner Südflanke gegen Afrika errichtet. Ein Jahr später waren wir an der Ostgrenze unterwegs, in den Staaten, die nach dem Fall des Eisernen Vorhangs in die Europäische Union streben. Wir fanden viele Zeichen des Aufbruchs und den Willen zur Veränderung, brachten aber auch die Erkenntnis mit, dass vom wirtschaftlichen Neuanfang allzu wenige profitieren und zwischen Baltikum und Rumänien die Gefahr der Verelendung breiter Massen besteht – mit den daraus resultierenden Spannungen und Gefahren für unseren eigenen Kontinent.

Wir wollten in unseren Filmen, die in enger Zusammenarbeit mit den ZDF-Studios in den jeweiligen Regionen entstanden, über die politische Analyse hinaus zeigen, wie die Menschen sich auf Umbrüche und Krisensituationen einstellen. Wir sind dabei auf Probleme gestoßen, die, so fürchte ich, erst in Umrissen erkennbar sind und noch eine ganze Weile aktuell bleiben werden. So mancher Konflikt war mehr zu erahnen als bereits Gegenstand »harter« Politik. Aber Stimmungen nehmen ja oft vorweg, was Politiker dann viel später beschäftigen muss.

Während meiner Reisen habe ich Tagebuch geführt und aufgeschrieben, wie unsere Tage verlaufen sind, unter welchen Bedingungen wir arbeiten konnten. Für viele Beobachtungen und Begegnungen blieb in unseren Filmen keine Sendezeit. Bagdad, New York, St. Petersburg oder Schanghai – das waren immer wieder neue Bilder, neue Begegnungen und die Suche nach der »neuen Weltordnung«, die doch mit dem Ende des Kalten Krieges Anfang der neunziger Jahre ausgerufen worden war. Während unserer Reisen zeigte sich: Die Welt ist zwar enger zusammengerückt, ist durch Verkehrs- und Kommunikationsmittel, vor allem durch das globale Medium Internet enger verbunden als je zuvor. Aber sie ist auch unübersichtlicher, unberechenbarer und deshalb angreifbarer geworden. Zwar war die Teilung in eine kapitalistische und sozialistische Welt weggebrochen, aber eine neue Struktur, die der Welt Sicherheit verhieß, war nicht in Sicht. Globalisierung bedeutet zwar, dass sich, wirtschaftlich gesehen, alle auf dem einen Weltmarkt behaupten müssen. Politisch schien – jedenfalls bis zum 11. September – die Welt aber von Einigung, vom Bewusstsein, gemeinsam für diesen kleinen und hoch sensiblen Planeten verantwortlich zu sein, weit entfernt.

Trotz ihres euphorischen Beginns nach dem Fall der Mauer waren die neunziger Jahre so nicht zu einem Jahrzehnt der Integration geworden. Die Auflösung der Blöcke führte nicht zu neuem Zusammenhalt, sondern warf die großen Länder und Weltregionen zunächst einmal auf sich selbst zurück: Amerika – immer wieder für Isolationismus anfällig; Russland – nach dem Zusammenbruch der Sowjetunion mit aller Mühe die riesige Landmasse zusammenhaltend; China – mit aller Macht den Wirtschaftsaufbau vorantreibend; und Europa – in einer neuen Rolle zwischen West und Ost, zunächst aber gefordert, das Erbe des Eisernen Vorhangs auf dem eigenen Kontinent zu bewältigen. Statt der alten, bipolaren Ordnung hatten sich mehrere Gravitationszentren der Weltpolitik herausgebildet. Der 11. September wurde für die Regierenden von Washington über Berlin und Moskau bis nach Peking zum Fanal, eine neue gemeinsame Sicherheitsarchitektur zu schaffen. Denn vom Terror fühlten sich alle bedroht. Der englische Verleger Lord Weidenfeld entwickelte in den letzten Novembertagen in Berlin die Vision einer Sicherheitszone von Vancouver bis Wladiwostok. Wem das unrealistisch vorkomme, der erinnere sich, so mahnte Weidenfeld, an Jean Monnets Vision der deutsch-französischen Freundschaft. Diese wurde 1942 in London geboren, während die Wehrmacht Frankreich noch besetzt hielt. Ideen, die die Welt verändern, will Weidenfeld uns sagen, erscheinen anfangs häufig total unrealistisch.

Wir haben während unserer Reisen oft gespürt, dass an die Stelle der starren, aber sicheren Ost-West-Strukturen ein neues Zeitalter getreten ist, mit unvorhersehbaren Konflikten, wechselnden Fronten und neuen Kämpfen um Einfluss und Reichtum. Zwar kann die Summe einzelner Reportagen kein umfassendes Bild einer Welt im Umbruch liefern. Doch je länger wir unterwegs waren, desto öfter fügten sich Bilder zusammen. So war ich in Griechenland plötzlich an Eindrücke erinnert, die ich ein Jahr zuvor in Georgien gesammelt hatte. An einem Morgen kurz nach Sonnenaufgang, nach einer mit Polizisten an Europas empfindlicher Südflanke durchwachten Nacht, konnten wir beobachten, wie für dreißig Georgier auf einem freien Feld in Nordgriechenland der Traum von einem Leben im Wohlstand endete. Zwei Tage später wurden die Flüchtlinge nach Bulgarien abgeschoben. Bei meiner Reise durch die Krisenregion Kaukasus war ich ein gutes Jahr zuvor in Tiflis, der georgischen Hauptstadt, gewesen und hatte mit eigenen Augen gesehen, was aus dem einst privilegierten und für sowjetische Verhältnisse reichen Georgien geworden war: ein heruntergekommenes Land, wo die Menschen mit durchschnittlich zwanzig Dollar pro Monat auskommen müssen. Ich konnte es den Flüchtlingen in Griechenland kaum verdenken, dass sie eine Chance gesucht hatten, ihre Lebensverhältnisse zu verbessern. Dass die Grenze zwischen Arm und Reich immer näher auf Europa zurückt, ist eine der großen geopolitischen Veränderungen unserer Zeit. Darauf müssen wir freilich intelligentere und menschlichere Lösungen finden als hoch technisierte Grenzsicherung und Stacheldraht – wie wir sie in Griechenland vorgefunden haben.

Wir leben in einer Zeit des Übergangs. Manche hochfliegende Hoffnung vom Ende des Kalten Krieges wurde enttäuscht. Am brutalsten vielleicht im Nahen Osten, wo der Friedensprozess zwischen Palästinensern und Israelis gescheitert ist – was gemäßigte Araber, wie wir sie in Jordanien oder Oman getroffen haben, an den Rand der Verzweiflung treibt, genauso wie jene Israelis, die trotz aller schrecklichen Rückschläge immer noch an Frieden oder wenigstens ein Nebeneinander mit den Palästinensern glauben. Das Ende der Sowjetunion hat Krisenherde wieder auf die Landkarte gerückt, die wir im Geschichtsbuch verschwunden glaubten. Beispiel: das »große Spiel ums Öl« am Kaspischen Meer. Die USA nutzten in den neunziger Jahren die Schwäche Russlands und zeigten in der Region Flagge mit Plattformen, Pipelines und Experten. Aber seit Wladimir Putin Präsident ist, wirbt auch der Kreml wieder um die unabhängigen Republiken. Zentralasien, in unmittelbarer Nachbarschaft von Afghanistan und Pakistan, ist ein potenzieller Schauplatz neuer weltpolitischer Konflikte, fast so wie im 19. Jahrhundert, als Russland und Großbritannien dort um globalen Einfluss rangen.

Überall auf unseren Reisen stießen wir auf die gleiche Frage: Welche Rolle werden Russland und die Vereinigten Staaten künftig in der Welt spielen? Der außenpolitische Kurs der USA schien im ersten Jahr der Präsidentschaft von George W. Bush vollkommen unbestimmt. Wie versteht Amerika sich selbst? Als Führungsmacht, die nach Partnern und gemeinsamer Politik sucht, oder als aus eigener Machtvollkommenheit handelnder Weltpolizist, immer in der Gefahr, sich zu isolieren? Der 11. September wurde auch für die Amerikaner zum Warnsignal, dass sie sich aus den Weltläuften, um ihrer eigenen Sicherheit willen, nicht verabschieden können. »Die Debatte über den amerikanischen Isolationismus und das Wegdriften Amerikas von Europa ist vorbei«, sagte der neue US-Botschafter Daniel Coats kurz nach seinem

Amtsantritt in Berlin. Aber trotz aller demonstrativen Solidaritätsbekundungen blieb in den Wochen nach dem Anschlag durchaus unklar, wie weit die Mitwirkungsmöglichkeiten der Alliierten auf die konkreten militärischen Entscheidungen der Washingtoner Administration reichen, ob das Weiße Haus tatsächlich Partnerschaft oder nur begleitenden Applaus von seinen Freunden in Europa und der Welt erwartete.

Mich persönlich hat vor allem der Aufbruch Osteuropas beeindruckt: die Selbstverständlichkeit, mit der die Menschen in Russland trotz des Chaos der Jelzin-Jahre die Freiheit für sich entdeckt haben, die ebenso entschlossene wie selbstbewusste Rückkehr der mittelosteuropäischen Völker nach Europa. Sie haben die unnatürliche Trennung unseres Kontinents durch den Eisernen Vorhang längst überwunden. Darauf müssen wir, die Westeuropäer, trotz der großen wirtschaftlichen und finanziellen Probleme eine Antwort geben, die der historischen Chance entspricht. Schon jetzt sind zwei Gefahren erkennbar. Einerseits, dass sich die Völker des Ostens von endlosen Beitrittsverhandlungen zurückgesetzt fühlen und sich ihr Wille, dazuzugehören, schließlich erschöpft. Andererseits könnte, nicht minder schwerwiegend, mit dem Beitritt der Staaten von Bulgarien bis zum Baltikum zur Europäischen Union und möglicherweise auch zur Nato ein neuer Graben durch Europa entstehen, der große Länder wie Russland und die Ukraine ausgrenzt. Die Folgen wären fatal.

Vielleicht waren wir in Deutschland im schwierigen ersten Jahrzehnt der Wiedervereinigung zu sehr mit uns selbst beschäftigt und haben über die radikale Veränderung im eigenen Land die gewaltigen Umbrüche anderswo zu wenig wahrgenommen. Die Phase der Konzentration auf uns selbst ist mit dem 11. September 2001 vorbei. Dabei wirkt nicht unsympathisch, dass die Deutschen, wie Umfragen belegen, ihre neue, womöglich auch militärische Rolle in der Welt mit Bedenken und inneren Skrupeln sehen und die vielen Erwartungen aus Washington, Moskau oder Jerusalem eher mit Verwunderung als einer »Wir-sind-wieder-wer«-Stimmung aufnehmen.

Die in diesem Buch versammelten Aufzeichnungen sind Reiseskizzen – im Hotel entstanden, auf Fähren, in Eisenbahnen und oft genug im Flugzeug. Dieses Buch lebt von Eindrücken, von Erfahrungen, vor allem aber von Begegnungen mit Menschen, die mit einer dramatischen Zeitenwende am Beginn eines neuen Jahrhunderts fertig werden müssen. Manches ist da gewiss zufällig, mancher Kontinent – Lateinamerika oder Afrika – kommt in diesem Mosaik überhaupt nicht oder nur am Rand vor. Da bleibt noch viel zu erkunden. Es würde mich freuen, wenn trotz aller Krisen und Konflikte, an denen wir nicht vorbeikamen, dem Leser dieser Reisereportagen vor allem deutlich würde, dass die Verschiedenheit der Völker ein Geschenk ist und dass die Welt gerade durch die Unterschiedlichkeit von Menschen, Kulturen und Landschaften zu einem so faszinierenden Ort wird.

Der Fluch des Schwarzen Goldes
Von Bagdad nach Jerusalem

Jordanien: Der Preis des Krieges

Wir sind auf dem Weg nach Amman, in die Hauptstadt Jordaniens, und haben eine lange Reise vor uns, die über Bagdad bis zu den Golf-Staaten und schließlich nach Jerusalem führen soll. Eine Reise zehn Jahre nach dem Golfkrieg durch eine Region, in die bis heute keine Ruhe eingekehrt ist. Zwar ist Kuwait wieder aufgebaut, und die Emirate am Persischen Golf haben ein Jahrzehnt rasanter wirtschaftlicher Entwicklung hinter sich. Aber die Hoffnung auf Frieden zwischen Palästinensern und Israelis ist gescheitert, und Saddam Hussein, der Mann, der immer wieder Öl ins Feuer dieses Ur-Konflikts gießt, regiert noch immer in Bagdad.

Genau zehn Jahre ist es her, dass ich als junger ZDF-Korrespondent in Washington den Beginn des Golfkriegs erlebt habe. Anfang 1991 – das waren Tage böser Vorahnungen, diplomatischer Verhandlungen, und schließlich geschieht das Undenkbare: Am 16. Januar 1991 beginnt die einmalige Allianz von Nato-Ländern, arabischen Staaten, sogar der Sowjetunion in den letzten Monaten ihrer Existenz mit Angriffen auf Bagdad; die Bomben fallen pünktlich zur Hauptsendezeit amerikanischer Fernsehstationen. Ich konnte damals verstehen, dass die Welt die Provokationen Saddam Husseins nicht unbeantwortet lassen konnte. Was für ein Signal wäre es gewesen, Kuwait einfach den Eroberern zu überlassen? In den anschließenden Wochen fast ununterbrochener Berichterstattung bis zum überraschenden Ende der Kämpfe im März und ohne die Kapitulation von Saddam Hussein haben wir Journalisten aber einmal mehr gelernt, dass Krieg in unseren Zeiten auch ein Krieg um die öffentliche Meinung ist und die Wahrheit in bewaffneten Auseinandersetzungen immer noch als erste auf der Strecke bleibt.

Im Nahen Osten wurde um die Medien geradezu ein eigener Kriegsschauplatz eröffnet. Und schon damals – noch vor der zivilen Nutzung des Internets – war die Übermittlung der Nachrichten so schnell geworden, dass auch wir als aktuelle Fernsehjournalisten mit Sitz in der amerikanischen Hauptstadt manche News nur unter Vorbehalt weitergeben konnten – und manches von dem, was wir berichteten, hat sich später als manipuliert herausgestellt. Zehn Jahre danach wollen wir uns jetzt einen Eindruck aus erster Hand verschaffen. Zehn Jahre nach dem Golfkrieg kann ich einige der damals beteiligten und betroffenen Länder besuchen: Irak, Kuwait, Saudi-Arabien – und schließlich auch Israel. Wie steht es um sie? Wie sieht man dort die Ereignisse von einst? Und wie die Zukunft? Vor allem bin ich neugierig auf die Begegnung mit einem Teil der Welt, den ich bisher nur aus der Distanz, aus geopolitischen Kommentaren und nicht aus eigenem Augenschein kenne.

Da wir unter Zeitdruck stehen, beginnen wir unsere Reise in Jordanien, wo Visaprozeduren am einfachsten zu regeln sind und der Einstieg in das komplizierte Polit-Geflecht des Nahen Ostens am übersichtlichsten erscheint. So viele Konfliktschichten greifen im nahöstlichen Raum ineinander: das Problem der Palästinenser und ihres Staates einerseits, das Existenzrecht Israels andererseits; die Frage, ob die arabische Welt Israel als Nachbarn akzeptieren kann, aber auch die Gefahr, die von den israelischen Atomwaffen für die Region ausgeht; die Spannungen zwischen der manchmal selbstmörderisch lebendigen Demokratie in Israel und den benachbarten Regimen, denen es die Langmut der Untertanen oder der Ölreichtum bisher erspart hat, dem Volk seine Rechte zu geben. Alle diese Konflikte werden verstärkt durch den Konflikt um die heiligen Stätten in Jerusalem, das Erwachen eines religiösen Fanatismus, der die liberalen Traditionen sowohl der islamischen wie der jüdischen Religion beleidigt, und den Kampf um die Kontrolle über die bedeutendsten Erdölquellen der Welt. Schließlich spürt gerade ein Journalist aus Deutschland die Last der Geschichte – trotz größter Sympathie für Israel stehen wir vor der schwierigen Frage, warum das gequälte Volk Jahwes keinen Weg aus dem Teufelskreis des Hasses findet.

Die Bilder vom Anfang der neunziger Jahre und die Konflikte von heute – all das vergegenwärtige ich mir auf unserem Nachtflug nach Amman. Vielleicht erscheint mir auch deshalb das Bild so einleuchtend, mit dem mir unser Fahrer gleich nach der Ankunft morgens um halb vier sein Land zu erklären versucht. »Jordanien«, so sagt er, »ist wie das Getriebe eines Automotors. Aber wir sind weder der erste noch der zweite, weder der dritte noch der vierte Gang; Jordanien ist der Leerlauf. Man braucht uns, um von dem einen zum anderen Gang zu schalten. Wir verbinden die einen mit den anderen. Ohne Jordanien läuft der Motor nicht.«

Wir sind mit Zafir Salah verabredet. Der drahtige Selfmademan ist vielleicht Anfang sechzig und – so erzählt er uns später – vom jungen, mittellosen Ingenieur aus Nablus im Westjordanland zu einem der reichsten Unternehmer Jordaniens aufgestiegen. Er empfängt uns im bescheidenen Hauptquartier seiner Unternehmensgruppe, von wo er ein weit verzweigtes Firmenimperium mit 4000 Angestellten lenkt. Der gelernte Ingenieur hatte Anfang der achtziger Jahre eine Baufirma gegründet. Den Frieden mit Israel nutzte er, um in den Sonderzollgebieten, gleich an der Grenze zum jüdischen Nachbarn, eine Textilfabrik hochzuziehen. Ein geselliger Mann, der seine Gäste und Geschäftspartner immer sofort ins Gespräch mit uns einbezieht. Und so lernen wir in seinem Büro die Vertreterin eines großen New Yorker Modehauses kennen, die die Qualität der jordanischen Produkte lobt und gerade dabei ist, einen neuen Vertrag mit Salah zu unterzeichnen. Salah stellt uns auch Hammadi Farraneh vor, einen Parlamentsabgeordneten mit lebhaften Augen, Schnauzbart und einem derzeit aufgewühlten politischen Temperament.

Salah und Farraneh sind beide Vorkämpfer der Verständigung mit Israel. Sie haben Geschäftsverbindungen geknüpft und für die ersten Kontakte zwischen jordanischen und israelischen Politikern gesorgt. Aber Farraneh hält sein Friedensengagement allmählich für einen Fehler – je länger die zweite Intifada andauert, um so mehr – und wirbt mittlerweile dafür, die Kooperationsabkommen mit Israel zu kündigen. Der Politiker steht unter Druck. Sein Wahlbezirk liegt in einem fast reinen Palästinenser-Viertel, das in den letzten Jahrzehnten von einem Flüchtlingslager zu einem Wohngebiet mit kleinen Häusern, einer Einkaufspassage und – mit Hilfe europäischer Gelder – befestigten Straßen herangewachsen ist. Ein kleines palästinensisches Dorf mitten in der Stadt. Anfangs gelang es ihm, seine Wähler mitzunehmen auf den Verständigungskurs. Er organisierte die ersten Reisen nach Israel oder in die besetzten Gebiete – Basisarbeit für den Frieden. Aber jetzt spürt er gewaltigen Gegendruck. Seine Wähler orientieren sich neu, zu den Abgeordneten der Muslim-Brüderschaft. Deren Mitglieder haben die Kontakte mit Israel von Beginn an für einen Fehler gehalten.

Die beiden Freunde ziehen nicht mehr an einem Strang. Auch Salah ist zwar bitter enttäuscht und wirft den Israelis vor, in den letzten Jahren weniger gegeben als genommen zu haben. Aber eine Alternative zum Friedensprozess sieht er nicht. Er befürchtet, dass Gewalt und Blutvergießen weitergehen werden, bevor die Politiker wieder zu dem Punkt finden, wo die Einsicht eine Chance hat, dass es Frieden im Nahen Osten nur gemeinsam geben kann. Bis dahin aber, so seine Vorhersage, werde es noch lange dauern. So viele Gelegenheiten seien vertan worden. Man hat es versäumt, die Menschen in Israel und in Jordanien mit greifbaren Fortschritten vom Nutzen des Friedenskurses zu überzeugen. Salah fallen viele Beispiele ein: von gemeinsamen Wasserprojekten bis zur Verbesserung der Verkehrsinfrastruktur, von einer besseren Koordination der großen Touristenströme bis zur Einrichtung gemeinsamer Gewerbeparks – wobei er nur am Rande erwähnt, dass die Löhne in Jordanien viel niedriger seien als in Israel. Die beiden Länder trennt nicht nur die Grenze am Jordan-Fluss, nicht nur eine blutige Geschichte mit fünf Kriegen in vier Jahrzehnten, sondern auch ein enormes Armutsgefälle: Das Bruttosozialprodukt Israels ist pro Kopf zehnmal höher als das des arabischen Nachbarn.

Dabei ist die Friedensdividende in Amman überall sichtbar. Der 1999 verstorbene König Hussein war ein Meister im Einsammeln internationaler Gelder. Woher sie kamen, ob aus den USA, aus Europa oder von den reichen Brüdern in den Golfstaaten, spielte keine große Rolle. Infrastruktur, Schulwesen, Medien – das alles liegt in Jordanien weit über dem Standard eines Entwicklungslandes. Aber je zerbrechlicher der Frieden ist, desto größer wird die Gefahr für Jordanien, noch mehr zu verlieren.

Ein Gang durch die engen Gassen der »Altstadt« zeigt: Amman hat, anders als die Nachbarstädte Jerusalem oder Damaskus, keine Altertümer zu bieten, sondern ist wie der Staat Jordanien ein Kind des 20. Jahrhunderts. Wenn wir die Auslagen der Geschäfte, die Kleidung der Menschen anschauen, sehen wir aber auch: Für die Masse der Jordanier ist Wohlstand durch Frieden ohnehin eher eine vage Verheißung. In Dutzenden kleiner Läden werden Kleider aus Europa »second hand« verkauft. Männer bieten Handwerksdienste an. Sie stehen damit in Konkurrenz zu den »Touristen« aus dem Irak, die mit einem Besuchervisum einreisen, aber eigentlich – auf welche Weise auch immer – nur ein wenig Geld in Jordanien verdienen wollen. Auch hier an der Moschee sind die Spannungen in der Region spürbar. Unsere jordanischen Begleiter erzählen uns, bei einem der letzten Freitagsgebete habe ein radikaler Prediger die Gläubigen regelrecht aufgeputscht. Von der traditionellen Gelassenheit der Jordanier war da nicht mehr viel übrig.

Mehr als alle anderen nahöstlichen Staaten ist das kleine, rohstoffarme Jordanien von der politischen Großwetterlage abhängig. Die neue Intifada ist für das Königreich, das erst 1951 sozusagen aus der Konkursmasse der britischen Kolonie Palästina gegründet wurde, eine Katastrophe. Nach dem Golfkrieg vor zehn Jahren hatte Jordanien trotz seiner Bindungen zum Irak, hatte allen voran der erfahrene König Hussein auf den Friedensprozess gesetzt – auch als Alternative zu den Wirtschaftsbeziehungen zu Bagdad. Man sieht es in Amman, man sieht es überall im Land: Jordanien hat sich darauf vorbereitet, im »neuen Nahen Osten« die Rolle des Mittlers und der Drehscheibe zu spielen, vor allem die vielen Hotelpaläste sprechen eine deutliche Sprache. Aber jetzt stehen sie leer. Der Aufstand der Palästinenser und die harsche Reaktion Israels vertreiben Touristen und Geschäftsleute. Jordanien steht vor den Scherben seiner Aussöhnungspolitik.

Darauf reagiert auch das Königshaus. Mit Abdullah II. hat die nächste Generation der Haschemiten-Dynastie die Macht übernommen – und das offenbar ziemlich entschlossen. Der Bruder des verstorbenen Königs Hussein, Prinz Hassan, ist kaltgestellt, ebenso Königin Nur. Schauergeschichten von Kabalen am Hofe machen die Runde. Eines gilt als gesichert: Der junge Abdullah will die politischen Optionen seines Landes vergrößern. Er setzt auf gute Kontakte zu Baschir Assad, dem ebenfalls jungen Machthaber in Syrien. Er pflegt die Beziehungen zu den Golfstaaten. Und er gibt eindeutige Signale, dass selbst Verbindungen zu Saddam Hussein nicht mehr tabu für ihn sind. Gerade haben die Royal Jordanian Airways einen wöchentlichen Linienflug nach Bagdad aufgenommen. Das immer noch gültige Flugverbot, der internationale Boykott gegen Irak wurden einfach ignoriert.

Zafir Salah hat uns am Ende des Tages in sein Privathaus eingeladen, eine eindrucksvolle Villa, die auf einem Hügel westlich vom Stadtzentrum thront. Auf dem Berg gegenüber leuchten die Scheinwerfer eines der königlichen Paläste. Wir waren zuerst da, merkt Salah leise an und schwärmt von der klaren Luft, die aus der Wüste kommt. Mit drei Hilfsjobs hat Salah vor vier Jahrzehnten sein Studium in den USA finanziert und dann sein erstes Geld als Bauingenieur in Saudi-Arabien verdient. Er erlitt dort einen schweren Verkehrsunfall, lag vier Tage im Koma, und mit der Genesung reifte die Entscheidung, nach Jordanien zu gehen. Nicht nur, weil dort geschäftlich mehr Erfolg möglich war, sondern weil Salah eine Chance sah, sich in der Gesellschaft zu engagieren.

Salah führt uns durch seine Villa – für unsere Begriffe fast ein Schloss. Ohne Demokratie, sagt er, wird der Nahe Osten auch keinen Frieden finden. Wir brauchen Freiheit, in der Presse, in der Wirtschaft, in der Politik – und keine religiösen Vorschriften, die uns das Leben schwer machen. Der Muslim hat auch die Bibel studiert und spricht mit glänzenden Augen von Jesus und seiner Botschaft der Nächstenliebe. Er versteht, wie wichtig für gläubige Juden der Zugang zur Klagemauer ist. Dennoch warnt er seine israelischen Nachbarn vor Kurzschlusshandlungen – bei aller Enttäuschung über die Ereignisse der letzten Monate. »Wir müssen am Frieden arbeiten und dürfen das nicht den Politikern allein überlassen.« Darin sei er sich übrigens ganz einig mit seinen jüdischen Freunden in Israel. Mit ihnen telefoniere er auch in diesen Zeiten fast täglich.

Der lange Schatten des Saddam Hussein

»America, bumm, bumm!« Mit diesem Lagebericht empfängt uns Sallam. Der Mann ist den ganzen Tag von Bagdad bis zur jordanischen Hauptstadt gefahren, um das ZDF-Team abzuholen. Jetzt wird er uns helfen, das Visum, das mir die irakische Botschaft in Deutschland versprochen hat, auch wirklich zu bekommen. Am nächsten Morgen um neun Uhr sollen wir uns in der irakischen Botschaft einfinden. »Insch-Allah!«, sagt Sallam. »So Gott will!«

Noch keine zwölf Stunden ist es her – wir waren gerade dabei, in Frankfurt einzuchecken –, da überschlugen sich die Eilmeldungen der internationalen Nachrichtenagenturen: »Angriff auf Bagdad …«, 24 amerikanische und britische Flugzeuge haben irakische Radarstellungen und Kommunikationsanlagen in den südlichen Stadtvierteln bombardiert. Diese Militär-Aktion vom 16. Februar 2001 überraschte die ganze Welt. Denn ein aktueller Anlass für das Bombardement war schwer auszumachen. Deshalb schossen die Spekulationen ins Kraut, der neue US-Präsident, George W. Bush, gerade einen Monat im Amt, wolle die Muskeln zeigen. Auch gebe es aus der Regierungszeit seines Vaters noch eine offene Rechnung.

Am nächsten Morgen sind wir nicht die ersten frühen Besucher in der irakischen Botschaft von Amman. Vor der schweren Eisentür stehen zwei Dutzend Leute. Es ist kalt. Die Teeverkäufer machen ein gutes Geschäft. Wir treffen auch einen deutschen Geschäftsmann wieder, der uns schon im Flugzeug aufgefallen war. Er ist auf dem Weg in den Nord-Irak, um dort ein Kraftwerk, von Deutschen und Dänen gebaut, in Betrieb zu nehmen. Eine von drei Anlagen, die die irakische Energieversorgung sichern sollen – ganz legal, im Rahmen des »Oil for Food«-Programms. Der Mann nimmt den offiziellen Weg. Zwar käme er schneller über die Türkei oder Syrien an sein Ziel, doch die Regierung in Bagdad würde es bei späteren Besuchen übel nehmen, wenn sich der Geschäftsmann nicht offiziell gemeldet hätte. Also stellt er sich hier brav in die Reihe – wie wir, Bittsteller an der Botschaftspforte.

Bei uns gibt es erst einmal Schwierigkeiten. Der Presseattaché hat alle Hände voll zu tun. Nach dem Angriff von gestern Abend melden sich Journalisten und Fernsehteams aus aller

Welt. Alle wollen kurzfristig einreisen. Also heißt es warten. Nach zwei Stunden fängt Sallam an zu drängeln. Der Mann ist nicht nur Fahrer, er verfügt auch über gute Verbindungen zum Botschaftspersonal. Endlich werde ich persönlich vorgelassen. Aber noch vor einer richtigen Begrüßung teilt mir der Pressemann in seinem engen, mit Papieren voll gestopften Büro mit: »No visa for you.« Das kann nicht sein! Wir gehen gemeinsam seine Akte mit dutzendweisen Anträgen und Bestätigungen durch, aber mein Name ist nicht dabei, trotz der mündlichen Zusagen der Botschaft in Bonn und aus dem Informationsministerium in Bagdad. Wo ist Sallam? Er kann helfen. Anruf an hoher Stelle im Informationsministerium. Nach drei Stunden habe ich das Visum im Pass. Ob sich noch aufklärt, was geschehen ist?

Die neuen Flüge von Amman nach Bagdad dürfen Journalisten nicht nutzen. Für uns ist die 950 Kilometer lange Straße der einzige Weg in die irakische Hauptstadt. Wir brechen um drei Uhr nachmittags auf; mindestens zehn Stunden Fahrt liegen vor uns. Etwa eine Stunde außerhalb Ammans klingelt mein Handy. Die Nachrichtenredaktion in Mainz bittet um Hilfe. Soweit sich übersehen lässt, sind wir bis jetzt die einzigen deutschen Journalisten, die nach dem Angriff auf Bagdad ein Visum für den Irak haben. Wir sollen so schnell wie möglich die Nachrichtensendungen bedienen, die Satellitenleitungen werden für den nächsten Tag bestellt; eine türkische Firma hat ihren Übertragungswagen bereits in Bagdad postiert.

Auf jordanischer Seite ist die Straße Richtung Bagdad größtenteils eine einfache zweispurige Wüstenpiste, asphaltiert zwar, aber eng und buckelig. Nach drei Stunden machen wir eine kurze Pause und nehmen in einem Restaurant Fleischspieße mit Humus, dem arabischen Kichererbsenbrei, Tee und amerikanische Soft-Drinks zu uns. Gegen acht Uhr erreichen wir die Grenze. Während sich Sallam um den Zoll kümmert, werden wir in einen besonderen Abfertigungsraum geleitet. Eine saftige »Gebühr« erspart uns den Aids-Test, der bei der Einreise in den Irak eigentlich obligatorisch ist. Nach einer Stunde ohne besondere Vorkommnisse kann es weitergehen. Der Zoll hat keine Probleme mit uns. Sallam hat ganze Arbeit geleistet und strahlt.

Noch 515 Kilometer bis Bagdad. Die erste Überraschung

für mich: Unmittelbar hinter der Grenze beginnt eine bestens ausgebaute sechsspurige Autobahn. Anfang der achtziger Jahre war hier die deutsche Strabag für den irakischen Staat tätig – und tatsächlich erinnert alles, bis hin zu den großen Orientierungsschildern und Leitplanken, an zu Hause. Nur gibt es hier weniger Verkehr. Die Öltransporter, an denen wir uns auf jordanischer Seite vorbeiquälen mussten, nehmen einen anderen Weg. Der Highway gehört den schnellen Jeeps – und da sind wir an diesem Abend fast die einzigen auf dem Weg in die irakische Hauptstadt.

Gegen Mitternacht machen wir eine Pause. Zwei, drei Stunden liegen noch vor uns. Einen Rasthof wollen wir die Ansammlung einstöckiger Buden nicht nennen. Männer haben sich auf dem Boden niedergelassen, um merkwürdige Knollen zu sortieren. Bei näherem Hinsehen stellt sich heraus: Es sind zentnerweise Trüffel, weiße Trüffel. Die werden um diese Jahreszeit in der Wüste geerntet. Was hier auf dem Boden liegt und in Jutesäcke geschaufelt wird – in Europa wäre das ein Vermögen wert. Wir merken uns den Platz, für die Rückreise. Ein Tee, dann fahren wir weiter. Das Wetter ist unangenehm, Regen und Sturmböen machen uns zu schaffen.

Gegen halb drei sind wir in Bagdad, am legendären Al-Rasheed-Hotel, wo wir Zimmer gebucht haben. Meine Kollegen lächeln wissend, als der Mann an der Rezeption mit ernster Miene verkündet, er habe keine Zimmer frei. Sie kennen das Spiel. Vor ein paar Wochen hatten sie dasselbe Problem. Es war mit Bakschisch zu lösen. Aber diesmal ist es offensichtlich ernst. Es gibt keine Zimmer. Begründung: Das Außenministerium hat kurzfristig für eine ägyptische Delegation mehr als 200 Zimmer gemietet. Die Hotel-Angestellten wirken aufrichtig verlegen: Unsere Betten sind vergeben. Es hilft kein Betteln, Drängeln oder Schimpfen, wir müssen weiter – nachts um drei in Bagdad. Sallam weiß Rat. Da ist noch »Le Méridien«. Oder sagen wir mal: was davon übrig geblieben ist. Das Haus heißt heute »Le Palestine« und hat bessere, viel bessere Tage gesehen. Aber tatsächlich: Es gibt noch Zimmer, und sie sind billiger als im »Rasheed«. Das Einchecken geht schnell. Gegen vier liegen wir in unseren Betten – für eine kurze Nacht. Um neun wollen wir zur Registrierung im Pressezentrum sein, ohne die man in Bagdad nicht arbeiten kann.

Am nächsten Morgen regnet es, der Himmel ist wolkenverhangen. Das macht Bagdad nicht freundlicher. Der erste Eindruck: eine moderne, aber gesichtslose Großstadt, weit ausgedehnt, aber ohne ein echtes Zentrum. Mit ihren breiten Highways erinnert sie mehr an die USA als an Europa. Die Mehrheit der Frauen trägt moderne Kleidung, Männer und Frauen zeigen sich ohne Scheu vor- und miteinander in der Öffentlichkeit. Merkwürdig: Irak wirkt auf den ersten Blick »westlich« – viel mehr als zum Beispiel Saudi-Arabien mit seiner geschlossenen, fast feudalen Gesellschaft – und wurde doch zum Erzfeind des Westens.

Auf den Straßen und Bürgersteigen, in den Geschäften und kleinen Restaurants zeigt sich ein Bild der Ruhe und Normalität. Der Verkehr rollt, auch wenn die allermeisten Autos geradezu schrottreif aussehen. Eine größere Ansammlung von VW-Passat-Wagen, das eckige Modell mit Fließheck, gebaut irgendwann in den siebziger Jahren, gibt es wahrscheinlich nirgendwo auf der Welt. Die Wolfsburger würden staunen über die Langlebigkeit ihrer Produkte. Aber zwischen den verrosteten Karossen blitzen neue amerikanische oder auch europäische Autos durch, auch die ganz besonders großen mit dem Stern – die fahren die Sanktionsgewinnler. Vor zwei Jahren, erklären mir die ortskundigen Kollegen, hat man so etwas auf Bagdads Straßen noch nicht gesehen. Für manche geht es aufwärts!

Anmeldung im Pressezentrum des Informationsministeriums. Wer aus dem Irak berichten will, muss hier erscheinen. Von hier aus werden die Fernsehberichte aus dem Land Saddam Husseins in die Welt überspielt. Der Zensor sieht immer mit. Fernsehanstalten und Nachrichtenagenturen können sich hier in improvisierten, winzigen Büros einrichten. CNN ist schon da – diesmal allerdings nicht mit Peter Arnett. Die Begrüßung mit den Kollegen aus aller Welt, mit irakischen Helfern und auch mit den Offiziellen fällt fast freundschaftlich aus, viele sind alte Bekannte. Die Spielregeln für ausländische Journalisten werden klargestellt: Jeder Dreh in der Stadt oder außerhalb muss genehmigt werden. Ein »Minder«, ein Begleiter der Regierung, ist immer dabei und prüft genau, welche Einstellung unsere Kamera einfängt. Oft genug sagt er nein, zum Beispiel, wenn einer der zahlreichen »Paläste« Saddam

Husseins in unserem Blickfeld liegt. Wir drängeln, die Formalitäten schnell zu erledigen, denn wir wollen ins Zentrum und die Stimmung nach den Angriffen vom Freitag erkunden. Die türkischen Kollegen mit dem Satellitenwagen auf dem Hof erwarten uns schon. Über ihre Leitungen sollen wir heute Abend unsere Berichte ins Sendezentrum nach Mainz überspielen.

Der überraschende Angriff hat unseren Arbeitsplan durcheinander gebracht. Eigentlich hatten wir schon heute den Rechtsanwalt Abu Leith treffen und ihn bitten wollen, uns durch den Alltag der irakischen Hauptstadt zu führen. Es war schwer genug, den Kontakt zu ihm herzustellen und die Verabredung zu vereinbaren. Auch mit einem Cellisten, der ein paar Jahre in den USA studiert hat, sich dann aber entschloss, nach Bagdad zurückzukehren, wollen wir Aufnahmen machen. An ihn müssen wir erst noch herankommen. Ein dicht gedrängter Zeitplan. Aber jetzt haben wir uns zunächst um die aktuelle Lage und die Nachrichten zu kümmern. Schließlich sind wir immer noch das einzige deutsche Fernsehteam vor Ort.

So beantragen wir, das Krankenhaus zu sehen, wo die Verletzten vom Freitag behandelt werden. Die Genehmigung kommt schnell. Das Regime zeigt die Opfer der »anglo-amerikanischen Angriffe« gern vor. Das Hospital ist ein simples, einstöckiges Gebäude, nicht weit vom Stadtzentrum entfernt. Die Raketen schlugen ganz in der Nähe ein – wo genau, sagt und zeigt man uns nicht. An der Fassade des Hospitals prangt, wie an fast allen Häusern in Bagdad, das Konterfei von Präsident Saddam Hussein. Der Chefarzt nimmt uns in Empfang und führt uns in die Krankenzimmer, wo die verwundeten Männer und Frauen behandelt werden. Alle haben Verletzungen an den Beinen – getroffen von herabfallendem Mauerwerk, Glasscherben und anderen Gegenständen. Einer der Männer, vielleicht Ende vierzig, berichtet, er sei von dem Angriff bei der Arbeit in seiner Werkstatt überrascht worden, und fragt: »Warum tut Amerika uns das an?« Man zeigt uns nur die Leichtverletzten. Es gebe auch zwei, drei Patienten, deren Zustand ernst sei, erklärt uns der Chefarzt.

Das Hospital ist in beklagenswertem Zustand. Zwar gibt es jede Menge Personal, Ärzte, Pfleger, aber die Farbe an den

Wänden blättert, Elektroleitungen sind aus den Wänden gerissen, von moderner Wundversorgung keine Spur. Man hat den Opfern zwar einen bunten Plastikblumenstrauß auf ihre Nachttische gestellt mit Grüßen von der örtlichen Baath-Partei, aber es gibt keine Antibiotika, keine Infusionen, keine Blutpräparate. »Dennoch wollen wir uns nicht beklagen«, sagt der Chefarzt, »wir kommen schon zurecht.«

Nachdem wir unsere Bilder abgedreht haben, fahren wir ins Stadtzentrum, fragen Menschen auf der Straße nach ihren Reaktionen auf den Luftangriff der Amerikaner und Briten. Alle Angesprochenen sind empört. »Warum«, fragen sie uns, »warum riskiert der Westen immer wieder Opfer unter der Bevölkerung?« Drei Tote hat es gegeben, heißt es mittlerweile in den Nachrichten, zwanzig Verletzte, alles Zivilisten. Aber in den Antworten schwingt eine merkwürdige Mischung aus Resignation und Gelassenheit mit. Immerhin ist es schon der dritte größere Angriff auf Bagdad nach den viertägigen Bombardements im Dezember 1998, von den Bombennächten des Golfkriegs vor zehn Jahren ganz zu schweigen. Außerdem vermelden die irakischen Fernsehnachrichten fast täglich ähnliche Vorkommnisse, ebenfalls mit Opfern in der Zivilbevölkerung, aus den so genannten No-Fly-Zones im Norden und Süden des Landes, die von Briten und Amerikanern kontrolliert werden. Auch wenn die Welt von diesen Scharmützeln, in denen westliche Flugzeuge immer wieder irakische Radar- und Kommunikationsanlagen ausschalten, kaum noch Notiz nimmt – hier in Bagdad bestimmen diese Meldungen die Nachrichten, und zwar sehr oft.

Der Besitzer eines ebenso malerischen wie heruntergekommenen Teehauses am Platz der Märtyrer, von dessen Dach wir die Reste der einst malerischen Altstadt von Bagdad filmen wollen, sagt mit stoischer Ruhe: »Mein Freund, für uns ist das doch fast normal.« Propagandistisch betrachtet wird der Angriff ohnehin ein Erfolg für Saddam Hussein. Irak kann sich der Weltöffentlichkeit als Opfer präsentieren. Die Kameras, die von der Krise angelockt werden, zeigen ein Land, das schwer unter den Folgen des internationalen Wirtschaftsembargos zu leiden hat.

Auch die großen amerikanischen Networks sind mittlerweile eingetroffen, das sehen wir bei unserer Rückkehr ins

Pressezentrum. Schon gehen Gerüchte unter den Journalisten um, Saddam Hussein habe den Angriff genau aus diesem Grund geradezu provoziert und die Reaktion der Weltöffentlichkeit kalkuliert: Was werden die Journalisten sehen, wenn sie über Bagdad nach dem Angriff berichten? Eine unter den Sanktionen schwer leidende Stadt. Und wird sich nicht ganz schnell die Frage nach dem Sinn von Sanktionen stellen, die so offensichtlich nicht die Verantwortlichen, sondern die Menschen treffen?

War der Zeitpunkt für den Angriff Zufall oder doch von Bagdad kühl berechnet? Ein neuer Mann im Weißen Haus, ein neuer Regierungschef in Israel ... Saddam Hussein hatte in den letzten Wochen und Monaten das Vakuum des Präsidentenwechsels in den USA genutzt, um seine Rhetorik gegen »die Verschwörung der internationalen Zionisten« zu verstärken und sich während der neuen Intifada einmal mehr als wahrer Freund des palästinensischen Volkes zu zeigen. Saddams Drohung, 24 Freiwilligen-Divisionen zur »Befreiung« Palästinas zu mobilisieren – das wären 240000 Mann – mag einer realistischen Grundlage entbehren. Aber mit dem Angebot, die Verletzten der Intifada im Irak behandeln zu lassen und für die Hinterbliebenen eine Rente auszusetzen, hat er das Solidaritätsgefühl des arabischen Volkes bedient und konnte sich als Anwalt der arabischen Nation ausgeben. Alles Nadelstiche gegen Amerikas neue Führung, gegen den neu gewählten Präsidenten, dessen Vater im Golfkrieg 1991 jene internationale Koalition gegen Saddam geschmiedet hatte. Provoziert oder nicht – Washingtons Toleranz war ganz offensichtlich erschöpft. Bush hatte sich vor der ersten Reise des neuen Außenministers Collin Powell in den Nahen Osten zu einer Demonstration der Macht entschlossen. Ob das klug war, steht dahin. Immerhin kann sich Saddam so plötzlich wieder als wahrer Gegenspieler Amerikas in Szene setzen, vor der arabischen wie vor der Weltöffentlichkeit – viel Ehre für den vor einem Jahrzehnt fast vernichtend geschlagenen Mann, dessen Volk die Folgen des Golfkriegs noch immer ertragen muss.

Wir sehen es auf einem Markt: Da verkaufen die Menschen ihre Habseligkeiten – Kleider nicht nur wie in Amman »second«, sondern sicher auch »third hand«, Eisenwaren,

Autoersatzteile, die bei uns auf dem Sperrmüll landen würden. Die Schneider haben ihre Nähmaschinen unter freiem Himmel aufgebaut, jedoch nichts zu tun. Es werden aber auch ausgesprochene Luxusprodukte verkauft: nagelneue Uhren, angeblich Schweizer Machart, und neueste Elektronik. Tragbare Telefone sind der Hit der Saison, sowie CDs, Play Stations, alles Importware aus Jordanien, am Embargo vorbeigeschmuggelt. Die Händler sagen uns, dass es besser geht als vor einem Jahr. Da gibt es den einen oder anderen Iraker, der wieder Geld in der Tasche hat und sich etwas leisten kann. Aber der vorherrschende Eindruck ist: viel Elend. Kinder mit Gelegenheitsjobs, Frauen, die betagte Haushaltsgeräte zu Geld machen wollen, Männer, die Briefmarken verkaufen – alle mit abgespannten, müden Gesichtern. Es ist ganz offensichtlich: Das Embargo trifft, so wie es der deutsche UN-Diplomat von Sponeck immer wieder beklagt hat, das irakische Volk. Die Sanktionen haben zur Herausbildung einer Schattenwirtschaft geführt. Sanktionsgewinnler mit guten Verbindungen zum Regime bringen auf dunklen Kanälen verbotene Waren ins Land – und verkaufen sie zu Phantasiepreisen. Davon leisten sie sich alle Dinge, die für die Normalbürger eines einst reichen Landes unerschwinglich geworden sind, und haben keine Scheu, sie auch öffentlich vorzuführen. Die Menschen zahlen bitter für die Skrupellosigkeit eines Diktators – und die Unentschlossenheit der Welt, die Saddam Hussein weiter gewähren lässt. Als wir auf dem Markt nach den Angriffen fragen, hören wir die gleichen Parolen wie im staatlichen Fernsehen: Amerika sei ein Teufel und Bush, bei Gott, ein schlechter Mensch.

Wir sind gerade dabei, unseren Rundgang zu beenden, da spricht uns ein Mann an. Er hat einen kleinen Jungen an der einen Hand und in der anderen einen Briefumschlag, aus dem er ein paar Zettel herausholt. Aufgeregt bittet er uns, ihn zu filmen. Sein Sohn sei schon elf Jahre alt, aber auf dem Entwicklungsstand eines Siebenjährigen stehen geblieben. Helfen könnten nur Medikamente aus dem Westen. Die Zettel sind ärztliche Rezepte, die er aber hier nicht einlösen kann. Wir müssten, bittet er uns eindringlich, die Botschaft verbreiten, dass die Sanktionen die Schwächsten treffen: die Kinder.

Die Menschen hier, das begreifen wir schnell, schieben ihr Elend nicht auf die politische Führung, sondern auf den Westen. In einem Land, in dem die drei Fernsehkanäle nur staatlich kontrollierte News verbreiten, kann niemand den Sinn der Sanktionen erkennen. Aber Sanktionen, die nicht erklärt werden, schwächen die moralische Glaubwürdigkeit desjenigen, der sie verhängt.

Wir packen unser Gerät ein und fahren zurück zum Pressezentrum. Die Leitungen für die »heute«-Sendung sind bestätigt, die Zeit läuft. Da stoßen wir, eher aus Zufall, vor dem Gebäude der Vereinten Nationen, in einer der Straßen direkt am Ufer des Tigris, auf eine Protestversammlung, die sich offenkundig gerade auflöst. Tausend Demonstranten sollen es, so berichten die irakischen Nachrichten später, gewesen sein. Als wir kommen, sind noch knapp hundert Menschen da. Die meisten von ihnen sind erkennbar »professionelle« Demonstranten. Spontaner Volkszorn entlädt sich anders. Solange die Fernsehkameras laufen, skandieren sie »Down with Bush!« – ein neuer alter Slogan –, und als die Kameras abgeschaltet werden, ziehen sie friedlich ab. Wir wissen, dass diese Bilder heute um die Welt gehen. Aber der kleine Protestzug gibt, wie wir empfinden, nicht die Stimmung in der Stadt wider, in der wir heute unterwegs waren.

Bagdad und das Erbe des Golfkriegs

So viele Eindrücke, so viele Bilder! Wir können uns gar nicht entscheiden, die Kamera einmal auszuschalten. Vom Teehaus am Platz der Märtyrer, wo bitter-süßer Zitronentee serviert wird und wir mittlerweile Stammgäste geworden sind, schlendere ich mit einem Kollegen nach Einbruch der Dunkelheit noch einmal durch die Gassen. Früher muss dies ein großzügiges und freundlich angelegtes Viertel gewesen sein. Heute sind die Häuser, deren Architektur an das Bauhaus erinnert, fast nur noch Ruinen. Auch die Bürgersteige unter den schönen Arkadengängen gibt es noch, aber die Bodenplatten sind allesamt verschwunden. Wir gehen auf der fest getretenen Erde. Die Türen öffnen sich zu kleinen Geschäften oder Werkstätten. Da ist eine Wäscherei mit vorsintflutlicher

Leith berichtete, dies sei jetzt überall an den großen Pilgerstätten im Irak zu beobachten. Die Nachbarn aus dem Iran kommen wieder – und bringen nicht nur ihren Glauben, sondern auch die Erinnerung an den im Westen fast vergessenen »Ersten« Golfkrieg zwischen den Nachbarländern Iran und Irak mit, der Hunderttausende Opfer gefordert hatte. Vielleicht denkt so mancher beim Gebet auch an einen gefallenen Mann, Sohn oder Bruder. Dass die Pilger jetzt wieder zum Gebet willkommen sind, gilt als Anzeichen einer vorsichtigen Annäherung der beiden Länder.

Die Familie des Abu Leith ist ein gutes Beispiel dafür, wie die letzten zehn Jahre den irakischen Mittelstand an den Rand der Existenz getrieben haben. Abu Leith wohnt mit seiner Frau und der Familie seines Sohnes in einem hübschen, nicht sehr großen Haus, ein paar Kilometer vom Stadtrand entfernt. Gleich in der Nachbarschaft entsteht eine Villa. Der Besitzer eines großen Schreinerbetriebs lässt sie sich bauen. In der Familie des Rechtsanwalts ist das Geld knapp. Die Einrichtung des Hauses – Möbel, Küche, Teppiche – ist ordentlich, aber man sieht ihr das Alter an. Für Neuanschaffungen reicht das Geld nicht. Um die Familie einigermaßen über Wasser zu halten, hat sich Abu Leith jetzt entschlossen, einen Streifen seines geliebten Gartens zu verkaufen. Man verkleinert sich, rückt zusammen. »Es ging nicht anders, wir müssen von etwas leben«, zuckt Abu Leith die Schultern.

Aber die Schuld an seiner Misere gibt die Familie – wie fast alle Iraker, die wir treffen – nicht Saddam Hussein, sondern dem Westen. Die politische Zukunft sehen sie alles andere als rosig. Mit Israels neuem Ministerpräsidenten Ariel Scharon und George W. Bush im Weißen Haus seien die Weichen nicht in Richtung Frieden gestellt. Der Irak habe in den letzten Jahren viele Signale des Dialogs in die Welt gesandt – irgendwann müsse der Boykott des Landes doch einmal beendet werden.

Seinen Job als Rechtsanwalt erledigt Abu Leith mittlerweile von zu Hause aus. Die Mandanten sucht er sich, wie im Irak üblich, direkt am Gericht. Wir begleiten ihn deshalb dorthin, wollen die Szenerie mit der Kamera einfangen. Als wir ihn abholen, präsentiert sich der Mann neu. Bisher haben wir ihn nur in der irakischen Tracht gesehen – bodenlanges Hemd, darüber ein Jackett, traditionelles Kopftuch. Für den Gang zum Gericht erscheint er in westlicher Kleidung: blauer Anzug, Aktenkoffer. Eine Dreherlaubnis für das Gericht haben wir nicht, und unser »Minder« unternimmt auch keine Anstrengungen, uns hineinzubringen. Vor dem Gebäude haben sich viele Menschen eingefunden, die Rechtsbeistand suchen. Plötzlich kommt Bewegung in die Menge. Ein Mini-Bus der Polizei fährt vor. Polizisten bilden eine Gasse. Männer, in deren Augen die blanke Verzweiflung steht, werden in das Gebäude geführt.

Ich muss an den älteren irakischen Kollegen denken, mit dem ich im Pressezentrum ins Gespräch gekommen war. Offen hatte er mir erzählt, wie er im Gefängnis gesessen hat, sieben Jahre. »Um mich dazu zu verurteilen, hat der Richter ganze sieben Minuten gebraucht«, sagte der Journalist bitter. Wir wissen nicht, wessen die Männer hier angeschuldigt werden. Geht es um Kriminalität, geht es um ein politisches Delikt? Aber sie werden wie Vieh in das Gebäude getrieben. Abu Leith ist peinlich berührt. Wir spüren einmal mehr, dass hinter der Fassade eines scheinbar normalen Lebens ein Regime mit eiserner Faust herrscht.

Ein Musiker spielt für Toleranz

Eine Agenturmeldung hatte uns schon vor der Ankunft in Bagdad auf einen außergewöhnlichen Mann aufmerksam gemacht: den 27-jährigen Cellisten Kareem, Mitglied im staatlichen Symphonie-Orchester. Er war das Wunderkind der irakischen Musik und schon mit vierzehn in das beste Orchester des Landes aufgenommen worden. Kareem hatte den Golfkrieg in Bagdad erlebt, nach der Heirat mit einer Ägypterin aber 1996 das Land verlassen, um in den USA Cello zu studieren. Nach drei Jahren an der Universität von Indiana ist Kareem nach Bagdad zurückgekehrt. Eine überraschende Karriere.

Als wir ihn zu Hause auftreiben, ist er sofort bereit, sich filmen zu lassen, mit uns zusammenzuarbeiten. Wir hätten Glück, weil das Orchester gerade Stücke zeitgenössischer irakischer Musiker vorbereite, um sie am nächsten Abend im Al-

Rasheed-Theater aufzuführen. Er werde dafür sorgen, dass wir dort drehen könnten, und auch sonst stehe er uns zur Verfügung. Wir verabreden, ihn noch an diesem Nachmittag zu einer Probe zu begleiten. Dreimal die Woche übt Kareem mit »Madame Natascha«. Ihr Privathaus liegt in einer besseren Wohngegend der Hauptstadt, und spontan macht Kareem per Telefon aus, dass wir mitkommen dürfen.

Wieder eine Überraschung: Madame Natascha spricht deutsch, wenn auch nur noch gebrochen. Sie stammt aus Prag und hatte eine deutsche Mutter. Ihre Vorfahren lebten in Leipzig und Eisenach. Vor vierzig Jahren ist sie in den Irak ausgewandert, der Liebe wegen. Jetzt arbeitet sie als Pianistin mit dem Bagdader Symphonie-Orchester und begleitet Kareem durch sein Probenprogramm.

Eine gute Stunde arbeiten der bullige, große Mann mit dem breiten Lachen und die zarte, schüchterne Frau an einer Beethoven-Sonate, mit der Kareem demnächst auftreten will. Es ist Mitte Februar und doch schon heiß in Bagdad. Kareem schwitzt in dem nichtklimatisierten Wohnzimmer »seiner Meisterin«. Er verstehe sich als Botschafter der Weltkultur. Er wolle gerade in diesen Zeiten ein Beispiel dafür setzen, dass der Irak nicht vollkommen isoliert sei und immer noch mit der Außenwelt kommunizieren könne. Er sei überzeugt, dass von Beethoven eine liberale, befreiende Botschaft ausgehe. Und sei sein eigener Lebensweg nicht ein Beispiel dafür, was im Irak auch heute möglich sei?

Aber Kareem stilisiert sich nicht als Held. Er kam vor allem aus privaten Gründen zurück. Eigentlich hatte es ihm in den USA gut gefallen. Aber beide Eltern waren kurz hintereinander gestorben, und so musste er sich um seine jüngeren Schwestern kümmern, mit denen er jetzt auch zusammenlebt. Er nimmt uns mit in seine Wohnung und geht mit uns hinaus auf den Balkon – von wo er 1991 die Angriffe auf die Stadt beobachtet hat. Kein einziges feindseliges Wort habe er in seinen amerikanischen Jahren über sich, den Mann aus »Feindesland«, gehört. Aber wirklich zu Hause habe er sich in den USA auch nicht gefühlt.

Am Abend nimmt uns Kareem mit ins Konzert. Vielleicht würden auch ein paar Offizielle kommen, hat er uns verraten. Doch das Bagdader Symphonie-Orchester kann sich der allgemeinen Misere nicht entziehen, und das erwartungsvoll angekündigte gesellschaftliche Ereignis erweist sich als gutwillige Vorstellung engagierter Musiker vor ein paar Dutzend Musikfans – unter beklagenswerten Umständen. Die Orchestermitglieder haben einfach zu wenig Zeit zum Üben. Die allermeisten brauchen Nebenjobs, um leben zu können. Und so proben die Oboen und Fagotte noch dreißig Minuten vor ihrem Auftritt in der kleinen Garderobe, in der sich Kareem die Smokingschleife geradezieht. Im von einer einzigen Neonröhre beleuchteten großen und hohen Vorraum zur Bühne spielen sich die anderen Instrumente ein. Kareem stellt uns seine Kollegen vor: einen Cellisten, der sein Geld als Mathematiklehrer verdient; andere arbeiten als Ingenieure, Mechaniker, an der Uni. Das Orchester stellt ihnen den Probenraum zur Verfügung und organisiert zwei Auftritte im Monat. Man träumt von einem Gastspiel in Jordanien, dem einzigen Land, in das Iraker ohne größere Schwierigkeiten reisen können. Für alles müssen die Musiker selbst aufkommen: Instrumente, Saiten, Notenmaterial – alles Mangelware in diesen Zeiten der Sanktionen. Das Konzert dauert keine Stunde, und der nicht eben große Saal ist höchstens zu einem Drittel besetzt. Dem Enthusiasmus der Musiker tut das keinen Abbruch. Kareem ist hocherfreut, als wir ihm ein Kompliment für seine Arbeit machen.

Anschließend fahren wir gemeinsam in ein Altstadt-Restaurant. Es liegt in dem Viertel, das wir vom Teehaus aus schon erkundet haben, unweit des Flussufers, wo tagsüber Teppiche gewaschen werden. Früher, als es noch Touristen in Bagdad gab, wurden hier Antiquitäten verkauft. Jetzt, kurz nach zehn Uhr abends, ist es stockfinster. Der einzige Mensch auf der Straße ist ein Mann, der einen schweren Holzkarren, voll beladen mit Müll, vor sich herschiebt. Ein pittoreskes und zugleich elendes Bild, das unser Kameramann Jan Bruns schnell einfangen will. Doch da wird unser Begleiter vom Informationsministerium wieder einmal ungemütlich. Diesen Teil der irakischen Wirklichkeit sollen die deutschen Fernsehzuschauer nicht sehen.

Das Restaurant stellt sich als uralter historischer Ort heraus, als eine mit ihren Spitzbögen und der umlaufenden Galerie wunderschöne und eindrucksvolle Halle, in der sich die wenigen Gäste aber verlieren. Im 16. Jahrhundert beherbergte das Gebäude eine Koranschule. Ein kleines Orchester spielt irakische Folklore. Wir bestellen und kommen mit den Musikern ins Gespräch. Einer sagt uns: »Das Öl ist unser Verhängnis. Wir haben einfach alles: Wasser, Rohstoffe, Bodenschätze. So viel Reichtum schafft Neid und Begehrlichkeiten bei unseren Nachbarn und selbst in Europa und Amerika. Wir können unseren eigenen Weg nicht gehen.«

Ich frage nach Kuwait – und ob die Musiker dem offiziellen Standpunkt recht geben, das Scheichtum gehöre zu Irak, als 19. Provinz. Einer antwortet: Ob ich ihm diese Frage wirklich stellen müsse? Es seien viele Fehler gemacht worden, nicht nur von irakischer Seite. Kuwait habe irakische Ölfelder angebohrt und durch die Ölpreissenkungen den Irak in große Schwierigkeiten gebracht. Aber Gewalt – das sei wohl nie die richtige Lösung.

Zu unserer Überraschung hat sich jetzt eine Tänzerin auf der kleinen Bühne mit dem Orchester eingefunden. Eine üppige Schönheit mit langem, kastanienfarbenem Haar, hochgeschlossenem Kleid und einem goldfarbenen Gürtel über der Hüfte. Bauchtanz im Irak? Unser Kameramann greift wieder zur Kamera. Doch unser Begleiter sagt nein – keine Aufnahmen. So ein Bild spiegele nicht die Kultur des Irak wider. Außerdem sei auch er von dieser Darbietung überrascht und müsse erst bei seinen Chefs fragen, ob wir das festhalten dürften. Ob diese Szene tatsächlich eine gewisse Öffnung des Landes zeigt oder nur eine kleine Beigabe ist an einem der hohen Preise wegen ohnehin fast nur Ausländern und Funktionären vorbehaltenen Ort, können wir schwer entscheiden. Jedenfalls passt sie nicht ins Bild, das der Irak von sich verbreiten will. Unsere Kamera muss ausgeschaltet bleiben.

Kuwait, der vermisste Bruder

Morgens um neun Uhr haben wir uns, wie verabredet, bei Fawzi Aldoukhi eingefunden. Der 33-Jährige lebt im Zentrum von Kuwait City immer noch im Haus seiner Mutter – zusammen mit seiner eigenen, wachsenden Familie, seiner Frau, vier Töchtern und dem gerade geborenen Stammhalter, dem vier Wochen alten Salah. Wir werden gebeten, noch ein bisschen vor der Tür zu warten. Die Frauen sind – so früh am Morgen – noch nicht fertig. Heute ist Donnerstag, der Beginn des Wochenendes in Kuwait. Und die Frauen sind gerade erst aufgestanden.

Wir haben Fawzi in den letzten Tagen ganz gut kennen gelernt. Den Kontakt hat die Organisation hergestellt, die sich um die Familien der POWs (Prisoners of War), der im Golfkrieg verschwundenen Soldaten, kümmert. Einer von den neun Brüdern Fawzis, der damals achtzehnjährige Salah, wurde 1991 von den irakischen Besatzern festgenommen, und seitdem gab es nur ein Lebenszeichen von ihm: Anfang 1994 tauchte ein Zettel auf, den ein aus dem Irak zurückgekehrter Kriegsgefangener in seine Heimat Kuwait mitgebracht hatte, darauf Salahs Name, in seiner eigenen Handschrift. An diesen Zettel klammert sich die Familie in ihrer Hoffnung, der jetzt fast Dreißigjährige könne wieder nach Hause zurückkehren.

Fawzi ist ein lebensbejahender, fröhlicher Mann, der an der Universität von Bahrain ein Diplom als Lehrer für behinderte Kinder gemacht hat. Sein Englisch ist nicht perfekt, und so hilft uns Salah bei der Verständigung, ein 29-jähriger Mitarbeiter des Informationsministeriums, der nach neun Jahren Studium in den USA erst vor einem guten Jahr nach Kuwait zurückgekehrt ist. Am ersten Tag war er in der traditionellen Dischdascha, dem bodenlangen Hemd der Araber, erschienen. Aber seitdem trägt er Jeans und eine Baseballmütze mit dem Namen eines großen US-Mode-Labels – seine amerikanische Vergangenheit lässt ihn doch nicht los.

Fawzi unterrichtet nicht selbst, sondern bildet am Vormittag im Erziehungsministerium Lehrer aus. Nach seiner Mittagspause sitzt er zu Hause am Computer und schreibt an seiner Doktorarbeit. Fawzi hat uns den Kindergarten gezeigt, der in den Tagen der Besatzung als Internierungslager diente und wo sein Bruder Salah, der in der benachbarten Moschee vom Minarett als Muezzin zum Gebet gerufen hatte, zum letzten Mal in Kuwait gesehen wurde. Das Foto des Bruders – ein ernster Jüngling mit rotweißem Kopftuch – finden wir in dem kleinen Museum, das an die Verschwundenen erinnert. Und plötzlich ist dieser Krieg wieder ganz nahe.

Wir werden ins Haus der Aldoukhis gebeten. Im Erdgeschoss liegt der für die arabischen Länder typische Repräsentationsbereich – drei große Sitzgruppen unter schweren Lüstern. Die Familie hat sich versammelt. Fawzis Vater ist vor einigen Monaten gestorben. Die Mutter, aus Ägypten stammend, ist ganz in Schwarz gekleidet und hat den jüngsten Enkel im Arm, das Baby Salah, das den Namen des verschwundenen Onkels trägt. Zwei jüngere Brüder sind erschienen, die kleinen Töchter Fawzis und seine jüngere Schwester Hannan, die Psychologie studiert und ebenfalls in einem Ministerium beschäftigt ist. Die junge Frau trägt westliche Kleidung, aber ein schwarzes Kopftuch. Fawzis Ehefrau zeigt sich den Gästen nicht.

Wir fragen Hannan nach ihren Empfindungen zehn Jahre nach dem Golfkrieg. Die Antwort ist überraschend: »Auch die Iraker sind unsere Brüder. Sie sind Araber wie wir. Ich habe Mitleid mit ihnen – wegen ihrer Regierung.« Ob sie sich noch bedroht fühle, nachdem die Führung in Bagdad Kuwait gerade wieder einmal zur 19. Provinz des Irak erklärt hat? »Bedroht, nein. Außerdem geben uns die Amerikaner hier Schutz. Aber ganz sicher fühlen wir uns auch nicht.«

Fawzis Mutter bittet uns, mit nach oben zu kommen, ins erste Stockwerk. Dort ist das Zimmer des vermissten Sohnes. Fawzi hatte uns erzählt, dass sich seine Mutter fast jede Nacht dort aufhält, dass sie dort betet und viel weint. Und trotzdem spüren wir, als sie mit uns das Zimmer betritt, ein Zögern, einen Schauder, als hätte sie die Schreckensnachricht noch immer nicht realisiert. Behutsam öffnet sie die Schränke mit den frisch gereinigten Kleidungsstücken ihres Sohnes. Auf einer Kommode hat sie eine Art Schrein eingerichtet, mit den Habseligkeiten des jungen Mannes: seinem Koran, der gelben Fahne der POW-Organisation. Als die Mutter zu weinen beginnt, holt Fawzi einen kleinen Gebetsteppich und legt ihn auf den Boden. Die gerade Fünfzigjährige kniet in Richtung Mekka nieder. Wir lassen sie allein.

Fawzi plant am Abend mit der Familie in ein Wüstencamp zu fahren und lädt uns herzlich ein mitzukommen. Aber zuerst will er noch schnell nach seinem neuen Haus sehen. Wir sind neugierig. Ob er uns mitnehmen könne? Warum nicht? Gut zwanzig Minuten Autofahrt von seinem Elternhaus entfernt baut Fawzi jetzt ein Heim für seine eigene Familie, und so müsse er jeden Tag nach den Handwerkern sehen, manchmal auch mehrmals. Über eine der zahllosen Autobahnen erreichen wir ein Gebiet mit vielen zwei- und dreistöckigen Neubauten. Ein ganzes Stadtviertel entsteht. Der Staat vergibt nach zehnjähriger Wartezeit billige Grundstücke, und auf einem davon baut Fawzi für sich und seine siebenköpfige Familie.

Etwa 400 000 Mark ist so ein Bauplatz wert. Der Kredit wird mit monatlichen Zahlungen von gut 800 Mark bedient. Das Haus hat Fawzi selbst entworfen – es ist eine stattliche Villa. In vier, fünf Monaten will er einziehen. Als er die Treppen des Rohbaus hochstürmt, erwacht in dem Mann, den wir bisher als eher gemächlich kennen gelernt haben, plötzlich Energie. Gastarbeiter aus Bangladesh rühren aus Gips Muster für die Deckenplatten an, unter denen Klimaanlage und Beleuchtung verschwinden sollen. Da hat er dies und jenes zu beanstanden und fragt uns schnell nach unserer Meinung für das Design der Stuckarbeiten. 400 Quadratmeter Wohnfläche hat das Haus. Das gesamte Erdgeschoss ist als Empfangsebene geplant – mit getrennten Bereichen für Männer und Frauen. Von der Dachterrasse grüßt Fawzi hinüber zu seinem Nachbarn, der gerade einen Garten anlegen lässt, für Wasser in der Wüste sorgt die Entsalzungsanlage. Wir gehen hinunter, und der Mann erklärt uns, er werde in das gerade fertiggestellte Haus – ebenso großzügig wie das Fawzis – nicht einziehen. Es gefalle ihm nicht, dass in dem neuen Viertel die Straßen noch nicht fertig seien, dass es keine Läden, Kindergärten und Schulen gebe. Er lasse den Garten gestalten, auch um Käufer anzulocken. Umgerechnet mindestens eine Million soll das Haus bringen, aber so leicht werde der Verkauf nicht werden, die Kuwaitis seien anspruchsvoll.

Auf den ersten Blick ist in Kuwait zehn Jahre nach dem Krieg der Alltag eingekehrt. Die Händlerstadt ganz im Norden des Persischen Golfs erscheint wie eh und je: reich, geschäftig und aufgeräumt. Spuren des Krieges sind nicht mehr sichtbar. Doch hinter schillernden Fassaden ist die Angst geblieben. Der Schock sitzt tief in diesem Schlaraffenland, in dem das Öl Luxus und Müßiggang für fast jeden ermöglicht. Der lange Schatten des Saddam Hussein – er liegt weiter über diesem Land, das den höchsten Lebensstandard unter den reichen Golf-Emiraten hat.

Ein überzogenes Sicherheitsbedürfnis bekommen wir auch bei unseren Dreharbeiten zu spüren. In die Abenddämmerung hinein fahren wir an der gewaltigen Ölraffinerie im Süden der Hauptstadt vorbei. Die Anlagen sind illuminiert wie riesige Weihnachtsbäume, Kathedralen des Ölbooms, und bieten ein faszinierendes Bild. Wegen der einbrechenden Dunkelheit übersehen wir die roten »No photography«-Schilder am Zaun der gewaltigen Anlage. Kaum haben wir unsere Kamera aufgebaut und die ersten Einstellungen gemacht, da taucht auch schon der Werkschutz auf, kassiert uns und unser Videoband, und es kostet drei Stunden und viel Palaver, bis wir wieder herausgelassen werden – und das nur unter der Voraussetzung, die Bilder von der Raffinerie zu löschen.

Das Trauma ist allgegenwärtig. Die amerikanischen Freunde, auf die sich so viele verlassen, sind übrigens unsichtbar. Irgendwo in der Wüste sollen große Camps sein – aber eine Drehgenehmigung dafür gibt es nicht.

Anders ist es mit der UNIKOM-Truppe, der aus vielen Nationalitäten bunt zusammengewürfelten Einheit der Vereinten Nationen, die seit zehn Jahren den 240 Kilometer langen Grenzstreifen zwischen Irak und Kuwait beobachtet – und dadurch sichert. Anderthalb Stunden nördlich von Kuwait City liegt das Hauptquartier der Truppe in Sichtweite des irakischen Hafens Umm Qasr – der einzige Tiefseehafen Iraks, mit, soweit wir es beobachten können, lebhaftem Schiffsverkehr. Als wir auf die Grenze zufahren, bietet sich ein Bild, das uns wie eine Fata Morgana erscheint: Vom Asphaltband der gut ausgebauten Straße aus blicken wir in die Wüste, doch am Horizont tauchen die Aufbauten großer Frachtschiffe auf. Das Meer können wir von hier aus gar nicht sehen. Ein halbes Dutzend Schiffe wartet auf die Einfahrt nach Umm Qasr, wo sie unter den Augen der UNIKOM ihre Frachten löschen.

Wir werden erwartet. Der stellvertretende UNIKOM-Feldkommandeur, ein mächtiger Ire, der schon in Kambodscha und Somalia UN-Friedenstruppen geleitet hat, und sein italienischer Presseoffizier laden zuerst zum Tee ein und anschließend zu einem Exklusiv-Briefing über ihre Mission und die Einschätzung der Lage. Ein fünfzehn Kilometer breiter Streifen entlang der ganzen Grenze – fünf Kilometer auf kuwaitischem und zehn auf irakischem Gebiet – wird von ihnen beobachtet. Die UNIKOM-Soldaten tragen keine Waffen und sind auch zu keiner militärischen Intervention befugt. Ihr Schutz wird von einer kleinen Truppe aus Bangladesh gewährleistet. Was die Schiffe drüben im Hafen angeht, so habe man nur das Recht, sie zu beobachten und zu »besuchen«, wie das im UN-Jargon heißt. Wenn den Männern auffällt, dass hier Waren ins Land gebracht werden, die unter die UNO-Sanktionen fallen, können sie nichts anderes tun, als den Verstoß zu notieren und weiterzumelden.

Aber es gibt keine größeren Zwischenfälle, berichtet der Commander. Beide ehemaligen Kriegsparteien unterstützten die UNIKOM. Man pflege gleich gute Beziehungen zu Bagdad wie zu Kuwait. Über mögliche Truppenkonzentrationen der Iraker hinter dem Sicherheitsstreifen könne er keine Auskunft geben. Auch Informationen über die angeblich im Golfkrieg von den Alliierten verwendete Uran-Munition fallen knapp aus. Die Untersuchungen dauerten noch an. Bis endgültige Ergebnisse vorlägen, hätte er seine Leute angewiesen, Wracks von Panzern oder anderem Kriegsgerät nicht zu berühren.

Auch hier, im Bereich der UNO, sind unsere Arbeitsmöglichkeiten eingeschränkt. Vorab hatte man uns gesagt, wir könnten bei einer Inspektionsfahrt längs der eigentlichen Grenze Aufnahmen machen. Aber der Kommandierende schlägt uns das ab. Man habe sich gegenüber beiden »Gastländern« verpflichtet, dass aus den Camps und Beobachtungsplätzen der UNIKOM heraus kuwaitisches oder irakisches Gelände nicht gefilmt werden dürfe. Er selbst stehe uns für ein Interview zur Verfügung, aber nur im Inneren der Gebäude oder im Camp selbst. Dann müsse die Kamera aber so geführt werden, dass der Hintergrund nur UN-Einrichtungen zeige. Deshalb haben wir die Fahrt nicht gerade auf uns genommen.

Immerhin werden wir zum Beobachtungsposten N-9 eingeladen. Die Kamera muss zwar zunächst ausgeschaltet bleiben. Aber wir sehen die Grenzsicherungsanlagen: die kilometerlange, zwei bis drei Meter hohe Sandbarriere, die die Kuwaitis aufgeschüttet haben, dahinter einen ebenso tiefen, etwa fünf

Meter breiten Graben. Zweimal passieren wir einen mit elektrisch ladbarem Stacheldraht gesicherten Geländestreifen. Welcher Abschnitt gerade unter Strom steht, ist ein Geheimnis. Gleich hinter der Grenze die irakische Stadt Safwan mit ihren Obst- und Gemüsegärten. Mein Kollege Halim Hosny hat erst vor ein paar Tagen dort drüben gedreht und sagt, die Dreharbeiten seien auf der irakischen Seite viel leichter gewesen – weniger Einschränkungen, weniger Auflagen. Besonders beeindruckt hat ihn ein Tomatenbauer. Dessen Früchte waren so merkwürdig verkrüppelt, dass man nicht gerne davon gegessen hat. Die irakische Regierung schiebt das alles auf die amerikanische Munition – und die Bauern glauben es.

Dass unter uns, links und rechts der Grenze, das Rumaila-Ölfeld liegt, eines der größten der Welt, könnte man angesichts der Ruhe auf dem Grenzstreifen glatt vergessen. Aber dann taucht ein Förderturm auf, der auf kuwaitischer Seite aufgebaut wird. Das Rumaila-Ölfeld ist zwischen Irak und Kuwait umstritten. Gerade haben die Iraker wieder Klage geführt, die Kuwaitis bohrten »ihre« Ölfelder unterirdisch an. Vielleicht ist das nur Propaganda zum zehnten Kriegsjahrestag. Aber die Ölmärkte zittern, und der Preis pro Barrel ist auf 36 Dollar hochgeschnellt.

Beim Krieg um Kuwait ging es vor allem ums Öl, um die Kontrolle über die viertgrößten Reserven der Welt, Quellen, die nach Meinung der Experten noch hundert Jahre sprudeln werden. Saddam Hussein hatte seine Truppen am 2. August 1990 nach Kuwait einmarschieren lassen – offenbar ohne allzu große Befürchtungen, was eine Reaktion der USA anging. Noch am 25. April des Jahres, in dem die Weltpolitik nach dem Fall der Berliner Mauer Kapriolen schlug, hatte er, wie Pierre Salinger berichtet, einen persönlichen, freundschaftlichen Gruß von US-Präsident Bush zum Ende des Fastenmonats Ramadan erhalten. Zwei Wochen vorher war eine Delegation amerikanischer Senatoren im Land gewesen, die sich ausdrücklich gegen Sanktionen gegen Irak eingesetzt und Bagdad umworben hatten – als Markt für amerikanischen Weizen. Um die Menschenrechtslage, um demokratische Verhältnisse hatten die USA sich damals nicht gekümmert, sondern Saddam Hussein ganz pragmatisch als Gegengewicht zu den Mullahs im benachbarten Iran gesehen – und ihn entsprechend unterstützt, auch mit militärischen Gütern.

Denkwürdig ist ein Gespräch, das am 25. Juli 1990 – eine Woche vor der Invasion – in Bagdad zwischen Saddam und der amerikanischen Botschafterin April Glaspie geführt wurde. In diplomatisch kaum verklausulierten Worten hatte der irakische Präsident seine Absicht erkennen lassen, nach Kuwait einzumarschieren. Es sei nur normal, dass der Irak seine eigene »Vernichtung« nicht hinnehmen könne. Die Botschafterin verstand nicht, was da gesagt wurde – oder wollte nicht verstehen. Wie heute vorliegende Protokolle ausweisen, antwortete sie bei jenem Treffen: »Wir haben keine Meinung zu arabisch-arabischen Konflikten wie dem Grenzstreit mit Kuwait.« Saddam verstand die Botschafterin so: Washington, das die irakische Rolle in der Region in den achtziger Jahren immer gestützt hatte, würde jetzt auch einen Einmarsch in Kuwait hinnehmen.

Versuche, die Verantwortung für dieses diplomatische Fiasko nur der unglücklichen Botschafterin in die Schuhe zu schieben, sind übrigens nicht sehr glaubwürdig. Mitte 1991, Ende des Golfkriegs, wurden Telegramme des US-Außenministeriums bekannt, mit denen die USA im Sommer 1990 auf den irakischen Aufmarsch an der Grenze zu Kuwait reagiert hatten. Zunächst wurde noch angedroht, die USA würden ihre »vitalen Interessen« am Golf verteidigen, in einem späteren Schreiben Saddam aber nur noch aufgefordert, den Konflikt »mit friedlichen Mitteln zu lösen«. Schließlich ließ Präsident Bush – ohne erkennbare Schärfe – mitteilen, die USA würden »unsere anderen Freunde in der Region auch weiterhin unterstützen«. Alles Botschaften, die Saddam als Freifahrtschein für die Eroberung Kuwaits verstanden hatte.

Diese Hintergründe erklären auch die große Enttäuschung gegenüber Amerika, die wir auf beiden Seiten dieses arabischen Bruderstreits gespürt haben: bei den Irakern, die so plötzlich ihre Rolle als privilegierter Partner Washingtons verloren hatten, aber auch bei den Kuwaitis, die sich bis heute ihrer amerikanischen Freunde nicht ganz sicher scheinen, auch wenn Washington gegenüber Bagdad ab August 1990 eine diplomatische Kehrtwendung um 180 Grad unternommen hat.

Am Posten N-9 im irakisch-kuwaitischen Niemandsland wartet schon Richard Carr auf uns. Im Zivilleben ist der gut Fünfzigjährige Bauingenieur. Aber als die British Air Force ihren Reservisten fragte, ob er sich ein Jahr bei der UNIKOM vorstellen könne, fand er das ein reizvolles Angebot. Der einzige Zwischenfall, an den sich Carr erinnern kann, waren Demonstrationen irakischer Beduinen im letzten Oktober. Früher konnten sie ohne Pass und Kontrolle über die Grenze hin und her wechseln, heute ist das unmöglich. Sonst aber sei die Lage ausgesprochen ruhig.

Carrs Camp hat eine Fläche von 4000 Quadratmetern. Gesichert von Betonplatten besteht das eigentliche Lager aus einem fünfzehn Meter hohen Beobachtungsturm, ein paar Containern mit dem so genannten »Operations Room«, Küchen- und Essbereich, Duschen und Toiletten. Jeder der fünf UNIKOM-Soldaten hat ein eigenes Zimmer, acht Quadratmeter Privatsphäre irgendwo in der kuwaitisch-irakischen Wüste. Einmal hat es auch eine Frau im UN-Kontingent hierher verschlagen. Für sie wurde eigens ein Sanitärcontainer aufgestellt, der jetzt unbenutzt am Rand des Lagers steht. Nach einem genauen Zeitplan schickt Carr seine drei großen weißen Jeeps mit dem UN-Zeichen auf Beobachtungstour. Die Berichte der UNIKOM gehen dann an die Vereinten Nationen nach New York.

Nach dem kurzen Rundgang steigt Carr mit uns auf den Wachturm. Endlich freie Sicht auch für unseren Kameramann Jan Bruns. Von dort aus, knapp außerhalb der Fünf-Kilometer-Linie auf kuwaitischem Gebiet, können wir tief in den Irak hineinblicken. Die Straße, an der das Camp liegt, wird gerade ausgebaut. Parallel laufen Ölleitungen. Die Kuwaitis, erklärt uns Carr, versuchen mit geschenktem Land und billigem Wasser, das aus den Entsalzungsanlagen bei Kuwait City hierher gepumpt wird, Menschen im Grenzgebiet anzusiedeln. Wir sehen Schäfer mit ihren Herden. Ein zartes Grün liegt über der Wüste. Vor einigen Tagen hat es geregnet. Carr empfindet seine Arbeit als praktischen Beitrag zum Frieden. Und was das persönliche Leben angehe, kenne er keine Langeweile. Er lese viel, koche abends für seine Kameraden. Die Zusammenarbeit mit vielen Nationen – im Moment besteht seine Truppe aus einem Uruguayer, einem US-Amerikaner, einem Argentinier und einem Franzosen – sei sehr reizvoll, die Themen gingen nie aus. Allerdings: Seine freien Tage spart er sich auf und fliegt dann zu Frau und Tochter in die englischen Midlands. Noch ein knappes halbes Jahr, dann ist seine persönliche Friedensmission zu Ende.

Keine Spannungen an der Grenze. Die Hinterlassenschaften des Krieges sind fast alle weggeräumt. Auf dem Weg zurück nach Kuwait City, auf den wir uns jetzt am Nachmittag machen, sind es wirklich nur noch zwei, drei Gebäude, an denen bis heute Zerstörungen sichtbar sind.

Wir machen uns noch einmal auf zu Fawzi und seiner Familie. Die Organisation der Kriegsgefangenen hat sie, wie alle Angehörigen von Vermissten, zu einem abendlichen Fest in der Wüste eingeladen. Für die POWs ist dort ein Lager errichtet worden. Es liegt eine dreiviertel Stunde außerhalb von Kuwait, und auf dem Weg dorthin verstehen wir auf einmal mehr von diesem seltsamen Volk, das vom Öl zu einer der reichsten Nationen der Welt gemacht wurde.

Links und rechts der Autobahn, manchmal unter gewaltigen Stromleitungen oder im Schatten von Industrieanlagen, finden sich die Kuwaitis zu ihrem Wochenendvergnügen ein. Familienclans kommen zusammen, treffen sich in Zelten und haben Spaß miteinander, wie uns Salah, unser offizieller Begleiter, versichert. Der Mann mit der Baseball-Mütze von GAP, inzwischen wieder mehr Araber als Amerikaner, klagt nicht nur im Scherz darüber, was für ein großes Opfer es für ihn sei, mit uns am Wochenende durch die Gegend zu fahren und nicht bei seiner Familie zu sein. Zwischen amerikanischer und kuwaitischer Lebensweise habe er sich ganz bewusst für die seiner Heimat entschieden. Dazu gehört auch, dass er bald nach der Rückkehr aus den USA seine Mutter gebeten hat, eine Ehefrau für ihn zu suchen. Nach so vielen Jahren im Ausland seien ihm die Rituale des Kennenlernens einfach zu fremd gewesen. Er habe viele Frauen gehabt in Amerika, das Leben am Strand genossen, die Diskos, die Mädchen mit den Spaghettiträger-Shirts. Jetzt aber ... Seine Augen glänzen, als er von der Haut der Araberinnen erzählt, die, weil sie sich verhüllen, nie von der Sonne berührt wird. Wir aus dem Westen hätten keine Ahnung, was uns entginge.

Worin kuwaitisches Freizeitvergnügen besteht, zeigt uns

Salah mit offenem Missvergnügen, weil er nicht mitmachen kann. Da rasen Zehn-, Zwölfjährige in Vaters Mercedes auf festgefahrenen Sandpisten und versuchen eine Art Elchtest. Die Älteren, Jungen wie Mädchen, knattern mit Buggys, Motorrädern und Jeeps hinterher. Aus den Zelten ertönt Musik. In der Dämmerung werden überall Feuer angezündet. Oben auf dem Berg werden wir auf ein eingezäuntes Gelände gelassen. Die Familie, die sich dorthin zurückgezogen hat, gehört zu den Oberen Zehntausend. Äußerlich ist das nicht zu erkennen. Die Männer tragen Trainingsanzug und Sonnenbrille, die Jungen vergnügen sich unten auf Geländewagen. Doch uns wird eine besondere Gunst zuteil. Der Hausherr erscheint – und führt uns einen kostbaren weißen Falken vor. Das Tier trägt ein Ledermützchen und scheint mit seinem Herrn wie zu einer Einheit verschmolzen. Als wir uns verabschiedet haben, ordnet Salah – immer noch missmutig – die Verhältnisse ein: Dies sei nur ein Falke mittlerer Preisklasse gewesen. Die wirklich edlen Tiere würden aus dem Iran herübergeschmuggelt und könnten leicht sechsstellige Dollarsummen kosten.

Es ist schon nach Sonnenuntergang, als wir im Camp für die Angehörigen der Kriegsgefangenen ankommen. Ein paar hundert Menschen haben sich eingefunden. Sie lassen sich unterhalten, hocken auf dicken Teppichen in den Zelten, essen Kebab und arabisches Falafel. In Holzkohlefeuern stehen große Kannen mit Tee und Kaffee. Fawzi stellt uns seinen ältesten Bruder vor, der für das staatliche Gesundheitswesen biomedizinische Geräte auf dem Weltmarkt einkauft. Ungefähr 2,3 Millionen Menschen wohnen in Kuwait, aber nur ein Drittel von ihnen sind wie die Aldoukhis »first class citizens«. Die meisten dieser etwa 800000 Einheimischen haben einen Arbeitsplatz in der öffentlichen Verwaltung oder in Staatsbetrieben. Ihr Arbeitstag hat nicht mehr als fünf Stunden, von acht bis eins. Seit die Einnahmen durch das Öl Mitte der neunziger Jahre sinken, bemüht sich der Staat zwar darum, sie zu einem Wechsel in Privatunternehmen zu animieren, und zahlt dafür sogar stattliche Lohnzuschüsse. Aber die jungen Kuwaitis haben sich an ein System gewöhnt, in dem man mit wenig Arbeit schon als Endzwanziger gut 5000 Mark im Monat verdient und keine Steuern oder Abgaben für medizinische

Versorgung oder die Alterssicherung zahlen muss. Das Öl wird ausschließlich vom Staat ausgebeutet, und der lässt die Einnahmen in einem üppigen Wohlfahrtssystem an seine Bürger, jedenfalls die »erstklassigen«, weiterfließen. Anreize, Ehrgeiz oder Eigeninitiative zu fördern, gibt es kaum. Dass Salah, unser Begleiter, sein Wochenende opfert, ist seine Sache und wird seine Vorgesetzten eher befremden als beeindrucken. So denkt er, gerade Ende zwanzig, schon an den Ruhestand mit vierzig, an die große Familie, die er bis dahin haben will.

Wir treffen im Camp noch einmal Hannan Aldoukhi, Fawzis Schwester. Uns ist aufgefallen, dass die kuwaitischen Frauen sehr unterschiedlich auftreten. Manche sind streng schwarz gekleidet und verschleiert, manche tragen westliche Kleidung, mal mit, mal ohne Kopftuch. Der Kampf um das Recht, im Parlament vertreten zu sein, hat zunächst einmal mit einer Niederlage der Modernisierer geendet. Tausende fundamentalistisch gesonnener Frauen haben gegen diese Art von Liberalisierung protestiert und die Progressiven in die politische Defensive gedrängt. Kuwait – eine zerrissene Gesellschaft zwischen moderner und traditioneller Lebensweise, zwischen Ölreichtum und der Notwendigkeit, auch die Zukunft zu sichern, zwischen der 1991 wiedererlangten Freiheit und der lauernden Angst vor dem übermächtigen Nachbarn im Norden.

Bevor wir Hannan noch einmal befragen, bittet uns ihr Bruder, auf den Abstand zu achten und ihr nicht zu nahe zu kommen. Das könnte dem Ruf der jungen Frau schaden. Hannan ist auf Reisen schon viel in der Welt herumgekommen und wird ihr Studium demnächst in den USA fortsetzen. Sie komme zwar im Studium mit Männern zusammen, und das sei auch in Ordnung, eine streitbare Anhängerin des Frauenwahlrechts ist sie aber nicht, das sei für sie nicht so wichtig. Wir verabschieden uns. Fawzis Frau, die Mutter seiner fünf Kinder, haben wir in all den Tagen nicht zu Gesicht bekommen, obwohl uns die Familie ihre Tür weit öffnete und viel Zeit für uns aufbrachte.

Auf dem Weg zurück nach Kuwait City müssen wir tanken. Der Liter Benzin kostet in Kuwait nach mehreren Preiserhöhungen jetzt vierzig Pfennig. Als wir Salah erzählen, dass wir in Deutschland zwei Mark dafür bezahlen und das reichlich viel finden, sagt er sofort: Aber das meiste davon kassiert doch eure Regierung – als Steuer. Und außerdem: In Kuwait sei ein Liter französisches Mineralwasser fünfmal so teuer wie ein Liter Benzin.

In Saudi-Arabien, dem Land der vielen tausend Prinzen

Saudi-Arabien ist, so sehen es jedenfalls die Reiseführer der internationalen Globetrotter, noch immer eines der am schwierigsten zu bereisenden Länder der Welt. Für Individualtouristen ist es fast unmöglich, ein Visum zu erhalten. Gruppenreisen für ausländische Touristen werden seit neuestem genehmigt – aber eng begrenzt. Journalisten geht es kaum anders. Es war ein langer, freundlicher Kampf mit der saudischen Botschaft in Berlin und den Behörden in Riad, bis mein Kollege Halim Hosny die Einreisegenehmigung für uns bekam. Es bedurfte einer Menge Gespräche beim Tee, vieler Faxe und Telefonate, Unterstützung vonseiten der deutschen Wirtschaft und schließlich der Vollendung des heiligen Fastenmonats Ramadan, bis wir die Pässe mit den Visa wirklich in der Hand hatten. Die Einreisegenehmigung für ein Fernsehteam aus Deutschland wird unter solchen Umständen fast schon zum politischen Signal – einem Signal für eine vorsichtige, von einer Menge interner Auseinandersetzungen begleiteten Öffnung.

Ausschlaggebend dafür sind wirtschaftliche Gründe. Auch Saudi-Arabien, mit fast zwanzig Millionen Einwohnern der bevölkerungsreichste Golfstaat, spürt, dass das goldene Zeitalter des Öls irgendwann zu Ende geht, nicht sehr bald, aber doch mit Sicherheit. Das Land will sich darauf vorbereiten – mit ausländischen Investoren, neuen Ideen für die Wirtschaft, Tourismus. Wir sollen nach Kalkulation der Reformkräfte im Lande offenbar mit unserem Film diese Botschaft transportieren und zum neuen Image des Landes beitragen.

Doch um die Zeichen der Öffnung zu verstehen, braucht es Großzügigkeit und Phantasie. Gewiss, dass das Bordprogramm von »Saudi Airlines« während des Flugs immer anzeigt, in welcher Himmelsrichtung Mekka liegt, erscheint uns merkwürdig, ist aber nicht ungewöhnlich – auch bei Gulf-Air gibt es diesen Service für die frommen Muslime. Das Verlesen einer Koran-Sure vor dem Start soll wohl daran erinnern, dass wir ins Land der Wächter der heiligen Stätten des Islam fliegen. Dass die Einreisezettel, die im Flugzeug verteilt werden, drohend fett gedruckt die Schlagzeile »Death for drug-trafi-cers« tragen, könnte auch in Südostasien passieren. Drei Kleinigkeiten nur – und trotzdem Anzeichen dafür, dass wir auf dem Weg in ein ungewöhnliches Land sind.

Wirklich ungemütlich wird es allerdings bei der Ankunft am nagelneuen Airport von Dammam am Persischen Golf. Lange Schlangen bei der Einreise. Gerade ist ein Airbus von den Philippinen gekommen und hat Hunderte von Gastarbeitern hergebracht. Jedes Gepäckstück wird – wie sonst nur vor dem Einsteigen ins Flugzeug – sorgfältig durchleuchtet und untersucht. Die Saudis sind Sicherheitsfanatiker. Obwohl das Ereignis schon mehr als zwanzig Jahre zurückliegt, ist die Besetzung der Großen Moschee von Mekka durch religiöse Gewalttäter im November 1979 noch jedermann im Gedächtnis. Sie wurde zu einer traumatischen Erfahrung für das Königshaus Saud, das sich als »Wächter der heiligen Stätten« in einer besonderen Verantwortung für alle Moslems sieht. Die Besetzung der Moschee am letzten Tag vor dem Neujahrsfest des islamischen Jahres 1400 hatte nicht nur einen religiösen Hintergrund. Die Besetzer forderten auch den Rücktritt des damaligen Königs und – in direkter Linie zu den politischen Zielen des Osama Bin Laden – den Abbruch der Beziehungen zu den USA.

Die saudischen Sicherheitskräfte brauchten damals mehr als eine Woche, um die Besetzer aus dem Heiligtum zu vertreiben: unter Einsatz von Tränengas und Rauchbomben an diesem heiligsten Ort des Islam und, wie erst später durchsickerte, mit Hilfe französischer Anti-Terror-Einheiten. Schon im Januar 1980 wurden – in der größten Massenhinrichtung der saudischen Geschichte – 63 Geiselnehmer geköpft. Die Untersuchungen über Verlauf und Planung der Besetzung ergaben, dass sie von geheimen Zellen im Lande vorbereitet wurde, dass sich die Besetzer Waffen im Südjemen und Syrien beschafft und diese wahrscheinlich in Särgen in die Moschee geschafft hatten. Aus diesem nicht nur für das saudische Königshaus, sondern für die ganze arabische Welt einschneidenden Ereignis musste die Herrscherfamilie die bittere Erkenntnis ziehen, dass ihr Regime trotz eines streng konservativen religiösen und politischen Kurses von einer fundamentalistischen Opposition im Inneren bedroht ist.

Zwanzig Jahre hat sich an den Grundkonstellationen im Lande wenig geändert. Saudi-Arabien, das über ein Viertel der Erdölreserven der Welt verfügt, wird von einer Herrscherfamilie gelenkt, die den Wahhabismus pflegt und mit Hilfe der Öl-Milliarden in die ganze islamische Welt exportiert. Auf das Praktizieren anderer Religionen stehen strenge Strafen. Trotzdem duldet das Königshaus die Anwesenheit amerikanischer Truppen im Land, seit dem Golfkrieg sind es mindestens 5000 Soldaten – unter ihnen angeblich sogar Frauen, ein großes Ärgernis für die Fundamentalisten. Nie aufgeklärte Anschläge auf die US-Militärbasen in Riad und Dharan in den Jahren 1995 und 1996 mit Dutzenden von Toten zeigten überdeutlich, wie tief verbreitet der Widerstand gegen den Pakt mit den »amerikanischen Teufeln« ist, und dass es im Inneren der archaischen saudischen Gesellschaft viel Unzufriedenheit gibt. Das Sicherheitsbedürfnis der Herrschenden ist also nur allzu begründet.

Bei der Abfertigung am Flughafen erregt meine Computertasche Argwohn. Ein Sicherheitsmann wühlt mein Gepäck durch wie einst die Grenzer am Bahnhof Friedrichstraße. Bücher und Aufzeichnungen werden herausgekramt. Kein schöner Empfang. Immerhin haben meine Kollegen schon Vorarbeit geleistet und sind jetzt dabei, zu dem Vertreter des Informationsministeriums, der uns die nächsten Tage begleiten wird, Vertrauen herzustellen. Im Mittelpunkt unserer Geschichte soll die alteingesessene Händlerfamilie Kanoo stehen. Aber die Terminplanung bei den viel beschäftigten, international tätigen Kaufleuten ist nicht einfach. Kurzfristig müssen wir die Dreharbeiten zwei Tage verschieben – dann aber, wird uns bedeutet, werden die Kanoos sich den ganzen Tag für uns Zeit nehmen. Wir haben also Gelegenheit, uns erst einmal zu orientieren, ein bisschen Witterung aufzunehmen. Natürlich hat das Informationsministerium auch ein offizielles Programm organisiert; alles muss ja vorher beantragt, genehmigt und in die Wege geleitet werden. So kündigt man uns für den ersten Tag eine Fahrt nach Al Jubail an, eine gute Stunde nördlich von Dammam.

Al Jubail ist eine Art Zukunftsstadt, auf halbem Weg in Richtung Kuwait und ebenfalls am Persischen Golf gelegen. Saudi-Arabien baut dort schon seit den achtziger Jahren neue Industrien auf. In modernen Fabriken werden Gas und Öl zu exportfähigen Kunststoffen oder Spezialgasen veredelt. Das ist der Weg, den das Land in Zukunft einschlagen will: Es geht darum, nicht nur die wertvollen Brennstoffe, sondern weiterverarbeitete Produkte auf den Weltmarkt zu werfen. Und wie weit die Saudis damit schon sind, das sollen wir sehen.

Wir fahren durch eine total flache, jetzt im März aber relativ grüne Landschaft. Palmengärten säumen die Autobahn. Unser Begleiter macht uns auf eine riesige Anlage aufmerksam: keine Fabrik, kein Kraftwerk, sondern die größte Meerwasser-Entsalzungsanlage der Welt. Von hier wird die Hauptstadt Riad durch riesige Rohre mit Wasser – »hundertprozentig reinem Trinkwasser« – versorgt.

Bei der Ankunft in Al Jubail um die Mittagszeit begrüßen uns zwei junge Männer am Eingang des petrochemischen Werks. Sie sind PR-Leute des hiesigen Industriekonsortiums. Was sie uns zeigen wollen, sind ganz neue Anlagen, erst letzten August in Betrieb genommen. Wir könnten mit aufs Gelände fahren und filmen, was wir wollten, versichern unsere Führer. Wir suchen gute Positionen für unsere Kameras und beginnen zu arbeiten. Dabei fallen uns drei Männer auf, die sich an einer Relaisstation zu schaffen machen. Es fällt gar nicht schwer, ins Gespräch zu kommen. Ein Anfangdreißiger, Saudi, erklärt, sie seien »Operators«. Heute, am Donnerstag, dem letzten Wochentag in Saudi-Arabien, werde der Komplex nur von einer kleinen Personalbesetzung gefahren. Der Job sei gut, das Einkommen, 3000 Dollar ohne weitere Abzüge, in Ordnung, und zwanzig Kilometer entfernt sei er mit seiner Familie in einer Wohnanlage des Werks gut untergebracht. Er reise viel: Europa, Asien, Amerika, alles schon gesehen …

Leider wird unser Gespräch unterbrochen. Wir könnten die Männer bei ihrer Arbeit filmen, aber die Anweisung der Öffentlichkeitsleute ist: »No interviews!« Wir könnten doch nicht einfach jeden befragen, der uns über den Weg laufe! Das müsse mit dem Management abgestimmt werden – nur, das ist jetzt nicht verfügbar, für die Führungskräfte habe das

Wochenende schon begonnen. Diskutieren hilft nicht, und schließlich lenken wir ein. Kaum 24 Stunden nach unserer Einreise wollen wir nicht riskieren, dass unser Dreh in Saudi-Arabien endet, bevor er richtig angefangen hat. Aber immerhin: Uns wird nicht verboten, die Arbeiter anzusprechen, wenn die Kamera nicht läuft. So gehen wir auf zwei weitere Männer zu, die sich an Rohrleitungen zu schaffen machen. Sie seien Klempner, sagen sie, aus Indien. Sie verdienen mit 300 Dollar gerade mal ein Zehntel des saudischen Kollegen und sind trotzdem zufrieden mit ihrem Job. Es reicht, die Familien zu ernähren, und alle zwei Jahre fahren sie nach Hause.

Unsere Begleiter schauen auf die Uhr. Wir müssen unseren Terminplan einhalten, und der sieht unbeschadet der Tatsache, dass unser Dreh nicht gerade ergiebig war, als nächstes ein Mittagessen vor. Wir werden in eine blitzsaubere Werkskantine geführt und können uns am reichlich gefüllten Buffet etwas aussuchen. Das alles nimmt mehr Zeit in Anspruch, als wir eigentlich haben. Aber wir wollen unsere Gastgeber nicht verärgern. Nach dem Essen wieder eine Enttäuschung: Die Chemiefabrik, wegen der wir doch hierher gekommen sind, dürfen wir nur aus dem fahrenden Auto filmen. Auch als wir ein paar Fotos machen wollen, heißt es strikt nein. Warum, wird nicht klar. Dieses Verbot, fügen unsere Begleiter gleich hinzu, gelte übrigens auch für saudische Journalisten. Interviews mit der Geschäftsleitung oder technischen Fachleuten gibt es auch nicht. Als wir dann doch vernehmlich protestieren und nach dem Sinn der ganzen Unternehmung fragen, zuckt einer der PR-Leute die Achseln und sagt: »Ich habe eine Frau und sieben Kinder zu ernähren und kann meinen Posten nicht riskieren.«

Es scheint sich zu bestätigen, was ich vor der Reise gelesen habe. Saudi-Arabien sei ein so starres System wie einst die Sowjetunion, gewisse Reformtendenzen seien aber spürbar. Nur einer wie Gorbatschow, der Perestroika und Glasnost auch durchsetzt, den habe das Reich der vielen tausend Prinzen noch nicht hervorgebracht.

Die Öffnung fällt Saudi-Arabien sichtlich schwer. Achtzig Jahre sollen die Ölvorräte noch reichen. Heute trägt das Land etwa vierzehn Prozent zur Weltproduktion bei. In der OPEC spielt Saudi-Arabien eine Schlüsselrolle. Sein maßvoller Kurs beim Streit um Fördermengen und Preise hat die Weltkonjunktur vor kurzem vor einem Absturz gerettet. Beziehungen zum Nachbarland Irak unterhält Saudi-Arabien zehn Jahre nach dem Golfkrieg noch immer nicht. Dafür ist es weiterhin ein treuer Verbündeter der USA. Das hindert die Regierenden aus dem Hause Saud nicht, nach innen an einem äußerst konservativen Kurs festzuhalten: dem islamischen Recht. Die Scharia ist nicht nur gültig, sie wird auch noch eng ausgelegt. Todesstrafe, Auspeitschen und das Abhacken von Gliedmaßen gehören zum Rechtsalltag. Es gibt keine Parteien, keine Wahlen, kein Parlament. Frauen können sich zwar beruflich engagieren, in bestimmten Grenzen jedenfalls – so soll es allein in der Region Jeddah mehr als 300 Unternehmerinnen geben. Einen Führerschein können Frauen aber weiterhin nicht erwerben, und sie haben sich in der Öffentlichkeit zu verschleiern.

Da drängt sich der Eindruck auf: Die Ausländer sind nur willkommen, weil Saudi-Arabien seine wirtschaftliche Zukunft nach dem Öl absichern will. Auslandsinvestoren sollen Kapital, moderne Technologie und frische Geschäftsideen bringen. Der Vergleich mit der Sowjetunion ist allerdings an einem Punkt ganz falsch. Das Land ist reich, seine Bürger leiden keine materielle Not – ein gewaltiger Unterschied, weil unter solchen Umständen kaum Reformdruck aus der Bevölkerung entstehen kann. So erinnert uns der neue Zukunftskurs eher an China: Wirtschaftsreformen ja, aber sonst soll alles beim Alten bleiben.

Nach unserer Rundfahrt durch das Chemiewerk geht es zurück nach Dammam. Wir haben uns vorgenommen, ein paar »beauty shots« einzufangen – Stadtaufnahmen, architektonische Details, Alltagsszenen. An der Uferpromenade von Dammam, Corniche genannt, treffen sich Familien, Gruppen, auch einzelne Pärchen zu einem ruhigen Start ins Wochenende. Als Erstes fällt mir eine Frau auf, die auf dem Rasen sitzend eine Art Kiosk aufgebaut hat. Ich kaufe ein paar Getränke, und beim Bezahlen trifft mich ein langer Blick aus auffällig geschminkten Augen, die von der Gesichtsbedeckung doch nicht ganz verhüllt sind. Die Frau wird von einer Freundin begleitet, die zwar ein Kopftuch trägt, aber ihr Gesicht zeigt. Auch ihr Blick ist direkt und klar; wäre ich nicht in Saudi-Arabien, würde ich sagen: auffordernd. Mein ägyptischer Kameramann Ibrahim Al Botout fängt Szenen aus dem Park am Meeresufer ein, spielende Kinder, Menschen auf der Promenade; keine Nahaufnahmen von Frauen, hat uns der offizielle Begleiter eingeschärft. Ich vertreibe mir die Zeit, laufe auf und ab und werde prompt von ein paar jungen Männern angesprochen, die fragen, was wir hier eigentlich tun.

Noch bevor ich uns vorstellen kann, bricht aus ihrem Wortführer, der sich als Mohammed vorstellt, der Ärger heraus: Es sei ein Skandal, wie sich die Frauen hier aufführten. Er nimmt Anstoß an den Gastarbeiterinnen aus Asien, die verschleiert, aber eben nicht vollkommen bedeckt und nur zum Teil in männlicher Begleitung die Wintersonne genießen. Mohammed, 27, Pilot der saudischen Luftwaffe mit dreijähriger Ausbildung in den Vereinigten Staaten, kann das gar nicht fassen und sorgt sich, dass unsere Kamera ein solches Bild einfangen und ins Ausland transportieren könnte.

Unsere Dreharbeiten gestalten sich alles andere als einfach. Wir diskutieren über jede einzelne Einstellung. Bilder verschleierter Frauen könnten, so die Argumentation unseres »Kollegen«, die Privatsphäre der Familien berühren, mit unangenehmen Folgen für uns. Warum machen wir keine Landschaftstotalen – lange Schwenks über die Silhouette der Stadt am Meer, mit ihren vielen neuen Gebäuden? Wir lassen uns Zeit und weichen einem offenen Streit aus. Gott sei Dank kann unser Kameramann die Empfindlichkeiten verstehen, sich ohne Übersetzer verständigen. Er bleibt ruhig, sieht, erklärt, verhandelt – und schließlich können wir uns den Menschen doch ein wenig nähern. »Close ups« von Frauen vermeiden wir, aber unsere »wide shots« zeigen schwarz verhüllte Damen bei ihrem Wochenendspaziergang – gänzlich verhüllt und, so empfinden wir das, ihrer Persönlichkeit beraubt.

Öffnung, denken wir uns, ist nie ein einseitiger Prozess. Man kann sich nicht Investoren, Fachleute, Arbeitskräfte ins Land holen und von ihnen erwarten, dass sie – so viel Geld sie auch verdienen – ihr früheres Leben, ihre Kultur und Moralvorstellungen, völlig unterdrücken und sich total anpassen. Mohammed, der junge Pilot, aber empört sich über diese westliche Verhaltensweise, so viel Schamlosigkeit. Bei dieser zufälligen, unserem offiziellen Begleiter eher unbehaglichen Unterhaltung an der Strandpromenade von Dammam beteuert er im Kreise von sieben, acht Freunden ganz aufrichtig, sein Land werde auch in Zukunft auf seinem eigenen Weg stark sein. Von »Öffnung« im Sinn von mehr Toleranz keine Spur!

Aber kleine Begegnungen am Rande oder nach den Dreharbeiten zeigen dann auch ein anderes Bild. Am Abend beziehen mich drei Saudis in der Dampfsauna des Hotels sofort ins Gespräch ein, berichten über ihre Sympathien für Deutschland – doch nicht auf jeden historischen Führer, von dem da geschwärmt wird, kann auch ich stolz sein. Aber ich verstehe schnell, dass für meine Einwände hier wenig Verständnis herrscht. Ich ziehe es vor, erst einmal weiter zuzuhören. Einer der Männer, vielleicht Ende dreißig, erzählt, er habe vor zehn Jahren für seinen alten, kranken Vater eine Villa gekauft, in Wiesbaden, und sei schon mehr als fünfzigmal dort gewesen – Deutschland sei einfach ein tolles Land. Er beschwört mich, mir jetzt am Wochenende unbedingt die dreißig Minuten zu nehmen, um über die Brücke nach Bahrain zu fahren und mir die Hauptstadt des kleinen Nachbarstaates anzuschauen. Das Leben hier in Dammam sei schon in Ordnung, aber »frei« seien die Menschen dort drüben.

Es ist Samstag, das Wochenende ist vorbei. Am dritten Tag in Dammam sind wir also im Kanoo-Tower angekommen. Abdul Aziz Kanoo überblickt aus seinem großen Büro im neunten Stockwerk nicht nur die Stadt, sondern auch die Hafenanlagen, bis hin zu den riesigen Öltanks, die am Horizont in der Ferne flimmern. Kanoo ist stolz auf die Sicht und dass seine Familie die Geschichte Dammams mitgeschrieben hat. Die Zeiten, in denen hier nur Wüste war, liegen erst wenige Jahrzehnte zurück. Jetzt wirkt die Hauptstadt der saudischen »Eastern Province« modern, geschäftig und nach den Regenfällen kürzlich sogar ein wenig grün. Schaut man nach rechts, rückt Al Khobar ins Blickfeld, das neue, vornehme Stadtviertel am Meer, mit Hotels, Shopping Malls und Parks – fast ein bisschen wie Kalifornien. Auch in diese prächtige Vorstadt am Meer führt übrigens die Spur der Extremisten. Im Juni 1996 hatte es auf die dortige amerikanische Kaserne ein Bombenattentat gegeben, hinter dem Sympathisanten Bin Ladens stecken sollen.

Kanoo, Vizepräsident eines Familienunternehmens mit mehr als einhundertjähriger Geschichte, hat in seinem Büro Fotos aus der ereignisreichen Familienhistorie aufgestellt, verschwommene Schwarzweißfotos aus den Anfangszeiten, aber auch Aufnahmen von Begegnungen mit den Großen dieser Welt, von Margaret Thatcher bis George Bush. Mit dem Blick in die Vergangenheit gibt er sich aber nicht zufrieden. Kanoo ist eines der traditionsreichsten großen Handelshäuser des arabischen Subkontinents – mit Reisebüros und Spedition, mit Anteilen im Gasgeschäft und Immobilienbeteiligungen, mit Niederlassungen überall am Golf, im benachbarten Bahrain, in Dubai, Abu Dhabi, Oman und seit neuestem auch im Iran. Jetzt, zu Beginn des neuen Jahrtausends westlicher Zählung, ist, das spürt Kanoo genau, wieder so eine Zeitenwende wie damals, als die ersten Linienflugzeuge im Golf zwischenlandeten, oder später, als der Container den Handel revolutionierte. Das Haus Kanoo muss reagieren, um weiter groß und einflussreich zu bleiben.

Vielleicht hat der schlanke, elegante Herr mit der grauen Dischdascha und dem weißen Kopftuch das Meeting mit seinen Direktoren an diesem Morgen einberufen, um unserer Kamera etwas zu bieten. Doch die zunächst etwas steife Konferenz wandelt sich schnell zu einer Ideensammlung über die Zukunft des Unternehmens. »The floor is open«, ermutigt Kanoo seine leitenden Angestellten. Jeder soll seine Meinung sagen. Auch das gehört zum Stil des Hauses. Die Herren sind sich einig: Saudi-Arabien steht vor einer dramatischen Wende. Der Öl-Wohlstand hat zu einer Geburtenexplosion geführt. Nicht mehr lange, dann drängen Millionen junger Leute auf den Arbeitsmarkt. Zwar ist das Land reich, aber anders als im benachbarten Kuwait kann nicht jeder der fast zwanzig Millionen Saudis mit einem Arbeitsplatz im staatlichen Bereich rechnen. Der Staat hat ein milliardenschweres Investitionsprogramm aufgelegt, und das Haus Kanoo wird sich davon ein gutes Stück abschneiden.

»Was können wir am besten?«, fragt der Seniorchef. Weiterverarbeitende Industrie, Dienstleistungen? Wie können wir schon bestehende Joint Ventures mit ausländischen Partnern ausbauen? Wo plant der Staat Investitionen? Und welche Rolle spielen diese Orte auf der Landkarte der Kanoos? Wie kann sich das Unternehmen auf die neuen großen Chancen einstellen? Die Runde einigt sich schnell: Eine kleine Gruppe soll alle Möglichkeiten rasch prüfen und Vorschläge ausarbeiten. Am Ende der Sitzung lacht uns Kanoo zu: »Mit Ihrer Hilfe ist bei dieser Konferenz sogar etwas herausgekommen.«

Das Stichwort für das staatliche Milliardenprogramm heißt »Saudisierung«. Die Regierung in Riad hält die Unternehmen an, offene Jobs mit jungen Leuten aus dem eigenen Land zu besetzen. Langfristig soll die saudische Wirtschaft der eigenen Jugend Arbeit geben und nicht in erster Linie den »expatriats« aus Indien, Sri Lanka, Bangladesh oder Pakistan. Für die Kanoos ist das kein neues Thema. Schon 1996 haben sie in Dammam, später auch in ihren Niederlassungen in Riad und Jeddah, Trainingszentren für einheimische Jugendliche eingerichtet. Kein Zufall also, dass Kanoo uns diese Schule zeigen will, als die Vorstandssitzung zu Ende geht.

In drei Klassenräumen ganz in der Nähe des Strandes und gleich in der Nachbarschaft der kleinen Siedlung für ausländische Fachkräfte werden ausschließlich junge Männer ausgebildet. Unser Besuch am Samstagmittag, in Saudi-Arabien der Beginn der Arbeitswoche, ist fast ein Überfall. Die Türen stehen offen. Gruppen von zehn bis zwanzig Schülern büffeln. Eine Klasse arbeitet am Computer, eine andere hat Englisch, die dritte studiert gerade das Streckennetz von Saudi Airlines: Fachwissen für die wachsende Reise-Industrie. »Hier sitzen die Chefs von morgen«, erklärt Mr. Abdul Aziz etwas feierlich. Aber wie er es sagt, das erinnert uns an den Familiengrundsatz, den er am Morgen in seinem Büro klargemacht hatte. Jeder müsse für sein Geld arbeiten, jeder sei Angestellter, selbst er spüre, wie auch sein Cousin Abdullah, Präsident der Kanoo-Gruppe, das Auf und Ab des Geschäfts am Gehalt und am Bonus.

Die Nachwuchsrekrutierung ist trotz des schon fühlbaren Bevölkerungsschubs nicht einfach. Der Leiter des Trainingszentrums erklärt uns: Bis zu 400 Bewerbungen gehen bei der Kanoo-Gruppe jährlich ein. Etwa 200 junge Leute würden zu Auswahlgesprächen eingeladen und dann etwa dreißig genommen. »Man sieht es an den Augen der jungen Leute, ob sie Ehrgeiz haben, ob sie etwas leisten wollen.« Fremdsprachenkenntnisse bringen die Achtzehn-, Neunzehnjährigen zwar aus der Schule mit. Aber hier wird vor dem eigentlichen Berufseinstieg noch einmal richtig gebüffelt. Es geht übrigens nicht nur um Fachkenntnisse, sondern, so der Leiter, um die Arbeitsethik, um Pünktlichkeit, Disziplin, die Einhaltung von Regeln. Kanoo ergänzt: Leider bleiben von diesen jungen Leuten nur die wenigsten bei uns. Wir bilden sie aus – und schon bekommen sie ein Angebot von irgendwoher. »Aber diese Schule ist für uns auch ein Stück Verantwortung für die Gemeinschaft.«

Wir fragen Kanoo, ob angesichts dieser Versammlung lernwilliger junger Männer nicht etwas fehle – nämlich junge Frauen. Das macht ihn ein bisschen verlegen. »Die Zeit wird es weisen«, sagt Kanoo, und in der Tat hatte er am Morgen mit seinen Managern über eine Notiz in der Zeitung diskutiert. Der saudische Industrieminister fordert die einheimischen Geschäftsleute auf, auch in Jobs für junge Frauen zu investieren. Zwar ist offiziell noch von den so genannten »weiblichen« Berufen die Rede – Pflege, medizinische Versorgung oder der Schneiderberuf. Aber die Runde im Boardroom von Kanoo kann sich mehr vorstellen. »Schauen wir uns in anderen Ländern um«, sagt der für die Reisebüros zuständige Direktor. »Das ist doch eine typische Frauenbranche.« Aber in Saudi-Arabien eindeutig Zukunftsmusik. Und da die Geschlechter im Alltag streng getrennt leben und arbeiten (in Hotels und Banken fallen uns die »Ladies Entrances« auf), würde die Einbeziehung von jungen Frauen eine totale Veränderung des Arbeitslebens und auch des Trainingszentrums mit sich bringen – ein Gedanke, den sich Kanoo auch beim besten Willen nicht, jedenfalls jetzt nicht vorstellen kann.

Den ganzen Tag hat sich Abdul Aziz Kanoo für uns frei genommen – und jetzt machen wir uns in seiner schwarzen Limousine deutscher Bauart auf den Weg in sein Privathaus. Seine Frau werden wir nicht antreffen. Sie lebt drüben, im Scheichtum Bahrain. Das Haus dort liebt Kanoo besonders, nicht nur weil es der eigentliche Mittelpunkt seines Familienlebens ist, sondern auch wegen seiner Papageiensammlung. 800 Papageien aus aller Welt hält er dort. Und nicht ohne Selbstironie sagt er: »Sehen Sie, es gibt auch Araber, die brauchen kein Zelt und keinen Falken, um glücklich zu sein.«

Bahrain ist für die Kanoos mehr als das private Rückzugsfeld. Hier begann in den zwanziger Jahren der Aufstieg der Familie. Der kleine Inselstaat jenseits der Brücke ist Vorbote für die Veränderungen, vor denen die arabische Welt steht. Natürlich dürfen die Frauen in Bahrain Auto fahren, brauchen sich nicht zu verhüllen und können arbeiten. Viele der aus Europa stammenden Manager Kanoos leben dort mit ihren Familien. Das Herrscherhaus von Bahrain denkt über eine Verfassung, über mehr Demokratie nach – Stichworte, die in Saudi-Arabien umstürzlerisch klingen.

Beim Blick in die Morgenzeitung fiel mir eine Notiz der »Arab Times« auf, nur ein paar Zeilen lang, aber insofern interessant, als das Blatt, das in Saudi-Arabien redigiert wird, eine Äußerung der Ehefrau des Scheichs von Bahrain aufgreift. Sie wird mit den Worten zitiert, in Bahrain stünde einer Frau, die das Amt eines Ministers anstrebe, nichts im Wege. Frauen seien als Botschafterinnen tätig, als Staatssekretärinnen oder Mitglieder der Schura, des Ältestenrats – warum also nicht auch in den höchsten politischen Ämtern? Als ich Kanoo im Auto frage, was er davon hält, sagt er vieldeutig: »Es gibt nichts, was Frauen nicht tun könnten.« Aber in Sachen Demokratie ist er zurückhaltend: Saudi-Arabien sei eben anders. Hier könne jeder in der Sprechstunde des Königs oder Prinzen erscheinen und seine Meinung sagen. Bei uns im Westen käme der Bürger doch nicht mal an einen Minister ran.

Kanoo teilt sich sein Haus in Dammam – nach unserem Empfinden ist es ein moderner Palast – mit seinem Cousin Abdullah. Ihm waren wir am Morgen schon kurz begegnet. Abdul Aziz hatte uns ins Büro des Älteren gebeten, zu einem Höflichkeitsbesuch nach arabischer Etikette. Abdullah und Abdul Aziz sind die vierte Generation des Hauses Kanoo. Der Ältere hat einen, der Jüngere vier Söhne. Ohne Umschweife kam Abdullah auf die Notwendigkeit von Veränderungen zu sprechen, plädierte für Öffnung und Reformen. Die Regierung gehe das Thema ein bisschen zu langsam an. Abdul Aziz, der Jüngere, bremste ein bisschen: Ja, ändern müsse sich schon einiges, aber all das brauche seine Zeit. Wohin überstürzte Reformen führten, könne man am Beispiel des Iran, des Nachbarn am anderen Ufer des Golfs, am besten studieren. Dort sei der rasante Öffnungskurs, den Schah Reza Pahlewi seinem Volk in den siebziger Jahren verordnet hatte, von den Menschen nicht akzeptiert worden und habe am Ende zum jetzigen Regime geführt.

Trotzdem gewinnen wir im Laufe des Tages den Eindruck, dass die saudische Geschäftswelt Druck auf die politische Führung macht. Die Ausbeutung des Öls hat binnen weniger Jahrzehnte aus einer gottverlassenen Wüste am östlichen Rand der Arabischen Halbinsel eindrucksvolle Städte wachsen lassen. Jetzt muss sich das Land auf eine Zukunft nach dem Öl umstellen. Und dazu braucht es die Fähigkeit, Produkte aus eigener Fertigung auf den Weltmarkt zu bringen. »Das ist nicht anders als in Europa«, sagt Abdul Aziz, »auch ihr habt euch irgendwann nicht mehr mit der Ausbeutung der Rohstoffe, der Kohle zum Beispiel, zufrieden gegeben. So muss es auch bei uns sein, wenn wir in der globalisierten Wirtschaft eine Rolle spielen wollen.« Um neue Arbeitsplätze zu schaffen, müsse die Wirtschaft wachsen – und dazu neue Märkte erschließen, neue Produkte entwickeln. Den Kanoos geht es gar nicht um revolutionäre Veränderungen, mehr um pragmatische Schritte: Verwaltungserleichterungen, mehr und schnellere Einreisegenehmigungen für ausländische Partner, Ausbildung der Saudis.

Das Haus der Kanoos an der Corniche von Al Khobar besteht aus drei Gebäuden – je einem Wohnkomplex für die beiden Cousins, einem Gästehaus mit großzügigen Salons und einem Speisesaal für 75 Personen, alles um einen schönen Garten mit Pool gruppiert. Sprungbrett, Liegestühle – all das sieht so aus, als würde es nicht oft benutzt. Hier wird repräsentiert, aber auch Politik gemacht.

Bei unserer Ankunft ist der Tisch zu einem opulenten Lunch gedeckt. Auch Ali Kanoo ist gekommen, der älteste Sohn von Abdul Aziz. Ali, mit Anfang dreißig Vater von fünf Töchtern, ist so etwas wie der Außenminister der Sippe. Er reist häufig zu Gesprächen nach Riad, unterzeichnet Dokumente, wenn die beiden Senioren nicht verfügbar sind. Beim Mittagessen sitzt er an der Seite seines Vaters. Wir diskutieren über Pressefreiheit und Meinungsvielfalt. Die meisten

Saudis am Tisch sind skeptisch und glauben zum Beispiel, dass der erfolgreiche arabische Fernsehsender Al Dschasira, der im benachbarten Doha produziert wird, die Politik strittig darstellt und bei den Menschen deshalb äußerst populär ist, von der CIA oder mit israelischen Geldern bezahlt wird – um die Araber auseinander zu bringen. Ähnlich wie beim Thema Menschenrechte können wir uns mit unseren westlichen Vorstellungen von Meinungsfreiheit, Pluralismus und Streitkultur nicht recht durchsetzen. Aber immerhin: Wir haben am Tisch der Kanoos offen diskutiert – es gab keine Tabus. Nach dem Essen werden im tiefer gelegenen Salon, in dem die ganze Zeit über der Fernsehsender CNN eingeschaltet war, Süßigkeiten, Früchte und Tee gereicht.

Dann fahren wir zur letzten Station im Reich der Kanoos: einem hochmodernen Betrieb, in dem Industrielacke hergestellt werden. Die Produktions- und Lagerhalle liegt gut eine halbe Stunde außerhalb von Dammam in der »Industrial City No. 2«. 110 Leute sind hier beschäftigt, fast jeder zweite Facharbeiter ist ein Saudi, ungewöhnlich genug. Die Farben und Lacke sind nicht nur für den einheimischen Markt bestimmt, sondern werden auch exportiert – die Lackfabrik ist also in doppelter Hinsicht eine Art Musterbetrieb für das Saudi-Arabien der Zukunft. Abdul Aziz drängt es, an dieser Stelle seinen Appell zu wiederholen: »Es lohnt sich, in Saudi-Arabien zu investieren. Das Land verspricht eine ausnehmend gute Rendite. Ausländische Unternehmer müssen keine Steuern bezahlen, und Grund und Boden bekommen sie fast geschenkt.« Und er erinnert noch einmal daran, dies sei nicht ein Land wie die kleinen Emirate in der Nachbarschaft: »Saudi-Arabien ist ein halber Kontinent, unsere Fläche entspricht zwei Dritteln Europas. Wir sind ein großer Markt – und haben unser Potenzial noch lange nicht ausgeschöpft.«

Unser Besuch geht zu Ende und damit der Blick in eines der rätselhaftesten Länder der Erde. Wir haben den Eindruck, es bewegt sich etwas; langsam, aber unvermeidlich. Die Geschäftsleute wollen und brauchen Veränderungen. Die Einflüsse aus dem Ausland sind schon überall sichtbar – sie kommen übers Fernsehen, den Computer, das Internet und die vielen ausländischen Arbeitnehmer, die Verbindungen zu den offeneren kleinen Emiraten haben. Aber die Herrschenden bremsen die Öffnung noch, vor allem die Öffnung für neue, moderne Ideen. In Saudi-Arabien begegnete uns eine schizophren wirkende Gesellschaft: einerseits eine mittelalterlich anmutende Ordnung, mit starren Rollen für Männer und Frauen, andererseits westliche Konsum- und Freizeitgewohnheiten, vom Land Rover über Shopping Malls bis zu Kentucky Fried Chicken. Dazu kommt der Zwang, sich angesichts der Bevölkerungsexplosion für die Zeit nach dem Öl-Boom zu rüsten. Aber es gibt keinen Raum, die daraus resultierenden Spannungen produktiv werden zu lassen. Jede Diskussion wird in den Privatbereich beziehungsweise den Untergrund gedrängt – ein idealer Nährboden für Fundamentalisten. Die Wirtschaft dringt auf Öffnung – aber der Politik fehlt der Mut. Ob sich unter den vielen Prinzen ein Gorbatschow findet?

Wir verabschieden uns von Abdul Aziz Kanoo – die klimatisierte Limousine rauscht davon. Auf der Rückfahrt zum Hotel setze ich mich auf die Ladefläche unseres Pick-up-Fahrzeuges und genieße die Frühjahrssonne. Schade, dass wir mit diesen weisen Händlern nicht mehr Zeit verbringen konnten.

Die Schmuggler von Musandam

Khasab ist der Hauptort der Musandam-Halbinsel, des nordöstlichen Teils von Oman. Vom Rest des Landes durch die Vereinigten Arabischen Emirate abgetrennt, ist Musandam ein wilder Landstrich aus Felsen und Bergen, die sich tief ins Meer einfräsen und den Eindruck von Fjorden erwecken. Das örtliche Reisebüro hat sich dafür die Bezeichnung »Norwegen Arabiens« einfallen lassen und liegt – sieht man vom Wetter ab – damit gar nicht falsch. Musandam ist die südliche Begrenzung der Straße von Hormus, des Übergangs vom Persischen Golf zum Indischen Ozean. Durch das nur fünfzig Kilometer breite Nadelöhr zwischen Iran und Oman müssen alle Tanker hindurch, die das Öl der Golfstaaten auf den Weltmarkt bringen.

Wir haben Glück. Vor zwei Tagen hat es hier noch geregnet, war der Himmel wolkenverhangen. Aber seit wir gestern im Morgengrauen mit der kleinen Propeller-Linienmaschine aus der Hauptstadt Maskat angekommen sind, ist es klar. Jenseits des Meeres erkennen wir einen Streifen des iranischen Festlands und die Tanker, die sich wie Spielzeugschiffe von hier aus in den Golf schieben. Schon aus dem Flieger erschließt sich die schroffe Schönheit Musandams. Selten sind die Gegensätze so klar wie hier: Die Farben der rauen Felsenlandschaften changieren zwischen Grau, Rot und Gelb, ohne jedes Grün. Zwischen den Gesteinsformationen gräbt sich ein metallisch-blaues Meer tief in die Felsenlandschaft ein, dukken sich kleine Ortschaften mit ihren kubisch gebauten, oft zinnenbewehrten Häusern und Palmenhainen. Die kleine Hauptstadt Khasab sitzt mit ihrem üppigen Palmengarten auf einer Grundwasserblase, die das Leben möglich macht.

Die Meerenge ist einer der geopolitischen Brennpunkte der Welt. Wer die Straße von Hormus kontrolliert, sitzt am Ölhahn des Westens. Außerdem verläuft hier auch sozial und religiös eine Grenze: zwischen dem traditionellen, aber toleranten Islam des Oman und dem fanatischen Mullah-Regime im Iran, zwischen den reichen Ölstaaten – Wirtschaftswachstum im Jahr 2000 fünf Prozent – und dem Gottesstaat, wo breite Massen verelendet sind.

Der Tourismus entwickelt sich erst langsam in Musandam. Bis nach dem Golfkrieg war die ganze Halbinsel militärisches Sperrgebiet. Jetzt kommen immer mehr Touristen hierher. 159 Gäste habe sie im November gehabt, sagt unsere Gastgeberin, eine zupackende Berlinerin, die vor wenigen Monaten beim einzigen Reisebüro am Ort angefangen hat. Es sind vor allem Inder, Briten, auch ein paar Deutsche, die ein besonderes Naturerlebnis suchen: Sie wollen tauchen, sich mit einer traditionellen Dhau auf eine Insel fahren lassen. Gerade hat unsere Wirtin in unmittelbarer Nähe des Flughafens ein neues Haus mit komfortablen Apartments eröffnet. Das Geschäft läuft gut. Für Januar haben sich viele Gäste angesagt. Die meisten kommen über die Küstenstraße aus Dubai und Abu Dhabi. Da die Betten für den unverhofften Andrang nicht reichen, müssen jetzt ein paar Notmatratzen im Haus des Tauchlehrers ausgelegt werden.

Ende Dezember, ein paar Tage vor Weihnachten, ist das Klima traumhaft. Glasklare, saubere Luft – keine Industrie weit und breit. Nachts kühlt es auf zehn Grad ab. Tagsüber klettert das Thermometer auf 25 Grad, keine Luftfeuchtig-

Assilah ihre eigene Frau, und das schon seit fast zehn Jahren. 1991 hat sie im »Al Harthy Complex« in der omanischen Hauptstadt Maskat eine Shopping Mall nach amerikanischem Vorbild eröffnet – ganz offensichtlich ein Erfolg.

Im Foyer hängt ein Foto ihres Vaters. Der Scheich ist ein imponierender Mann, der hier mit Krummdolch und traditionellem Gewand abgelichtet ist. »Wenn er Geschäftsfreunde empfängt, bittet er mich immer noch, unsichtbar zu werden«, erzählt Assilah. Aber sie kann darüber schmunzeln. Sie hat sich entschlossen, ihr eigenes Leben zu führen und die Traditionen trotzdem zu respektieren. »Als ich anfing, war ich ziemlich allein. Aber jetzt folgen immer mehr junge Frauen meinem Beispiel.«

Assilahs Karriere fällt auf. Sultan Qabus, omanischer Staatschef seit dreißig Jahren, hat sie gerade in die Industrie- und Handelskammer berufen. Schon machen Mädchen und junge Frauen mehr als die Hälfte der omanischen Studierenden aus. »Die anderen Golfstaaten ertrinken im Öl«, sagt Assilah, »wir müssen in die Gehirne, in unsere Ausbildung investieren.«

Neben vielen anderen Fotos, die in ihrem Büro hängen – Handshakes mit Prinz Charles oder Königin Nur von Jordanien –, fällt in einem prachtvollen Rahmen das großformatige Bild auf, das Assilah zusammen mit Sultan Qabus zeigt. »Diesem Mann haben wir alles zu verdanken«, sagt sie sehr ernst. Wir werden in Oman niemanden treffen, der auch nur eine Spur Kritik an Qabus äußert. Im November hat der Mann, den die Bilder stets im traditionellen weißen Gewand der Omanis zeigen, den dreißigsten Jahrestag seiner Amtsführung begangen. Aus einem unterentwickelten Wüstenland ohne Schulen und mit einer einzigen befestigten Straße hat er binnen weniger Jahrzehnte ein Land geformt, das uns wie die Schweiz Arabiens vorkommt – nicht nur wegen der immer präsenten Gebirge. Oman ist gut organisiert, aufgeräumt – die Leitplanken der Schnellstraße zum Flughafen werden von Gastarbeitern blank geputzt. Bei aller Offenheit wahren die Omanis doch eine Distanz zu den Ausländern. Oman – ein Land hat sich vom Ölreichtum nicht korrumpieren lassen und den Weg in die Zukunft gefunden.

Mit dem ihr eigenen Selbstbewusstsein kommentiert Assilah Al Harthy auch die Politik. Die Frau fährt regelmäßig zu den Weltwirtschaftsforen nach Davos und kann sachkundig über Berlin vor und nach dem Mauerfall plaudern: Dass Saddam Hussein auch zehn Jahre nach dem Golfkrieg immer noch in Bagdad regiere, könne doch kein Zufall sein. Irgendwie werde dieses Regime wohl gebraucht – um die Balance am Golf zu halten, sonst würde die arabische Welt zwischen Israel und Iran aus den Fugen geraten. Frieden könne es aber nur durch Ausgleich geben. Ein bisschen rhetorisch fragt die Geschäftsfrau: »Wie viel internationale Hilfe erhält Israel? Und was bleibt für die Palästinenser übrig?« Die neue Intifada hat auch den Spielraum Omans enger gemacht. Nach der Unterzeichnung des Oslo-Abkommens konnte Israel eine Handelsmission im Botschaftsviertel von Maskat eröffnen – geplant war mehr. Doch diese Pläne sind erst einmal auf Eis gelegt, seit das Fernsehen täglich Bilder von sterbenden palästinensischen Jugendlichen zeigt. »Aber wir haben keine Alternative zur Zusammenarbeit«, sagt Assilah zum Abschied.

Jerusalem und die zerstrittenen Söhne Abrahams

Es ist Freitagmorgen, kurz nach acht, in Israel der letzte Tag der Woche. Wenn die Sonne untergeht, beginnt der Schabbat. Gestern hat es in Jerusalem geregnet, es war kalt. Doch heute morgen ist der Himmel wieder klar und blau. Durch die engen Gassen der Altstadt gehen wir in Richtung Klagemauer, zum einzigen Rest des zweiten jüdischen Tempels in der Heiligen Stadt.

Nathanel hat uns vorgeschlagen, so früh am Tag hierher zu kommen. Noch haben die arabischen Händler ihre Andenkengeschäfte nicht geöffnet. Es ist ganz still. Orthodoxe Juden in traditioneller Kleidung und palästinensische Kinder mit ihren Schulranzen auf dem Rücken huschen durch die Gewölbe. Im ersten Café, das gerade öffnet, trinken wir schnell noch einen Milchkaffee. Aber Nathanel drängt zur Eile. So früh am Morgen sei die Stimmung an der Klagemauer am eindrucksvollsten. Nach dem Schatten der Altstadt, nach der Enge und dem Dunkel des arabischen Viertels von Jerusalem liegt der Platz vor der Klagemauer plötzlich fast leuchtend vor uns. Die Morgensonne taucht das alte Gemäuer in gleißendes Licht. Auch Nathanel strahlt, weil er uns nicht zu viel versprochen hat.

Vor acht Jahren ist der heute 21-Jährige mit seinen Eltern aus Südafrika nach Israel gekommen. Seine Freunde nennen ihn Nathi. Er ist hier zur Schule gegangen, hat sein Abitur gemacht. Dann überraschte er seine Familie, die nicht aus religiösen Motiven emigriert war, mit dem Entschluss, in eine Thora-Schule in Jerusalem einzutreten.

Nathanel Cohen ist temperamentvoll, immer in Bewegung. Bald wird er seinen Militärdienst absolvieren. Dem aufgeweckten jungen Mann ist seine Frömmigkeit nicht auf den ersten Blick anzusehen. Aber Nathanel widmet sein Leben dem Studium der Heiligen Schrift, jeden Tag von frühmorgens bis in die Nacht hinein. Sein Traum ist es, auf dem Tempelberg, dessen Fundament die Klagemauer ist, den dritten Tempel aufgerichtet zu sehen. »Es war unsere Bestimmung, wieder hierher zu kommen. Wir Juden haben unermessliche Opfer gebracht, um wieder in Jerusalem zu leben. Wir werden diese Stadt nie mehr aufgeben«, erklärt Nathi mit großer Entschiedenheit.

Nathanel Cohen steht allerdings nicht repräsentativ für die israelische Jugend. Der größte Teil der Gesellschaft ist nicht religiös. Kaum eine Stunde entfernt, in Tel Aviv am Ostufer des Mittelmeers, kultiviert eine »Jeunesse dorée« einen betont säkularen Lebensstil – Spaßgesellschaft trotz des Dauerkonflikts mit den Palästinensern. Aber hier in Jerusalem herrscht eine andere Atmosphäre. Die Stadt mit ihrer wachsenden orthodox-religiösen Bevölkerung wird zum Bollwerk des Judentums. Viele junge Leute, Juden nicht nur aus Israel, studieren in zahlreichen Thora-Schulen ihre religiösen Wurzeln, die Geschichte ihres Volkes – und leben die Antworten, die sie finden, in der Stadt aus, die nicht nur für Juden, sondern auch für Araber von größter symbolischer Bedeutung ist.

Jerusalem – vielleicht das schwierigste Problem, das zwischen Israelis und Palästinensern steht. Wem gehört die Stadt? Wie lässt sich ein Zusammenleben organisieren? Die Zukunft entscheidet sich auf dem Tempelberg. Der Rundgang des von schwer bewaffneten israelischen Soldaten begleiteten Ariel Scharon dort oben hat im Oktober 2000 die zweite Intifada ausgelöst. Dieser Auftritt war der Beginn des Wahlkampfs von Ariel Scharon und der Anfang vom Ende der Dialogpolitik Ehud Baraks, der gerade in der Jerusalem-Frage den Arabern so weit entgegengekommen war wie kein israelischer Premier vor ihm. Scharons Auftritt war eine Demonstration der Stärke, der Einschüchterung. Er hat damit den Wünschen vieler religiöser Israelis aus dem Herzen gesprochen – und die Araber verängstigt und provoziert. Sein überwältigender Wahlsieg spricht Bände über die Stimmung in Israel zehn Jahre nach Beginn des so genannten »Friedensprozesses«. Immer neue Selbstmordattentate radikaler Palästinenser, aber auch unbegreifliche Gewalt aus den eigenen Reihen – der Mord an Ministerpräsident Rabin, Militärschläge gegen die palästinensische Bevölkerung – haben das Wort vom Frieden immer mehr zur hohlen Phrase werden lassen.

Nachdem wir uns vom faszinierenden Ausblick des Platzes vor der Klagemauer gelöst haben, lotst uns Nathanel ganz nach vorne. Er mischt sich in eine der zahlreichen Gruppen von Männern, die vor der Klagemauer beten. Der Kreis, dem er sich anschließt, steht in der Tradition der osteuropäischen Chassidim. Nach einem inbrünstigen Gebet beginnen sie einen lebhaften Tanz rund um einen Tisch, auf dem die heiligen Bücher ausgebreitet sind.

Nathanel erklärt uns, dass er diese Gesänge, die impulsive Religiosität der Ostjuden besonders liebe. Uns scheint es, als würden sich die Männer in Trance tanzen. An verschiedenen Stellen des Platzes wird auch Bar-Mitzwa gefeiert – dreizehnjährige Jungen lesen, in Begleitung von Vater, Großvater und männlichen Verwandten, zum ersten Mal aus der Thora. Die alten Schriftrollen werden in ihren versilberten Behältern aus einem Gewölbe links von der Klagemauer herausgeholt. Faszinierend zu erleben, wie die jüdische Tradition bei einem solchen Anlaß innerhalb der Familie und ganz ohne Hilfe religiöser Würdenträger weitergegeben wird. Die Frauen verfolgen die Zeremonie von einer Art Balkon. Wir kommen mit einer elegant gekleideten Dame mit großem schwarzen Hut ins Gespräch. Sie seien für diesen Tag extra aus Wien angereist. Was für ein Glück für ihren Enkelsohn, seine Aufnahme in die Gemeinschaft der Erwachsenen hier an der Klagemauer erleben zu dürfen!

Nathanel drängt uns jetzt zum Aufbruch. Er will uns seine Schule zeigen. Er hat sich nicht irgendeine der zahlreichen Jeschiwas ausgesucht, die in den letzten Jahren in der Jerusalemer Altstadt neu entstanden sind. Die seine hat eine lange Geschichte und verfolgt eine besondere Mission. Sie liegt in Sichtweite des Hauses, das sich Ariel Scharon schon vor Jahren mitten im arabischen Teil der Altstadt Jerusalems gekauft und mit einer großen, israelischen Staatsflagge, weiß-blau mit Davidstern, versehen hat. Selbstbewusst zeigen die Juden Präsenz auch in diesem, dem arabischen Teil der Stadt. Die Jeschiwa mit dem ins Deutsche übersetzten Namen »der Heiligenschein der Rabbiner« ist schon mehr als hundert Jahre hier ansässig, zionistische Pioniere haben sie gegründet. In den Wirren nach der Ausrufung des Staates Israel, als Ost-Jerusalem noch unter jordanischer Kontrolle war, wurde die Schule von arabischen Soldaten besetzt. Aber ein arabischer Nachbar hatte die wertvollen alten Bücher gerettet. Als die Altstadt von der israelischen Armee 1967 erobert wurde, fanden die Israelis die Schule unberührt vor – und die Studien konnten wieder beginnen.

Doch die Schule, im zweiten Stock eines Gebäudes gelegen, ist, anders als diese Vorgeschichte erwarten lässt, kein Teil der Umgebung geworden. Sie ist heute gesichert wie eine Festung. Die israelischen Fahnen, die vom Balkon herabhängen, wirken wie ein trotziges Signal an die arabischen Nachbarn. Im Erdgeschoss warten arabische Händler wegen der Intifada vergeblich auf Touristen, die T-Shirts und siebenarmige Leuchter kaufen sollen. Im Zwischengeschoss wohnen palästinensische Familien. Durch einen dunklen Eingang geht es von der Straße über eine schmale Treppe auf einen im ersten Stock gelegenen Vorhof, der den Weg zu einer Eisentür freigibt. Direkt über der Tür liegt ein kleines Wachhäuschen, von dem aus jeder Besucher kontrolliert wird. Auch die Schüler wissen, wie gefährdet sie hier sind. Immer wieder hat es Anschläge auf sie gegeben. In den letzten Jahren sind drei Studenten ermordet worden. Deshalb darf keiner mehr allein zur Schule gehen. Entweder die jungen Leute schließen sich zu kleinen Gruppen zusammen, oder sie rufen, wenn sie keinen Partner finden, einen Eskort-Service an. Schwer bewaffnete Männer mit schusssicherer Weste und Maschinenpistole im

Anschlag begleiten die Studenten dann hierher. Ein gespenstisches Bild.

Auch wir müssen die Gesichtskontrolle passieren. Aber wir sind angemeldet, und so gibt es keine Schwierigkeiten. Über eine zweite Treppe erreichen wir den Eingang zur Schule, eine Art umlaufender Galerie. Hier oben ist alles eng und eher provisorisch hergerichtet. Man hat einen Blick auf die Dächer der Altstadt. Vom Freigang öffnen sich die Türen zum Studiensaal und einem bescheidenen Speiseraum. Es gibt eine Küche, Toiletten und ein großes Waschbecken im Freien mit einem Heißwasserkocher für Kaffee und Tee. Einige der jungen Männer tragen Schläfenlocken und lange, ungeschnittene Bärte. Aber die meisten würde man von gewöhnlichen Studenten nicht unterscheiden können.

Ich komme ins Gespräch mit einem Mann, Anfang vierzig, der vor fast zwanzig Jahren aus Hamburg nach Israel ausgewandert ist und sein Studium an der Jeschiwa als Übersetzer theologischer Texte finanziert. Ich bitte ihn zu erklären, mit welchen Problemen er sich hier befasst. Er versucht aus den Jahrtausende alten Texten des jüdischen Glaubens Ableitungen für das Leben heute zu finden. Sind genetisch veränderte Kartoffeln koscher? Kann ein Jude noch einmal heiraten, wenn seine Frau seit Jahren klinisch tot ist und im Dauerkoma liegt? Die Texte werden befragt, die Kollegen, Rabbiner – aber einfach sind solche Fragen nie zu beantworten.

Nathi lädt uns ein, mit in das Studierzimmer, das Herz der Jeschiwa, zu kommen. Es erinnert uns an die Bibliotheken, die wir in mittelalterlichen Klöstern gesehen haben: die Wände voller Bücher, in der Mitte Tische und Pulte. Aber dies ist kein Platz der Stille, sondern der Geschäftigkeit. Die jungen Männer vertiefen sich entweder allein in die Texte oder diskutieren sie lebhaft, manchmal sogar laut. Manche suchen Erleuchtung im Gebet – in der wiegenden Bewegung des Kopfes und des ganzen Körpers, wie sie für den jüdischen Glauben typisch ist. Dies ist kein Unterricht, kein Seminar oder Vorlesungsbetrieb, wie wir das von der Universität kennen. Zunächst studiert jeder für sich. Aber Rabbiner stehen bereit, wenn schwierige Probleme gelöst werden müssen. Gemeinsam um die richtige Auslegung der Schrift zu ringen, das wird ausdrücklich gewünscht. »Wenn wir uns gemeinsam mit den

Texten auseinandersetzen, entstehen auf einmal Gedanken, auf die einer allein – auch der Schlaueste – nicht gekommen wäre.«

In mir steigen Bilder des in Europa untergegangenen Judentums auf – dieselben Gesichter, dasselbe strenge Ringen um die Wahrheit und den richtigen Weg. Ein Wunder, dass diese Welt nach dem Holocaust wieder auferstehen konnte. »Es ist ein ungeheures Geschenk, in Jerusalem die Thora studieren zu dürfen«, sagt Nathanel. »Wir übernehmen damit eine große Verantwortung. Wir stehen in einer uralten Tradition und müssen Antworten suchen auf Themenstellungen von heute.«

Wir fragen, ob wir vom Dach der Schule ein paar Aufnahmen machen dürfen. Dazu müssen wir über eine Feuerleiter steigen, eine akrobatische Herausforderung für unseren Kameramann mit seinen schweren Gerätschaften. Von hier oben erscheint die Altstadt Jerusalems wie ein arabisches Dorf. Katzen überall, Wäsche wird aufgehängt. Die gewölbten Dächer des Basars, der Turm der christlichen Grabeskirche, Minarette. Gar nicht weit entfernt leuchtet die goldene Kuppel des Felsendoms. An vier, fünf Stellen flattert mitten im arabischen Viertel der Davidstern, sind die kleinen Wachhäuschen auf den Dächern nicht zu übersehen. Nathanel und seine Freunde stellen sich Jerusalem, ganz Jerusalem, als jüdische Stadt vor. Auf leise Weise ist in der Altstadt eine Art Verdrängung in Gang gekommen. Wir lassen Nathi erst einmal allein. Später will er uns zeigen, wo er lebt. Nicht weit von hier, im arabischen Viertel.

Ebenfalls nicht weit, vielleicht 300 Meter von der Jeschiwa entfernt, befindet sich das Haus der Familie Sanduqa, wo wir zu einem späten Frühstück eingeladen sind. Vier Generationen palästinensischer Jerusalemer leben hier unter einem Dach: von der Urgroßmutter, über die niemand sagen kann, ob sie schon neunzig oder ein, zwei Jahre jünger ist, über die etwa siebzigjährigen Großeltern bis zur Generation der Söhne und Töchter. Die drei Kinder im Haus gehören zu Raschad Sanduqa, dem ältesten Sohn, der, in Ägypten ausgebildet, als Arzt in einem arabischen Krankenhaus in Ost-Jerusalem arbeitet. Von außen macht das Haus einen unscheinbaren Eindruck. Doch hinter der Holztür verbirgt sich ein stattliches mehrstöckiges Gebäude, das mit der Familie immer weiter gewachsen ist.

Bei Sesamstangen, Fladenbrot, Humus, hart gekochten Eiern, Joghurt und Tee hat es sich die Familie am Freitag, dem muslimischen Feiertag, gemütlich gemacht. Die vier Söhne des siebzigjährigen Familienoberhaupts tragen Trainingsanzüge, die Frauen machen sich in der Küche zu schaffen, im Hintergrund läuft der Fernseher. Raschad, der Arzt, hat einen harten Schicksalsschlag verkraften müssen. Seine Frau ist nach der Geburt des jüngsten Sohnes verstorben. Jetzt kümmert er sich, von seiner Großfamilie unterstützt, um die drei Kinder: neben dem quirligen Jüngsten, der es seinem Großvater besonders angetan hat, sind das die achtjährige Tochter Heba, die sich von einer Tante gerade das Haar zu Zöpfchen frisieren lässt, und der zehnjährige Sohn Heil, der uns vorführt, wie man ein Frühstücksei an der eigenen Stirn aufschlägt. Aber die Morgen-Idylle täuscht darüber hinweg, wie schwierig die Lebensumstände für die Familie geworden sind.

Links und rechts haben – mitten im arabischen Viertel – Juden die Nachbarhäuser gekauft. Manche wohnen hier, die meisten aber nicht. Die Sanduqas fühlen sich umzingelt. Irgendwelche Kontakte zu den Nachbarn gibt es nicht. Die Palästinenser haben den Eindruck, dass die Gegend um sie herum systematisch aufgekauft wird – obwohl die Grundstückspreise hier höher sind als irgendwo sonst in Jerusalem. »Wir sind es in Jerusalem gewohnt, mit den Juden zusammenzuleben und zusammenzuarbeiten«, versucht Doktor Sanduqa eine abwägende Einschätzung. »Da gibt es eigentlich keine Probleme. Aber unsere Nachbarn hier sind wie die Siedler draußen in der Westbank – keine gewöhnlichen Jerusalemer Juden.« Viele der neuen Nachbarn kommen aus dem Ausland, vor allem aus Amerika. Sie wollen – häufig nach religiösen Erweckungserlebnissen – ihre Zugehörigkeit zum »auserwählten Volk« durch so ein Haus in Jerusalem unter Beweis stellen.

Wir stellen dem Arzt die gleiche Frage wie dem Jeschiwa-Schüler Nathanel: Wem gehört die Stadt, wer sollte sie regieren? »Als ich geboren wurde«, sagt der Mann nun doch energischer als bisher, »gab es hier überhaupt keine Juden. Es war unsere Stadt. Heute sind sie hier – und ich habe nichts dagegen. Aber warum wollen sie alles für sich? Warum können sie nicht akzeptieren, dass Jerusalem zwei Teile hat, einen jüdischen und einen arabischen? Ich möchte nicht, dass wir eine Mauer zwischen uns hochziehen, so wie die Mauer von Berlin. Aber es muss doch klar sein, dass wir beide ein Recht an dieser Stadt haben.«

Doktor Sanduqa arbeitet an einem arabischen Krankenhaus, das von der UN finanziell unterstützt wird. Auch sein jüngerer Bruder ist als Bauingenieur für die Vereinten Nationen tätig. Bevor Sanduqa seinem Beruf nachgeht, bringt er jeden Morgen seine Kinder in drei verschiedene Schulen. Bildung ist für ihn der Schlüssel für die Zukunft. Er legt Wert darauf, dass die Kinder Iwrith, die moderne Form des Hebräischen, lernen, die Sprache Israels. »Sie müssen lernen, sich in ihrer Umwelt zu bewegen, und das fängt mit der Sprache an«, sagt er. Aus seiner medizinischen Praxis weiß Sanduqa, dass viele Gesundheitsprobleme der Einwohner Jerusalems psychosomatischer Natur sind. Die Menschen werden mit dem andauernden Druck, dem Gefühl der Bedrohung, der ständigen Anwesenheit von Gewalt und Terror nicht fertig und entwickeln Krankheitssymptome, die nur schwer zu erklären sind. Da helfen keine Medikamente, sondern nur psychologische Betreuung.

Nach dem Frühstück wird es Zeit für das moslemische Freitagsgebet. Besonders religiös ist die Familie Sanduqa nicht. Aber am Feiertag gehen die Männer um die Mittagszeit zur Al-Aksa-Moschee. Dass sie wegen des ausgedehnten Frühstücks mit dem Besuch aus Deutschland die Predigt des Imams verpassen, ist nicht so wichtig. Die Gassen der Altstadt, die wir in den letzten Tagen immer fast leer erlebt haben, haben sich plötzlich gefüllt, mit Palästinensern im Festtagsgewand. Die Frauen tragen Kopftücher aus Seide, die Männer Anzug und Krawatte oder die traditionellen arabischen Gewänder. Die Familie Sanduqa ist bekannt, man grüßt nach links und nach rechts. Was er den restlichen Tag vorhabe, frage ich Dr. Sanduqa. Er weiß es noch nicht, zuckt die Achseln. Vor den Unruhen sei der Freitagnachmittag die Zeit fürs soziale Leben gewesen, viele Einladungen, häufig zu Hochzeiten, auch ins Westjordanland. Aber die Verschärfung der Lage beeinträchtige das tägliche Leben. Es sei nicht mehr einfach hinüberzufahren: zu viele Kontrollstellen, zu viele

Schikanen. Außerdem wolle er sich und die Kinder nicht unnötig in Gefahr bringen.

Als sie unsere Kamera sieht, stürzt plötzlich eine ältere Frau auf uns zu und beginnt wüst zu schimpfen. Die Israelis hätten ihr Haus in der Westbank zerstört und bis heute keine Entschädigung dafür bezahlt. Doktor Sanduqa und seinem Vater ist diese laute Klage vor den ausländischen Journalisten unangenehm. Sie versuchen zu beschwichtigen und gehen schnell weiter.

Es sind nur noch ein paar Schritte bis zu dem schmalen Tor, das die Altstadt vor dem Tempelberg abschließt. Es wird von schwer bewaffneten israelischen Soldaten bewacht. Häufig ist es in den vergangenen Wochen und Monaten nach dem Freitagsgebet zu heftigen Ausschreitungen gekommen, deshalb herrscht auch heute eine besondere Sicherheitsstufe. Später hören wir, dass die Israelis wieder den Zugang der Palästinenser aus der Westbank zur Stadt versperrt haben. Nach den amerikanisch-britischen Luftangriffen auf den Irak und vor dem ersten Besuch des neuen US-Außenministers Powell in der Region ist die Lage angespannt.

Als Nicht-Muslime können wir beim Freitagsgebet nicht dabei sein. Filmen ist ohnehin verboten. Bevor wir uns verabschieden, fragen wir Doktor Sanduqa, was Religion für ihn bedeutet. »Eine Botschaft des menschlichen Zusammenlebens, jedenfalls keinen Hass«, sagt der bedächtige Mann. Und was erwartet er von der Zukunft nach all den Ereignissen der letzten Monate? Seine Antwort besteht nur aus einem Wort: »Krieg!« Die Lage habe sich so zugespitzt, dass Israel mit Bestimmtheit eine militärische »Lösung« suchen werde, um für Ruhe zu sorgen und die Krise zu beenden. »Scharon war General und Barak auch. Alles läuft auf eine Lösung durch Gewalt hinaus, kurzfristig jedenfalls. Wie die Situation sich hier langfristig entwickelt, das kann niemand sagen.«

Zumindest das Freitagsgebet verläuft heute friedlich. Es ist Nachmittag geworden in der Altstadt von Jerusalem, und die Gassen, die schwarz von Menschen waren, haben sich wieder geleert. Wir holen Nathanel von der Jeschiwa ab und begleiten ihn, wie ausgemacht, nach Hause. Er wohnt nur ein paar Minuten entfernt in einer jener Gassen, die hinauf zum Tempelberg führen. Wieder eine schwere Eisentür. Dahinter führt eine Art Tunnel in einen Hof. Von dort gehen vier, fünf Türen ab in kleine Zimmer. Steinplaketten an den Wänden nennen die Namen der Spender, die den Bau dieser kleinen Wohnanlage der Studenten unterstützt haben. Die Namen klingen amerikanisch. Ganz hinten in der linken Ecke liegt der Raum, den sich Nathanel mit einem Freund teilt. Ein Doppelstockbett, zwei Bücherregale, nicht viel Privatsphäre. An der Wand hat der Junge Bilder aufgehängt. Die Zeichnung eines Rabbiners mit zwei Kindern. Ein Schwarzweißfoto aus dem Jahr 1967, als israelische Soldaten nach dem Sechs-Tage-Krieg die Altstadt Jerusalems eroberten. Seine Eltern seien entsetzt gewesen, als sie gesehen hätten, wie er hier lebe, erzählt uns Nathanel – nicht nur wegen der einfachen Verhältnisse, auch wegen der Gefahr, in die er sich jeden Tag begibt.

»Es wird eine Lösung für Jerusalem geben«, sagt Nathi. Welche Lösung er meine? Juden und Araber könnten zusammen leben, wenn sich die Araber an die Regeln hielten, die Israel vorgebe. Und wenn die Araber auf ein gleiches Recht an der Stadt Jerusalem bestehen? Dann werde es länger dauern. Wie lange? Das wisse niemand. Und wie er persönlich seine Situation sehe? Er sei doch ein junger Mann, habe sein Leben noch vor sich, insistieren wir. »Darum geht es nicht«, sagt der 21-Jährige. »So viele Generationen haben sich nach Jerusalem gesehnt und für Jerusalem gekämpft. Ich bin doch nur ein weiterer Stein in dieser uralten Mauer.«

Wir sind am Ende unserer Reise von Bagdad nach Jerusalem angelangt. In der Heiligen Stadt der Juden, Moslems und Christen liegt der Schlüssel für den Frieden für die ganze Region. Doch Israelis und Araber finden keinen Weg zueinander. Von Bagdad bis Jerusalem haben wir mehr von Gewalt als von Versöhnung gehört. Ein Jahrzehnt nach dem Golfkrieg geht der blutige Streit der Religionen, der Kampf um Land, der Kampf ums Öl weiter. Das Scheitern des Friedensprozesses hat der Geschichte des Hasses ein weiteres Kapitel der Enttäuschung hinzugefügt. Die Chance auf einen »neuen« Nahen Osten – sie wurde vertan.

Die letzte Weltmacht
Abstecher in die USA

Drehplan mit Tücken

Der erste Tag unserer Reise durch das Amerika des Präsidentschaftswahlkampfs beginnt um sieben Uhr morgens, und er wird erst kurz vor Mitternacht enden – mit sehr gegensätzlichen Eindrücken von der Supermacht USA. Lieutenant Hawk, Pressesprecherin der Pazifik-Flotte, nimmt uns auf der riesigen Basis der US-Marine im Hafen von San Diego in Empfang und bringt uns zum Liegeplatz der USS John C. Stannis, eines der fünfzehn Flugzeugträger der US-Navy. Es ist ein gigantisches Schiff, von zwei Atomreaktoren getrieben, mit 5000 Mann Besatzung. Vor ein paar Wochen ist es von einem Turn aus Korea, Malaysia, in die Golfregion und Australien zurückgekehrt. Jetzt wird allerlei repariert und instand gesetzt bei dem erst fünf Jahre alten Riesen. Zunächst werden wir aufs Flugdeck geführt. Kampfjets landen hier jedoch erst wieder, wenn der Flugzeugträger in See sticht. Lieutenant Hawk sagt: »Wenn's ernst wird, fragen die Politiker als Erstes: Wo sind die Träger?« Hier hört man das mit Stolz.

Unter Deck ist die »Stannis« ein Gewirr von Gängen, mit niedrigen Decken und Rohren. Kaum vorstellbar, wie es Tausende von Menschen hier sechs Monate miteinander aushalten. Von Privatsphäre keine Spur! Auch nicht im Speisesaal: Alles besteht aus Edelstahl. Nur ein paar Plastikpflanzen sollen wohl etwas »Gemütlichkeit« erzeugen. Im Einsatz werden hier 18 000 Mahlzeiten täglich ausgegeben. Am Schlimmsten, sagt uns ein Crew-Mitglied, ist der Lärm, wenn die Flugzeuge starten und landen. Aber vom Seegang, immerhin, spürt man auf diesem Stahl- und Eisenberg nichts.

Unsere Dreharbeiten, die Einführungsmoderation für unseren Amerika-Film, ziehen sich bis halb elf hin. Das Hauptproblem ist, dass wir, um das Bild besonders attraktiv zu gestalten, einen »Kran« einsetzen. Das Gerät erweist sich aber als gegen jeden Windhauch empfindlich und liefert viele »Wackelbilder«. Am Ende kann ich meinen Text wie im Schlaf. Wir nennen Amerika »die letzte Weltmacht«. Das Land ist am Ende der Clinton-Jahre so mächtig wie nie zuvor, militärisch, politisch, wirtschaftlich.

Vom Flugzeugträger fahren wir direkt zum Flughafen, um nach San Francisco weiterzufliegen. Das Einchecken mit unseren fünfzehn Kisten Filmausrüstung plus persönlichem Gepäck ist mühselig. Bis zum Abflug haben wir gerade noch Zeit, in der Food Hall einen Hamburger, Tacos und anderes, was man mit den Händen essen kann, zu uns zu nehmen. Was übrig bleibt, kippen wir einschließlich Plastikbesteck und -becher in den Müll – wie all die anderen wartenden Passagiere auch. American way of life.

Bis wir unser Gepäck in San Francisco wieder und einen großen Wagen angemietet haben, wird unsere Geduld auf eine noch härtere Probe gestellt als beim Abflug in San Diego. Die Kollegen kennen die Innenstadt schon und wissen ungefähr, wo unser Hotel »Best Western and Suites« liegt. Das ist zwar kein bekannter Name, aber die Anzeige im Internet sah ordentlich aus. Als wir ankommen, erweist sich der Laden als eine verfilzte Bruchbude. In der »Empfangshalle« hängen ein paar Junkies rum. Mit bösen Vorahnungen lasse ich mir ein Zimmer zeigen. Der Teppichboden »lebt«, und die Fenster zur Straße hin lassen sich nicht öffnen. Nein danke! Doch als wir unsere Räume canceln, wissen wir noch nicht, dass in Downtown San Francisco gerade drei Kongresse gleichzeitig stattfinden. Die ganze Stadt ist ausgebucht! In den zehn Hotels, in denen wir in den nächsten neunzig Minuten nach Zimmern fragen, ist kein einziges Bett mehr zu haben. Die reizende Dame beim »Hilton«, einem Riesenkasten mit sicher tausend Räumen, erkundigt sich schließlich für uns beim »Sheraton«. Tatsächlich. Die haben noch viel frei – für 420 Dollar pro Nase. Das wären für uns vier ZDF-Kollegen für zwei Nächte fast 10 000 Mark. Wir denken an unser Budget und sagen tapfer »nein«.

Den vorgesehenen Dreh auf der Golden Gate Bridge können wir jetzt erst einmal vergessen. Ohne Dach überm Kopf können wir schlecht anfangen zu arbeiten, außerdem hat Regen eingesetzt. September in Kalifornien. Die telefonische Zimmerreservierung der »Bay Area« schickt uns nach Norden. Im »Inverness Valley Inn« gebe es noch vier Zimmer für jeweils 110 Dollar. Es gibt keine Alternative, und der Preis ist akzeptabel. So fahren wir fast zwei Stunden, über den hoffnungslos verstopften Sir Francis Drake Boulevard nordwestlich – aufs Land. Das Handy funktioniert kurz außerhalb der Stadt schon nicht mehr; nach Alternativen können wir also nicht mehr suchen. Ich denke an meine Reisen quer durch Russland und so zivilisierte Länder wie Aserbaidschan und Georgien. Probleme mit dem Hotel gab's dort nie, und das deutsche Mobilnetz hat sogar noch in der Wüste funktioniert.

Unser Zorn wächst, zumal wir wissen, dass wir morgen früh um neun Uhr wieder in der Stadt sein müssen. Herr Chung wartet, ein Chinese, der uns zeigen will, wie er in Amerika lebt. Werden wir rechtzeitig zurückkommen? Der Berufsverkehr wird sicher genauso heftig sein wie jetzt am Abend. Doch während wir noch schimpfen, wird die Landschaft immer ruhiger. Viel Grün, viel Wasser. Und als wir dann um halb neun in Inverness ankommen, begrüßt uns als Erstes ein Waschbär. Das hätten wir im Zentrum nicht erlebt. Die Zimmer sind riesig, mit Kamin und großem Ventilator. Wir haben zwar nichts davon, aber es hebt die Laune. Nach dem Steak im »Station Café« sind wir nur noch froh, ein Bett zu haben. Was morgen wird, das wird sich zeigen.

San Francisco: Die Chinesen machen Druck

Fast zwei Stunden haben wir für den Rückweg gebraucht und die Fahrt dennoch genossen. Zwischen Inverness und San Francisco erinnert Kalifornien an Schweden: eine sanfte, wasserreiche Landschaft, kleine Schären, Menschen, die mit der Natur leben. Ihr Treffpunkt scheint das kleine Café von Ruth zu sein. Morgens um acht ist der Laden voll. Die Leute schauen auf eine Tasse Kaffee herein, mit dem »San Francisco Cronicle« unterm Arm. Hier ist Amerika grün – und die Zutaten der Muffins in der Theke sind genau beschrieben: Vollkornmehl, Produkte nur aus der Gegend. Alles öko. Und die Eigentümerin der kleinen Bäckerei sagt uns auch gleich, sie sei weder für Gore noch für Bush, fürs politische Establishment, sondern für Ralph Nader, den Verbraucheranwalt und alternativen Präsidentschaftskandidaten. Der spiele aber im Duell der Großen kaum eine Rolle in den Medien – was eine Schande für das Land sei.

Über die Golden Gate Bridge fahren wir nah San Francisco hinein. Es ist ein herrlich klarer Septembermorgen – über unsere gestrigen Erfahrungen können wir schon wieder lachen. Wir sind mit Alberto Chung verabredet. Seine Eltern kamen aus China ins Land der unbegrenzten Möglichkeiten, Alberto ist ein typischer Vertreter der zweiten Einwanderergeneration. San Francisco heißt auf chinesisch »die goldene Stadt«. Der Endvierziger erzählt fast beschämt, dass er ein erwachsener Mann werden musste, um sich zu seinen chinesischen Wurzeln zu bekennen. Als Jugendlicher habe er vor allem ein guter Amerikaner sein wollen. Chinesisch hat er erst spät gelernt. Um so engagierter kämpft er jetzt für die chinesische Sprache und Kultur in Amerika. Seine Rechtsanwaltskanzlei ist sowohl mit den amerikanischen Uni-Diplomen als auch mit traditionellen chinesischen Theatermasken geschmückt – Symbolen aus der Welt der Peking-Oper. Als Jurist kümmert er sich unter anderem um die, die bis heute ihr Glück in Amerika suchen, aber Probleme mit dem Aufenthaltsrecht oder dem Nachzug von Ehepartnern und Kindern haben. Häufige Anliegen sind Schwierigkeiten mit amerikanischen Arbeitgebern, die Illegale gerne ausnutzen.

Albertos Eltern sind das, was man heute bei uns abschätzig »Wohlstandsflüchtlinge« nennt. Politische Gründe haben für die Übersiedlung in die USA keine wesentliche Rolle gespielt. Sie haben ihre Existenz in Chinatown aufgebaut, und daran liegt es wohl, dass Alberto jeden kennt, als er mit uns spazieren geht. Da ist Frau Tan Chan, die in ihrem Laden Hunderte von unterschiedlichen Wok-Töpfen feilbietet und uns stolz die Adresse nennt, unter der ihre Küchengerätschaften jetzt weltweit im Internet zu ordern sind. Als wir fragen, wie sie das Präsidentschaftsrennen sieht, legt sie sich zwar nicht auf Gore fest, meint aber: »Warum sollten wir etwas ändern? Die letzten Jahre haben unsere Wirtschaft doch weit nach vorne gebracht. Die Demokraten waren eben ›good for the economy‹.«

Wie liberal San Francisco ist, demonstriert uns Alberto zwei Straßen weiter. Im ersten Stock eines Gebäudes, das im

Erdgeschoss eine chinesische Bank mit protzigem Eingangsportal beherbergt, haben buddhistische Nonnen ihr Kloster eingerichtet. Weihrauch liegt in der Luft. Ein bunter Altar ist üppig mit Blumen geschmückt. Prospekte werben um neue Mitglieder für den Orden. Stolz zeigt man uns Bilder von einem weiteren Schrein hoch oben in den Bergen.

Aber hinter der liberalen Fassade gibt es auch Risse im multikulturellen Bild. Die Chinesen unterhalten in Chinatown ein eigenes Hospital, nicht nur weil sie sich dort nach ihrer traditionellen Medizin behandeln lassen können und natürlich chinesisch gekocht wird. Nein, so erklärt uns Alberto, viele gehen lieber in dieses Krankenhaus, weil sie sich nicht als Patienten zweiter Klasse fühlen wollen, so wie in den anderen Spitälern.

Der Zusammenprall der Kulturen – irgendwie steckt er auch hinter der Geschichte des Geflügelhändlers. Er hat es nicht gern, dass wir mit unserer Kamera bei ihm vorbeischauen, und Mr. Chung muss heftig dafür werben, dass wir doch drehen dürfen. In diesem Laden wird Geflügel lebendig verkauft, die Kunden schlachten am liebsten zu Hause. Deshalb wird er immer wieder zur Zielscheibe militanter Vegetarier. Alberto empört sich: Die predigen den Schutz der Tiere und greifen dafür Menschen an. Nein, das Bild vom »Schmelztiegel Amerika« stimme nicht. Schon eher das von der »Salatschüssel«, wo bunt gemischt viele Völker mehr neben- als miteinander leben, und alle werden von einer gut laufenden Wirtschaft gebraucht.

Am Ende des Tages erleben wir noch eine Überraschung. Offenbar hat Alberto uns erst ein bisschen kennen lernen wollen, bevor er die Einladung aussprach, und überdies musste er sich wohl auch mit seinen Freunden abstimmen. Wir werden zu einem »Fund-raising dinner« eingeladen, ein exklusives politisches Ereignis im Haus des Hafenchefs von San Francisco. Dieser ist ebenfalls chinesischer Abstammung wie seine bildhübsche Frau, die uns gleich am Eingang in Empfang nimmt. Pearl ist selbst beruflich erfolgreich, sie hat einen fabelhaften Ruf als Kinderärztin. Auch sie ist Amerikanerin der zweiten Generation, die uns ihr Zuhause mit Blick auf die mittlerweile wolkenverhangene Golden Gate Bridge mit Stolz und Selbstverständlichkeit zeigt. Die vielen Kunstgegenstände? Ihr Mann habe eben ein besonderes Gespür und Künstler entdeckt, bevor diese berühmt und ihre Werke unbezahlbar wurden! Und die prachtvolle Villa? Ihre Eltern hätten jahrzehntelang nur gearbeitet – sieben Tage die Woche, von morgens bis abends. Ja, Amerika sei eben ein Land, das den Fleißigen eine Chance gebe.

In der Eingangshalle haben sich inzwischen gut sechzig Menschen versammelt, und es wird geraunt, auch der Bürgermeister von San Francisco habe sich angesagt. Um hier mit anstoßen zu dürfen, musste man gleich in der Eingangstür der resoluten Chefin der chinesischen Handelskammer einen Scheck in die Hand drücken, und der durfte nicht zu klein ausfallen. Das Geld fließt in die Kampagne des schwarzen Kandidaten für ein wichtiges Amt in der Stadtverwaltung. In San Francisco, der Regenbogenhauptstadt Amerikas, schmieden die Minderheiten Allianzen und formen so auch den politischen Mainstream.

Die Präsidentenwahl im November ist noch weit weg. Hier kümmert man sich erst mal um die örtlichen Probleme: den Kampf gegen die Kriminalität, um neue Parks, um die Ausstattung der Feuerwehr. Der Leitspruch der amerikanischen Politik gilt eben immer noch: »All politics are local.« Und die Kandidaten müssen hart an der Basis arbeiten, um sich die Unterstützung der Minderheiten zu sichern.

Atlanta: Jetzt geht's um die »silver rights«

Unsere Begegnung mit Reverend Gerald Durley verläuft nicht ohne Spannungen. Der schwarze Hüne ist eine Berühmtheit in Amerika, nicht nur hier im Süden, überall im Land ist sein Rat gefragt, und es gibt in den letzten zwanzig Jahren keinen Präsidenten, der ihn nicht in dieser oder jener Sache konsultiert und in eine Kommission berufen hätte. Der Reverend ist ein Veteran der schwarzen Bürgerrechtsbewegung und erzählt mit Glanz in den Augen von seinen gemeinsamen Tagen mit Martin Luther King. Aber er kann ungemütlich werden, wenn er das Gefühl hat, der eingeflogene Reporter aus Deutschland lege sich in seinen Fragen zu sehr auf das Thema Rassismus und Diskriminierung fest und wolle gar nicht wissen, wie weit die schwarze Community in den vergangenen Jahrzehnten gekommen sei. Überhaupt, es macht »Jerry« rasend, wenn die Medien von den Schwarzen, von schwarzen Jugendlichen zumal, immer nur das gleiche Bild zeichnen: Gewalt, Kriminalität, Drogenmissbrauch.

Es liegt deshalb unverkennbar ein bisschen Triumph in seinem Gesicht, als Durley die Tür im Gemeindezentrum der Providence Baptist Church in einem südlichen Vorort Atlantas öffnet und der Klang von Geigen, Celli und Bässen durch das ganze Gebäude dringt. »Hättet ihr erwartet«, fragt Durley rhetorisch, »dass sich zwölf-, dreizehn-, vierzehnjährige Schwarze an einem Samstagvormittag mit klassischer Musik beschäftigen?«

Nach einer erfolgreichen Karriere als Profi-Basketballspieler, Psychologe und Hochschullehrer widmet sich der Theologe jetzt ganz seiner Gemeinde. Durley hat selbst erlebt, wie weiße Nachbarn langsam ein Wohnviertel verließen, nachdem er sich dort mit seiner Familie niedergelassen hatte. Und es spielte – in der Hauptstadt Washington war das – dabei auch keine Rolle, dass er mit seiner therapeutischen Praxis mehr verdiente als die meisten weißen Männer drum herum. Vielleicht ist er auch deshalb in den Süden Amerikas zurückgekehrt. Heute macht er eigentlich zwei Jobs: Als Pfarrer seiner Gemeinde ist er so berühmt, dass die Zeit für unsere Samstagmorgen-Begegnung sehr knapp ausfällt. Gleich muss er nach Cleveland, Ohio, fliegen, wo er morgen vor Tausenden von Zuhörern sprechen wird, auch das Fernsehen überträgt seine Predigten live. Vor allem ist Gerald Durley aber Motor, Ideengeber und Geldbeschaffer für ein wirklich beeindruckendes soziales Netzwerk seiner Gemeinde.

Er macht ein paar weitere Türen in seinem Zentrum auf – und hinter jeder verbirgt sich eine neue Überraschung. Da ist ein mit Computern gespickter Raum, und ein gutes Dutzend Frauen ist dabei, sich in die neuesten Programme einzuarbeiten. »Schon jetzt«, sagt Durley, »gibt es doch einen modernen Analphabetismus; wenn du dich mit dem Computer nicht auskennst oder im Internet nicht zurechtfindest, bist du außen vor! Hier verschaffen wir den Frauen eine neue Basis auf dem Arbeitsmarkt.«

Zu den Selbsthilfegruppen, die Durley ins Leben gerufen

hat und mit Hilfe der lokalen Wirtschaft finanziert, gehört auch ein Kreis von Vätern, der sich immer donnerstags trifft. »Wir werden auf alles Mögliche vorbereitet, nur nicht auf die wichtigste Rolle unseres Lebens«, erklärt Durley, und er ist überzeugt, dass gerade die Schwarzen mit ihrer traditionellen Orientierung auf Familie und Gruppen eine Art Gegenkultur zu Materialisierung und Vereinzelung, zur Auflösung von Gemeinschaften bieten können.

Am Abend hat er uns in sein bescheidenes Haus eingeladen. Auch seine beiden erwachsenen Kinder sind mit den Enkeln gekommen. Seine Schwiegertochter ist aufgeregt, weil sie morgen ein Examen zu absolvieren hat. Für die Durleys ist eindeutig Al Gore der Wunschkandidat für die Nachfolge Bill Clintons. Viel mehr als Bush werde Gore die amerikanische Gesellschaft zusammenführen und den Minderheiten ihren Platz geben. Dass George W. Bush auf dem Republikaner-Parteitag ein paar Schwarze habe auftreten lassen und Frauen eine für die republikanische Partei ungewohnt wichtige Rolle gespielt hätten, sei doch nur Schau gewesen. Als wir auseinander gehen, drückt Durley seine Schwiegertochter besonders intensiv, macht ihr Mut für den nächsten Tag. Man hat keinen Zweifel, dass es dem Reverend gelingt, seinen Optimismus und seine Stärke auf andere zu übertragen.

Chicago: Ein Mann sorgt für Sicherheit

Das erste, was wir von Joseph MacKelley sehen, ist sein Sohn Brian. Vier Jahre ist Brian alt, rotblond, sommersprossig. Dass er »Irish American« ist, kann er wirklich nicht verleugnen. Gewitzt ist er auch, und so versteckt er sich nicht lange hinter seiner Mutter, sondern beginnt selbstbewusst ein Gespräch übers laufende Fernsehprogramm. Zwei Sofas, der Fernseher, die Familienfotos – ein für amerikanische Verhältnisse bescheidenes Wohnzimmer. Das kleine Grundstück mit dem Haus der sechsköpfigen Familie MacKelley grenzt fast unmittelbar an das riesige Gelände des Flughafens Chicago O'Hare, des weltgrößten Airports, und das hört man auch. Nach der Begrüßung durch Sohn und Frau taucht jetzt Joseph auf, schon in Uniform, aber noch ein bisschen verschlafen. Es ist fünf Uhr nachmittags, der letzte Tag seiner Nachtschichtwoche. Viermal Dienst von sieben Uhr abends bis sieben Uhr morgens. Dann drei Tage frei. Joseph ist Polizist in Rosemount vor den Toren Chicagos.

Die Gemeinde hat aus ihrer Not eine Tugend gemacht. Die Nachbarschaft zum Flughafen, die Lage am Knotenpunkt von Autobahnen und Eisenbahnlinien bringt viele Menschen, jedenfalls vorübergehend, hierher. Um sie aber hier zu halten, als Besucher oder sogar als Arbeitskräfte und Einwohner, hat der Bürgermeister von Rosemount – fast vierzig Jahre ist er schon im Amt – ein großes Kongresszentrum in seiner Stadt errichten und viele Hotels bauen lassen, eine moderne Sportarena und eine riesige Veranstaltungshalle. Jetzt gibt es viel mehr Übernachtungsbetten als Einwohner. Das Donnern der Flugzeuge hört nie auf. Aber Rosemount bietet Arbeitsplätze, hat überdurchschnittliche Steuereinnahmen und investiert sie in schöne öffentliche Parks, breite Bürgersteige oder die Ausstattung der Schule – kurzum: Die Einwohner fühlen sich wohl, und den Lärm vom Airport haben sie aufgehört wahrzunehmen.

Aus europäischer Sicht wird die Idylle von einem Zaun getrübt, der rings um die besseren Wohnquartiere der Gemeinde gezogen wurde. Rosemount ist eine »gated community«. Hinein und heraus kommt man nur durch zwei Eingangstore. In kleinen Wachhäuschen sitzen die Agenten eines privaten Sicherheitsdienstes. Die Kontrollen sind nicht streng, man kennt sich ja. Aber wer hier nicht lebt, muss sagen können, wen er besuchen will, und dann wird erst mal nachgehört, ob das auch stimmt. Es ist so wie an der Rezeption eines Hotels. Die Menschen von Rosemount fühlen sich hinter ihrem Zaun wohl – und sicher.

Joseph MacKelley nimmt uns mit auf sein Polizeirevier. Zwei Kollegen schieben am Notfalltelefon mit der Nummer 110 Dienst. Auf Monitoren flackern Schwarzweißbilder auf. An neuralgischen Punkten in der Gemeinde sind Überwachungskameras installiert: an der größten Kreuzung, auf dem ausgedehnten Parkplatz vor der U-Bahn, am Park mit dem künstlichen Wasserfall. Wirklich viel los ist heute abend nicht. Wenn ein Anruf eingeht, haben die Polizisten vielleicht einen Familienstreit zu schlichten. Wirkliche Kriminalität, Drogenhandel zum Beispiel, kommt selten vor und wird von außen hier hineingetragen. Schlimmer, so sagen die Polizisten, war das noch, als die Schnellbahn aus Chicago in Rosemount endete, da strandeten allerlei Unerwünschte vor den Toren der Gemeinde. Heute führt die Metro direkt in den Flughafen hinein. Aber, so erinnert sich Joseph, es ist noch nicht lange her, es war an einem ganz ruhigen Sonntagvormittag, da wurde eine junge Frau vergewaltigt. Sie kam aus New Orleans und hatte an einem Kongress teilgenommen. Eine mutige Frau, sagt er, denn dank ihrer Mitarbeit konnte der Täter schnell gefasst werden. Er stammte aus einer Nachbargemeinde.

Joes Eltern sind aus Irland eingewandert. Sein älterer Bruder wurde auf der Reise geboren. Er selbst ist gebürtiger Amerikaner. Früher, da fuhr er regelmäßig zum Verwandtenbesuch nach Irland. Aber jetzt, mit der großen Familie, reicht das Geld dafür nicht. Mit der Presse geht Joe routiniert um. Wenn etwas passiert, hält er Kontakt zu den lokalen Fernsehsendern. Er weiß, welche Bilder interessant sind, und ist für Offenheit und Zusammenarbeit – anders als manche Kollegen, die sich reservierter verhalten. Aber, so seine Überzeugung, viele Kriminalfälle sind mit Hilfe der Medien schneller zu lösen.

Auch seiner Familie sind Erfahrungen mit Kriminalität nicht erspart geblieben. Deshalb vermeidet es seine Frau Patricia, nach Downtown Chicago zum Einkaufen zu gehen. Sie fühlt sich hinter ihrem Zaun in Rosemount wohler. Zweimal hat man in der Stadt versucht, sie zu berauben, und immer war's in der Nähe des »Loop«, der Schleife, die die Hochbahn »EL« (»elevated train«) mitten durch Chicago dreht. Doch, so berichtet Pat lächelnd, irische Frauen sind stark – und die eines Polizisten offenbar kaltblütig dazu. Beide Male hat sie den Täter eingeschüchtert, die Tasche und die Geldbörse nicht losgelassen, um Hilfe gerufen. Und zweimal hat sie die Räuber in die Flucht geschlagen. Aber angenehm war's nicht, zumal sie damals mit dem ersten Kind hochschwanger war.

»Jetzt müsst ihr eine typische Streifenfahrt erleben!«, fordert Joe uns schmunzelnd auf. Wir verlassen das Polizeirevier und stoppen nach nur zwei Minuten erst einmal an einem Lebensmittelladen, der 24 Stunden geöffnet ist. Ein kleiner Flirt mit dem Mädchen an der Kasse und ein Kaffee, der den Polizisten nichts kostet. Die nächtliche Visite gibt der Angestellten das Gefühl von Sicherheit. Dann fahren wir drei Punkte an, die der Polizist besonders aufmerksam beobachtet. Alle liegen jenseits des Zauns, der nur die eigentliche Wohngemeinde umschließt.

Da sind zuerst zweigeschossige Blocks, Mietwohnungen, zwei bis drei Zimmer, gut 800 Dollar kosten solche Apartments im Monat. Joe klärt uns auf, dass hier vor allem »minorities« wohnen, Angehörige von Minderheiten: Latinos, Asiaten, und die meisten sind als Zimmermädchen oder Putzpersonal in den Hotels beschäftigt. Das Problem: Die Kinder haben hier keinen Platz zum Spielen und Herumhängen. Die Flächen zwischen den Häusern sind für die Autos zum Parken reserviert – nicht ein bisschen Auslauf für Jugendliche. Da kommt es zu Reibereien. Deshalb hat sich die Gemeinde jetzt entschlossen, ein paar angrenzende Lagerschuppen zu kaufen. Die will sie abreißen, um Freiflächen zu schaffen.

Gefahrenzone Nummer zwei: Die riesigen Parkhäuser zwischen den Bürogebäuden direkt an der U-Bahn-Station. Die sind schlecht beleuchtet und unübersichtlich – ein idealer Treffpunkt für zwielichtige Figuren. Heute Nacht sieht alles friedlich aus; aber wer weiß, ob nicht jemand das leuchtend weiße Polizeiauto schon hat kommen sehen.

Am Ende fährt Joe mit uns zum Kongresszentrum, einem Glas- und Betonpalast, wo gerade eine Ausstellung für Elektronikprodukte vorbereitet wird. »Ich stell euch mal meine Kollegen vor«, sagt Joe – und zu unserer Überraschung sitzen mitten in der Nacht in der Sicherheitszentrale des Zentrums wirklich zwei Polizisten. So eng ist hier die Zusammenarbeit zwischen Polizei und Wirtschaft. Später erklärt uns Joe, dass auch er sein nicht gerade üppiges Gehalt mit solchen Gelegenheitsjobs aufbessert. Wenn große Veranstaltungen in der Sporthalle stattfinden, kann er sozusagen ausgeliehen werden. Er zieht dann die Polizeiuniform über, und seine Überstunden bezahlt der Veranstalter.

Einwanderer aus Irland, gut katholisch, familienorientiert – das sind eigentlich demokratische Stammwähler. Da wirkt noch der Kennedy-Mythos nach. Aber hier in Rosemount ist alles ein bisschen anders. Die MacKelleys sind gegen Gore, weil sie gegen Clinton sind. Mit der Lewinsky-Affäre hat

Clinton, so sagen sie, das Präsidentenamt lächerlich gemacht. Nein, jetzt soll Bush eine Chance bekommen! Der wird für Ordnung sorgen, die Polizei mit dem ausstatten, was sie braucht. Und schließlich ist auch ihr Bürgermeister, der Mann, der Rosemount das Kongresszentrum, Wohlstand und seinen Zaun gegeben hat, ein Republikaner.

New York: Football für die Welt

Hier unten, gleich neben dem Spielfeld im Giants Stadium mit unserer Kamera stehen zu dürfen, das ist wirklich etwas Besonderes. Zwar drängeln sich die Fotografen mit ihren Spezialausweisen an den gelben Außenlinien. Aber ausländische Kamerateams wie wir haben hier alles andere als ein Heimspiel. Wochenlang haben wir verhandelt, um den heutigen Abend mitverfolgen zu können. Noch ist die Football-Saison 2000/2001 jung. Aber die Partie, die wir so nahe miterleben werden, ist ein traditionsreiches Lokalderby: Die New York Giants werfen sich gegen die Washington Redskins in die Schlacht.

Wer die komplizierten Football-Regeln nicht von Kindesbeinen an gelernt hat, den erinnert der Aufmarsch der Profis in ihren Spielpanzern, die die Schultern extrem betonen und selbst dem stärksten Mann noch eine Art Wespentaille verschaffen, an Ritterspiele im Mittelalter. Vor allem das Volksfest auf dem Parkplatz, das schon Stunden vor dem Match beginnt, ruft Bilder von ausgiebigen Gelagen aus längst vergangenen Zeiten wach. Da fließen Wein und Bier in Strömen, werden Lämmer geröstet, Würste gegrillt. Aber es gibt auch Fans der Gourmet-Klasse, die sich vor dem Match ein Gläschen Chardonnay und mit Schokolade überzogene Erdbeeren gönnen. Amerika von seiner freundlichsten Seite! Wo immer wir als TV-Crew aus Deutschland erkannt werden, lädt man uns ein. Wir hätten uns den ganzen Abend bei den Football-Fans durchfuttern können!

Football ist komplizierter, als es aussieht, erklärt mir mein Kollege Michael Renz, ganz eindeutig ein Aficionado. Das Spiel sei so eine Art überdimensionales Feld-Schach, mit Dutzenden von lebenden Figuren, die je nach Spielverlauf aufgeboten werden, hoch spezialisiert und deshalb oft nur für ein paar Sekunden im Einsatz, aber auf jeden Fall millionenschwer bezahlt. Der europäische Fußball sei dagegen, so sehen es die Amerikaner, ein primitives Spiel, irgendwie langweilig, eben geeignet für Schulkinder, selbst für Mädchen, und deshalb sei Soccer ja wohl an den hiesigen High Schools so ein Erfolg.

An die Überlegenheit von Football glaubt auch Douglas Quinn. Anfang vierzig, dunkle Sonnenbrille, durchtrainiert, sieht er aus wie ein Hollywoodstar und als habe er selbst ein paar Jahre professionell Football gespielt. Wir sollen gleich anfangen mit dem Interview, bittet er uns, denn er muss in ein paar Minuten zu einer Konferenz-Telefonschaltung mit Geschäftspartnern in Japan. Und zum Ende des Spiels, also in gut neunzig Minuten, ist er hier im Stadion mit wichtigen Sponsoren verabredet. Für einen Sonntagabend ein ziemlich engmaschiger Terminkalender – aber ein Spieltag ist ein Arbeitstag, nicht nur für die Spieler auf dem Feld, auch für die Profis hinter den Kulissen der National Football League.

Das Spiel nimmt seinen Lauf, und es sieht für die einheimische Mannschaft nicht gut aus. Die Redskins gehen in Führung, dabei ist deren Mannschaft in diesem Jahr eher schwach. Football, das ist *der* Kultsport in Amerika und eine bestens geschmierte Medienmaschine. Die Live-Fernsehrechte für die nächsten sechs Jahre sind gerade an sechs große Sender für achtzehn Milliarden Dollar verkauft worden. Die langfristige Verwertung aber liegt bei der Liga selbst, und die dreht die aufregendsten Szenen wie vor Jahrzehnten noch auf Filmmaterial – das nimmt zwar mehr Zeit in Anspruch als die Aufzeichnung auf Magnetbändern oder mit digitaler Technik, ist auch viel teurer, erhöht aber die Bildqualität und intensiviert so das Drama. Aus einem Übertragungszentrum in New Jersey werden diese filmisch hoch qualitativen Zusammenfassungen der Spiele in die Stadien hinein und zu den weltweiten Partnern überspielt. Dass hier nicht nur Verwertungsprofis, sondern wirklich erstklassige Regisseure, Kameramänner und Kommentatoren tätig sind, zeigt die eindrucksvolle Emmy-Sammlung, die im Eingangsfoyer ausgestellt ist. Football ist Entertainment, und Amerika ist auch auf diesem Feld ganz eindeutig Weltmacht Nummer eins. Hier in New York kann man lernen, wie eine Sportart verkauft und vermarktet, massenverkäuflich und internationalisiert wird. Football hat das Zeug, ein Exportprodukt fürs 21. Jahrhundert zu werden, so sehen es jedenfalls die Manager der NFL.

Am anderen Tag fragen wir Douglas, in seinem Büro an der eleganten Lexington Avenue New Yorks, ob Football auch in Zukunft so ein Milliardenspiel bleiben oder ob nicht irgendwann das Ende der Fahnenstange erreicht sein werde. »Nein, nein«, sagt er, »es wird immer neue Verwertungsmöglichkeiten geben, Vervielfältigungskanäle, an die wir heute noch gar nicht denken: die neuen Medien, der internationale Verkauf. Bereits heute schauen sich in vielen Ländern der Welt Millionen die amerikanische Liga an. Das lässt sich noch ausbauen.« Und mit den ersten Versuchen, den Football hinaus in die Welt zu tragen, nach Europa zum Beispiel, ist er zufrieden, auch wenn die Fans in Deutschland sich manchmal darüber ärgern, dass ihre Idole, wenn sie wirklich Klasse zeigen, sofort wieder nach Amerika abgezogen werden. Nein, dass Football langfristig in Deutschland den Soccer schlagen kann, glaubt Douglas nicht, jedenfalls ist er geschickt genug, diesen Ehrgeiz öffentlich nicht zuzugeben. Aber, so fragt er, gibt es nicht Platz für mehrere populäre Sportarten? Und hat die europäische Liga unter den jüngeren Fans nicht geradezu sensationelle Erfolge?

Eine Stunde können wir uns in Douglas' Büro aufhalten. Die aufwändige Einrichtung der Arbeits- und Konferenzräume, die Ausstattung der Kantine, die Dekoration mit Erinnerungsstücken an viele erfolgreiche Football-Jahrzehnte in Amerika – all das lässt keinen Zweifel, dass wir uns hier in der Kommandozentrale eines hoch kommerzialisierten und erfolgreichen Sport-Konzerns bewegen. Douglas bleibt immer verbindlich, auch wenn er unentwegt telefoniert, ein Meeting mit wichtigen Mitarbeitern abhält, Verabredungen trifft. Auf meine Frage, wie er lebt und wie viel Zeit er ohne Football verbringt, sagt er breit lachend: »Meine Frau ist eine erfolgreiche Anwältin. Wir leben hier um die Ecke, aber gekocht wird in unserer Küche nie. Sie hat mindestens so viel zu tun wie ich.« Vorerst scheint ihn das nicht zu stören. Dann steht schon eine Limousine unten vor dem Eingang bereit, um ihn zum Flughafen zu bringen. Um elf geht die Maschine nach

Chicago – zur nächsten Konferenz. Schnell sagt uns Douglas Quinn noch seine Meinung zu den bevorstehenden Wahlen. Er sei für den Kandidaten der Republikaner. Nicht dass Gore ein schlechter Mann wäre. »Aber braucht Amerika in der Ära nach Clinton nicht eine ehrenhaftere Politik? Und neigen die Demokraten nicht ohnehin zum ›big government‹, zu mehr Staat, mehr Regulierung, mehr Steuern, als es der Wirtschaft gut tut?«

Zurück zum Spiel der Giants gegen die Redskins. Es war kein erfolgreicher Tag für die Mannschaft aus New York. In der Mitte des letzten Viertels steht's 16:0 für die Gäste aus der Hauptstadt. Die Fans sind enttäuscht und machen keinen Hehl daraus. Aber sie werden wieder kommen. Ein Ticket fürs Spiel – das ist fast wie ein Lottogewinn. Karten im freien Verkauf – Fehlanzeige. Hier gibt es Plätze nur im Dauer-Abo. Und das wandert von Generation zu Generation wie das Familiensilber. Football – Amerikas Lieblingssport.

Kandidaten in der Provinz

Es ist vier Uhr nachmittags, als die Air Force No. 2, die Maschine des amerikanischen Vizepräsidenten, auf dem Flughafen von New Orleans landet. Al Gores Pressemanager hat uns in die Flughafenhalle hineingeschmuggelt, in der die treuesten Wahlkampfhelfer den demokratischen Präsidentschaftskandidaten begrüßen. Aufgekratzte Stimmung. Der Auftritt in der schmucklosen Halle ist für Al Gore und seine Frau Tipper ein Heimspiel. Die beiden geben sich wie auf Familienbesuch. Händeschütteln, Küsschen, Erinnerungen. Auch wir bekommen einen Handshake, aber Fragen beantwortet Gore weder uns noch einheimischen Reportern. Bevor er sich der Öffentlichkeit im Staate Louisiana präsentiert, schart Gore seine Unterstützer um sich. In der nüchternen Flugzeughalle lässt er sie einen großen Kreis bilden. Seine Botschaft: »Auf euch kommt es jetzt an!«

Gores große Kundgebung wird abends im Woldenberg-Park am Mississippi stattfinden. New Orleans hat sich in den letzten Jahren zum Fluss hin geöffnet und mit der touristischen Entwicklung einen unerwarteten Aufschwung genommen. Es gibt jetzt ein Seewasser-Aquarium, ein Imax-Kino, ein Terminal für Kreuzfahrtschiffe. Luxushotels sind aus dem Boden geschossen. Der Wirtschaftsboom ist Gores Stichwort bei seiner Kundgebung. Seine Hauptbotschaft: Warum sollten wir etwas ändern? Es geht den USA so gut wie nie zuvor. Die Wahlkampfregie überlässt nichts dem Zufall. Ein Schaufelraddampfer hat an der Reede festgemacht. Das Gelände ist mit Absperrgittern sorgfältig eingeteilt. Die treuesten Anhänger stehen genau vor der Bühne. Schöne Bilder fürs Fernsehen.

Der Wahlkampf ist jetzt – so kurz vor dem 7. November – ein Tagesgeschäft. Die Wahlstrategen bestimmen die nächste Etappe der Kandidaten von heute auf morgen. Wo wir den Bewerber der Republikaner, George W. Bush, übermorgen filmen können? Sein Hauptquartier in Austin, Texas, kann uns das heute noch nicht sagen. Alle Optionen bleiben offen, je nachdem, welche »Battlegrounds« die letzten Umfragen identifizieren. Die Kandidaten kümmern sich jetzt nur noch um »unentschlossene« Staaten. Wo Freund und Feind eindeutig feststehen, wo es keine Bewegung mehr im Wahlverhalten gibt, da macht der Wahlzirkus auch nicht mehr Halt. Jetzt zählt jeder Tag, jede Stunde.

Die Frauen, da sind sich die Wahlforscher sicher, werden dieses Mal entscheiden – und die meisten haben sich noch nicht festgelegt. Deshalb ist es für Al Gore so wichtig, dass seine Frau Tipper bei den Auftritten immer dabei ist. Resolut greift sie nach jeder Hand, nimmt sich temperamentvoll das erste Wort auf der Bühne. »Er ist vielleicht nicht glamourös«, beschreibt sie der Menge ihren Ehemann, »aber er wird euch nie hängen lassen.« Al Gore, als hölzern und steif verschrien, hat sich seines Jacketts entledigt. Nicht nur wegen der Hitze und hohen Luftfeuchtigkeit. So eine Geste hilft gegen sein Bürokraten-Image. Der Name des jetzigen Präsidenten und Parteifreundes fällt kein einziges Mal. Seit der Lewinsky-Affäre ist Gore auf Distanz zu Bill Clinton gegangen. Gerade hat die »New York Times« geschrieben, Gore, Vater von drei Töchtern, könne Clinton den Fehltritt nicht verzeihen. Die Frage ist nur, ob Gore in letzter Minute auf Clintons Hilfe zurückgreifen muss, wenn ihm die Umfragen keine andere Chance zum Sieg geben. Aber, so verlautet es aus Gores Umgebung, er scheitert wohl lieber, als diese Unterstützung in Anspruch zu nehmen.

Louisiana ist für die Wahlkämpfer ein Schlachtfeld – einer der »battleground states«. Deshalb verbringt Gore achtzehn Stunden in New Orleans – in diesen Zeiten eine halbe Ewigkeit. Neun Wahlmänner hat der Staat, und das Rennen ist so knapp wie seit 1960 nicht mehr, als Kennedy überraschend Nixon schlug. Die Wahlversammlung im Woldenberg-Park endet mit einem Feuerwerk. Gore wirkt selig. Fast leidenschaftlich hat er gesprochen und sein Publikum verblüfft: So locker kann der sein! Natürlich hat Gore auch Frau Tipper geküsst. Endlich eine echte Ehe, sollen die Leute denken, und nicht nur eine Verbindung zum gegenseitigen Nutzen wie bei den Clintons.

Zwei Tage später, wir sind in Austin, Texas. Siebzehn Kameras haben sich auf der Pressetribüne im besten Hotel der Stadt eingefunden. Normalerweise macht George W. Bush, der Kandidat der Republikaner, am Wochenende keinen Wahlkampf, sondern verbringt die Zeit auf seiner nahe gelegenen Ranch. Aber jetzt ruft er zum Endspurt für die Entscheidung ums Weiße Haus: Bush hat 29 Gouverneure, sozusagen die Ministerpräsidenten der republikanisch regierten US-Staaten, in seine Heimatstadt geholt. Sie sollen seiner Kandidatur noch mehr Schwung geben.

Austin ist selbst bei strahlendstem Sonnenschein nicht der Nabel der Welt. An diesem Wochenende aber regnet es, und es fällt mir – ehrlich gesagt – schwer, einen Grund zu finden, vor die Tür zu gehen. Rich Parsons, Reporter einer lokalen TV-Station, findet den Ort aber gar nicht so schlecht. Da ist der Colorado-River, in den Museen hängt interessante Kunst, und vor allem gibt es Jobs. Austin ist ein Zentrum der New Economy und deshalb auch die am zweitschnellsten wachsende Stadt der USA. Bush ist hier Gouverneur, ein populärer Mann. In seinem Hauptquartier treffen wir viele junge Leute, Freiwillige. Das Büro strahlt den Charme einer Schülerzeitungsredaktion aus. Aber es sind echte Profis am Werk. Tracy, Mitte zwanzig, beschafft uns zwar den Zeitplan mit den nächsten Terminen des Kandidaten, aber in die Büros seiner Strategen dürfen wir nicht hineinschauen. Immerhin geht es um das wichtigste Amt der Welt. Und da sind Blicke ins Innere der Wahlkampfmaschine streng vertraulich.

Mittlerweile ist es zwei Uhr nachmittags, Bush ist für seine Pünktlichkeit bekannt. Schafft er's, wird es auch mit der »Clinton-Time«, der obligatorischen Verspätung des Präsidenten, vorbei sein! Eine allerletzte Film- und Tonprobe, dann erscheinen die Gouverneure pünktlich auf einer kleinen Bühne. 27 Herren, zwei Damen. Die Herrschaften brechen in Beifall und Anfeuerungsrufe aus, als George W. als Letzter auf das Podium springt. Dabei haben sie gerade zusammen Mittag gegessen.

Bush erscheint im gemäßigten Freizeit-Outfit: dunkelblaues Jackett, hellblaues Hemd, kein Schlips. Anders als Bruder Jeb, der Mutter Barbara sehr ähnlich sieht und sich als Gouverneur von Florida natürlich in die Garde der Unterstützer eingereiht hat, gleicht George W. mehr dem Vater. Auch die hohe, ein bisschen fistelige Stimme erinnert an Bush sen., den vorvorigen US-Präsidenten. Bush stellt sich als Mann aus der Provinz dar. Seine Botschaft spricht vielen Amerikanern aus dem Herzen: »Vertraut den Menschen, nicht den Bürokraten.«

Ein Wahlkampf gegen »die aus Washington« – gewagt für einen, dessen Vater Botschafter, CIA-Chef, Vize-Präsident und schließlich Herr im Weißen Haus war. Aber mit dem verschmitzten, etwas naiv daherkommenden Mann können sich viele Wähler eher identifizieren als mit Gore, der immer seine Akten gelesen hat und dem das Image des Besserwissers anhaftet. Wie viel Ähnlichkeit gibt es in diesen Lebensläufen! Auch Al Gore entstammt einer, allerdings demokratischen, Politikerfamilie, hat mehr Zeit in der Washingtoner Hotel-Suite seines Vaters, Senator des Staates Tennessee, verbracht als für einen Heranwachsenden gut ist.

Bushs Präsentation dauert nur zehn Minuten. Dann gibt's wieder Beifall von den Damen und Herren Gouverneuren. Flugs ist Bush jun. von der Bühne verschwunden. Ich sprinte zu Karen Hughes, der Dame in der auffälligen roten Jacke, die mir Rich vorhin als einflussreichste Beraterin Bushs vorgestellt hat. Ohne sie läuft im Wahlkampf und überhaupt im politischen Leben Bushs nichts, hat der Kollege mir zugeraunt. Ob wir eine kurze Frage an den Kandidaten stellen können, frage ich. Der Bescheid ist entwaffnend offen: »Mr. Bush gibt jetzt keine Interviews an Ausländer. Er konzentriert sich auf die Wähler.«

Eigentlich gibt Mr. Bush im Moment gar keine Interviews, weder inländischen und schon gar nicht ausländischen Medien. Das Fernsehen ist zwar allgegenwärtig. Aber direkte Fragen von Journalisten haben beide Kandidaten schon seit Wochen nicht mehr beantwortet. »Es geht jetzt um die Persönlichkeiten«, erklärt uns Lokalreporter Rich. Viele Wähler werden, davon ist er überzeugt, ihre Entscheidung erst in der allerletzten Minute treffen, in der Wahlkabine. Deshalb ist es so wichtig, welchen Eindruck, welches Bild die Kandidaten von sich rüberbringen. Ausschlaggebend sei doch, ob die Bürger sich vorstellen können, diesen oder eben den anderen Kerl in den nächsten vier Jahren als Dauergast auf dem Bildschirm zu ertragen. Jetzt eine falsche Antwort auf eine spitze Frage, und alles könnte vorbei sein. Vorformulierte Statements und ein Küsschen für die Frau – viel mehr werden die Amerikaner bis zur Wahl weder von George W. Bush noch von Al Gore zu sehen bekommen.

Wahlnacht in Washington – Das Ende einer Ära

Nach unseren Beobachtungen im Wahlkampf war der Sieg George W. Bushs nicht mehr wirklich eine Überraschung. Vielleicht wäre Al Gore der bessere Präsident geworden – aus europäischer Sicht und nach dem Empfinden des Ostküsten-Establishments bestimmt. Aber die Wähler wollten eine andere Politik. Doch statt eines schnellen und glatten Wach- oder Machtwechsels taumelte die Weltmacht nach dem 7. November in ein verwirrendes Drama um »Schmetterlingswahlzettel« und »schwangere Lochkarten«. Nie wurde der Welt deutlicher vorgeführt, dass die Kehrseite von »booming America« eine desolate Infrastruktur ist. Im Land der unbegrenzten Möglichkeiten versagten jahrzehntealte Wahlmaschinen ihren öffentlichen Dienst. Die knauserige Supermacht hatte für eine vernünftige Organisation der Präsidentenwahl nicht genug Geld aufbringen wollen oder können. Das Wahldesaster brachte den USA jede Menge Spott ein – einschließlich der Frage, ob es nicht besser gewesen wäre, man hätte ein paar bosnische Wahlbeobachter mit der Kontrolle des Urnengangs beauftragt.

Das Wahldrama rückte eine Frau ins Scheinwerferlicht der Weltöffentlichkeit, die bis dahin niemand kannte: Katherine Harris, die Innenministerin von Florida. Sie rutschte in diesem peinlichen Staats-Drama in die Rolle der bösen Fee. Die etwas finstere Eleganz der Dame bei ihren Fernseh-Auftritten machte sie zum perfekten Feindbild der Liberalen. Angeblich demokratische Spin-Doctors kolportierten, Frau Harris, die sich im Wahlkampf für George W. Bush engagiert hatte und dem Kabinett seines Bruders angehörte, könne nach einem republikanischen Wahlerfolg mit einem Botschafterposten im Ausland rechnen. So eine Situation ist wie geschaffen für allerlei Verschwörungstheoretiker!

Was war das für ein Wechselbad der Gefühle für die beiden Kandidaten, für die Medien, für die Wähler! Zuerst meldeten die Nachrichtenagenturen und Fernsehsender: Gore holt Florida. Einer glaubte es dem anderen, obwohl alle wussten, die Datenbasis, auf deren Grundlage dieses Ergebnis hochgerechnet wurde, war denkbar gering. Doch niemand wollte sich die Nachricht entgehen lassen. Ein Sender, CNN, preschte vor – und alle folgten. Die größte Blamage in der Geschichte des amerikanischen Fernseh-Journalismus nahm niemanden aus.

Großer Jubel bei den Demokraten, die am besten wussten: Ohne die 25 Stimmen aus Florida hatte Al Gore keine Chance auf den Sieg. Doch dann sprang die Ampel wieder auf Gelb. Journalisten und Meinungsforscher nahmen, einmalig in der Wahlgeschichte, ihre Vorhersage zurück. »To close to call« wurde zum Wort einer endlosen Wahlnacht. Das Fernsehen musste einräumen: Die Kandidaten liegen zu dicht beieinander, um eine zuverlässige Vorhersage zu treffen. Wieder einmal hatte sich gezeigt, dass auch Langsamkeit eine journalistische Tugend sein kann.

Nach der Blamage traten die Wahlforscher in eine Art Streik. Sie konnten den Sieger nicht mehr vorhersagen. Doch kurz darauf kam die Meldung: Bush holt Florida. Jubel in Texas, ein Glückwunsch-Anruf des angeblichen Verlierers Gore. Schwarzweißfotos des Leibfotografen der Bushs halten den bewegenden Moment fest, in dem sich die Familie in Austin am Ziel sieht. Amerika hatte eine neue Polit-Dynastie, die Niederlage von 1992 war gesühnt! Was dann folgte, war unglaublich und nie zuvor da gewesen. Es folgte ein amerikanischer Albtraum – wochenlang weigerte sich Gore, seine Niederlage einzugestehen. Wochenlang herrschte Ungewissheit über den Sieger vom 7. November. Wie auf einer Achterbahn – so haben sich Millionen von Amerikanern in den Wochen nach der Wahl gefühlt. Das Drama »Wer wird Präsident?« erzielte Traumquoten im Fernsehen wie sonst nur Quizshows. Für die einen waren diese Tage eine Lehrstunde in demokratischer Gelassenheit, für die anderen eine einzige Blamage.

Doch die Wähler reagierten auf das Debakel gleichmütig und nahmen das mehrwöchige Verwirrspiel zum Anlass, den jungen Leuten in den Schulen die Demokratie zu erklären. Das kuriose Wahlmännersystem machte George W. Bush, nachdem auch die letzte Auszählung ihm einen knappen Vorsprung im wahlentscheidenden Florida bestätigte, zum Präsidenten. Die amerikanische Verfassung wollte es so, auch wenn die Mehrheit der amerikanischen Wähler für seinen Rivalen Al Gore gestimmt hatte. Amerikas Vertrauen in die Demokratie litt nicht darunter. Niemand trat ernsthaft eine Debatte um eine Reform des Wahlprozesses los. Nachdem das Wahlmännergremium abgestimmt hatte, gab es keinen Zweifel mehr an der Legitimation des neuen Präsidenten.

Amerika rührte nicht an seinem Wahlsystem. Eine Peinlichkeit ist noch kein Anlass, eine jahrhundertelange Tradition aufzugeben, zumal in einem Land, das unter seiner Geschichtslosigkeit leidet. Auch im Zeitalter höchster Individualisierung, auch in einem 240-Millionen-Volk, das über fünf Zeitzonen hinweg lebt, geben die USA die Grundidee ihres Wahlsystems nicht auf – den Präsidenten durch Repräsentanten der US-Bundesstaaten wählen zu lassen. So blieb am Ende nur als Resümee: Die Demokraten konnten mit ihrem blassen Kandidaten Al Gore die Erfolgsgeschichte der Clinton-Jahre nicht fortsetzen. Amerika wählte einen Neuanfang – und eine Wende. Trotz aller Turbulenzen endete auch die Wahl des 21. amerikanischen Präsidenten wie jede zuvor: mit der Einschwörung am 20. Januar auf den Stufen des Capitols.

Die Ära des Bill Clinton war zu Ende, die Zeit eines Mannes, der als 46-Jähriger die Macht in Washington erobert hatte und den viele für das größte politische Talent halten, das Amerika je hervorgebracht hat. Clintons Fähigkeit, Stimmungen zu erspüren und Menschen für sich zu gewinnen, ist Legende. Doch die Präsidentschaft wurde überschattet von der anderen Seite des Bill Clinton: Der Sohn aus einer zerbrochenen Ehe wurde immer wieder von persönlichen Unsicherheiten befallen. Aus einem kleinen Dorf namens Hope kommend, stieg er zum mächtigsten Mann der Welt auf – und erwies sich als krankhaft liebes- und anerkennungssüchtig. Nach seiner Affäre mit der Praktikantin Monica Lewinsky fiel er so tief und wurde in einer solchen Weise persönlich gedemütigt wie kein Präsident vor ihm.

Bill Clinton wurde geliebt oder gehasst. Sein größter politischer Fehler war, dass er polarisierte. Seine Gegner konnten sich nie mit ihm abfinden. Auch die Wahl zeigte noch einmal die scharfen Trennlinien auf, die sich in den zwei Präsidentschaften Clintons aufgebaut haben. Die Wahlanalysen zeichneten die USA als tief gespaltenes Land: zwischen Stadt und Land, Reich und Arm, Männern und Frauen, Einwanderern und Weißen. Es war die Trennlinie zwischen den Anhängern Gores und Bushs.

Obwohl der Präsident umstritten bleiben wird, steht fest: Die Clinton-Jahre haben Amerika verändert. Die ethnischen Minderheiten haben aufgeholt, das »weiße Amerika« ist auf dem Rückzug. Hispanos, Asiaten, Schwarze prägen mit ihrer Kultur – Sprachen, Essgewohnheiten, Familienleben – das Amerika von heute genauso wie die immer noch weiße Bevölkerungsmehrheit. Die USA sind nicht mehr die einsprachige Gesellschaft von einst. Spanisch ist omnipräsent, in Kalifornien spricht man Chinesisch, Koreanisch und Japanisch. Englisch ist in den USA nur noch eine Sprache von vielen.

Das Amerika, das Clinton hinterlassen hat, gleicht tatsächlich, wie uns das Alberto Chung in San Francisco gesagt hatte, eher einer »Salatschüssel«, mit sehr vielen unterschiedlichen Zutaten, als dem sprichwörtlichen »Schmelztiegel«. Toleranz und Vielfalt sind die Erkennungszeichen dieser neuen bunten US-Gesellschaft. Aber die verschiedenen Bevölkerungsgruppen leben eher neben- als miteinander.

Die Lateinamerikaner, Anfang der neunziger Jahre noch ganz auf der Schattenseite, prägen heute mit ihren Stars die Popkultur. Als Konsumenten werden sie heftig umworben. Gleich mehrere Fernsehsender bieten spanische Programme, von früh bis spät. Aber auch die Asiaten sind auf dem Vormarsch. An Amerikas Westküste, vor allem in der Regenbogenstadt San Francisco, sind sie so etwas wie der Sauerteig der Pazifik-Metropole. Chinesisch-stämmige US-Bürger besetzen Schlüsselposten in Wirtschaft und Verwaltung, sie koordinieren die verschiedenen Minderheiten und sorgen so für die politische Willensbildung in der Stadt. Aber auch die Lage der schwarzen Amerikaner hat sich verändert. Die jungen Schwarzen setzen die Trends für die Mode-Industrie. Gut ausgebildet bleiben sie eng mit der eigenen »Community« verbunden. Den Vorkämpfern der schwarzen Emanzipation ging es in den fünfziger und sechziger Jahren um Bürgerrechte. Heute fordern die Schwarzen ihre »silver rights« ein: Chancengleichheit, Respekt vor der eigenen Kultur, Zusammenleben im Alltag. Zwar gibt es immer wieder Gewaltexzesse, und die Kriminalität in der schwarzen Bevölkerung ist groß. Trotzdem ist der schwarze Mittelstand in die amerikanische Gesellschaft integriert, führt ein bürgerliches Leben. Der neue Präsident George W. Bush hat auf dieses Erbe der Clinton-Ära reagiert, als er Colin Powell und Condoleezza Rice auf Schlüsselposten in seine Regierung berief.

Eines ist unverkennbar: Mit Clinton ist die Politik für den Durchschnittsamerikaner noch unwichtiger geworden. Clintons Fehltritt in der Lewinsky-Affäre hat die politische Klasse insgesamt viel Glaubwürdigkeit gekostet. Dass Amerika so lange über den Ausgang der Präsidentschaftswahl gestritten hat, darf nicht darüber hinwegtäuschen, wie gleichgültig »Washington«, jener kleine Bezirk der Macht, vom Autobahnring rings um die amerikanische Hauptstadt eingeschlossen, den allermeisten Amerikanern ist. Der uramerikanische Satz »all politics are local« – entscheidend ist, was in meiner Nachbarschaft passiert –, er stimmte nach den Präsidentschaftswahlen 2000 mehr denn je, jedenfalls bis zum 11. September 2001. Für den Durchschnittsamerikaner war der Konflikt auf dem Balkan viel unwichtiger als die Frage, ob sein lokales Krankenhaus oder die Schule seiner Kinder mit staatlichen Zuschüssen rechnen kann. Und so trafen die Terroranschläge von New York und Washington Amerika an seiner empfindlichsten Stelle: am eigenen Sicherheitsgefühl. In zwei Weltkriegen hatten Amerikaner gekämpft, aber der Krieg war nie auf den eigenen Kontinent gekommen. Gegen den Terror erschien das Land wehrlos, das seine Bürger – und im Kalten Krieg ganze Kontinente – vor Bedrohungen von außen geschützt hatte. Der 11. September stellte die amerikanische Lebensweise in Frage – und verlangte den Amerikanern ab, sich der »Warum«-Frage zu stellen: Warum treffen diese Terroristen uns? Auf dramatische Weise mussten sich die US-Bürger von heute auf morgen mit Weltgegenden beschäftigen, für die sich – von Experten abgesehen – nie jemand interessiert hatte. Wer ist für, wer gegen uns dort »draußen« in der Welt – das wurde plötzlich zum Problem, das den einfachen Amerikaner auch in der Provinz aufwühlte.

Einen Zusammenhang zu erkennen zwischen der Sympathie für den Terror in breiten Teilen der arabischen Welt und der eigenen Lebensweise, das muss dem Durchschnittsamerikaner schwer fallen. Denn trotz des Wirtschaftsaufschwungs bietet Amerika seinen Bürgern viel weniger »Service«, als wir das in Deutschland oder Europa gewohnt sind. Öffentliche Schwimmbäder, Nahverkehrsmittel, selbst Bürgersteige und Straßenbeleuchtung – in vielen Städten sind diese staatlichen Dienstleistungen immer noch Luxus, wie wir auf unserer Reise studieren konnten. Dafür müssen die Anwohner selbst aufkommen oder Kirchengemeinden wie die Baptist Church in Atlanta, der es gelingt, Sponsoren anzuzapfen. Trotz allen Reichtums ist Amerika das Land der eigenen Initiative geblieben. Jeder hat die Pflicht, für sich selbst zu sorgen, vom Staat wird wenig erwartet. Allerdings zahlt man dafür auch wenig Steuern.

Amerika, ein Land, das immer in Bewegung ist, aber schon jetzt den Verkehr nicht mehr bewältigen kann. Das reichste Land der Welt hat kein Geld für die Infrastruktur. Die Straßen sind zwar gigantisch ausgebaut, zehn-, zwölfspurige Highways eher die Regel als die Ausnahme. Aber viele Straßen sind in schlechtem Zustand, Engpässe, wie Brückenübergänge oder Tunnel, wurden selten erneuert und verbreitert, so dass Staus programmiert sind. Da, wo andere Länder ihre Infrastruktur systematisch ausgebaut und erneuert haben – man denke an den Aufbau der neuen Bundesländer –, wurde in Amerika immer mehr Geld aus öffentlichen Projekten abgezogen. Das hat geholfen, den Staatshaushalt zu sanieren, aber man wundert sich als Reisender manchmal, wieso dieses

Land eigentlich noch funktioniert und woher Amerika seine Stärke bezieht.

An allen Flughäfen, auf denen wir auf unserer Reise gelandet und gestartet sind, wurde gebaut. Aber die Kapazitäten schienen den boomenden Flugverkehr einfach nicht bewältigen zu können. Da rächt sich, dass der Bahnverkehr in den USA seit Jahrzehnten total vernachlässigt wurde – einerseits verständlich in diesem Land mit seinen riesigen Entfernungen, andererseits ein Versäumnis, gerade für die kurzen Distanzen der Berufspendler, die oft gar keine Alternative zum Auto haben. Und auch kurze Strecken, wie die 400 Kilometer zwischen Washington und New York, werden immer noch überwiegend mit dem Flugzeug zurückgelegt, weil die Züge zu langsam sind. Von Hochgeschwindigkeitszügen wie in Japan oder Europa kann Amerika vorerst nur träumen.

Kurios für die Weltmacht in Sachen Informationstechnologie sind die Erfahrungen mit dem Telefonsystem. Normale europäische Handys funktionieren nicht. Wer auch immer versuchte, mich auf meinem Breitband-Handy zu erreichen, musste fast immer mit der Mailbox vorlieb nehmen – irgendwie konnte mich der Satellit nicht orten. Jedes Hotel hat sein eigenes System für Ferngespräche nach Übersee. Wie man sich in welches Netz einwählt, muss man jeden Abend neu studieren. Am besten, man besorgt sich die Telefonkarte eines amerikanischen Carriers. Nur: Schon der Versuch, sich in dessen Netz einzuwählen, wird vom Hotel als Lokalgespräch berechnet – unabhängig davon, ob der gewünschte Gesprächspartner sich in Europa meldet oder nicht.

Zu den wenig erfreulichen Reiseerfahrungen gehört auch, dass angesichts der Euro-Schwäche Amerika für einen Europäer mit normalem Geldbeutel kaum noch zu bezahlen ist. Ein Hotelzimmer unter hundert Dollar zu finden ist fast unmöglich, jedenfalls in den Innenstädten. Normaler Standard kostet mindestens 200 Dollar, dazu kommen hohe Steuern. Trotzdem breiten sich Luxus-Hotelketten immer mehr aus, und die Menschen, die da meist äußerst leger gekleidet in einem blitzblanken neuen »Four Seasons« oder »Ritz Carlton« absteigen, sehen wirklich nicht aus wie die Rockefellers. Da kann man als Europäer nur staunen. Was bei der Unterbringung beginnt, hört beim Essen und Trinken nicht auf. Der neueste US-Konsumtrend – ein großer Caffè latte – kostet, aus dem Pappbecher, fast vier Dollar. Und eine Flasche kalifornischer Rotwein in einem Steakhaus wird mit dreißig Dollar berechnet.

In den Regierungsjahren Clintons ist der private Reichtum fast explodiert. Die schlossartigen Villen in den Vorstädten, die glitzernden Shopping Malls, die Fünf-Sterne-Hotels – Amerika zeigt, was es hat. Übrigens ist der Rückgang der Armut statistisch belegt. Auch der Alltag hat sich verändert. Da gibt es einerseits den Trend zu »Gourmet Food«. Das beginnt mit dem Siegeszug von »Starbucks«-Kaffee und endet nicht in den Kulinaria-Kathedralen von »Dean and Deluca«. Wahrscheinlich hat man in den USA nie besser, vielfältiger und gesünder essen können als heute, jedenfalls wenn man die Zeit und das Geld dazu hat. Aber die Kehrseite der Genussgesellschaft sind die »Food Halls«, die ganz Amerika erobert haben: vom Burger bis zum Taco, von Fried Noodles bis zum Cookie. Alles das schmeckt nicht schlecht, wird aber in Hartplastik, Pappe, auf Polyester serviert, Essen aus der Hand. Alternativen gegen den Hunger finden sich selten. Die Mehrheit der Bevölkerung hat den Gebrauch von Messer und Gabel nach unserer Beobachtung dennoch nicht verlernt.

Doch trotz allen Reichtums: Das Land lebt von seiner Substanz, zehrt von den großen Infrastrukturprogrammen früherer Jahrzehnte. Endlose Autokarawanen quälen sich von den Vorstädten in die Zentren. Die mobilitätsverrückten Amerikaner werden bald am Verkehr ersticken, weil der Staat zu wenig Geld in die Weiterentwicklung der Verkehrsnetze steckte. Das gilt bei Experten mittlerweile als echtes Wachstumshindernis für die amerikanische Wirtschaft. Privatisierung wird nicht der Königsweg aus dieser Misere sein können, wie das Elektrizitätschaos in Kalifornien zeigt.

Aber das Vermächtnis Clintons verzeichnet viel auch auf der Haben-Seite. Der erfreulichste Trend vielleicht: Zurück in die Städte! Ende der achtziger Jahre lebte ganz Amerika seinen »suburban dream«. Jeder wollte nach draußen. Große Grundstücke lockten, Häuser mit sieben, acht Schlafzimmern. Die Innenstädte starben einen langsamen Tod, wurden Zentren der Kriminalität, Quartiere der Außenseiter. Selbst in der Hauptstadt Washington konnte man sich in den Bezirk hinter dem Capitol Hill nicht mehr trauen. Heute steigen die Immobilienpreise in den »inner cities«. Aus Problembezirken werden gefragte Wohnlagen. Viele der neuen Reichen, die ihr Geld mit Zukunftstechnologien gemacht haben, wollen zurück. Sie haben die Nase voll von den endlosen Staus auf der Fahrt zum Arbeitsplatz, vom Leben ohne Theater, Kino, Kultur. So werden von Chicago bis New York City, von San Diego bis Atlanta seit Jahrzehnten leer stehende Altbauten zu luxuriösen Wohnanlagen umgebaut, die Lagerhäuser der »old economy« zu trendigen Lofts. Auch Warenhäuser und Einzelhandelsketten, die sich aus den Zentren zurückgezogen hatten, kommen wieder zurück. Shopping in der Innenstadt ist »in«.

Doch diese Entwicklung hat auch eine Kehrseite: Die Armen werden aus ihren Wohnbezirken verdrängt. Sie müssen ausweichen in die Wohnviertel an den Rändern. Trotzdem hat diese städtische Renaissance sichtbare wirtschaftliche Konsequenzen. Das vielleicht faszinierendste Beispiel ist Chicago: Früher ein Industrieriese, lebt die Metropole des mittleren Westens heute vor allem vom Fremdenverkehr. Ganz Amerika schwärmt von der neuen Urbanität der Stadt mit der sagenhaften Hochhaus-Skyline.

1988 war ich zum ersten Mal als Journalist in den USA, gerade 31 und von diesem Land der unbegrenzten Möglichkeiten schwer beeindruckt. Ich war hingerissen von der Weitläufigkeit, der Offenheit der Menschen, der Professionalität des Fernsehens. Geschockt haben mich auf der anderen Seite die Obdachlosen, die in der Winterkälte auf den Warmluftschächten der Washingtoner Metro schliefen. Seitdem hat sich viel verändert. Vieles von dem, was mir neu und faszinierend erschien, ist jetzt Teil unserer deutschen, der europäischen Wirklichkeit geworden. Vom Frühstücksfernsehen über die Shopping Malls bis zu den Baseballmützen. All das ist zu uns herübergeschwappt, auch die öffentliche Armut. Meine Erfahrung: Amerikas Gegenwart ist unsere Zukunft. Die Clinton-Trends sind schon auf dem Weg nach Europa.

Wohin steuert Russland?
Von Jekaterinburg nach Moskau

Russlands Jugend schaut nach Westen

Unser Flug nach Jekaterinburg im Ural ist für Sonntagmorgen, den 13. Februar 2000, ab Frankfurt gebucht. Innerhalb einer Stunde starten von dort Maschinen nach Minsk, Kiew, Vilnius und natürlich nach Moskau. Das Flugzeug, das wir besteigen, geht dann weiter nach Perm. »Rhein-Main« mutet an wie eine Drehscheibe in den Osten. Der kleine Lufthansa-Airbus ist gut besetzt mit Schweizer Geschäftsleuten, Spätaussiedlern, die noch einmal »nach Hause« fahren, und »neuen Russen«, die vom Urlaub kommen. Wir starten am Morgen und erreichen unser Ziel erst nach Einbruch der Dunkelheit – nach vier Stunden Flug über vier Zeitzonen hinweg. So weit ist es von der Mitte Europas bis zum östlichen Ende unseres Kontinents.

Als wir in Jekaterinburg eintreffen, der Stadt, die zu Sowjetzeiten Swerdlowsk hieß, ist es schon tiefe Nacht; alles ist verschneit. In der Luft liegt Kohlenmonoxid – wie früher. Willkommen in Sibirien! Das kleine »internationale« Terminal besteht aus einem Warteraum und Abfertigungsanlagen wie einst in der DDR. Die Grenzbeamtinnen gucken streng, sind aber hübsch frisiert. Die Zollerklärung muss zweimal abgegeben werden. Unser Gepäck wird bei der Einreise durchleuchtet, merkwürdig genug, doch von den zwei Geräten läuft nur eins, und so müssen wir uns erst einmal in Geduld fassen.

In der Warteschlange treffen wir einen Amerikaner, der einen Nachtflug von Washington hinter sich hat und jetzt als Abgesandter eines russisch-amerikanischen Gemeinschaftsunternehmens drei Monate hier bleiben wird, um die Verkehrs-Infrastruktur der Ural-Region näher zu untersuchen. Das meiste, schimpft er, hätte er auch von zu Hause per Internet erledigen können. Aber der Mann hat Erfahrung. Drei Jahre hat er schon in der Ukraine gelebt, da wird er auch ein

Vierteljahr Jekaterinburg hinter sich bringen. Was er in seiner Freizeit tut? Langlaufen, Theater, Philharmonie.

Unsere Kollegen vom ZDF-Studio in Moskau holen uns ab. Unser Kameramann ist Anatoli Rudakow, ein groß gewachsener, eher stiller Mann mit wachen Augen und glatt rasiertem Schädel, Ende 40. Die Fahrt in die Stadt dauert kaum zwanzig Minuten. Wir chequen ein – erste Überraschung – in einem kleinen, blitzsauberen Hotel, auf Weststandard: nur sieben Zimmer, mit deutschen Hotelmöbeln, italienischen Fliesen und Geschirr aus dem Thüringer Wald ausgestattet. Doch bei den Pässen ist es wie früher: abgeben, die werden bei der örtlichen Polizei vorgelegt. Das war in diesen Wende-Jahren nach 1990 schon einmal anders. Die russischen Kollegen erklären uns, seit der Eskalation des Tschetschenien-Kriegs herrscht Angst vor Terroristen. Russland schützt sich.

Die Zimmer kosten um die 140 Mark. Das ist dreimal so viel wie im total heruntergekommenen Intourist-Hotel im Zentrum. Aber dafür fühlen wir uns wohl. Die Geschichte des kleinen Hotels ist typisch für diese Übergangszeit zur Marktwirtschaft. Ein großer Feinmechanik-Betrieb, Rüstungslieferant, hat sein Gästehaus auf diese Weise modernisiert, für die neuen Kunden, aber eben auch für Geschäftsreisende und Touristen. Geld verdienen will gelernt sein. Überall in Russland schießen solche kleinen Hotels jetzt aus dem Boden, erzählt uns Tolja, der Kameramann. Das Abendessen hat die Producerin Lena per Handy schon aus dem Auto bestellt. Und so stehen die Speisen gleich nach der Ankunft auf dem Tisch, in einem kleinen Salon mit Hifi-Anlage. Es gibt Fisch, Pilze und Aufschnitt, Kaffee oder Tee. Panflöten-Musik und »Mamy Blue« liefern eine dezente akustische Kulisse und erinnern mich an die frühen siebziger Jahre.

Wir haben Schenja, einen Studenten und TV-Reporter, gebeten, zu uns ins Hotel zu kommen und mit uns zu essen. Schenja ist ein temperamentvoller, ein bisschen blasser, rothaariger und ernster Junge von zwanzig Jahren. Er schleppt immer einen »beaper« mit sich herum, der ihm die neuesten Termine in der Stadt anzeigt und außerdem die Ortszeit von Hamburg. Dort lebt seine (russische) Freundin. Schon zweimal war er da, und inzwischen ist Hamburg seine zweitliebste

Stadt – nach St. Petersburg. Moskau findet er furchtbar: zu viele Leute, zu viele Journalisten, zu viel Politik.

Nach dem Essen führt Schenja uns in einen Musik-Club mit dem Namen »Katze«. Die Dekoration gleicht irgendwie einem Luftschutzkeller, es wird geravet. Aber heute, am späten Sonntagabend, geht keine große Party ab. Die Disco-Jugend redet. Junge Leute, Freunde und Kollegen von Schenja, sitzen in kleinen Nischen, plaudern und trinken. Wir diskutieren über die chaotischen Jahre unter Jelzin, über Putin, den neuen Mann im Kreml und den Krieg in Tschetschenien. Wenn er sein Studium fertig hat, sagt Schenja, muss er zur Armee, besonders angenehm ist ihm der Gedanke nicht.

Eine seiner Fernsehkolleginnen war gerade im Kaukasus, hat mit einer kleinen Kamera gedreht, sich aber nicht als Journalistin zu erkennen gegeben. Ihre Sicht der Dinge ist ganz klar: Das tschetschenische Volk wird von Schiebern und Mafia-Banden terrorisiert. Die Tschetschenen – das sind die Bombenleger von Moskau und die Falschhändler auf den Märkten; deshalb nennt man sie »die Schwarzen«. Die junge Frau, auch sie kaum älter als zwanzig, sagt: »Alle haben Angst dort, die russischen Soldaten und die tschetschenischen Zivilisten – Angst voreinander.« Meine Frage, ob man dieses aufsässige Volk nicht einfach aus dem Verbund des russischen Staates entlassen könne, erscheint den jungen Leuten theoretisch. Für die Kinder Gorbatschows sind Zweifel am Zusammenhalt Russlands nicht erlaubt. Und der Kaukasus gehört dazu.

Am meisten Eindruck macht Natalie, vielleicht 22, auf mich, eine echte Schönheit und die »PR-Managerin« von Schenjas Sender. Sie spricht Deutsch, weil sie mit ihren Eltern – ihr Vater ist Ingenieur – in den achtziger Jahren in Ost-Berlin gelebt hat. Ihre Deutschkenntnisse konnte sie gerade auffrischen. Sie hat einen Wettbewerb gewonnen und durfte zwei Monate in der Öffentlichkeitsabteilung von Volkswagen in Wolfsburg arbeiten. Sie hat ein Faible für Deutschland. Aber der Frage, ob Jekaterinburg Europa oder Asien sei, weicht sie aus: »Hier ist Russland.«

Ich frage sie nach ihren persönlichen Zielen und nach ihrer Einschätzung der Politik. »Wirtschaftlich hat Jelzin mehr zerstört als aufgebaut«, sagt sie, und die anderen lachen, als sie den Namen des gerade abgetretenen Kreml-Chefs nennt, »aber Jelzin hinterlässt uns ein System, in dem wir verschiedene Möglichkeiten haben zu entscheiden. Ich will hier in Jekaterinburg bleiben. Hier sehe ich meine Zukunft. Und wer in Moskau regiert, Putin oder sonst einer, das ist mir eigentlich egal.«

Für hiesige Verhältnisse ist es nicht kalt, knapp unter dem Gefrierpunkt. Gelegentlich kommt blauer Himmel durch, dann und wann schneit es. Eigentlich sollten jetzt an die zwanzig Grad minus herrschen, aber der richtig krachende Winter ist dieses Jahr ausgeblieben. Wir fahren durch die weit ausgedehnte Stadt, die von Katharina der Großen gegründet wurde, zu einem außerhalb gelegenen Militärkrankenhaus. Dort werden verletzte Tschetschenien-Kämpfer aus allen Teilen des weiten Russland, die hier ohne Hilfe von Familie oder Freunden gestrandet sind, medizinisch versorgt, in Krankenkammern à fünf oder sechs Personen. Wir können mit der Kamera dabei sein, als eine Gruppe von Studenten Hilfsgüter vorbeibringt. Die Soldaten tragen Kopfverbände, sehen mitgenommen aus, aber sie sprechen vom Krieg wie von einem unvermeidlichen Naturereignis. Eine der Studentinnen, Natascha, 25, die den Einsatz im Kaukasus für notwendig hielt, nimmt die Begegnung mit den jungen Männern sehr mit. »Mit Tränen in den Augen«, wie sie uns später schildert, geht sie ins letzte Zimmer. Es sei eine Schande zu sehen, wie so fröhliche und gesunde Jungs im Krieg verbraucht würden. Und Hoffnung, dass er bald enden werde, hat sie auch nicht.

Bei der Fahrt zurück in die Stadt fallen die vielen Neubauten ins Auge. Große Eigentumswohnanlagen, »für die Elite«, wie unsere russischen Begleiter sagen. Eine Einzimmerwohnung kostet in so einem Block 30000 Dollar. Man muss schon sehr erfolgreich sein, um sich das leisten zu können. Aber es gibt sie auch hier, die »neuen Russen«, die sich in den Jelzin-Jahren, wie auch immer, an ein westliches Lebensniveau herangearbeitet haben.

Jekaterinburg hat innerhalb der letzten Jahre sein Gesicht verwandelt. Viel historische Bausubstanz wurde renoviert, auch die Plattenbauten, jedenfalls die im Zentrum, wirken gepflegt. Zumal jetzt, da der Schnee seine strahlend weiße Decke über alles legt. Wir schlendern durch eine Einkaufspassage und entdecken ein Geschäft mit Sportartikeln: Vom amerikanischen Jogging-Laufband bis zum neuesten Tennis-Racket ist alles zu haben. Auffallend, dass nun auch russische Produkte, zum Beispiel die im Ural fast lebensnotwendigen Langlaufskier, modisch aufgemotzt angeboten werden. Optisch sind sie von Westimporten kaum mehr zu unterscheiden. Aber die Preise sind viel günstiger. Das macht sich auch bei der Haushaltsführung bemerkbar. Vor ein paar Jahren noch, erzählen unsere Begleiter, war es schwer, mit umgerechnet 500 Dollar monatlich zurechtzukommen. Jetzt geht das schon besser, weil die einheimischen Firmen wieder auf den Markt drängen, mit konkurrenzfähigen, aber billigeren Produkten.

Wir treffen Schenja wieder, an der Maxim-Gorki-Universität mitten in der Stadt. Das Gebäude stammt aus der Zeit des Sowjet-Klassizismus, mit hohen Säulen vor dem Portal. Gleich nach der Garderobe – (wohin sonst mit den dicken Winterklamotten?)- müssen wir einen Uniformierten passieren. Ein Student, klärt Schenja auf. Die Uni hat einen eigenen Wachdienst organisiert, gegen Drogenhändler und Diebe. Mit Erfolg. Das Studieren ist sicherer geworden.

Das große Haus ist in die Jahre gekommen, aber sauber und gut geheizt. Auf den Korridoren – wie ehedem – eine Galerie der besten Studenten und die Porträts verdienter Professoren, auch aus Sowjetzeiten. Kein Bruch mit der Vergangenheit. Die Seminarräume sind ausgestattet wie einfache Klassenzimmer: Holzbänke für jeweils zwei Studenten, Schiefertafeln, an denen den Journalistik-Studenten gerade die Techniken des elektronischen Bildschnitts für Fernseh-Beiträge erklärt werden. Schenja führt uns stolz in einen Internet-Raum, gestiftet vom Amerikaner George Soros. Dort kann man kostenlos surfen, natürlich auch ins Ausland, sogar ohne Anmeldung. So klein ist die Welt geworden. Schenja will nirgendwo anders leben als hier, in Jekaterinburg, im Ural. »Ausgezeichnet fühle ich mich hier«, sagt er, »ich bin viel gereist, aber meine Zukunft sehe ich hier.« Sicher, in Russland könne man keine langfristigen Pläne machen, »aber hier an der Uni treffe ich viele kluge und sympathische Leute. Nein, das ist keine verlorene Generation.«

Reife Kinder. Mit zwanzig arbeiten sie und gehen an die

Uni, verdienen sich ihren Lebensunterhalt. 130 Dollar im Monat macht Schenja mit seinem Job bei der örtlichen Fernseh-Station, das reicht eigentlich nicht, zumal er sich eine eigene Wohnung leistet. »Wir arbeiten und arbeiten und arbeiten.« Aber der junge Mann und seine Freunde erscheinen bei aller Anstrengung sehr fröhlich. In der Studentenkantine gibt's Krautsalat und kaltes Omelett, Fruchtsaft und eine Art Braten mit Kartoffeln. Billig, aber Schenja geht nicht gerne dorthin. Es riecht zu sehr nach Sowjetunion.

Wir treffen seinen Dekan, der eben auf dem Flur noch ein paar Studenten gezeigt hat, wie man einen Schlips bindet. Jekaterinburg sei, von Moskau abgesehen, der interessanteste Ort für russische Journalisten, erklärt er uns. Die Explosion der privaten Fernsehkanäle führe dazu, dass fast alle Studenten vom ersten Semester weg irgendeinen TV-Job bekommen – und eigentlich zu wenig Zeit zum Studieren haben. Was die Ursache sei für einen solchen Boom, will ich wissen. Jekaterinburg sei schon immer eine besonders politisierte Stadt gewesen, »und Politik braucht Medien«. Außerdem sei es für die vielen neureichen Unternehmer jetzt Ehrensache, einen eigenen Sender zu unterhalten – und so gibt es hier im mittleren Ural eben ein Dutzend lokaler Fernsehstationen. Fast klingt es, als wolle er seine Studenten in ihrer Euphorie ein bisschen bremsen: »Die jungen Leute fangen unheimlich schnell an zu arbeiten, aber sie werden auch schnell müde und verbrauchen sich.«

Zur Politik sagt der erfahrene Professor ein paar Wochen vor der Präsidentenwahl, die am 23. März 2000 stattfinden soll: »Ich bin mehr Optimist als Pessimist, der Prozess der Demokratisierung ist weit fortgeschritten: unmöglich umzukehren.« Allerdings lässt er durchblicken, dass Putin vielleicht mehr Einfluss auf die Massenmedien nehmen werde als Jelzin. Dass ein so unbekannter, unerfahrener Mann, einer mit einer gar nicht aufregenden Biographie in so kurzer Zeit ganz nach oben gekommen sei, das sei doch erstaunlich und nur durch besondere Umstände und Zusammenhänge zu erklären. Eine deutliche Anspielung auf den Tschetschenien-Krieg! Und ein klarer Zweifel, ob dieser junge Kandidat, wenn er das höchste Staatsamt erreicht, wirklich sein eigener Herr sein werde oder nur die Marionette Mächtigerer, die sich lieber im Hintergrund halten.

Zu einem sehr verspäteten Mittagessen – es ist schon fast fünf Uhr – fahren wir in eine Nebenstraße, ins »Café Elefant«. Wieder so ein kleines Privatisierungswunder. Man präsentiert uns nicht nur eine große Speisekarte, sondern es ist auch alles da. Russische Spezialitäten, Fisch, Pelmeni (eine Art Tortellini) und zum Nachtisch riesige Portionen Eis mit Früchten und Sahne. Und die russischen Kollegen klären uns auf: Dass die Kellnerin so freundlich ist, dass sie uns so fröhlich anstrahlt und einen sauberen Kittel trägt, das liege ganz einfach – an ihrem guten Verdienst.

Doch die alten Zeiten sind noch nicht ganz überwunden. Das merkt man auch an den Straßennamen. In Jekaterinburg gibt es sie noch, die Rosa-Luxemburg- und Clara-Zetkin-Straßen, die Marx-, Engels- und Thälmann-Prospekte, und nach Lenin heißt nicht nur der Boulevard gleich am zentralen Rathausplatz. Die überlebensgroße Statue des Revolutionärs steht immer noch auf ihrem Sockel im Stadtzentrum. Ein anderes düsteres Stück Stadtgeschichte liegt gleich hinterm Journalistischen Institut der Uni: das so genannte Ipatjew-Haus, in dem im Juli 1918 die Zarenfamilie ermordet wurde. Das ehemalige Wohnhaus einer bürgerlichen Familie, das für Zar Nikolaus, seine Frau, den Sohn und die vier Töchter letzter Zufluchtsort geworden war, wurde in den siebziger Jahren abgerissen – weil der Kreml fürchtete, hier könne eine Wallfahrtsstätte der Monarchisten entstehen. Die damalige Weisung aus Moskau hat übrigens der damalige KP-Gebietschef Boris Jelzin ausgeführt. Das Gelände wurde dann mit einer hohen Betonmauer umgeben, die heute an mehreren Stellen durchbrochen und so wieder zugänglich ist. Ein kleiner Gedenkort ist entstanden, ein schlichtes Holzgerüst, das den Umriss des Gebäudes andeutet, zwei einfache orthodoxe Holzkreuze. Daneben steht eine winzige Holzkapelle, in der uns eine fromme Frau auf zwei Ikonen aufmerksam macht. Auf der großen ist die Zarenfamilie mit ihren sieben Mitgliedern dargestellt, als Heilige, auf einer kleineren das Porträt Nikolaus II., ebenfalls mit Heiligenschein.

Schenja, der uns auch an diesen stillen Ort begleitet hat, an dem nichts an das Massaker im Keller erinnert, findet es gut, dass an die Familie des letzten russischen Zaren wenigstens auf diese Weise erinnert wird. Es geht ihm nicht nur um ein historisches Andenken an einen brutalen Mord, sondern auch um eine Mahnung: »Was ein einziger Tag in der Geschichte verändern kann!« Aus dem Zaudern des Zaren, auf die Veränderungen in der russischen Gesellschaft vor Ausbruch des Ersten Weltkrieges zu reagieren, auf seine Unfähigkeit, die neuen Strömungen zu erkennen, müsse man lernen. »Manchmal muss man schnell handeln, denn morgen kann sich schon wieder alles verändert haben. Es darf uns nicht so gehen wie Nikolaus II., der wartete und wartete.«

Ein Wallfahrtsort ist das Ipatjew-Haus bis heute nicht geworden, doch Schenja erinnert sich mit unguten Gefühlen an einen Aufmarsch von rückwärts gewandten Kosaken, den er hier einmal zufällig erlebt hat. Fahnen und Demonstranten, die versuchten, die ermordete Zarenfamilie für sich zu vereinnahmen. Während wir den tief verschneiten, fast einsamen Ort besuchen, kommen einzelne Menschen vorbei: eine junge Mutter mit Kind, ein Mann mittleren Alters, eine ältere Dame mit Einkaufstasche; sie gehen zu den Kreuzen, verneigen sich tief, bekreuzigen sich, küssen das Holz. Kleine, stille Gesten, aber sie zeigen: Auch diese Vergangenheit lebt. Russische Rituale.

Unten am Fluss sitzen Eisfischer. Einer zeigt uns seine Beute: einen winzigen Fisch, kaum einen Finger lang. Das dicke Eis trägt sogar Autos, regelrechte Straßen sind auf der Eisfläche gespurt, und die Gebäude am Rand des Flusses, Banken, ein Gewerkschaftshaus, die Residenz des Gouverneurs, sind schön restauriert. Das Ufer sieht richtig malerisch aus. Ich frage Schenja, wie es im Sommer sei, ob man baden könne im Fluss. Nein, wehrt er ab und zeigt auf die Fabrikschornsteine am Horizont: »Viel zu schmutzig!«

Wir fahren weiter zum großen Friedhof am Rand der Stadt. Die Gräber liegen hier dicht an dicht. Manche Steine tragen Bilder der Verstorbenen. Wir finden viele frische Grabstellen – junge Männer, die im Tschetschenien-Krieg gefallen sind. Die »Allee der Mafiosi« fällt durch pompöse, schwere Grabstätten auf, oft aus schwarzem Marmor mit den Büsten junger Männer. Vier tragen das gleiche Todesdatum im Oktober 1993 – damals tobte zwischen konkurrierenden Mafia-Gruppen ein regelrechter Krieg. Keiner der Männer war älter als dreißig. Und dann die Gräber aus dem Jahr 1996, als der erste Tschetschenien-Feldzug zu Ende ging. Jetzt hat Schenjas Fernsehsender eine Spendenaktion für die russischen Soldaten im Kampfgebiet organisiert. Und weil sie kein Zutrauen darein hatten, dass die Armee den einfachen Soldaten die eingesammelten Hilfsgüter übergibt, brachten sie die Spenden, immerhin zehn Tonnen Lebensmittel, Kleidung, Schuhe, selbst hin.

Die offiziellen Zahlen über Tote und Verwundete im Tschetschenien-Krieg, der jetzt wieder in vollem Gang ist, werden allenthalben angezweifelt. Der Sender brachte in seinem Programm zuletzt eine Geschichte aus dem Jekaterinburger Militärkrankenhaus, in das an einem einzigen Tag mehr als dreißig Tote und Verwundete eingeliefert wurden. So erscheint den jungen Journalisten die Statistik der Militärs, die von wenig Opfern unter den russischen Soldaten spricht, arg frisiert. »Es fällt mir schwer, über Tschetschenien zu reden – und meine Kollegen, die dort unten waren, tun es auch nicht«, erklärt Schenja, der Zwanzigjährige, der als Student bisher nicht eingezogen wurde. »Wir haben den Krieg schon 1996 erlebt, und jetzt sterben schon wieder so viele Menschen. Aber es gibt dort den Drogenhandel, es gibt die Entführungen, die Anschläge in Moskau, Terror, viele schreckliche Dinge, die wir nicht verstehen. Es ist nötig, dass man Ordnung schafft. Aber man muss über die Methoden reden, mit denen der Krieg geführt wird. Ich möchte auf keinen Fall als Soldat dorthin und tue alles, um es zu verhindern. Aber wenn sie mich rufen, dann gehe ich. Mir tut's dann nur Leid um meine Mutter, deren einziger Sohn ich bin.«

Unsere letzte Station an diesem Tag in Jekaterinburg ist Schenjas Fernsehsender, der am anderen Ende der Stadt liegt, in einem Neubaugebiet, typische Plattenbausiedlung, jüngst etwas aufgepeppt durch einen flachen Vorbau aus Backstein. Dort finden Ausstellungen statt, gerade läuft eine Heimwerker-Messe. Gleich gegenüber vom Eingang zum Fernsehstudio befindet sich ein Kinderspielplatz. Neben Rutschbahn und Klettergerüst rosten dort zwei ausgediente Panzer und ein abgewracktes MIG-Kampfflugzeug vor sich hin. Wir denken: Abrüstung ist nicht nur eine Frage der hohen Politik …

Schenjas Fernseh-Studio ist in einem zweistöckigen Pavillon untergebracht. Sein Herzstück ist ein zentraler Schaltraum, in dem auch Bilder der BBC und der Deutschen Welle aufgezeichnet werden. Auf dem einen Monitor erläutert gerade Bundestagspräsident Thierse, welche Strafe die CDU im Spendenskandal zahlen soll, auf einem anderen flimmern Neujahrsfeierlichkeiten, die von einem chinesischen Sender direkt übertragen werden. Jekaterinburg – irgendwo in der Mitte zwischen Europa und Asien.

Wir treffen hier die PR-Frau Natascha wieder, die versucht, ihren Sender in die lokalen Zeitungen zu bringen und Werbekunden aufzutreiben, um das aufwändige Programm weiter finanzieren zu können. Schenjas Chefredakteur Sergej freut sich, mit uns ein bisschen fachsimpeln zu können. Er fragt, welchen Einfluss in Deutschland Politiker und Wirtschaftsbosse auf das Programm haben, woher das Geld kommt. Hier im Ural sind die Sitten rau. Wenn sich die mächtigen Herren der lokalen Industrie über sein Programm aufregen, dann rufen sie gleich beim Generaldirektor an. Die Politiker beschweren sich direkt bei ihm. Den 24-Jährigen scheint das nicht sehr anzufechten. Sein zeitkritisches Magazin »Vremitzka« (»Zeitpünktchen«), das unerschrocken alle örtlichen Missstände aufs Korn nimmt, sehen jeden Samstag fast fünf Millionen Fernsehzuschauer im Jekaterinburger Gebiet. Das Programm, das von Schenja präsentiert wird, begreift sich als Anwalt der Bürger. Und mit dem Erfolg ist der Chefredakteur hoch zufrieden.

Abends sind wir bei einer Kollegin zu Hause eingeladen, in eine Einzimmerwohnung im achten Stock eines Hochhauses, gleich um die Ecke unseres Hotels. Sie hat das Appartement für 7000 Dollar gekauft und bewohnt es jetzt mit ihrem Mann. Nach acht Jahren in einer Studentenbude, die sie mit zwei anderen Mädchen teilte, eine Wohltat, sagt sie. Lena, Ende zwanzig, rothaarig, energisch, Fan amerikanischer Jazz-Musik, hat etwas zu feiern. Sie hat sich heute mit einem kleinen Medienunternehmen selbstständig gemacht. Die Verträge sind unterschrieben, ein Konto eröffnet, Büroräume angemietet. Die gelernte Journalistin wird jetzt als freie Produzentin arbeiten – vor allem Industrie- und Werbefilme drehen. Eine Zeit lang war sie freie Korrespondentin für einen großen Moskauer Nachrichten-Kanal, eine begabte Reporterin, die kein Risiko scheute. Als ihr Sender sich aber bei einem kleineren Jekaterinburger Kanal einkaufte, blieb sie auf der

Strecke. Statt zu lamentieren, hat sie einen Neuanfang gewagt. Ihr ganzes Geld hat sie hineingesteckt.

Ihr Ehemann ist Arzt und arbeitet als Spezialist in einer Entgiftungsklinik. Dort bekommt er das ganze postsozialistische Elend und die realkapitalistische russische Gegenwart zu sehen: Suchtopfer, Alkoholiker, Selbstmörder. Zu Hause ist er fast nie, und der Lohn für seine Tätigkeit liegt umgerechnet unter 200 Mark im Monat. Andere Ärzte rechnen fest mit besonderen »Zuwendungen« ihrer Patienten, aber seine Kundschaft zeigt sich selten dankbar, auch wenn er ihr das Leben gerettet hat. Schon deshalb würde er gern auswandern – nach Israel, denn er ist jüdischen Glaubens. Er erwartet dort ein Leben mit mehr Kultur, aber auch bessere Verdienstmöglichkeiten. Doch seine Frau will hier bleiben, im Ural. Lena ist stark. Und sie glaubt, dass Russland seine Zukunft noch vor sich hat.

In der Transsibirischen Eisenbahn

Dem Hauptbahnhof von Jekaterinburg, Verkehrsknotenpunkt im Ural, fehlt eine Bahnhofshalle. So schneit es auf die Züge, die wartenden Reisenden und unser umfangreiches Gepäck. Das Gebäude stammt aus vorrevolutionären Zeiten und wird gerade restauriert. Ein Flügel ist schon hergerichtet und verfügt über einen großen Wartesaal aus grauem Marmor, den der Bahnhofsvorstand uns stolz zeigt. Eintritt haben nur Menschen mit gültigem Billett – die Zeiten, in denen sich die Obdachlosen hier niederlassen konnten, sind vorbei.

Wir warten auf einen Express aus dem Fernen Osten. Zug Nr. 67 fährt einmal pro Woche von Abakan, südlich von Krasnojarsk, über eine Nebentrasse der Transsibirischen Eisenbahn nach Moskau. Er ist pünktlich: Ankunft 11.16 Uhr, Abfahrt 12.01 Uhr. Der Aufenthalt reicht, um unser Gepäck einzuladen und in Waggon Nr. 2, dem ersten Passagierwagen, unsere Plätze zu suchen. Es dauert, bis wir alles verstaut haben, vor allem Kamera, Stativ, Lichtkoffer. Schaffner und Mitreisende helfen uns – froh über die Abwechslung auf ihrem langen Weg.

In meinem Abteil sitzt ein älterer Herr – ein Rentner aus Moskau, der seine beiden über achtzigjährigen Tanten im fernen Nowosibirsk besucht hat. Der Abschied sei schwer gewesen, denn beide, so erzählt er bald, seien schon ein bisschen besorgt, ob er sie jemals wiedersehe. Man müsse die Zeiten nehmen, wie sie kommen. Bauarbeiter sei er gewesen in Moskau. Irgendwie strahlt der Mann etwas Nobles aus. Kaum hat sich der Zug in Bewegung gesetzt, da bietet er uns Konfekt an. Das verspricht eine angenehme Reisebekanntschaft zu werden.

Die ersten sechs Waggons des Zugs sind komfortabel und auf nette Weise spießig eingerichtet: Abteile für jeweils vier Personen. Saubere Teppichböden, Gardinen vor den Fenstern. Jedes hat eine Liege. Die Schaffnerin versorgt uns mit starkem Tee und allem, was man auf so einer Reise braucht. Schon seit sieben Tagen ist sie unterwegs: von Abakan bis Moskau und wieder zurück, das ist ihr Leben. Vierzehn Tage im Zug, dann hat sie sieben Tage frei. Lidia Sakurowa heißt sie, und die dicken Brillengläser sorgen noch für sowjetischen Chic. »Wenn man so viele Kilometer unterwegs ist«, sagt Lidia, »dann trifft man Menschen in den unterschiedlichsten Stimmungen. Der Zug – irgendwie spiegelt er unser Leben. Ich finde, aus dem Sumpf sind wir schon heraus. Die Leute halten sich aufrecht.« Und was erwartet sie vom nächsten Präsidenten? »Ohne Hoffnung kann man nicht leben. Wir hoffen, dass es mehr Arbeit gibt, dass die Löhne rechtzeitig ausgezahlt werden, dass man morgens nicht weiter mit dem Gedanken aufsteht, womit man die Familie ernährt.«

Unser Ziel ist Perm, 400 Kilometer Richtung Nordwesten, ohne Zwischenstopp. Der Zug ist überheizt. Trägheit liegt in der Luft. Die Passagiere dösen vor sich hin. Ein südländisch aussehender Mann, mit Schnauzbart und Goldzähnen, spricht uns an. Er stamme aus Baku, Aserbaidschan, früher wegen der Ölvorkommen eine wichtige Sowjetrepublik, jetzt ein selbstständiges Land. Er lebe und arbeite im westsibirischen Tjumen – auch dort fließt Öl – und sorge mit dieser Reise für Wohlstand, verrät er uns. Er handle mit Früchten. Früher, zu Sowjetzeiten, sei alles viel einfacher gewesen: keine Grenzen, keine Zölle, keine Steuergesetze. Nur, und da grinst er, verdienen könne man jetzt viel besser.

Wir laufen durch den Zug. Hinter dem Speisewagen haben sich die Wagen der billigeren Klasse in einen rollenden

Schlafsaal verwandelt, voll gestopft mit dampfenden, schwitzenden Menschen. Die Scheiben sind von den Ausdünstungen beschlagen. Wir treffen zwei Soldaten, Andrej, 21, Gefreiter, und Nail, 25, Leutnant. Beide wirken abgekämpft und angeschlagen. Eine lange Reise haben sie hinter sich – und Schockierendes erlebt. Andrej ist in Jekaterinburg zugestiegen – er gebraucht noch den sowjetischen Namen Swerdlowsk, und erinnert damit an die einst geschlossene Stadt, die Hochburg der Rüstungsindustrie. Vor einer Woche, erzählt er uns, sei er vom kaukasischen Militärstützpunkt Wladikawkaz ausgeflogen worden, nach vier Monaten Kriegseinsatz in Tschetschenien. 200 junge Männer wie er seien in der Militärmaschine gewesen, 46 Verwundete hätten sie an Bord gehabt – und sechs Tote. »Sie haben meine Jugend zerstört, meine Nerven und alles Übrige. Wir sind erst zwanzig, aber wir sehen aus wie vierzig. Alles hat sich verändert.« Der Junge spricht schwer, zeitweise stottert er. Er freut sich auf seine Familie, auf Frau und Kind: »Für mich ist heute ein Feiertag. Ich bin da raus, lebendig und gesund. Aber in einem Monat gehe ich zurück. Sie haben mir einen Vertrag bei der Armee angeboten.« Viel bricht aus ihm heraus: »Wir standen bei Chassawjurt, 86 Leute, wir wollten in unseren Zelten schlafen. Da hörten wir Detonationen. Wir stürzten raus. Drei Bomben fielen, viele Kameraden sind umgekommen.« Die Angaben über die Anzahl der Opfer seien alle falsch. Viel mehr Soldaten, als die Armee offiziell zugebe, seien verletzt worden oder gestorben.

Nail, sein älterer Kamerad, kommt, wie er sagt, direkt aus dem Krieg, aus der zerstörten tschetschenischen Hauptstadt Grosny. Scharfschütze sei er gewesen, erzählt er stolz. Wir fragen, ob er in den Krieg zurückkehren werde, und er antwortet: »Auf jeden Fall, wir werden alle Tschetschenen vertreiben.«

Das Gespräch weckt die Aufmerksamkeit der Mitreisenden. Ein Mann, nicht ganz nüchtern, mischt sich ein. Er macht den jungen Männern Vorhaltungen, mit Ausländern so offen zu sprechen. Das gehöre sich nicht, und für einen Offizier schon gar nicht. Auch die Frauen hinter den beiden Soldaten haben aufmerksam, ja gebannt zugehört. Das Fernsehen berichtet viel vom Krieg, aber wann hat man die Möglichkeit, jemandem zuzuhören, der selbst dort gekämpft hat?

Bevor wir weitere Unruhe verursachen und das Gespräch für die beiden erschöpften Soldaten unangenehm wird, verlassen wir den Waggon. Kameramann Tolja, der das Gespräch schweigend verfolgt hat, verschwindet und kommt ein paar Minuten später mit dem dicken Seil zurück, das er sich in dem Jekaterinburger Sportgeschäft gekauft hatte, beim Zubehör fürs Bergsteigen. Jetzt verstehe ich, woran er gedacht hat. Er bindet sich das Seil um den Körper und verknotet das andere Ende an einer Eisenstange an einem Waggon-Ausgang. Sein Assistent Gennadi muss ihn festhalten. Dann öffnet er die Tür des fahrenden Zuges und lehnt sich weit hinaus. So kann er den ganzen Express aufnehmen und filmen, wie er sich durch die tief verschneite Mittelgebirgslandschaft arbeitet.

Russische Idylle, tiefer Frieden. Wieder Eisfischer auf einem zugefrorenen Fluss, auf einem Hügel wird eine Kirche gebaut, schöne Holzdatschen am Ufer. Wir sprechen nicht darüber. Aber nach den Schilderungen des Krieges, nach den verzweifelten, verstörten Gesichtern der jungen Männer tun uns diese Bilder von einem anderen Russland gut.

Als wir uns gegen Abend der Stadt Perm nähern, piepst unser Handy. Bester Empfang mitten im Ural. Hier im europäischen Nordosten Russlands, im einstigen Zentrum der Schwerindustrie, hat sich – so erfahren wir später – eines der erfolgreichsten neuen Telekommunikationsunternehmen Russlands etabliert. Ich kann mit meiner Familie sprechen, als sei Mainz um die Ecke.

Ein deutscher Geschäftsmann in Perm

Ankunft in Perm. Auch hier eine große Bahnhofsanlage, viele Gleise nebeneinander, aber keine Halle. Der Schnee überfällt uns, gleich als wir unseren Zug verlassen. Wie versprochen erwartet uns der deutsche Speditionskaufmann Holger Werner. Ein deutsches Fernsehteam, das bedeutet Abwechslung für ihn, besonders im russischen Winter – kurze Tage, endlose Nächte. Werner ist ein Pionier. Gebürtig in Sachsen-Anhalt, war er schon zu DDR-Zeiten hier, und er blieb als einer der ersten Ausländer, seit Gorbatschow auch Perm öffnete. Anfangs, erzählt er, sei die deutsche Industrie fast im Goldrausch gewesen. Dann kam die Wirtschaftskrise im August 1998. Die habe vielen, besonders den Mittelständlern, das Kreuz gebrochen. So sind nur zehn Deutsche in der Drei-Millionen-Stadt übrig geblieben, mit ihm zum Beispiel eine Deutschlehrerin, die vom Land Niedersachsen bezahlt werde, aber viel Kontakt habe man nicht.

Wirtschaftlich gesehen ist Werner zufrieden. Sein Unternehmen hat die Krise gemeistert, 1999 wurde zum umsatzstärksten Jahr. Neun Lkws lässt er rollen, bei vierzig Grad Hitze im Sommer und vierzig Grad Kälte im Winter. Seine Lastzüge versorgten den gesamten Ural bis nach Sibirien hinein mit lebenswichtigen Gütern. Fünfzehn Russen arbeiten im deutschen Unternehmen: »Es ist eine hochinteressante Region, ein riesiges Gebiet mit einer starken Exportindustrie, da ist was zu holen. Was mich persönlich herausfordert? Man muss improvisieren, man muss sich täglich neu beweisen.«

Schon denkt Holger Werner daran, eine Filiale in Jekaterinburg zu eröffnen. Die Stadt mit ihrem Wirtschaftsaufschwung imponiert ihm. Wir schildern unsere Eindrücke. Die Niederlassung soll ein russischer Kollege leiten, dem er per Internet über die Schulter schauen kann. Und was tut er in seiner Freizeit? Nicht viel, vielleicht mal Skilaufen; im Wald gibt es Abfahrtspisten. Und neuerdings kann man auch ins Kino gehen. Vor einem Jahr hat ein neuer Laden aufgemacht – und da laufen die aktuellsten Filme und meist sogar russisch synchronisiert.

Am nächsten Morgen treffen wir Holger Werner wieder. Der riesige Aufmarschplatz im Zentrum von Perm mit dem Stadttheater und einem gigantischen Kriegerdenkmal sieht noch aus wie aus dem Fotoalbum der Sowjetunion. Werner hat hier vor dreizehn Jahren angefangen, als ostdeutsche Kombinate an der Erdgasleitung von Sibirien nach Westeuropa mitbauten. Endzeit der Sowjetunion, als schon von Glasnost und Perestroika die Rede war. Alle Lebensmittel für die damals 10 000 DDR-Arbeitskräfte seien per Zug geliefert worden, sogar das Brot, erinnert er sich. Da konnte man in Sachen Versorgungslogistik eine Menge lernen. Gelebt hätten die deutschen Fachleute in Camps; offensichtlich sollte so jeglicher Kontakt zur russischen Bevölkerung verhindert werden. »Wir haben damals Zweifel an der propagierten Völkerfreundschaft bekommen.« Die Russen, die er heute seine besten Freunde nennt, stammen noch aus den damaligen Zeiten. Neuen Bekannten zu trauen ist schwer. Seine Stellung ist zu herausragend, und selbst bei ganz privaten Treffen sei er sich nie sicher, ob es wirklich um den menschlichen Kontakt oder doch ums Geschäft, um Vorteile gehe.

In den Permer Jahren ist Holger Werner zum entschiedenen Nicht-Trinker geworden. Aber, so räumt er ein, es gebe Gelegenheiten, geschäftliche Erfordernisse, da komme man um den Wodka einfach nicht herum – schlimme Tage, auf die man sich nur systematisch vorbereiten könne, mit ein paar Löffeln Speiseöl und fetter Wurst. Wer einer russischen Delegation zum ersten Mal gegenübersitze und gleich übers Geschäft reden wolle, der habe schon verloren. »Es gibt Verabredungen, da weiß ich schon, am nächsten Tag kann ich nicht ins Büro kommen.«

Wir fahren in Werners kleinem Jeep mit deutschem Kennzeichen durch die Stadt. Im Vergleich zu dem halben Dutzend S-Klasse-Wagen, die wir unterwegs sehen, ist das ein äußerst bescheidenes Auto. Die noblen Limousinen sind übrigens meistens nicht geklaut, beteuert Werner. Er habe einige davon selbst ins Land gebracht und die Bargeldbündel gesehen, mit denen sie bezahlt wurden. Aber wir sollten vom großen Auto nicht auf den sonstigen Lebensstil schließen, etwa die Wohnsituation der Eigentümer. Nichts gehe über das Statussymbol mit vier Rädern. »Wie es dann zu Hause aussieht, ist eine ganz andere Geschichte.«

Breite Magistralen, nur unten am Fluss ein paar alte Gebäude. »Als wir hier anfingen, war Perm eine geschlossene Stadt, überall strengste Kontrollen. Wenn ich das mit heute vergleiche, ist der Fortschritt an allen Ecken zu spüren. Es ist wirklich einiges passiert.« Ein junger, dynamischer Bürgermeister habe für Veränderungen im Stadtbild gesorgt, Gebäude renovieren lassen, alles sei auch sauberer geworden. Aber seit der Finanzkrise im Sommer 1998 seien die Probleme, objektiv betrachtet, sehr groß. Der Wohnungsbau sei praktisch zum Erliegen gekommen. Es fehle einfach an allen Ecken und Enden Geld. Doch eines fällt ihm auf, wenn er in diesem Winter seine Zollerklärungen studiert. An erster Stelle stehen jetzt Maschinen. Sie machen den größten

Teil der Fracht aus, nicht mehr Konsumgüter – ein gutes Zeichen.

Wir kommen am Gorki-Park vorbei, eigentlich ein großer Spielplatz, vor allem für Kinder. Gerade hat dort ein Wettbewerb begonnen, den die Stadt etwas großspurig als »Fünftes internationales Schnee- und Eisskulpturen-Festival« feiert; sogar auf ihrer Internet-Seite wirbt die Stadt Perm für dieses Ereignis. Lokale Firmen sind als Sponsoren dabei, Radio- und Fernsehstationen, die große Telekommunikationsgesellschaft, eine Bäckerei haben Werbeplakate aufgestellt. Aus dem Ausland kommen genau fünf Teilnehmer, zwei Deutsche und drei Schweizer. Sie haben vier Tage Zeit, um aus riesigen Eisblöcken Kunstwerke herauszuhauen, wenn auch vergängliche.

Einer der Eis-Bildhauer, mit Säge, Pickel und Spaten ausgerüstet, ist der Einheimische Ildar Manajew, 35. Er ist ein wirklicher Künstler, lebt vom Verkauf seiner Gemälde und macht aus Spaß bei der Eis-Olympiade mit – und weil er Kontakt zu anderen finden will. Ildar schwärmt von seiner Datscha am Fluss, und ein eigenes Atelier hat er auch. Ja, das sei wirklich Kunst, Schnee ein faszinierender Werkstoff. »Theoretisch betrachtet kommt nichts heraus, weil nichts bleibt. Aber wenn man es nicht so ernst nimmt, kann es doch ein Erfolg werden.« Ich schlucke meine erste Skepsis hinunter und denke daran, wie Christo und Jeanne-Claude mit ihrem verhüllten Berliner Reichstag auch ein nur vergängliches Kunstwerk geschaffen und sich dennoch in die Erinnerung und Herzen der Menschen eingegraben haben. Also, warum nicht? Außerdem ist bei diesen Temperaturen Kunst aus Eis wirklich nahe liegend.

Ildar schwärmt von seiner Stadt: »Ich bin von niemandem abhängig, außer von mir selbst. In Perm gibt's viele interessante Leute, begabte Künstler. Überhaupt bin ich sicher, dass alle große Kunst in der Provinz beginnt. Hier kann die Kunst sich entwickeln.« Mit den politischen Verhältnissen ist er zufrieden, solange sich Moskau nicht so einmischt wie früher. »Das Wichtigste ist, dass mich keiner stört, und wer Präsident in diesem Land ist, ist mir eigentlich total egal.«

Was die Veränderungen in Moskau angeht, ist auch Holger Werner skeptisch. Trotzdem: Ein junger Präsident, der könne schon einiges bewegen, und so kritisch man Putin wegen des

Tschetschenien-Kriegs auch sehen müsse, er werde die Kraft und Entschlossenheit haben, auch die Verbindungen nach Westen wieder aufleben zu lassen. Überhaupt ist Werner optimistisch und hofft auf den Platzvorteil, den er für sich und seine aus dem Münsterland stammende Spedition in diesen harten Jahren aufgebaut hat. Es gebe viele Zeichen des Aufschwungs: Die zahlreichen Privatbetriebe funktionierten in der Regel gut. Die Angestellten seien nicht betrunken und erschienen pünktlich zum Dienst. Ökonomisches Denken sei sehr ausgeprägt. Er zahle seinen Leuten zum Beispiel das Vierfache des Durchschnittsverdiensts, mit einem ganz eindeutigen Resultat: Sie konzentrierten sich auf ihren Job und müssten keine weiteren Nebenverdienste suchen. Deshalb wollten auch alle in seinem Unternehmen bleiben, die Abwanderungsrate sei gleich null. Auf meine Frage, was denn die Ursache der russischen Misere sei, warum der Aufschwung so lange auf sich warten lasse und Russland so viel länger brauche als zum Beispiel China, gibt er eine eindeutige Antwort: »Eigentlich haben die Russen alles: Öl, Gas, Diamanten, Gold, unendlich viel Potenzial. Die Schwächen liegen in der ausgeprägten Bürokratie, in der Korruption. Sie liegen mehr in Moskau als hier in der Provinz; vor allem aber fehlt es an gut ausgebildetem Personal und an Kapital.«

Die Last der Vergangenheit

Unser Programm beginnt früh. Auf sieben Uhr morgens ist die Abfahrt Richtung Norden angesetzt. Wir wollen eine Metall verarbeitende Fabrik besuchen und ein ehemaliges Lager für politische Gefangene sehen, das seit einigen Jahren von einer Privatinitiative erhalten und zu einem Museum ausgebaut wird. Als wir starten, ist es noch stockdunkel. Der Tag bricht hier im russischen Norden ganz langsam an. Kaum merklich wird es heller; bis normales Tageslicht herrscht, ist es schon nach neun. Der Schnee liegt hoch, doch unser Fahrer bestätigt, was wir schon in Jekaterinburg gehört haben: Es ist längst nicht so kalt wie in anderen Wintern. Die Straßen sind gut ausgebaut, die Ortschaften liegen weit voneinander entfernt. An den Knotenpunkten der Hauptstraßen müssen wir

Polizeikontrollen passieren. Die Regierung ist nervös. Überall die gleiche Erklärung: Angst vor Terroranschlägen durch Tschetschenen. In ganz Russland ist noch der Schock zu spüren, den die Explosionen in den Moskauer Wohnblocks ausgelöst haben. Viele glauben den offiziellen Erklärungen, dies sei das Werk tschetschenischer Terroristen gewesen, auch wenn die Regierung Beweise schuldig bleibt.

Die Fabrik, in der wir uns verabredet haben, liegt in Lyswa, einer Stadt von 70 000 Einwohnern. Am Ortseingang scheint uns ein russisches Dorf mit schneebedeckten, einstöckigen Holzhäusern zu erwarten. Doch als wir nach unten, in ein Flusstal abbiegen, liegt ein über viele Kilometer ausgedehnter Fabrikkomplex vor uns, dahinter erheben sich Dutzende von Plattenbauten, die für die Arbeiter und ihre Familien errichtet wurden. Die Direktion ist im einzigen Gebäude untergebracht, das von außen einen in Stand gesetzten Eindruck macht. Ich bin ungeduldig, denke an den langen Tag, den wir noch vor uns haben, und möchte am liebsten gleich mit den Dreharbeiten beginnen. Aber Tolja, mein Kameramann, ermahnt mich, geduldig zu bleiben: Erst müssen wir mit den Direktoren reden, Tee trinken, ein Gespräch von »Natschalnik« zu »Natschalnik« führen – von Chef zu Chef. Und so ist es. Ich werde ins Vorstandsbüro im ersten Stock gebeten, die Geschäftsleitung empfängt das deutsche Fernsehteam fast geschlossen. Gebäck, Tee und Prospektmaterial sind schon vorbereitet. Dann folgen ein paar Erklärungen.

Die Ursprünge der Fabrik gehen auf das Ende des 18. Jahrhunderts zurück. Ein Graf hat hier in der nördlichen Wildnis zu Zeiten Katharinas der Großen begonnen, Eisen zu schmelzen. Die Villa der Eigentümer, ein schlossartiges Gebäude mit eindrucksvollen Säulen, steht noch. Wir hatten es schon von der Straße aus gesehen; wie alles hier wirkt es sehr heruntergekommen. Zu Sowjetzeiten arbeiteten in Lyswa 17 000 Menschen, und bis heute ist die Produktpalette der Fabrik beachtlich: von Blechen für die Automobilindustrie bis zu Haushaltsgeräten, von Thermoskannen bis zu einfachen Eimern, Gießkannen und Schüsseln aus Zink. Die neuen Zeiten, sagt der Direktor, seien hart. Bitter nicht nur für die Geschäftsleitung, vor allem für die Menschen, die doch zu Sowjetzeiten mit dem Versprechen sicherer Arbeitsplätze in den eisigen

Norden gekommen seien. Nach der Wende wurden 10 000 Arbeiter entlassen, die sozialen Einrichtungen – Schule, Kindergarten, Krankenhaus – der Stadt übergeben, jetzt seien sie geschlossen oder nicht mehr kostenlos. Wer bleiben konnte, verdient etwa hundert Dollar im Monat, der Lohn wurde kürzlich um 25 Prozent gekürzt, aber – das betonen die Direktoren – hier werden die Gehälter noch ausgezahlt.

Nach einem ausführlichen Gespräch können wir die versprochene Besichtigungstour endlich starten. Tolja zwinkert mir zu und will wohl sagen: Du wirst sehen, die Zeit hat sich gelohnt. Die Fertigungshalle, die man uns zunächst zeigt, wirkt menschenleer. Eine von zwei Produktionsstraßen für Stahlbleche läuft nicht. Zwar hat die Geschäftsleitung gerade einen Liefervertrag mit dem größten russischen Automobilhersteller abgeschlossen. Aber für den Export nach Europa reicht die Qualität noch nicht, und deshalb laufen viele Maschinen nicht. Sergej Kasaljow, seit zwanzig Jahren Arbeiter in der Fabrik, macht aus seinem Herzen keine Mördergrube und schimpft in unsere Kamera: »In den letzten zehn Jahren ist nichts besser geworden. Wir verdienen weniger, aber alles kostet mehr.« Über Putin will er sich nicht äußern. Wichtig sei nur, dass er endlich ein höheres Gehalt bekomme. Ein älterer Kollege mit mächtigem grauem Schnauzbart zählt knapp auf, was er vom neuen Präsidenten erwartet: »Moderne Gesetze, modernes Leben, normale Steuern und eine Garantie auf Arbeit.« Der Direktor hofft, dass der neue Präsident stärkere Rechtssicherheit für die Wirtschaft schafft. Nach den Wahlen müssten die Gesetze überall gleich sein. Eine starke Hand sei da notwendig, zum Beispiel um einheitliche Steuergesetze einzuführen und auch durchzusetzen. Ob der unbekannte Putin denn eine gute Wahl sei? Nun, auch bei der letzten Jelzin-Wahl im Jahr 1996 habe er gegen den amtierenden Präsidenten gestimmt. Niemand wisse genau, wofür Putin stehe.

Aber es gibt auch Hoffnungszeichen für den Betrieb. Zum Beispiel, dass einem möglichen Kunden aus Italien gerade eine große Ladung Probebleche geliefert worden sind. Vielleicht werde daraus das erste Exportgeschäft. Die Fertigungshalle ist jetzt zwanzig Jahre alt, damals komplett aus der Tschechoslowakei hertransportiert. Riesige Kräne bewegen die schweren Blechtrommeln.

Warum man uns als Erstes hierher geführt hat, verstehen wir besser, als wir ganz am Ende unseres Besuchs doch noch Zutritt zu dem Backsteingebäude mit seinen hohen Schornsteinen erhalten, das uns schon von der Straße her aufgefallen war. Dort stehen die Hochöfen. Es ist ein Bild wie aus dem vorletzten Jahrhundert. Unter der flachen Decke ein verwirrendes System von Rohrleitungen, an vielen Stellen undicht, Kleinbahnschienen. Von den drei Hochöfen sind zwei stillgelegt. Am dritten brennen aber vier einzelne Kessel. Der Vorarbeiter prüft, ob die Masse geschmolzen ist. Dann der Abstich. Die Bahn fährt vor und nimmt die glühende Masse auf, die mit Getöse aus dem Hochofen schießt. Diese Fertigungsanlage ist, das erklärt uns der Direktor jetzt, im Jahr 1900 eingeweiht worden, also genau hundert Jahre alt.

Wir sprechen einen Stahlarbeiter an. Er hat zwei Töchter, arbeitet seit mehr als zwanzig Jahren hier, ist 44 Jahre alt, sieht aber viel älter aus. Seine harten, energischen Gesichtszüge erinnern an die Sowjetplastiken, die das Proletariat verherrlichten. »Bei uns ist alles schlecht«, sagt er, »angefangen mit dem Material. Es ist eine sehr harte Arbeit und ein sehr hartes Leben. Aber immerhin – ich verdiene noch. Also, im Prinzip muss ich zufrieden sein.« Und was hält er von Putin? »Putin? Wer ist das eigentlich, dieser Putin?«

Wir verabschieden uns und fahren weiter nach Norden. Die Straßen werden enger und die Natur immer prächtiger. Flaches, sanft geschwungenes Land, breite Flüsse, die Seen sind zugefroren. Am frühen Nachmittag bricht die Sonne gelegentlich durch die Wolken und lässt den Schnee aufleuchten. Ein Gefühl endloser Weite, großer Verlassenheit. Am Horizont sehen wir einen Schornstein. Dort ist unser Ziel: Perm 36. Bis zum Dezember 1987 unterhielt die Sowjetmacht hier ein geheimes Straflager.

Das letzte Stück Weges dorthin führt durch ein kleines Dorf. Dann erreichen wir das Lager, das wie vom Dauerfrost konserviert erscheint. Das Gelände, vielleicht 60 auf 300 Meter groß, ist von einem hohen Holzzaun umgeben. Dahinter, auch von außen zu sehen, ein weiterer Stacheldrahtzaun und ein Wachturm.

Wir sind mit Michail verabredet, dem stellvertretenden Direktor des Museums. Bis 1992, so erzählt er, habe er wie die meisten in der Region Perm nichts von diesem Lager gewusst. Aber als Historiker und wegen der eigenen Familiengeschichte habe er sich immer für das sowjetische Strafsystem interessiert. Einer seiner Onkel sei jahrelang verschwunden gewesen und nach langen Haftjahren als Krüppel nach Hause gekommen. Perm 36, erklärt Michail, war ein besonderer Ort, nicht für gewöhnliche Kriminelle. Hier wurden so genannte Nationalisten interniert. Bürgerrechtler aus der Ukraine, aus Weißrussland, aus den baltischen Staaten, aber auch russische Intellektuelle. Etwa dreißig Männer lebten hier, extrem isoliert, sie durften das Lager nie verlassen. Einmal am Tag wurden sie in eine Art Zelle geführt, um frische Luft zu atmen, vielleicht anderthalb Quadratmeter groß, aber mit offenem Dach. Nach fünf Jahren durfte man für einen Tag Besuch bekommen. Viele Gefangene starben, vor allem an Herzproblemen und Nierenversagen.

Heute ist das Lager ein kleines Museum. Die Originalräume sind erhalten und wurden mit wenigen Möbeln, Kleidungsstücken, Gebrauchsgegenständen so hergerichtet, dass sie dem Besucher ein beklemmend genaues Bild vom einstigen Lager-Alltag vermitteln. Im letzten Jahr wurden in den Sommermonaten etwa 4000 Besucher gezählt, meist Russen, aber auch ein paar Ausländer. Die Ford-Stiftung aus Amerika hat Geld gegeben. Damit werden Busse gechartert, die Schulklassen herbringen. In diesem Jahr werden 10 000 Besucher erwartet. Übrigens haben viele junge Leute aus Deutschland, über die Aktion Sühnezeichen, mitgeholfen, das Lager zu konservieren.

Michail berichtet, von der Regierung aus Moskau sei keine große Hilfe zu erwarten, und die Bereitschaft, sich mit der Vergangenheit auseinander zu setzen, sei alles andere als groß. Manchmal, so berichtet er, fühle er sich mit seiner Erinnerungsarbeit wie ein Störenfried. Aber es gibt auch andere Erfahrungen: Die regionalen Behörden vom Permer Gebiet und der Gouverneur selbst unterstützten seine Arbeit. Und das Echo der Besucher sei eindrucksvoll. Die jungen Leute, die hierher kämen, seien entsetzt, dass dieses Strafsystem bis in die achtziger Jahre funktioniert habe. Sie dachten, der Gulag sei mit der Stalin-Ära untergegangen. »Manche reagieren sehr emotional.«

Auch hier fragen wir nach den Erwartungen im Hinblick auf die Präsidentschaftswahlen. Michail antwortet mit Bedacht: In Russland, das weder im historischen, geschweige denn im juristischen Sinn begonnen habe, seine Sowjetvergangenheit aufzuarbeiten, müsse eine Atmosphäre entstehen, in der man wisse, was geschehen ist, und sicher sein könne, dass sich die Vergangenheit nicht wiederholt. Putin werde es sehr schwer haben. Der Demokratisierungsprozess sei in Gefahr. »Aber wir haben keine Alternative. Die Vergangenheit muss vergangen bleiben.«

Hochzeit in Tatarstan

Um unser nächstes Ziel zu erreichen, Kasan, die Hauptstadt der autonomen Republik Tatarstan, haben wir ein Flugzeug gechartert. Die Zugfahrt hätte sechzehn Stunden gedauert und der Linienflug über Moskau uns den ganzen Tag gekostet. Wir haben gerechnet – und der Privatflug war die billigere Lösung. So besteigen wir früh am Morgen auf dem Flughafen Perm eine Yak-40 und kommen in den unverhofften Genuss, einmal im fliegenden Salon des ehemaligen Gebietsparteichefs reisen zu dürfen. Statt gewöhnlicher Sitzreihen verfügt die Kabine gleich hinterm Cockpit über ein eingebautes Sofa und zwei mächtige drehbare Sessel. Die Stewardess serviert ein opulentes Frühstück, darunter geräucherter Fisch, Eier, Käse, Wodka nach Bedarf. Nach dem Start kümmert sich einer der drei Piloten ganz persönlich um uns. Er zeigt auf den fest eingebauten Fernseher: Ob wir uns nicht ein paar von den Porno-Kassetten anschauen wollen? Auch die sind von früher übrig geblieben.

Wir fliegen nach Süden. Tatarstan genießt innerhalb der Russischen Föderation die weitgehendsten Autonomierechte. Als Boris Jelzin zu Beginn der neunziger Jahre den Regionen aus dem schwachen Moskau zurief, nehmt euch so viel Souveränität, wie ihr schlucken könnt, da hatten die Tataren den meisten Mut. Schon im Februar 1994 hat Moskau mit ihnen einen Vertrag zur Verteilung der staatlichen Kompetenzen geschlossen; den ersten und den umfassendsten, was eigene Verwaltungshoheiten angeht. So weit wie mit diesem 3,8 Millionen Einwohner zählenden, muslimisch geprägten Landstrich ist die Zentralgewalt sonst nirgends gegangen. Im Vertrag ist sogar von der »Souveränität« Tatarstans die Rede; viele Politikbereiche – vom Schutz der territorialen Integrität über die notwendige Konversion der Rüstungsindustrie bis zur Durchführung der Währungspolitik – wurden Tatarstan überlassen. Aber es ist ein schwieriger Balanceakt für Präsident Schaimijew. So hat er erst nach langem Zögern beschlossen, auch tatarische Soldaten in den Tschetschenien-Krieg ziehen zu lassen, an der Seite der russischen Armee. Jetzt kämpfen Muslime aus Tatarstan gegen ihre Glaubensbrüder im Kaukasus unter Moskauer Führung, ein klares Zugeständnis an die tatsächlichen Machtverhältnisse in der Russischen Föderation.

Die Hauptstadt Kasan an der Wolga vermittelt schon auf den ersten Blick einen großzügigen Eindruck, vor allem im Vergleich mit dem sowjetisch geprägten Perm. Es ist genug Geld da, eine Untergrundbahn zu bauen, viele Gebäude aus dem 19. Jahrhundert, in der Pracht des Klassizismus errichtet, werden aufwändig restauriert. Den Burgberg, am Flussufer über der Stadt, auch hier Kreml genannt, dominiert eine Großbaustelle. Dort entsteht eine Moschee, ein Projekt von höchster politischer Symbolik. Denn hier geht es nicht nur um die Gleichberechtigung von christlicher Orthodoxie und Islam, es geht um den Stolz eines muslimischen Volkes, das viele Jahrhunderte von den Russen unterdrückt worden ist. Gerüchte besagen, Moskau habe sich eingeschaltet, damit neben der neuen Moschee auch die alte russisch-orthodoxe Kirche mit ihren dunkelblauen Kuppeln restauriert wird. Und so steht auch dort jetzt ein Baugerüst. Zwischen Moschee und Kirche liegt – und das ist alles andere als Zufall – der Palast von Präsident Schaimijew. Bei ihm haben wir ein Interview beantragt, vor Wochen schon. Aber die Bestätigung lässt immer noch auf sich warten. Wir sind am äußersten Rand Europas. Nicht weit im Osten beginnt schon Zentralasien. Da pflegen die Herren einen besonderen Umgang mit der Presse, auch mit der ausländischen.

Gleich nach der Landung haben wir einen ersten Termin. Und der wird eingehalten. Wir sind zu einer Hochzeit eingeladen. Naila und Albert, beide in einer Bank tätig, er als Computerspezialist, sie in der Innenrevision, kennen sich seit sieben Jahren. Die religiöse Zeremonie hat schon vor zwei Wochen stattgefunden, jetzt haben sie etwa sechzig Familienangehörige und Freunde aufs Standesamt im Stadtzentrum von Kasan und zum anschließenden Hochzeitsfest draußen vor der Stadt eingeladen. Die Trauung ist kurz, aber sehr eindrucksvoll. Die beiden Standesbeamtinnen tragen die leuchtend grüne Nationaltracht Tatarstans, an der Wand des Festsaals prangt das Wappen des Landes: ein geflügelter Löwe. Überall die Nationalfarben Grün-Weiß-Rot. Vom Tonband kommt scheppernd laute Musik, Hochzeitsmarsch und tatarische Folklore. Nachdem sie sich die Ringe übergestreift haben, fragen wir die Brautleute nach ihren Zukunftsplänen. Sie wollen Kinder, mindestens zwei. Und Albert, plötzlich ernst, sagt: »Ich will Stabilität, das ist das Allerwichtigste, und dass es dem Volk gut geht.«

Nach dem offiziellen Hochzeitsfoto fahren alle mit Privatautos und einem gemieteten Kleinbus vierzig Kilometer ins Heimatdorf des Bräutigams. Nur die Brautleute und ein paar Freunde machen noch einen kurzen Zwischenstopp am Denkmal für die Opfer des Zweiten Weltkrieges. So war das immer, und so ist es auch nach dem Zerfall der Sowjetunion. Die Frischvermählten legen den Brautstrauß nieder. Die Inschrift auf der Gedenkplatte ist 1995 erneuert worden. Statt sowjetischer Lyrik ziert jetzt ein schlichter Dank an die gefallenen Soldaten – im Namen des tatarischen Volkes – den Stein. Gegen die Kälte hat jemand aus der Hochzeitsgesellschaft ein paar Flaschen Sekt und auch eine Flasche Wodka aufgemacht.

Nach der Fahrt durch flache, waldreiche Landschaft treffen wir am Ort der Hochzeitsfeier ein. Das Dorf ist groß geworden – auch hier viele Plattenbauten. Der Speisesaal von Alberts alter Schule ist festlich hergerichtet, die Tische sind mit vielen lokalen Spezialitäten – Fischpastete vom Stör, Krabben- und Thunfischsalat – bestückt. Dazu werden rote Beete, Kartoffeln, Aufschnitt, geräucherter Fisch, Wodka, Wein, Schampanskoje, aber auch ein paar westliche Softdrinks in Plastikflaschen gereicht. Jeder bedient sich nach Belieben. Die Mutter des Bräutigams eröffnet das Fest, indem sie das Brautpaar mit der tatarischen Nationalspeise Tschacktschack, das uns entfernt an Popcorn erinnert, und einem Löffel Honig begrüßt: »Süß soll euer Leben werden!« Auch die weiteren Glückwünsche werden fast ausschließlich von den Frauen der großen Hochzeitsgesellschaft vorgebracht. Zu unserer Überraschung erweist sich – in diesem familiären Rahmen jedenfalls – Tatarstan als Frauengesellschaft! Nur der Vater der Braut spielt ebenfalls eine aktive Rolle. Er hat ein tatarisches Lied für die festliche Gelegenheit umgedichtet und trägt es jetzt, von einer Ziehharmonika begleitet, mit Tränen in den Augen vor.

Ein junger Mann spricht uns auf Englisch an, ein Freund des Bräutigams, der in einem Software-Unternehmen tätig ist. Er erstellt Programme für örtliche Großunternehmen, zum Beispiel die Elektrizitätsversorger. Er ist stolz auf seine Kontakte in andere Länder, ein Kollege, erzählt er, war kürzlich ein paar Wochen in der Ukraine. Ja, mit dem Leben ist er ganz zufrieden, doch er träumt davon, einmal nach Deutschland zu fahren.

Jetzt wird getanzt. Irgendwie wirkt die Musik wie eine Mischung aus Klängen des Orients und des Okzidents; russischer Kitsch wechselt mit Techno-Beat. In Stimmung kommt die Gesellschaft aber erst so richtig, als Platten mit heimischer Musik aufgelegt werden. Und diesmal geben die Männer den Ton an, die wild und zuckend tanzen. Eine Tante vom Land in grellrotem Kleid, grauen Strümpfen und hohen Stiefeln dreht sich mit der Braut im Kreis – selig und voll Temperament. Tolja, unser Kameramann, zwinkert mir wieder zu. Für sein Entzücken über diese Bilder braucht er keine Worte.

Wir fragen, wer das Fest organisiert hat. Eine Tante des Bräutigams arbeitet in dieser Schulkantine. Sie hat den Saal gemietet. Das Schulpersonal spült das Geschirr, deckt die Tische immer neu, trägt Speisen und Getränke auf; die Frauen verdienen sich so ein paar Rubel hinzu. Eine Schulkantine, die man für ein privates Fest mieten kann, klärt man uns auf, so was hätte es zu Sowjetzeiten nicht gegeben. Die meisten Speisen wurden privat zubereitet, von den Familienangehörigen des Bräutigams. Ungefähr 10 000 Rubel – etwa 700 Mark – kostet die ganze Feier. Als wir uns am frühen Abend verabschieden, damit die Gesellschaft ohne fremde Gäste, Kameras und Scheinwerfer weiterfeiern kann, fragen wir die Braut Naila nach ihren Zukunftsvorstellungen. »Wir wünschen uns, dass wir immer Arbeit haben werden und eine gute Wohnung.« Und wo wird Tatarstan in zehn Jahren stehen? Albert ist skeptisch: »Es wird fünfzehn bis zwanzig Jahre dauern, bis wir an Europa herankommen.« Wir denken an Deutschlands blühende Landschaften und ziehen es vor zu schweigen.

Am nächsten Tag haben wir uns noch einmal mit den beiden Jungvermählten verabredet. Sie haben uns eingeladen, bei einer Wohnungsbesichtigung dabei zu sein. Doch als wir sie schon am Morgen in der Wohnung der Brauteltern abholen wollen, ist die Enttäuschung groß. Der Vermieter hat gerade abgesagt. Eine Wohnung zu finden ist in Kasan nicht so schwer. Aber es ist eine Frage des Geldes. In den letzten Jahren sind viele Privathäuser gebaut worden, doch eine solche Wohnung können sich die jungen Leute nicht leisten. Wir gehen über einen Markt, und die beiden sprechen ganz unbefangen über ihr gemeinsames Budget. Die jungen Leute verdienen je 2000 Rubel, zusammen also knapp 300 Mark. Für die Wohnung rechnen sie 800 Rubel, für Lebensmittel 750, für den Bus zum Büro und das Essen in der Kantine ungefähr 650, 500 für Kleidung, 300 fürs Ausgehen, 50 für Waschpulver, Putzmittel usw. So bleiben um die 900 Rubel übrig. Das junge Paar will auf eine Einzimmerwohnung sparen. Nach jetzigen Preisen müssen sie dafür ungefähr 5000 Dollar rechnen, das sind rund 150 000 Rubel – die Ersparnisse von fast zwanzig Jahren. Albert ist trotzdem optimistisch. Als Computerspezialist, so glaubt er, wird er Geld nebenbei verdienen können. Viele Leute brauchen jetzt Hilfe beim Anschluss ihrer neuen PCs – damit lässt sich das Familienkonto aufbessern.

Wir kommen auf die Politik zu sprechen. »Naila, was ist das Besondere an Tatarstan?« – »Unsere Kultur ist einzigartig. Zwei Dinge unterscheiden uns: unsere Sprache und der muslimische Glaube.« – »Muss Tatarstan dann nicht ein vollständig unabhängiger Staat werden, unabhängig von Russland?« – »Nein, früher hatten wir schwierige Beziehungen zueinander, aber im Moment geht es ganz gut. Wir sind ja ein souveräner Staat mit besonderen Rechten und Privilegien, aber unabhängig werden müssen wir deshalb nicht. Nein, die jetzige Politik, die halte ich schon für richtig.«

Mit Albert sprechen wir über den Krieg in Tschetschenien. »Was dort passiert«, sagt er, »gefällt mir überhaupt nicht.

Ich bin prinzipiell gegen Krieg, besonders aber gegen den in Tschetschenien. Jetzt sind ja auch muslimische Soldaten beteiligt. Ich kenne jemanden, der wurde zum Wehrdienst eingezogen und dann nach Tschetschenien geschickt. Diese Leute wollen das gar nicht. Das gilt übrigens für Russen wie für Tataren. Aber für Tataren ist es besonders schwer, weil sie gegen ihre Glaubensbrüder kämpfen müssen.«

Wir verabschieden uns und kehren zurück in unser Hotel, einen großen Kasten auf einem abgesperrten Gelände jenseits des Flusses. Viel los ist an diesen eisigen Februar-Tagen nicht. Immer noch keine Nachricht bezüglich des Interviews! Der Präsident lässt uns warten. Einen richtigen Zeitvertreib bietet der Hochhausblock nicht. Swimmingpool und Sauna sind für eine Privatgesellschaft reserviert. Der Mann an der Rezeption hebt leicht die Augenbrauen und sagt dann: »Wir haben jetzt Schilder anbringen lassen, die Präservative in die Toiletten zu werfen.«

Am nächsten Morgen ist es kalt, und es schneit. Der Blick aus dem Hotelzimmer zeigt den Kreml nur verschwommen – im Sommer muss die Kulisse traumhaft sein. Endlich kommt die Zusage. Staatspräsident Mintimer Schaimijew, 63, der den Zusammenbruch der Sowjetunion nutzte, Moskau für seine Republik so viel Autonomie wie möglich abzutrotzen, erwartet uns zum Gespräch. Tatarstan ist Nettozahler in der Russischen Föderation. Die Erdölquellen lassen Geld nicht nur in die eigenen Kassen sprudeln – was sich schon äußerlich am Zustand der Hauptstadt ablesen lässt –, sondern ein beträchtlicher Teil fließt in den Säckel der Föderation. Schaimijew laviert zwischen den Interessen seiner »souveränen« Republik und der faktischen Abhängigkeit von Moskau. Viel Spielraum hat ein Land nicht, dessen Territorium mitten im russischen Staatsgebiet liegt und keine Grenze mit einem anderen Land hat.

Schaimijew hat uns in seinen Palast im Kreml gebeten, ein Neubau im russisch-klassizistischen Stil, mitten im historischen Kreml-Bezirk. Drinnen ist alles vom Feinsten: Edle Steinfußböden, Kronleuchter, hölzerne Wandvertäfelungen. Man denkt unwillkürlich an den aufwändigen Umbau des Moskauer Kreml und die damit verbundenen Korruptionsvorwürfe gegen die politische Führung Russlands. Jugoslawische

Firmen waren hier tätig, klärt uns ein Pressesprecher auf, alles ordentlich abgerechnet und bezahlt.

Der Präsident lässt uns genug Zeit zum Einleuchten und erscheint dann in aufgeräumter Stimmung. Als erstes erzählt er von einem Besuch Gerhard Schröders in Tatarstan, als der noch Ministerpräsident von Niedersachsen war. Gemeinsam sei man zum Fischen gefahren, ein schönes Treffen, auf einer Hannover-Messe verabredet. Dann zeigt er uns sein Büro mit dem Telefon, das den direkten Draht zum Kreml sicherstellt. Von dort spreche er jetzt oft mit Putin, und früher mit Stepaschin, Kirijenko – und wie die Ministerpräsidenten alle geheißen hätten. Ein Foto mit dem zurückgetretenen Präsidenten Jelzin nimmt einen Ehrenplatz in seiner Bildergalerie ein. Die beiden würdigen Herren sitzen in Freizeitkleidung auf einer Veranda hoch über der Wolga.

Wir sprechen zuerst über den Tschetschenien-Krieg. Schaimijew sagt, er habe immer für eine Verhandlungslösung plädiert, aber die Chance dafür sei verspielt worden. Er folgt der Argumentation des Kreml. Die Rebellen hätten sich mit ihrem Angriff auf Dagestan selbst außerhalb des Gesetzes gestellt und sich damit am meisten geschadet. Da es um die Integrität Russlands gehe, sei der Konflikt für Moskau hoch symbolisch. Nach den Schmähreden des Tschetschenen-Führers Dudajew auf Präsident Jelzin habe dieser gar keine Möglichkeit mehr gehabt einzulenken.

Um uns die Situation Russlands anschaulich zu erklären, vergleicht Schaimijew die Russische Föderation mit der Bundesrepublik Deutschland: Tatarstan bedeute für Russland fast dasselbe wie Bayern für Deutschland. Die Tataren seien nach den Russen die zweitgrößte Volksgruppe und verfügten über ein beachtliches Wirtschaftspotenzial. Von den Präsidentschaftswahlen erwartet Schaimijew eine Festigung der Macht in Moskau. Von einer »harten Hand« will er nicht sprechen, aber er sei »Anhänger einer starken Macht«. Diese solle aber nicht abschrecken, sondern müsse demokratisch sein. Sie müsse akzeptieren, dass Russland ein föderativer Staat sei. Schaimijew vertraut auf die bestehenden Verträge: »Es ist nicht einfach, die Rechte Tatarstans zu verletzen, ebenso wie es in Deutschland nicht einfach wäre, die Rechte Bayerns zu verletzen.« Aber der Tataren-Präsident weiß auch, was er

Moskau zumuten kann. Tatarstan habe zwar alle Souveränitätsrechte, aber man habe sie bewusst eingeschränkt, als der Vertrag ausgehandelt worden sei. »Wir werden das alles verteidigen und auch in Zukunft durchsetzen. Wenn wir stark sind, dann wird auch Russland stärker und reicher«, sagt er dann doch, fast beschwörend.

Wladimir Putin, der sich in sechs Wochen der Wahl stellen wird, erscheint Schaimijew schon jetzt als sicherer Sieger des Präsidentschaftsrennens. »Unter den jetzigen Kandidaten verfügt er über die größten Vorteile.« Auch die Bevölkerung in Tatarstan neige ihm zu. Für ihn sei Putin auch keine neue Figur auf dem Spielfeld der Politik. »Ich hatte Kontakte zu ihm, als er noch beim Geheimdienst tätig war, auch in letzter Zeit hatten wir häufig Gespräche.« Und dann versucht er in leicht verschlüsselter Form, den neuen starken Mann im Kreml zu verteidigen. Das Bild, das die russische Öffentlichkeit und auch das Ausland von Putin habe – der künftige Präsident als Mann aus dem KGB-Apparat, eher den alten Zeiten als der Demokratie verpflichtet –, stimme nicht. »Reiner Zufall« sei es gewesen, dass der Tschetschenien-Krieg dann wieder ausbrach, als Putin das Ministerpräsidentenamt übernommen hat. Es werde aber für Putin das Hauptproblem werden, eine langfristige Lösung für die Tschetschenien-Krise zu finden. Und eine Lösung werde es nur geben, wenn Tschetschenien mehr Selbstbestimmungsrechte bekomme als selbst Tatarstan. Moskau solle keine Angst haben, große Vollmachten abzugeben. Schaimijew lobt Putin ausdrücklich als lernfähig: »Wenn ich mit ihm über wirtschaftliche Probleme rede, dann sehe ich, welche Fortschritte er macht.«

Wir verabschieden uns mit dem sicheren Gefühl, dass sich ein alter Fuchs in der russischen Politik auf die neuen Machtverhältnisse einstellt. Wenn er über Tschetschenien spricht, dann meint er auch die Spielräume für sein eigenes Land – für Tatarstan.

Retter Putin?

Den direkten Flieger zurück nach Frankfurt hatten wir verpasst. Kasan wird nur zweimal wöchentlich angeflogen, und der Lufthansa-Manager, den wir beim Warten auf die tatarische TU–134 nach Moskau zufällig auf dem Flughafen trafen, sah wirklich bekümmert aus, dass ihm wieder zwei Passagiere abhanden gekommen waren. Nein, die Strecke laufe nicht gut, trotz aller Anstrengungen. Tatarstan setze eben aufs Öl, aber ansonsten tue sich wenig – weniger als zum Beispiel im südlicheren Samara, wo sein Flieger zuerst Station macht und Fluggäste einsammelt. Russland sei nicht Moskau. In der Provinz gehe es gemächlich zu. »Hier zeigt Russland sein wirkliches Gesicht – und die Moskauer Politik ist weit entfernt.«

Die alte Maschine, die Kurs auf Moskau nimmt, ist ebenfalls nur schwach besetzt. Langsam geht unsere Entdeckungsreise durch die russische Provinz zu Ende. Wir landen auf dem großen Inlandsflughafen Domodedowo im Süden der Hauptstadt und werden schnell in ein großes Hotel im Stadtzentrum gefahren. Von der gemütlichen Idylle unserer auf Vordermann gebrachten Gästehäuser in der Provinz keine Spur mehr. So ähnlich sieht jedes Holiday Inn im amerikanischen Mittleren Westen auch aus.

Wir verabreden uns zu einem Abschieds-Bier an der Bar, aber Tolja bleibt dabei: kein Alkohol, nur Tee. Versuch einer Bilanz: Mich hat beeindruckt, wie offen sich die Menschen vor unseren Kameras geäußert haben. Keiner hatte Angst vor dem West-Fernsehen. Wir haben eine junge Generation erlebt, die das Rad der Geschichte keinesfalls zurückdrehen will. Der Tschetschenien-Krieg wird, so erstaunlich das für uns klingt, von den meisten Russen gebilligt, wenn auch ohne jede Begeisterung und ohne Verständnis für die Brutalität der Armee. Aber, so setzte uns fast jeder Gesprächspartner die Lage auseinander, erstens gehe es um das Fortbestehen des ganzen föderativen Staatsgebildes und zweitens um den Kampf gegen den Terror. Trotzdem macht die Informationspolitik des Kreml viele misstrauisch. Den Zahlen über die wirklichen Opfer des Krieges traut keiner. Aber wir spüren: Nach dem Chaos der Jelzin-Jahre gibt es bei vielen Russen eine Sehnsucht nach Stärke. Putin kennen die meisten noch gar nicht. Dennoch wissen sie, was sie von ihrem neuen Präsidenten wollen. Dass endlich die Gesetze verabschiedet werden, die dem Land Stabilität verleihen und den Weg in die Zukunft zeigen sollen: Bodenreform- und Landgesetz, eine nachvollziehbare und effektive Steuergesetzgebung, mehr Sicherheit im Job. Manchem ist die Herkunft des Präsidenten in spe unheimlich. So einer kommt nicht zufällig an die Macht, und einen vom Geheimdienst gesteuerten Kreml, verbunden mit den Oligarchen in den Großkonzernen – das will keiner.

Was die Wahl am 26. März 2000 angeht, zeigten sich viele unserer Gesprächspartner fatalistisch. Sie fühlen sich ähnlich manipuliert wie 1996, als eine millionenteure Werbekampagne den kranken und politisch verbrauchten Boris Jelzin noch einmal nach vorne schob. Die Russen haben jetzt eine Demokratie. Aber sie haben keine Alternative.

Das große Spiel ums Öl
Von Baku nach Tiflis

Flug zur Ölinsel

Vom Hubschrauberflugplatz Zafran auf der Halbinsel Apscheron, westlich von Baku gelegen, starten die Helikopter zu den Ölplattformen. Stolz sagen die Aserbaidschaner, dass sich Apscheron wie der Kopf eines Adlers ins Kaspische Meer hinausschiebe. Wir haben uns morgens um halb neun dort mit Elkhan Ismailow verabredet, einem 37-jährigen Ingenieur, der seit zwei Jahren beim internationalen Ölkonsortium AIOC arbeitet. An der nach der Unabhängigkeit Aserbaidschans von der Sowjetunion gegründeten Ölgesellschaft sind die amerikanischen und britischen Ölriesen AMOCO und BP beteiligt. Sie haben einen langfristigen Vertrag mit der aserischen Regierung über die Ausbeutung der reichen Ölvorkommen im Kaspischen Meer abgeschlossen.

Die Anstellung beim Konsortium sichert Elkhan ein festes Einkommen, das weit über dem Durchschnitt seiner Landsleute liegt. »Ich hatte Glück. Ich wollte immer gut verdienen. Jetzt habe ich gute Zukunftsaussichten und kann mir für meine Familie vieles leisten«, erklärt uns Ismailow, während wir auf den Flug hinaus ins Kaspische Meer warten. Schon ein paar Mal wurde der Ingenieur, dessen Frau gerade das dritte Kind erwartet, von seinen neuen Arbeitgebern zu Ausbildungskursen ins Ausland geschickt. Er kennt Texas und Japan und würde gern einmal für ein paar Jahre außerhalb des eigenen Landes leben. Von hier ist es gar nicht weit zu den Ölquellen am Persischen Golf. Dort zu arbeiten würde die finanzielle Lage seiner Familie für Jahre sichern.

Elkhan gehört zu den wenigen Aseris, die vom neuen Ölboom, der mit der Unabhängigkeit seines Landes von Moskau eingesetzt hat, wirklich etwas haben. Er liebe seinen Job, sagt er, und es sei für ihn immer noch faszinierend, fast wie ein Abenteuer, mit den Hubschraubern nach draußen zu fliegen. Der Helikopter, der uns befördert, ist ein betagtes Modell sowjetischer Bauart. Die Passagiere sitzen auf Metallbänken an den beiden Längsseiten des Rumpfes, die Sicherheitsgurte benutzt fast niemand. In der Maschine, deren Bautyp uns von Filmen über die Sowjetarmee und den jüngsten Bildern aus Tschetschenien seltsam bekannt vorkommt, haben gut zwei Dutzend Menschen Platz. Durch die großen ovalen Fenster bietet sich ein guter Blick nach draußen – aufs Meer und die Ölförderanlagen.

Unser Ziel ist Neft Daslari, der legendäre Ölfelsen, gut vierzig Meilen vor der Küste. Unmittelbar nach dem Start geht es erst einmal über Land. Zu unserer Überraschung entdecken wir viele Villen mit Pools. Elkhan erklärt, die haben sich die »neuen Reichen« bauen lassen, hinter hohen Mauern. Doch bald sind wir über dem offenen Meer – auf dessen Oberfläche ein Ölfilm in der Sonne glitzert. Aus dem seichten Wasser ragen überall Bohrtürme empor, kleine Tankschiffe sind unterwegs. Eine dreiviertel Stunde dauert der Flug.

Von weitem sieht der Ölfelsen wie eine ins Meer gebaute Stadt aus. 1949 hat die Sowjetunion hier, mitten im Meer, zum ersten Mal nach Öl bohren lassen. Seitdem hat sich der Ölfelsen immer weiter ausgedehnt. Ein ebenso eindrucksvolles wie unwirkliches Bild. Im Näherkommen erinnert er an ein riesiges Insekt, das auf dünnen Beinchen im Meer herumstakst. Auf Stelzen aus Eisenträgern führen kilometerlang Fahrstraßen übers Wasser. Überall Ölpumpen, Tanks, die Unterkünfte für mehr als 4000 Menschen. Uns zuliebe zieht der Pilot eine weite Runde über die ganze Anlage. Im aufblitzenden Gegenlicht des Kaspischen Meeres ergeben sich für Tolja, der uns auch bei unserer Reise von Baku nach Tiflis begleitet, faszinierende Perspektiven.

Schließlich geht der Helikopter auf einer Landeplattform herunter, die drei, vier dieser großen Transportmaschinen Platz bietet. Früher, klärt uns Elkhan während des Aufsetzens auf, starteten die Helikopter im Viertelstundentakt, heute ist es ruhiger. Aber als wir schließlich auf der Plattform landen, drängeln sich schon die Passagiere für den Rückflug. Nach ihrer tagelangen Schicht auf dem Ölfelsen warten sie jetzt ungeduldig auf den Transport nach Hause.

Neft Daslari war eine Meisterleistung der sowjetischen Ingenieure. Aber jetzt ist die Anlage im Meer sichtbar in die

Jahre gekommen. Wir werden mit einem Bus herumgefahren, ein Techniker gibt uns Erklärungen. Hier unten sieht alles viel schlechter aus als aus der Luft. An allem frisst der Rost, der Beton ist brüchig, die Arbeiterunterkunft im Zentrum der Anlage, wo es sogar einen großen Platz gibt, sieht verwahrlost aus. Aber, urteilt Fachmann Elkhan, die Hauptsache stimmt noch: Das Öl, das hier nach oben gebracht wird, ist von ausgezeichneter Qualität. Die Quellen liegen nur 430 Meter unter dem Meeresgrund, das Schwarze Gold vom Kaspi-Meer ist deshalb leicht zu fördern. Aber Elkhan, der selbst auf einer hochmodernen Plattform arbeitet, die das internationale Konsortium viel weiter draußen im Meer, auf halbem Weg nach Turkmenistan, hat bauen lassen, ist dennoch ziemlich erschüttert über den Zustand des Ölfelsens: »Alles sieht gottverlassen aus. Vor allem was die Sicherheit angeht, ist der Standard verdammt niedrig. Die Straßen hier sind völlig heruntergekommen. Um das alles wieder in Stand zu setzen, braucht man sehr, sehr viel Geld – Milliardenbeträge.«

Bisher hat sich kein ausländischer Investor für die Renovierung der Anlage gefunden, die noch dem staatlichen Ölkonzern SOCAR gehört. Der besitzt zwar äußerst ergiebige und ausgedehnte Ölfelder, hat aber nicht das notwendige Kapital, die total veralteten Anlagen zu modernisieren. Deshalb hat die Regierung in Baku den Plan entwickelt, die Einkünfte aus den neu abgeschlossenen Förderverträgen mit den internationalen Firmen zu nutzen, um die schrottreifen Anlagen aus der Sowjetzeit wieder herzurichten. Aber die Sache hat einen Haken: Auf viele Jahre wird gar kein Geld fließen. Die Investoren aus dem Ausland haben das Recht, mit den ersten Einkünften, die sie in Aserbaidschan erzielen, erst einmal ihre eigenen Ausgaben zu amortisieren. Das waren Milliardenbeträge. Die Modernisierung der alten staatlichen Anlagen wird also noch auf sich warten lassen; zudem sind die Kosten für die Instandsetzung vollkommen unberechenbar, und je länger Kräne, Pumpen, Fahrwege vor sich hinrotten, desto mehr. Deshalb investieren die Ölkonzerne lieber in neue Plattformen, statt die alte Infrastruktur zu renovieren. Neft Daslari, einst Vorzeigebetrieb der sowjetischen Ölwirtschaft, der einmal eine Million Tonnen Öl pro Jahr förderte, erwirtschaftet heute nur noch einen Bruchteil der alten Leistung.

Schon in den Tagen zuvor haben wir uns einen Eindruck vom schlechten Zustand der Förderanlagen aus Sowjetzeiten machen können. Nördlich von Baku, vor der Apscheron-Halbinsel, erstreckt sich, direkt ins Kaspi-Meer gestellt und ebenfalls über gewagte Straßenkonstruktionen erreichbar, ein weit verzweigtes System von Ölpumpen. Um es zu besichtigen, mussten wir ein bekanntes Ritual einhalten: Der »Natschalnik«, der Dienst habende Ingenieur, lässt sich bei einer Tasse Tee über unsere Absichten aufklären, erst dann dürfen wir uns in einem kleinen Mini-Bus in Bewegung setzen. Es ist eine kilometerlange Fahrt über holprige, löchrige Betonpisten, die kühn in vom Rost arg angefressene Stahlträger eingehängt sind. Schließlich erreichen wir weit draußen – die Küste ist kaum noch sichtbar – ein kleines Häuschen, in dem drei Männer auf uns warten. Mail Jusuwow arbeitet seit 1983 hier draußen. Er kann sich gut daran erinnern, wie damals Staatsgäste hierher geflogen wurden, um ihnen den hohen Entwicklungsstand der sowjetischen Ölförderung zu demonstrieren. »Breschnew war hier«, lacht er, »und Ho Chi Minh, Castro natürlich auch.« Vergangene Zeiten!

Die Pumpstation mit den Druckmessern antiquiert zu nennen, die Auskunft geben über die Menge des Öls, das vom Meeresboden hervorgeholt wird, und über die Fließgeschwindigkeit in den Leitungen, wäre eine Untertreibung. Wir fragen uns: Arbeitet dieser Betrieb noch, oder sind wir in einem Museum für Ölförderung? Der fünfzigjährige Mail arbeitet im Schichtdienst – vierzehn Tage hier, dann vierzehn Tage Landurlaub. Doch bei der staatlichen Firma SOCAR verdient er nur ein Drittel im Vergleich zu den Kollegen, die das Glück hatten, als junge Männer bei den neuen internationalen Firmen einzusteigen. Sieben Kinder hat Mail, und obwohl das Leben hart ist, erscheint er nicht unzufrieden. Mit seinem Lohn, umgerechnet etwa 400 Mark im Monat, lässt es sich in Baku einigermaßen leben. »Unsere Ausrüstung ist sehr alt, das sehen Sie ja. Aber wir hoffen, dass die Anlage bald modernisiert wird, damit wir Arbeiter nicht mehr unter solchen Bedingungen schuften müssen.« Von der technischen Zukunft hat Mail genaue Vorstellungen: »Wir brauchen endlich Computer, die den Druck in den Röhren messen. Das ist dann ganz einfach: Du drückst auf ein Knöpfchen – und der Computer zeigt dir alles an.«

Noch ist die Arbeit viel mühsamer. Statt moderner Technik total unzulängliche Messgeräte, Ventile, die klemmen und auf die kein Verlass ist. Und von Arbeitssicherheit, wie sie auf den neuen Plattformen gepredigt wird, keine Spur. Dafür schnurren Katzen auf der Bank, die die Männer an ihrem Wartehäuschen in die Sonne geschoben haben, und zwei Köchinnen kommen zur Mittagszeit heraus aufs Meer, um den Ölarbeitern etwas Warmes zu kochen. Statt Hightech eine verblassende Industrie-Idylle. Manchmal, schwärmt Mail, tauchen im Meer ein paar Delphine auf.

Elkhan Ismailow hat uns nach Hause eingeladen. Mit seiner Frau Munice, die in der DDR Deutsch gelernt und ein paar Jahre beim aserischen Auslandsradio gearbeitet hat, und seinen beiden Jungs bewohnt er eine Dreizimmerwohnung in einem achtstöckigen Haus. Eingang und Treppenhaus sind in sehr schlechtem Zustand, die Wände unverputzt, es stinkt. Aber hinter der massiv gesicherten Tür öffnet sich ein gemütliches Zuhause. Bald ist auf dem Esstisch kein Platz mehr, so viele einheimische Spezialitäten werden uns angeboten. Familie Ismailow gehört zu den Gewinnern des Ölpokers vom Kaspischen Meer. Trotz der Pläne, mit seiner Familie für ein paar Jahre ins Ausland zu gehen, sieht Elkhan seine Zukunft auf jeden Fall in Aserbaidschan. »Es sind viele westliche Ölgesellschaften in unser Land gekommen. Das ist gut so. Unsere Zukunft liegt in der Zusammenarbeit mit ihnen. Sie bringen uns die moderne Technologie. Und wir lernen viel von ihnen.«

Wie weit der Weg ist, den Familie Ismailow schon zurückgelegt hat, wird uns bewusst, als wir die Eltern des Familienvaters kennen lernen. Beide sind schon über siebzig. Ihr kleines Häuschen liegt in einer alten Ölarbeitersiedlung, am Ende einer schmalen Gasse, die von einer unbefestigten Straße noch im Zentrum von Baku abgeht. Die Wohnung besteht aus einer kleinen Küche, gleichzeitig Durchgang zu einem Wohnraum, in dem die alten Leute schlafen, essen und fernsehen. Über dem roten Plüschsofa hängt ein schöner großer Teppich, wie wir es auch in russischen Wohnzimmern oft gesehen haben. Wieder werden wir üppig bewirtet, vor allem mit Süßigkeiten aus riesigen Pralinenschachteln.

Elkhans Vater war ebenfalls Ölarbeiter. Er sucht sich immer

noch kleine Jobs in der Ölindustrie, denn von seiner Rente, umgerechnet sechzig Mark im Monat, kann er nicht leben. Die Mutter ist eine temperamentvolle Frau, die inbrünstig ihre beiden Enkelsöhne drückt, als sie die Treppe zu ihrer Wohnung hinaufstürmen.

Wir fragen Elkhans Vater, wie sich das Leben entwickelt hat, ob es mit der Unabhängigkeit Aserbaidschans leichter oder schwieriger geworden ist. »Früher waren die Zeiten anders. Da ging's uns Ölarbeitern besser als allen anderen, wir waren die Elite. Da hatten wir das Prämiensystem, und immer wenn eine technische Neuerung eingeführt wurde, gab's auch für uns einen Zuschlag.« Nach einem Leben voller Arbeit sind die Zeiten für die beiden alten Leute ungewiss geworden. Aber sie freuen sich am Erfolg ihres Sohnes und hoffen auf eine bessere Zukunft wenigstens für die Enkel. Für die meisten Aseris ist Wohlstand durch Öl bisher nur ein Wunschtraum.

Warten auf den Boom

Der Name sagt es: Baku, die Hauptstadt Aserbaidschans, ist eine »windige Stadt«. Der Blick über die Bucht am Kaspischen Meer erinnert tatsächlich an Neapel, so wie es die Reiseführer schreiben. Nur drängen sich statt des Vesuvs die Bohrtürme ins Bild. Die Ölpumpen drehen sich Tag und Nacht, auch mitten in der Stadt. Baku sitzt auf Öl. 1848 ist hier zum ersten Mal nach dem Stoff, der bis heute die Welt bewegt, gebohrt worden. Um die Jahrhundertwende kam der erste Boom: Baku wurde zum wichtigsten Ölförderplatz überhaupt. Hier hat einmal das Herz einer neuen Wirtschaft geschlagen, lange bevor am Persischen Golf Öl gewonnen wurde. Der erste Ölboom hatte Industrielle aus allen Erdteilen nach Baku gebracht, das sich schnell entwickelte und bis heute fantastische Jugendstil-Fassaden vorzeigen kann. Nicht umsonst trägt das Hauptquartier des internationalen Konsortiums AIOC heute den Namen »Villa Nobel«. Der Schwede hat hier ein Vermögen gemacht. Dynamit war der Schlüssel zum dickflüssigen Schatz unter der Erde. Doch nach dem wahnsinnigen Aufschwung der Gründerzeit kamen die Sowjets. Mit der Oktoberrevolution begann in den zwanziger Jahren die Herrschaft Moskaus über das aserische Öl. Westliche Firmen zogen sich zurück. Aserbaidschan, jetzt neue Sowjetrepublik, hatte die Aufgabe, die junge sozialistische Republik mit Energie zu versorgen. Als Hitler im Zweiten Weltkrieg die UdSSR überfiel, hatte er auch das Ziel, Baku in die Hand zu bekommen. Deshalb ließ er die Wehrmacht in Richtung Kaukasus marschieren. Als die Schlacht um Stalingrad verloren ging, waren die Nationalsozialisten auch damit gescheitert. Stalin behielt die Kontrolle über den Süden, von wo fast das gesamte Flugbenzin der Roten Armee kam. Das Bewusstsein, die Sowjetunion gerettet zu haben, der Stolz auf diese historische Rolle, ist den Aseris nie verloren gegangen, bis heute nicht.

Der Sieg im »Großen Vaterländischen Krieg« machte Aserbaidschan selbstbewusst. Immer hatten sich die Aseris als eigene Nation gefühlt. Auch nach siebzig Jahren Moskauer Zentralismus hatte sich daran nichts geändert. Im Januar 1990, als in den Wirren der Perestroika-Zeiten die Herrschaft des Kreml überall an den Rändern der Sowjetunion in Frage gestellt wurde, als der Fall der Mauer von Berlin auch den Völkern vom Baltikum bis in den Kaukasus ein Signal gab, ließ Gorbatschow in Baku Panzer rollen. Mehr als achtzig Menschen starben damals bei Straßenkämpfen mitten im Zentrum der Stadt. Dies ist unvergessen. Und Gorbatschow, der Held der deutschen Einheit, ist in Aserbaidschan ein verhasster Mann. Doch der Zug in die Unabhängigkeit war nicht aufzuhalten – von der bröckelnden Moskauer Zentralmacht schon gar nicht. Gaidar Alijew, ehemals KP-Chef, ließ sich zum Präsidenten wählen und garantiert bis heute die Selbstständigkeit Aserbaidschans. Auch seine neue, von Moskau unabhängige Zukunft plant Baku mit seinem Öl. Neue Pipelines werden gebaut. Im April 1999 ging die erste Leitung zum georgischen Ölhafen Soupca am Schwarzen Meer in Betrieb – von Baku immer westwärts, an Russland und den gewohnten Transportwegen vorbei.

Seitdem kann Aserbaidschan bei der Ausfuhr seines Öls einen eigenen, von Russland unabhängigen Weg gehen und sein »Aseri Light« erstmals in der Geschichte selbstständig auf den Weltmarkt bringen. Es gibt noch weiterreichende Pläne: Im Jahr 2004 soll eine Pipeline über Georgien an den türkischen Mittelmeerhafen Ceyhan eröffnet werden, eine Abzweigung der Leitung nach Soupca. Die Öltanker müssen sich dann, um das Öl aus Baku auf die Weltmärkte zu bringen, nicht mehr durch das Nadelöhr des Bosporus zwängen. Ein Milliardenprojekt!

Der Westen, Amerika voran, drängt mit Macht in das Vakuum, das der Zusammenbruch der Sowjetunion verursacht hat. Washington sieht jetzt offenbar die Zeit gekommen, die jahrhundertealte russische Vormachtstellung in der Region in Frage zu stellen und sich an der Nahtstelle zwischen Europa und Asien zu positionieren. Die neuen Pipelines sind Symbole für die Verschiebung der geopolitischen Gewichte. Kein Zufall, dass Präsident Clinton im Herbst 1999 selbst zur Unterzeichnung des Baku-Ceyhan-Vertrages nach Istanbul gekommen war. Unter rein wirtschaftlichen Gesichtspunkten macht das geplante 1700 Kilometer lange Röhrensystem nicht unbedingt Sinn, es gäbe viel ökonomischere Wege, das Öl zu transportieren. Einziger wirklicher Vorteil: Im türkischen Mittelmeerhafen können auch Supertanker anlegen, was im Schwarzen Meer wegen der Bosporus-Durchfahrt, vorbei an der Millionenstadt Istanbul unmöglich ist. Aber es geht vor allem um ein Symbol: Die Pipeline geriet zum Ausdruck des Machtpokers zwischen Washington und Moskau im Kaukasus.

Boris Jelzin hatte dem Kampf um die Vorherrschaft in dieser Weltregion, die, von den USA her gesehen, am anderen Ende der Erde liegt, fast tatenlos zugesehen. Die Russische Föderation zusammenzuhalten hatte alle seine Energie beansprucht. Aber seit Wladimir Putin in Russland Präsident ist, hat der Kreml wieder Position bezogen. Putin hat klargemacht, dass Russland seine Interessen im Kaukasus verteidigen werde, durch ökonomische Angebote an die Anrainer, zum Beispiel Kasachstan, wenn es sein müsse aber auch mit militärischem Druck. Sogar mit Atomwaffen hat Putin für den Fall gedroht, dass russische Interessen ernsthaft beeinträchtigt würden. So ist Baku heute Mittelpunkt eines Monopoly um Rohstoffe, Transportwege und politischen Einfluss. Der Ölreichtum weckt Neid und Begehrlichkeiten. Der Kaukasus steht am Rand eines neuen Kalten Krieges zwischen dem mit Putin wiedererstarkten Russland und den USA, eine äußerst sensible Konfliktzone, nur wenige Flugstunden von der neuen Krisenregion Afghanistan entfernt.

Die Zeichen einer neuen Zeit sind in Baku nicht zu übersehen, weder weit draußen im Meer, wo ausländische Firmen Milliardenbeträge investiert haben, noch in der Hauptstadt Baku. Der Altstadtkern mit seinen jahrhundertealten Karawansereien und Moscheen aus hellem, fast gelblich glänzendem Stein ist prächtig renoviert. In vielen der stattlichen alten Gebäude haben die großen Ölfirmen ihre Repräsentanzen untergebracht. Geradezu demonstrativ zeigen die neuen Herren ihre mächtigen Jeeps mit ausländischen Nummernschildern. Union Jack oder Star Spangled Banner, die Flaggen lassen die palastartigen Niederlassungen der Ölfirmen fast wie Botschaften erscheinen. Aber auch im neuen Teil der Stadt sind viele Gebäude renoviert, wird der Glanz der Aufbruchjahre, der genau ein Jahrhundert zurückliegt, wieder zum Vorschein gebracht. Es gibt viele neue Geschäfte, nicht nur die glitzernden Shops mit den Edelmarken aus aller Welt, auch kleine Handwerksläden, Kunstgalerien, Cafés.

Neben einem kleinen Park mit dem einfachen Restaurant namens »Fishermen's Wharf« fällt uns ein Haus mit dem goldenen Schriftzug »Judokan« auf. Wir schauen hinein und lernen einen Mann kennen, der in Aserbaidschan ein Volksheld ist. Es ist Fizuli Musayew, der 1995 und 1997 Karate-Weltmeister wurde. Jetzt hat er aus dem Ertrag des sportlichen Erfolgs ein Geschäft und eine Karateschule aufgebaut. In seinem »Judokan« trainiert Fizuli junge Leute, verkauft Sportartikel – und hält sich auch selbst fit. Den ganzen Tag über gibt es hier Karate-Unterricht, und sein Angebot findet großen Zuspruch. Fizuli meint, es liege nicht nur an seinem Namen, der guten Ausstattung seiner Schule mit den beiden großen Übungsräumen, der Sport-Bar und dem Mode Laden, in dem er auch Sportgeräte anbietet, dass sein Angebot so viele Kunden anzieht. Er hat eine ganz andere, tiefer gehende Erklärung parat. Für Fizuli ist Karate Teil des aserischen Charakters: »Wir haben im Karate Erfolg, weil wir in Aserbaidschan den Kampf lieben. Das muss wohl in unserem Blut liegen. Karate – das entspricht einfach unserem Charakter.«

Sich nicht unterkriegen lassen, wenn nötig auch kämpfen, Fizuli bezieht das durchaus auch auf die aktuelle politische und wirtschaftliche Lage. Er ist viel gereist, jetzt beunruhigt ihn der Blick nach Norden, vor allem nach Tschetschenien, das von Baku nur ein paar hundert Kilometer entfernt ist. »Russland will sich von seiner früheren Einflusssphäre nicht trennen und lässt vor der ganzen Welt die Muskeln spielen. Natürlich wollen sie damit auch uns einschüchtern. Aber ich glaube, wir sollten uns nicht provozieren lassen. Sie können uns nicht mehr bedrohen. Die westlichen Staaten werden niemals zulassen, dass die Russen hierher nach Baku zurückkommen.« Nach unserem Gespräch und einer kurzen, aber eindrucksvollen Demonstration seiner Schlagkraft lässt Fizuli sich den Schlüssel für seinen Wagen bringen. Der wurde während des Trainings blank geputzt und steht jetzt draußen abfahrbereit. Es ist eine Limousine deutscher Bauart – mit sehr großem Stern.

Anderntags sind wir mit einem Mann verabredet, der sich als eine Art Motor des Aufbruchs in Baku versteht und von weit her gekommen ist: Ouzhan Turanle ist ein agiler Geschäftsmann, gebürtig in der Türkei. Der noch nicht Dreißigjährige hat uns zu einer kleinen Tour durch das Bakuer Imperium eingeladen, das er gerade aufbaut. Turanle macht vielerlei Geschäfte. Sein neuestes Projekt ist ein Appartementhaus hoch über der Stadt in bester Lage, gleich in der Nachbarschaft von Parlament und Regierung. Was die Ausstattung angeht, Küchen, Armaturen, Fliesen, hat er in den luxuriösen Bau nur hineingesteckt, was edel und teuer ist – Weltniveau für eine verwöhnte Kundschaft. Er weiß: Ölmanager wollen am Kaspischen Meer mindestens so gut leben wie am Persischen Golf, vielleicht sogar ein bisschen besser. Er führt uns in die schönste Wohnung, im obersten Stockwerk. Von dort hat man einen fantastischen Blick auf die Stadt am Kaspischen Meer, auf den Hafen und die Fährschiffe, die draußen auf Reede liegen. Aber, so räumt Turanle freimütig ein, momentan ist es nicht einfach, Käufer oder Mieter zu finden. Die erste Euphorie nach der Selbstständigkeit Aserbaidschans ist abgeebbt, und außer der Ölindustrie gibt es kaum Anzeichen für einen neuen Aufschwung. Noch wollen sich nur wenige Ausländer hier niederlassen, und die Spitzenkräfte der Ölfirmen wohnen in eigenen exklusiven Camps draußen vor der Stadt. Die Hoffnung, neue Industriezweige ins Land zu locken, hat sich kaum erfüllt. Trotzdem bleibt Ouzhan dabei: 4000 Dollar Miete soll diese Wohnung im Monat kosten – und lieber ein bisschen länger auf Mieter warten, als sie unter Preis vergeben. »Aserbaidschan hat Öl, so einfach ist das. Das Land entwickelt sich enorm und hat ein großes Potenzial. Von überall in der Welt kommen die Menschen hierher, um zu investieren. Es fehlt an vielen Dingen, an geeigneten Unterkünften zum Beispiel. Wir helfen, die Mängel zu beseitigen.«

Der junge Türke hat Zeit. Denn er ist hier nicht nur wegen der Geschäfte. Er knüpft auch an eine alte Familientradition an. Ouzhan Turanles Familie hat ihre Wurzeln in Aserbaidschan, und sie ist stolz darauf, in der alten Heimat wieder präsent zu sein. Turanles Großvater hatte Baku in den zwanziger Jahren verlassen, aus Furcht vor der Sowjetherrschaft. Der Enkelsohn stellte sich nach der Öffnung Anfang der neunziger Jahre dem Auftrag der Familie, in Baku wieder ein Standbein aufzubauen.

Turanle ist keine Ausnahme. Im Schlepptau von Amerikanern und Briten sind viele Türken zurück nach Aserbaidschan gekommen, die sich hier fast heimisch fühlen. Die aserische Sprache ist der ihren sehr ähnlich, auch in Küche und Kultur unterscheidet sich das Leben in Baku kaum von einer türkischen Großstadt. Die Türken kümmern sich nicht um die ganz großen Industrieprojekte. Aber sie haben Schwung ins Alltagsleben gebracht, vom Wohnungsmarkt bis zum Lebensmittelhandel, von den Restaurants bis zu kleinen Handwerksbetrieben. Aserbaidschan ist dabei für viele nur ein Sprungbrett, ein Ausgangspunkt – zu den anderen Turkvölkern Zentralasiens.

Turanle ist erst 26. Man sieht es ihm kaum an, wenn er Gäste in seinem mit feinem Marmor ausgelegten Büro in der eigenen Bank empfängt. Zuerst gibt's Tee und Pralinen. Der junge Mann erzählt, dass seine Frau zum Einkaufen ganz gern mal nach Paris fliegt. Trotz ausgesuchter Höflichkeit kann der erfolgreiche Manager sein Selbstbewusstsein nur schwer verbergen. Als er uns dann zu einer kleinen Tour durch die Stadt einlädt – sein großer BMW wird selbstverständlich von einem Jeep mit Leibwächtern begleitet –, brechen jugendliches Temperament und Unbeschwertheit durch, und vielleicht auch eine Spur Arroganz. Einer mit so viel Einfluss und Geld braucht in Baku keine Verkehrsregeln zu beachten, kleine Verfolgungsjagden gehören zum Alltagsvergnügen und bleiben ungestraft. Wir lernen daraus: Wer Geld hat, darf das in Baku ruhig zeigen.

Zu Turanles Reich gehören auch die vier »Tapet«-Tankstellen. »Tapet«, das steht für »türkisch-aserisches Petroleum« – schon bald soll ein ganzes Netz die Stadt überziehen –, und sogar ein Ölterminal will »Tapet« bauen. Auch in Aserbaidschan sind Tankstellen Signale des Aufschwungs. Vorboten der guten neuen Zeiten. Doch wohin wir auch kommen, es fehlt an Kundschaft. Die fleißigen Tankwarte in ihren sauberen Overalls stehen meist nur herum, denn die wenigsten Aseris können sich einen Privatwagen leisten.

Am Ende unserer Rundfahrt macht uns Ouzhan auf ein großes Bürogebäude aufmerksam. Auch das hat er in den letzten Jahren hochziehen lassen. Lachend erklärt er: »In den Fensterscheiben stecken zehn Kilo Gold.« Das repräsentativste Gebäude der Stadt sei es, mit bester europäischer Technologie ausgestattet – und die Büroräume alle vermietet. Seine Botschaft: Also, es geht doch voran. Ouzhan hofft auf die neue Pipeline durch die Türkei nach Ceyhan. Die soll Aserbaidschan weiter von Russland unabhängig machen, die Geschäfte anheizen und die Verbindung der beiden Länder weiter stärken. »Milliardenschwere Deals werden die Folge sein, wenn ein neuer Transportweg gefunden wird. Auch wir werden davon profitieren.« Das Machtspiel im Kaukasus verschiebt die Gewichte. Auch die Türkei will zu den Gewinnern gehören.

Wir nehmen Abschied von Baku und fahren noch einmal ans Wasser. Das Kaspische Meer war früher, vom Iran im Süden abgesehen, ein Binnenmeer der Sowjetunion. Regelmäßige Fährlinien verbanden Sowjetrepubliken, die heute unabhängige Staaten sind: Aserbaidschan, Turkmenistan, Kasachstan. Nur die Republik Dagestan mit ihrem Hafen Machatschkalar gehört weiter zur Russischen Föderation.

Früher, zu Sowjetzeiten, herrschte im Hafen reger Verkehr, berichtet uns Cafar Imanow, der Kapitän der blau-weißen »Merkur 2«. Imanow befährt die Route nach Kasachstan seit 1973. »Es ist alles viel schlechter geworden. Damals setzten wir ein paar Mal die Woche über und hatten bei unseren Fahrten immer 180 Autos und 500 Passagiere an Bord. Nach dem Zusammenbruch der Sowjetunion hat es jahrelang gar keinen Fährverkehr gegeben. Jetzt haben wir die Linie wieder aufgenommen. Aber mehr als fünfzig, sechzig Passagiere und vielleicht zehn oder zwölf Autos haben wir selten an Bord.« Imanow hofft auf die Wiederbelebung des Handels: »Zu Sowjetzeiten gab es keine Grenzen, keine Formalitäten – und alles war viel besser. Wir hatten viel mehr zu tun, und es herrschte viel mehr Disziplin. Die Schiffe lagen nicht in den Häfen wie jetzt, sondern waren immer unterwegs.«

Erst seit einigen Monaten gibt es die Fährverbindung zwischen Aserbaidschan und Kasachstan wieder. Doch ein wirtschaftlicher Erfolg will sich nicht einstellen. Einstweilen dient die Fähre nur einer Art Armutshandel. Im Wartehäuschen beim Zoll stehen Dutzende Männer und Frauen mit prall gefüllten Reisetaschen. Wir treffen auf Misstrauen und Angst. Die einfachen Leute, meistens Frauen, wollen sich bei ihren kleinen Geschäften nicht erwischen lassen. Dabei möchten sie nur Früchte aus dem eigenen Garten drüben im Steppenland Kasachstan verkaufen: Knoblauch, Zitronen, Mandarinen. Wir fragen eine vielleicht Fünfzigjährige, was vom neuen Petroleum-Boom bei ihr angekommen ist. »Noch habe ich nichts vom Öl. Ich kann nur hoffen, dass es mir in der Zukunft etwas bringt. Wir haben jetzt sehr viele Probleme. Es ist schwer zu überleben. Aber für die Zukunft bin ich optimistisch.« Achtzehn Stunden dauert die Fahrt, in den Hafen Aktau, nach Kasachstan. Da Passagiere und Fracht fehlen, geht es nur einmal pro Woche hin und her. Die »Merkur 2« legt ab. Die Hoffnung auf bessere Zeiten begleitet sie.

Am nächsten Tag fahren wir mit dem Auto nach Norden. Unser Ziel ist die russische Grenze, fünf Stunden weiter nördlich. Am Stadtrand fällt uns ein Hirte auf, der seine Schafherde auf den kargen Hügeln am Rand der Stadt weiden lässt. Viel zu fressen finden Cafers Schafe nicht. Hier gibt es, wie überall rings um Baku, viele verrostete Öltürme, aber sonst fast nichts. Nur karges, verbrauchtes Land. Nie hat sich jemand darum gekümmert, das ökologische Desaster wegzuräumen, das die Ausbeutung des Öls durch die Sowjets hinterlassen hat. Aber Cafer, der Schäfer, sagt uns: »Die Stalin-

Zeit, die war am allerbesten, auch die Breschnew-Ära war gut. Da konntest du dir alles leisten. Da gab's Geld, und jeder hatte was zu essen.« Aber danach wurde es immer schlechter. Bakus Ölindustrie blutete aus. Kein Geld für Modernisierung. Das Erbe der Sowjetherrschaft ist eine zerstörte Landschaft, um sie wieder in Stand zu setzen, fehlt das Geld – bis heute.

Neben dem guten Dutzend westlicher Firmen ist auch der russische Ölkonzern Lukoil in Aserbaidschan tätig. Riesige Tanks mit dem roten Lukoil-Schriftzug tauchen bei der Ausfahrt aus der Stadt plötzlich wie eine Fata Morgana am Horizont auf. Aserbaidschan hat seine Verbindungen nach Russland nicht vollständig gekappt. Wir sehen es, als wir von Baku immer am Kaspischen Meer entlang nach Norden fahren: Eine große Pipeline führt auch Richtung Russland. Moskau gänzlich vor den Kopf zu stoßen, dazu waren die Aseris zu klug. Doch die Konditionen, die jetzt für sie gelten, sind für die alte Großmacht fast beschämend: Lukoil ist am internationalen Konsortium beteiligt, aber nur zu zehn Prozent. »Für uns ist das kein Problem«, erklärt uns der Lukoil-Vertreter abwiegelnd, »denn es gibt noch andere Fundorte rund ums Kaspische Meer, an denen Lukoil beteiligt ist, zum Beispiel in Kasachstan. Lukoil erweitert seinen Einfluss also auf jeden Fall – und in einem Ausmaß, wie es der Größe Russlands entspricht. Was den Bau der Pipeline nach Ceyhan und die bereits bestehende nach Soupca betrifft – dies sind nur mögliche Transportwege für den Erdölexport, es gibt auch Alternativen, und die führen über Russland.«

Nach fünfstündiger Fahrt durch eine eintönige Landschaft, meist im Regen, erreichen wir den kleinen Ort Schirvanovka, wo das internationale Konsortium AIOC eine Mess-Station direkt an der Grenze zur Republik Dagestan unterhält, die, wie bereits erwähnt, zur Russischen Föderation gehört. Gemessen wird hier der Druck in den Leitungen und wie viel Öl nach Russland fließt. Seit April 2000 ist die Pipeline wieder in Betrieb, wegen des Kriegs in Tschetschenien war sie lange unterbrochen. Sie führte direkt durch die tschetschenische Hauptstadt Grosny, durchs Kampfgebiet, wurde angezapft oder war ein strategisches Ziel der Rebellen. Unter Hochdruck hat Moskau eine nördliche Umleitung bauen lassen. Seit diese fertig ist, wird Öl aus Baku also auch wieder durch

Russland ans Schwarze Meer gepumpt, in den Ölhafen Noworossisk. Dorthin gelangt auch das Öl aus den riesigen kasachischen Tengis-Ölfeldern. Russland hat viel Geld aufgebracht, um seine Stellung im kaukasischen Öl-Roulette zu sichern.

In Schirvanovka zeigt uns der Chefingenieur an seiner Anzeigetafel aber, dass von den vorhandenen drei Leitungen im Moment nur eine in Betrieb ist, und auch die läuft nicht unter Hochdruck. Drüben, im vom Bürgerkrieg bisher verschonten Dagestan, werde, so erzählt er uns, die Leitung immer wieder angebohrt. Er kann das hier an seinen Instrumenten erkennen, wenn der Druck plötzlich abfällt oder sich die Fließgeschwindigkeit des Öls verändert.

Die Männer, die hier jeweils vierzehn Tage in ihrem mit Stacheldraht eingezäunten Camp ausharren und genauso isoliert sind wie ihre Kollegen auf einer Ölplattform draußen im Meer, wissen, dass sie an einer prekären Nahtstelle zwischen Ost und West arbeiten. Das Fazit des Chefingenieurs: »Wir in Aserbaidschan orientieren uns jetzt an Europa. In unserer Wirtschaft hat sich schon viel verändert. Natürlich gibt es viele Schwierigkeiten. Aber wir werden das überleben. Für mich ist die Hauptsache, dass ich jetzt eine Arbeit habe, für die ich gut bezahlt werde und die mir Spaß macht.«

Und wie sieht er das Verhältnis zum Nachbarn im Norden? »Russland ist ein mächtiger Staat und übt großen Einfluss auf uns aus. Ich hoffe, dass wir weiter Freunde bleiben, so wie es früher war.«

Wir haben den Eindruck, diese Männer arbeiten für die Selbstständigkeit Aserbaidschans, aber sie wollen keinen Konflikt um jeden Preis. Zu eng sind die Bindungen zu Russland, sie sind ihnen in Fleisch und Blut übergegangen. Fast alle sind noch zu Sowjetzeiten an der Öl-Akademie in Baku ausgebildet worden, und das nicht schlecht. Das spüren sie jetzt, wenn sie ihr Wissen mit den vielen ausländischen Spezialisten, die ins Land gekommen sind, vergleichen. Viele erinnern sich an Praktika und erste Berufserfahrungen in der sowjetischen Ölindustrie, etwa in den sibirischen Ölfeldern. »Am besten wäre es«, sagen uns die Männer zum Abschied, »wenn der Krieg in Tschetschenien bald enden würde, sich die Lebensverhältnisse auch in Russland verbessern und wir mit den Russen genauso gute Beziehungen unterhalten wie jetzt mit Amerikanern oder Briten.«

Wir verabschieden uns und fahren noch ein paar Kilometer weiter, ins Landesinnere, zum Grenzübergang Samur. Er verbindet Aserbaidschan mit Dagestan. Hier liegt die Scheidelinie politischer und wirtschaftlicher Interessen von Moskau und Washington. Aber dies ist auch eine Wohlstandsgrenze. Armut haben wir auch in Baku gesehen, Männer, die sich für Tagelöhnerjobs anbieten, und Frauen, die sich an die Ölarbeiter verkaufen. Doch an dieser Grenze begreifen wir: Der Fall kann noch tiefer sein.

Das unfreundliche Wetter mit Wind und Nieselregen hat angehalten und den unbefestigten Rastplatz, der ein paar Kilometer vor dem Grenzübergang liegt, in ein Schlammfeld verwandelt. Neben ein paar Lastwagen warten viele Busse auf die Fahrt nach Dagestan, voll gepackt mit Menschen, die große Pakete bei sich haben. Von der anderen Seite kommen viele zu Fuß über die Grenze, bringen Habseligkeiten mit, die sie im reicheren Aserbaidschan verkaufen wollen. Sie plagen sich mit prall gefüllten Koffern und Taschen, um ein paar Groschen zu verdienen. Kofferhandel nennt man das hier. Die Zeiten haben sich verändert. Vor zehn Jahren, bevor das Sowjetreich unterging, gab es hier weder Zöllner noch Passkontrollen – die Grenze war gar nicht sichtbar.

Georgien: Niedergang eines Paradieses

Von Baku nach Tiflis, in die Hauptstadt Georgiens, sind es knapp 600 Kilometer. Eine Flugverbindung gibt es nur zweimal die Woche, der Busverkehr ist unregelmäßig und unzuverlässig, den Nachtzug zu nehmen nicht ratsam. So chartern wir einen Mini-Bus für die Reise, doch wir brechen ein bisschen spät auf, um vier Uhr nachmittags. Wir werden also erst weit nach Mitternacht in Tiflis sein. Die Straße führt noch einmal an der Bucht von Baku vorbei. Die Fähren, die einmal gebaut wurden, um über die Wolga die Verbindung nach Russland aufrecht zu erhalten, liegen untätig auf Reede. Noch einmal passieren wir den großen Hafen, wo ausgemusterte Frachtschiffe und Fischerkähne ankern, aber wo – Zeichen des Aufbruchs – gerade eine neue Ölplattform ausgestattet wird, übrigens von einem deutschen Unternehmen. Gegenüber erhebt sich eine nagelneue Moschee. Unser Fahrer macht auf ein flaches Gebäude auf der schmalen Landzunge aufmerksam, die den Hafen umschließt. »Dies war einmal eine Schule, heute ist es ein Flüchtlingslager.« Am Eingang weht die Fahne des Roten Kreuzes. Seit Jahren leben hier Hunderte Flüchtlinge aus Berg-Karabach, dem kleinen Stück Land, um das Aserbaidschan und sein Nachbar Armenien nach der Auflösung der Sowjetunion einen blutigen Krieg führten. Jetzt herrscht Waffenstillstand, die beiden Nachbarn sind in erbitterter Feindschaft miteinander verbunden. Karabach ist eine ständige Wunde im nationalen Bewusstsein der Aseris. Mehr als eine Million Flüchtlinge muss Aserbaidschan ernähren, das sind mehr als fünfzehn Prozent der Bevölkerung. Eine Integration der Vertriebenen ist bisher kaum gelungen. Die Menschen leben in Erinnerungen und in der Hoffnung, irgendwann in ihre Heimat zurückkehren zu können. Aber nichts deutet darauf hin, dass dies in naher Zukunft möglich sein wird. Denn zwischen Aserbaidschan und Armenien, zwei einstigen Sowjetrepubliken, die nach 1989 beide die Freiheit errungen haben, herrscht eisiges Schweigen. Auch dieses Flüchtlingsdrama im Kaukasus hat bisher keine Lösung gefunden.

Wir lassen Baku hinter uns, fahren die Uferstraße am Kaspischen Meer entlang und erkennen vor uns im Meer drei gewaltige neue Ölplattformen. Nach ein paar Minuten, bevor uns die Straße nach Westen vom Meer wegführt, passieren wir ein riesiges neues Ölterminal des internationalen Konsortiums. Große Tanks signalisieren enorme Lagerkapazitäten. Tolja packt seine Kamera aus, um ein paar Einstellungen zu filmen. Aber noch bevor wir drehbereit sind, überrascht uns ein Auto. Es sieht aus wie ein Streifenwagen, aber es ist der Sicherheitsdienst des Öl-Konsortiums, der uns die Aufnahmen verbietet. Wohlgemerkt: Wir filmen von einer öffentlichen Straße aus, die Öl-Anlagen sind mindestens zwei Kilometer entfernt. Und es ist nicht die Polizei, die uns in scharfem Ton nach der Dreherlaubnis fragt. Die haben wir nicht vorzuweisen. Es braucht einiges Palaver, Telefonate mit dem AIOC-Hauptquartier, wo wir uns in den letzten Tagen bekannt gemacht haben, bis uns die Wachleute ziehen lassen. Sie geben sich großzügig, und wir müssen weder Kassetten noch Equipment abliefern. Kein freundlicher Abschied aus Aserbaidschan, dem Land, das seine Zukunft – ungewiss genug – im Öl sucht.

Jetzt geht es immer nach Westen, zuerst durch eine weite Ebene. Dann rücken von Norden die hohen Berge des Kaukasus heran. Autoverkehr gibt es fast nicht, aber die endlos langen Tankzüge, in denen Öl nach Westen transportiert wird, sind unsere ständigen Begleiter auf der Strecke – rollende Pipelines. Offensichtlich sind die Kapazitäten der Leitung ins georgische Soupca schon erschöpft.

Nach acht Stunden, es ist schon gegen Mitternacht, erreichen wir die Grenze. Die Autofahrt durch die Nacht war sehr unangenehm. Die Straße, eng, unbeleuchtet und voller Schlaglöcher, erwies sich als höchst gefährlich. Immer wieder musste unser Fahrer Pferdefuhrwerken ausweichen, die urplötzlich aus dem Dunkel vor uns auftauchten. Ich habe tatsächlich ein paar Stoßgebete zum Himmel geschickt. Das kam lange nicht vor.

Die Grenzstation zwischen Aserbaidschan und Georgien liegt in einem Flusstal, die Zöllner nehmen ihre Sache ernst und untersuchen Auto und Pässe penibel. Die Szenerie ist gespenstisch. Kaum Licht. Nieselregen. Es ist kalt. Endlich können wir weiterfahren. Auf der holprigen Straße kommt uns ein strahlend weißer BMW entgegen. Wir überqueren den Grenzfluss Kura und erreichen den georgischen Übergang. Da geht es ein bisschen gemütlicher zu. Ein Journalisten-Kollege aus Tiflis hat unsere Ankunft avisiert. Die Zöllner werfen nur einen Blick auf die Pässe, drücken ihre Stempel hinein – und weiter geht's.

Knapp drei Stunden Fahrt noch, teils auf Serpetinenstraßen, bis wir in den Talkessel von Tiflis hinabrollen. Um drei Uhr nachts ist die Hauptstadt von Georgien wie ausgestorben. Umso größer die Überraschung, dass wir in unserem kleinen Hotel in der Altstadt, unweit des Rastaweli-Boulevards in der Nähe des Theaters, mit einem appetitlichen Imbiss erwartet werden – Tee, Kuchen, Schinkenbrot. Wer will, der bekommt auch einen georgischen Brandy. Es ist schon nach vier, als wir in die Betten fallen.

Am nächsten Morgen ist der Himmel klar. Anfang Mai herrschen hier schon frühsommerliche Temperaturen. Die Frauen, die das kleine Hotel in eigener Regie betreiben, sind längst wach und servieren uns das Frühstück auf der kleinen gepflegten Holzterrasse.

Tiflis, die Hauptstadt Georgiens, erscheint, vor allem im Vergleich zu Baku, als europäische Stadt. Der Stil der Gebäude, die Steine, die Ornamente erinnern an Griechenland – und statt der Moscheen, die wir im Nachbarland Aserbaidschan überall gesehen haben, stehen hier Kirchen. Eng in ein Flusstal gepresst, die Berge des Hohen Kaukasus immer als majestätische Kulisse, wird Tiflis von einem mächtigen Fernsehturm beherrscht. Beeindruckend die großen Steinbrücken, die über das enge Flusstal führen. Aber, das wird bereits bei einem ersten Spaziergang deutlich, der Stadt droht ein allmählicher Zerfall. Die Zeiten, in denen Georgien die wohlhabendste Sowjetrepublik war und das stolz zur Schau tragen konnte, sind vorbei. Der Reichtum Georgiens gründete weniger in Bodenschätzen, sondern war auf seine natürlichen Vorteile zurückzuführen: gemäßigtes Klima und ertragreiche Böden. Besser als sonst irgendwo in der Sowjetunion reiften hier Südfrüchte, vor allem Trauben. Georgiens Wein war ein Exportschlager im Ostblock, für Sowjetbürger eine Rarität. Doch die Dinge haben sich verändert. Die Märkte sind zusammengebrochen, und heute haben die Winzer Schwierigkeiten, ihre Produkte überhaupt zu verkaufen.

So waren die Herren vom staatlichen Wein-Institut hocherfreut, als wir um einen Termin baten. Die Einladung in einen historischen Weinkeller – einschließlich Verkostung – ließ nicht lange auf sich warten. Die ältesten Tropfen in diesem in den Berg hineingetriebenen Weingewölbe sind 130 Jahre alt, und es sind ganz seltene Kostbarkeiten. Zum Trinken natürlich zu schade, aber wir dürfen die Flaschen in Augenschein nehmen und fühlen uns schon dabei als Auserwählte. Mit Erbitterung erzählen unsere Gastgeber, dass hier unten weit mehr Raritäten aufbewahrt worden seien. Aber die seien von Soldaten ausgekippt worden, als die Rote Armee in den zwanziger Jahren Tiflis einnahm und auch diesen historischen Weinkeller verwüstete. Ob dieser Bericht wahr ist oder nicht, können wir nicht überprüfen. Aber er hat sich viele Generationen lang erhalten und zeigt, wie vergiftet das Verhältnis der beiden Völker ist.

Die in Sowjetzeiten verstaatlichte Wein-Behörde ist heute zum großen Teil privatisiert. Die Männer, die jetzt am hellen Holztisch sitzen und uns die Früchte ihrer Arbeit präsentieren wollen, sind keine Funktionäre, sondern selbstständige Winzer. Sie kennen die Schwierigkeiten der neuen Zeit aus ihren eigenen Betrieben. Früher, zu Sowjetzeiten, erzählen sie, da wurden Zitronen und Mandarinen, Tee und eben der Wein aus Georgien von St. Petersburg bis Wladiwostok fast mit Gold aufgewogen. Heute kämpft das Land um seinen Platz auf dem Weltmarkt. Nur wenige Weinbauern können da mithalten.

Der stolze georgische Weinbau hat ein Desaster hinter sich: Vor zehn Jahren wurden 800 000 Tonnen Trauben jährlich geerntet, heute sind es, wenn das Jahr gut ist, gerade mal 100 000. Tomasz Konchoschwili, in der Weinregion Kachetien, nordöstlich von Tiflis, zu Hause, erklärt uns, nach dem Zusammenbruch der Sowjetunion hätten die georgischen Winzer über Nacht ihren Hauptmarkt verloren – die großen Städte im heutigen Russland, aber auch Metropolen der jetzt unabhängigen GUS-Staaten wie Kiew und vor allem die Märkte im ehemaligen Ostblock. »Da wir unseren Wein nicht mehr verkaufen konnten, war er plötzlich nicht mehr wert als Wasser.«

Die Winzer stehen vor einem Neuanfang. Tomasz ist ein erdiger Typ, um die fünfzig, und er hat genug Kraft und Energie, es noch einmal zu versuchen. Bei einem Besuch in Württemberg hat er ein bisschen Deutsch gelernt, und seine Augen glänzen, als er von seinen Erfahrungen bei den württembergischen Winzern berichtet. Die modernen Maschinen, die gemütliche Probierstube, die professionelle Vermarktung haben ihm imponiert. Wenn uns nicht alles täuscht, hat Tomasz sich Deutschland als Vorbild genommen. Mit seinem Sohn und drei Töchtern führt er ein kleines Weingut. Sein unmittelbares Ziel ist es, den Markt in Russland wieder zu gewinnen. Und erste Erfolge stellen sich ein: Von den 500 000 Flaschen, die er im Jahr produziert, geht gut die Hälfte wieder nach Russland. Vor allem müsse jetzt an der Qualität gearbeitet werden. »Wir müssen unsere jungen Leute zum Studieren ins Ausland schicken – in den Westen. Wir brauchen Marketing-Experten, und wir müssen in unserem eigenen Land bessere gesetzliche Grundlagen für die Weinproduktion entwickeln.«

Aber er fordert auch politische Unterstützung und erläutert das an einem Beispiel: Besonders berühmt ist die Weinsorte Kinsmarauli aus der gleichnamigen Region. Das Problem ist: Der Name wird häufig missbraucht und minderwertiger Wein unter dieser Bezeichnung abgefüllt, nicht nur in Georgien, auch in anderen Teilen der Ex-Sowjetunion. »So ein Problem«, sagt Tomasz, »können wir Winzer nicht alleine lösen. Dazu brauchen wir einen Staat, der Vorschriften erlässt, Regeln, und sie auch durchsetzt. Der Staat soll sich nicht nur um Außenpolitik, Militärfragen und Pipelines kümmern, sondern auch um alltägliche Probleme der Menschen.« Das ist ein deutlicher Seitenhieb auf die Regierung von Edward Schewardnadse, die sich zwar internationales Ansehen erworben hat und hart an den Verbindungen Georgiens zum Westen arbeitet. Die Lebenssituation der Menschen hat sich nach der Wende Anfang der neunziger Jahre aber eher verschlechtert als verbessert, und nach diversen Attentaten auf Schewardnadse hat sich die politische Führung Georgiens heute in ihren Regierungsbunkern verschanzt. Es scheint, als lebe sie in einer ganz anderen Welt als ihre Bürger.

Beim Weinbau muss also ganz von vorne angefangen werden: Werbung, Verkaufswege, Marketing. In die Infrastruktur vor Ort muss Geld fließen, vor allem in Keller, Fässer, Lager- und Abfüllanlagen. Überdies hat sich der Geschmack der Verbraucher verändert. Gefragt sind jetzt nicht mehr die süffigen, fruchtbetonten Weine, sondern trockenere Qualitäten. Die Wende hat die Vorlieben der Menschen erreicht und ist inzwischen auch beim Wein angekommen. Aber Tomasz ist zuversichtlich. »Klima und Boden in Georgien sind so gut wie in Frankreich, und seine Reben können es mit einem Burgunder aufnehmen«, sagt er selbstbewusst. Gott sei Dank gibt es erste Erfolgserlebnisse: Gerade hat er eine Ladung Wein nach Amerika verkauft, und er ist in Kontakt mit Experten aus Deutschland. Von den Württembergern habe er gelernt, wohin es in Zukunft gehen soll. »Uns geht vor allem das Knowhow der modernen Weinproduktion ab. Unsere Anlagen sind veraltet. Wir brauchen die westlichen Standards, doch noch fehlen uns die Spezialisten.« Bevor wir gehen, sagt Tomasz einen herzlichen Dank für die Hilfe und Unterstützung, die er aus Deutschland erhalten habe und weiterhin in Anspruch nehme.

Später am Nachmittag – und nach einem Mittagsschlaf, den wir nach der langen Fahrt durch die Nacht und nach der Weinverkostung nötig haben – treffen wir einen jungen Georgier, der ein ganz einzigartiges Schicksal hat. Eigentlich sieht er in seinem Land keine Zukunft für Leute seines Alters. Ein Flugticket nach London, erklärt er uns, kostet 500 Dollar – es wäre leicht zu gehen. »Aber«, sagt Jakob, »es wäre zu einfach davonzulaufen.« Er kritisiert die Regierung, die in zehn Jahren Unabhängigkeit nichts auf die Beine gestellt habe. Das Schul- und Erziehungswesen liege am Boden, für die Menschen sei alles viel schwerer geworden. Jakob ist ein junger Mann mit Selbstbewusstsein und nicht ohne Zorn, erfolgreich dazu, denn er hat sich im Internet-Business selbstständig gemacht. Seine kleine Firma beschäftigt ein paar Angestellte. Sein Selbstbewußtsein rührt vielleicht auch daher, dass der 28-Jährige einen Namen trägt, der gerade in Georgien einen besonderen Klang hat. Jakob heißt Dschugaschwili – und er ist stolz darauf. Jakob ist der Urenkel Stalins, des vielleicht berühmtesten Georgiers überhaupt.

Jakob Dschugaschwili schämt sich seines Urgroßvaters nicht, im Gegenteil: Stalin ist für ihn eine »große Persönlichkeit«. Er habe Dinge ändern wollen – und das sei ihm ja auch gelungen. »Für mich war Stalin ein bedeutender Mann. Im Westen ist zum Beispiel nicht bekannt, in welch ärmlichen Verhältnissen er geboren wurde und aufgewachsen ist. Jung war er ein Dichter, ein Poet. Dann aber rebellierte er. Er wollte die Welt verändern – und er hat sie verändert.« Ich wende ein, Stalin, sein Urgroßvater, sei doch – wie Hitler – einer der größten Massenmörder der Geschichte. »Aber er war auch einer der bedeutendsten politischen Führer des 20. Jahrhunderts. Lassen Sie uns abwarten, wie die Geschichte ihn letztendlich beurteilt.« Im übrigen habe Stalin in Georgien noch viele Bewunderer – je schlechter die Lage werde, desto mehr.

Jakob ist ein intelligenter Junge. Vier Jahre hat er in Schottland Malerei studiert. In der Etagenwohnung, die er mit seinen Eltern in einem Plattenbau am grünen Rand der Hauptstadt bewohnt, arbeitet er in einem kleinen Atelier. Offenbar hat sein ungebrochenes Bekenntnis zum Urgroßvater etwas mit Verletztheit und Trotz zu tun. Er verachtet die Familienangehörigen, die sich andere Namen zugelegt haben. Zu seiner Vergangenheit müsse man stehen, sagt Jakob. Wer das nicht könne, sei ein Schwächling und kein Mann. Vielleicht hat er auch deshalb dieses sonderbare Poster an die Wand gepinnt. Es ist knallrot mit schwarzer Schrift, Werbung für einen Spielfilm über Stalin, schon ein paar Jahre alt. Jakobs Vater hat damals die Hauptrolle gespielt, nicht weil er ein so begabter Schauspieler war, sondern weil er dem Sowjetführer so ähnlich sah. Doch der Blick in die Vergangenheit ist in der Begegnung mit Jakob nur eine Seite. Er ist eben auch ein kreativer Mann, der praktisch versucht, eine Existenz in Tiflis aufzubauen. Deshalb hat er für sein »Start up«-Unternehmen Büroräume in der malerischen Altstadt angemietet. Das Geschäft entwickelt sich, täglich kommen neue Kunden hinzu. Bald will Jakob im ganzen Land Internet-Zugänge anbieten, übrigens mit Hilfe einer deutschen Bank. Für den Sprung in die Zukunft braucht selbst Stalins Urenkel westliche Hilfe.

Georgien, ein merkwürdiges Land. Präsident Schewardnadse, der letzter Außenminister der Sowjetunion und einer der Baumeister der deutschen Wiedervereinigung war, will vor allem eines: den Einfluss Russlands eindämmen und sein Land so nahe wie möglich an den Westen heranführen. Deshalb will er Georgien auch in der Nato sehen und lässt seine Offiziere bei der amerikanischen Armee ausbilden, lädt amerikanische Militärberater ein, obwohl die russische Armee in Georgien noch Stützpunkte unterhält und das Pulverfass Tschetschenien in greifbarer Nähe ist. Schewardnadse träumt von einer EU-Mitgliedschaft Georgiens, mindestens von einer Assoziation. Das Angebot an die westlichen Ölgesellschaften, die am Kaspischen Meer aktiv sind, georgisches Terrain für ihre Pipeline als Highway in den Westen zu nutzen, ist dafür eine Art Vorleistung, denn ökonomisch betrachtet bringen die Ölleitungen dem verarmten Land nicht viel. Die paar Arbeitsplätze an Pump- und Verladestationen können den Niedergang Georgiens auch nicht aufhalten. Das wachsende Misstrauen, das der Pipeline-Bau bei den russischen Nachbarn erzeugt, kann der wirtschaftliche Nutzen jedenfalls kaum aufwiegen. Mit aller Kraft hat Schewardnadse politisch und wirtschaftlich den Weg nach Westen gesucht, aber für sein Volk keine Zukunftsperspektive öffnen können. Heute ist der Lebensstandard niedriger als im benachbarten Aserbaidschan.

Der kaukasische Teufelskreis

Wardan Akopjan ist 21 und arbeitslos. Um uns zu erklären, wie die Jugend im Süden des Landes, wie die armenische Minderheit Georgiens ihre aktuelle politische Lage sieht, ist er eigens nach Tiflis gekommen und hat dafür fast einen ganzen Reisetag investiert. Wardan hat in Eriwan, der Hauptstadt Armeniens, Jura studiert, ist aber weiterhin georgischer Staatsbürger. Wir treffen ihn im Sportpalast von Tiflis bei einem Rockkonzert. Unter dem Motto »Für eine friedliche Lösung der Probleme im Kaukasus« spielen Bands aus der ganzen Region. Gerade haut eine Rockgruppe aus Moskau kräftig in die Saiten.

Wardan kritisiert die Nationalitätenpolitik der Regierung Schewardnadse. Es sei ungerecht und diskriminierend, dass sie als Armenier gezwungen würden, Georgisch zu sprechen. Auch die Sprache seines Volkes, Armenisch, müsse als Staatssprache anerkannt werden. Und dann kommt Wardan, ein ernsthafter junger Mann, der auch bei der lauten Musik kaum aus sich herausgeht, auf einen besonders heiklen Punkt zu sprechen: Er plädiert dafür – und ist sich bewusst, dass er den politischen Absichten der Regierung direkt widerspricht –, dass die Russen militärisch in Georgien präsent bleiben: »Georgien ist noch nicht demokratisch genug, um die Rechte aller Menschen zu verteidigen, die hier leben. Außerdem: die Türkei ist unser Nachbarland, und wir Armenier haben das Jahr 1915 nicht vergessen, als die Türken einen unfassbaren Völkermord an unserem Volk begingen. Da die georgische Armee erst im Entstehen begriffen ist, brauchen wir die Russen mit ihren Militärbasen in unserem Gebiet als Sicherheitsgarantie.«

Immer wieder haben wir das auf unserer Reise durch den Kaukasus erlebt: Die Spannungen zwischen den Völkern rangieren vor den täglichen Problemen wie Arbeitsplätze, Zukunftsaussichten, Stabilität. Georgien, politisch mittlerweile einigermaßen gefestigt, steht vor einer wirtschaftlichen Katastrophe. Die Elektrizitäts- und Wasserversorgung ist oft unterbrochen; im Winter sitzen die Menschen in kalten Wohnungen. Die Arbeitslosigkeit ist immens, realistische Zukunftsaussichten sind kaum zu erkennen. Die Infrastruktur, in Sowjetzeiten weit über dem Durchschnitt, verkommt. Dass es den meisten Menschen nicht besser, sondern schlechter geht als früher, macht es den Völkern zusätzlich schwer, den jahrhundertealten kaukasischen Teufelskreis aus Hass und Gewalt zu überwinden. Und vom Ölboom der Nachbarländer bleibt in Georgien, das einmal besonders reich war, nichts hängen. Pipelines machen die Menschen nicht satt.

Auf der Suche nach Europa
Von Berlin nach St. Petersburg

Nachdenken in Berlin

Im prachtvoll wieder hergestellten Auswärtigen Amt am Werderschen Markt in Berlin, bis 1989 Sitz des Zentralkomitees der SED, davor der Deutschen Reichsbank, wird über die Zukunft Europas diskutiert. Die Bertelsmann-Stiftung hat eingeladen, an einem kalten, aber strahlenden Wintertag im Januar 2001. So sind die Granden der europäischen Politik gekommen – aus dem Osten und Westen unseres Kontinents, der mit dem Fall der Mauer unweit vom Konferenzort seine Teilung zwar überwunden hat, sich jedoch über sein zukünftiges Gesicht, seine Grenzen, die Bewohner des »Hauses Europa«, wie Gorbatschow sagte, alles andere als im Klaren ist. Henry Kissinger, der legendäre deutschstämmige US-Außenminister, gibt der Runde transatlantisches Flair, aber auch russische Gäste beteiligen sich an der Diskussion.

In der ersten Runde erläutern Gerhard Schröder und Joschka Fischer die Position der deutschen Bundesregierung: Mit der Osterweiterung stehe Europa vor einer ganz neuen Epoche, auch mit Blick auf die verheerend niedrige Beteiligung an der Europawahl 1999 sei jetzt endlich mehr Bürgernähe gefragt. Schröder nimmt die Idee seines Außenministers von der Europäischen Verfassung auf, die bei vielen, besonders den Franzosen, nicht gerade auf Entzücken gestoßen ist. Der Kanzler unterstützt Fischer, auch wenn er nicht von Verfassung, sondern – in guter bundesdeutscher Tradition – von einem europäischen »Grundgesetz« spricht. Vor allem gehe es darum, die Bürger an diesem Europa mehr zu beteiligen. Die Rede ist von Partizipation, Transparenz, von mehr Legitimation, die Europa benötige. Man fühlt sich fast an Helmut Kohl erinnert, als der ansonsten immer kühle Pragmatiker Schröder dafür plädiert, Europa sei nicht nur eine Sache des Verstandes, es gehe auch um die »Herzen« der Bürger.

Die Atmosphäre ist entspannt. Unter den zwölf gewaltigen Bauhaus-Leuchtern des eindrucksvollen »Weltsaals« – vom Berliner Star-Architekten Kollhoff restauriert – sitzen ein halbes hundert Politiker und Experten unter dem Vorsitz des Münchner Politikwissenschaftlers Werner Weidenfeld. Natürlich nutzt die Spitze der deutschen Politik das illustre Forum, um für die eigene Position zu werben. Aber auch Frankreichs Außenminister Hubert Védrine ist angereist und darf ein Lob für den Gipfel von Nizza mitnehmen. Dabei haben Experten an Mut und Weisheit dieser Konferenz, die doch die Weichen für Osterweiterung und Reform der Union stellen sollte, lauten Zweifel geäußert. Die Verknüpfung von Erweiterung und Reform ist gerade einen Monat zuvor gescheitert, die Frage der Handlungsfähigkeit einer Gemeinschaft von zwanzig und mehr Mitgliedern ungelöst. Védrine erläutert die französische Position, erntet dafür vor diesem Plenum auch keinen direkten Widerspruch. Aber die Initiative in der europäischen Politik, das Vertrauen auch der vielen ausländischen Gäste scheint eindeutig auf die deutsche Regierung übergegangen zu sein.

Bundeskanzler Schröder, als Innenpolitiker angetreten, hat die europäische Bühne entdeckt – und das sicher nicht nur als Möglichkeit der Selbstdarstellung. Die Erweiterung verschiebt das Gewicht innerhalb der Union. Das Zentrum Europas rückt nach Osten. Deutschland gewinnt mit Polen, Tschechien, Ungarn nicht nur neue Märkte und billige Produktionsstätten hinzu. Mit dem neuen »Hinterland« hat es auch neue Bündnispartner – und viel mehr Gewicht, politisch und ökonomisch.

Die lange Schlacht des Europäischen Gipfels in Nizza liegt erst ein paar Wochen zurück. Damals kämpften Schröder und Fischer darum, im Ministerrat künftig eine Stimme mehr als die Franzosen zu haben – eine symbolische Geste des gewachsenen deutschen Gewichts nach der Wiedervereinigung. Aus diesem Berliner Saal gesehen, wo sich Präsidenten, Regierungschefs und Minister aus Osteuropa drängeln, erscheint diese Geste von Nizza zurückschauend fast überflüssig. So verständlich der Wunsch war, in Nizza zum Ausdruck zu bringen, dass Deutschland nun das bei weitem bevölkerungsreichste Land der EU ist, so sehr zeigt diese Versammlung, wie groß politisch das deutsche Gewicht ohnehin ist, größer als das jedes anderen Mitgliedsstaats – mit oder ohne zusätzliche Stimme. Bisher galten Deutschland und Frankreich als Achse der Gemeinschaft, ohne die in Europa nichts läuft. Aber es läuft nicht rund zwischen Paris und Berlin. Franzosen und Deutsche haben ganz unterschiedliche europäische Zukunftsvisionen. In einer dezenten, aber entschiedenen Nebenbemerkung fordert Bundeskanzler Schröder eine »Neudefinition« des deutsch-französischen Verhältnisses. Einigkeit sei notwendig, ob die Europäischen Institutionen in Zukunft gestärkt werden sollten oder ob es auch in Zukunft die nationalen Regierungen sind, die bestimmen, wie weit und wie schnell die Gemeinschaft zusammenwächst.

Einer der anwesenden Osteuropäer, Präsident Valdas Adamkus aus Litauen, ein bulliger Mann, der nach dem Fall des Eisernen Vorhangs eine Unternehmer-Karriere in den USA hinter sich gelassen hat und in seine Heimat zurückgekehrt ist, spricht aus, was viele empfinden: Berlin sei jetzt zum Dreh- und Angelpunkt der intellektuellen Debatte Europas geworden. Aber er fordert auch, in Zukunft müssten die kleinen Staaten weiter an der politischen Willensbildung beteiligt werden; die Regel, dass jedes Mitgliedsland einen Kommissar stellt, müsse unbedingt bleiben. Aber: Europa müsse, um Elan und Identität zu gewinnen, für die Bürger einfacher und verständlicher werden. Kurz, die kleinen Länder müssten geschützt werden und die großen genug Raum zu ihrer Entfaltung haben. Zur »Rekonstruktion« des Kontinents sei auch die militärische Dimension wichtig – die Nato spiele dabei eine essenzielle Rolle.

Adamkus argumentiert aus der Sicht eines kleinen neuen Partners aus dem Ostsee-Raum. Zur »nördlichen Dimension« der Gemeinschaft, zum Aufgabenkatalog der Zusammenarbeit in Fragen der Umwelt, des Verkehrs, der Wirtschaft gehöre auch die Zukunft Kaliningrads, des ehemaligen nördlichen Teils Ostpreußens, heute ein Teil Russlands. Hier müsse sich die Gemeinschaft engagieren, sonst entstehe ein neuer Krisenherd – ein Stück Russland, eingekreist von den EU-Ländern Polen und Litauen. Die Zukunft des alten Königsberg, neu überdacht im Berliner Außenministerium – nichts ist unmöglich in diesem Europa!

Was bei dieser Tagung sehr deutlich wird, lässt sich auf den Nenner bringen: Wir müssen Europa in Zukunft sehr breit denken. Europas politisches und militärisches Gewicht nimmt zu, und dafür tritt der interne Interessenausgleich, das Verhandeln über Subventionen und Förderquoten, in den Hintergrund.

Am Abend fliegt Spaniens Ministerpräsident Aznar aus Madrid ein, um bei einem spektakulären Candle-Light-Dinner in der Kuppel des Reichstags seine Austeritätspolitik vorzustellen. Spanien ist ja so ein Beispiel für die Wunder, die Europa – noch vor dem Mauerfall – möglich gemacht hat. Einst abgeschieden und isoliert, die lange Franco-Zeit hindurch in vordemokratischen Verhältnissen stecken geblieben, ist Spanien seit dem EU-Beitritt 1986 ein europäisches Musterland: Mit stabilen politischen Verhältnissen, auch nach der Wahlniederlage des legendären sozialistischen Ministerpräsidenten González, und wirtschaftlich mit stetigen Wachstumsraten gesegnet, hat das Land hinter den Pyrenäen einen ungeahnten Modernisierungsschub erlebt – und präsentiert sich entsprechend selbstbewusst auf der europäischen Bühne. José Maria Aznar, der Mann aus Kastilien, kann zwar den Gestus des kleinkarierten Finanzbeamten kaum verbergen. Aber er spricht knapp, eindringlich und selbstsicher. Die Beharrlichkeit blitzt durch, vor der Europas Führer bei ihren Gipfeln schon oft kapituliert haben. Immer wieder fuhr er als Gewinner nach Hause. Spanien, aus Brüsseler Töpfen ohnehin reich gesegnet, wird auch in Zukunft üppige Zuschüsse einstecken können. Dabei klagen Europas Führer hinter vorgehaltener Hand über die regelmäßigen Zumutungen aus Madrid. Da ist ein Land in Europas Normalität angekommen, von dem – gerade drei Jahrzehnte ist das her – Manuel Fraga Iribarne, einst Francos Propagandaminister und heute Regierungschef der grünen Nordwest-Region Galicien, behauptete, Spanien sei anders – ganz anders als Europa. Heute ist Spanien so stabil wie alle anderen Länder auch, eine Konsumgesellschaft erster Güte, wirtschaftlich erfolgreicher als viele andere. Doch jetzt langsam an den Abbau von Subventionen zu denken – Fehlanzeige!

Aber die Hauptfrage von Berlin ist: Wer gehört zu Europa? Wo sind Europas Grenzen? Und wer passt unter politischen und rechtlichen Gesichtspunkten in die Gemeinschaft? Am Nachmittag hatte auch Leonid Kutschma gesprochen. Der ukrainische Präsident, auf Staatsbesuch in Deutschland, inszenierte seinen Auftritt im Stil des uns schon bekannten sowjetischen »Natschalnik«: Von einer vielköpfigen Delegation umgeben, klagte der Chef, sein Land werde sehr selten zu Europa befragt, und noch weniger würden Ratschläge aus Kiew befolgt. Er trug seine Botschaft mit Pathos vor: »Denkt die Ukraine mit! Keine neue Mauer an der Ostgrenze Polens! Die Schlangen vor den Botschaften der westlichen Länder dürfen nicht noch länger werden!« So weit, so gut. Aber langatmige Abhandlungen über »europäische Werte« klingen merkwürdig aus dem Mund eines Mannes, dem vorgeworfen wird, kritische Journalisten verschwinden zu lassen, und der es in Sachen Demokratisierung in zehn Jahren Wende nicht gerade weit gebracht hat. Kutschma erschien kurz vor dem vorgesehenen Statement im Konferenzsaal, ließ keine Fragen zu und brach dann mit seiner Delegation eilig wieder auf. Ist so ein Mann reif für Europa?

Alle, alle wollen dazugehören. Europa droht zum Opfer seines eigenen Erfolgs zu werden. Aber die Zukunft, die praktische Zusammenarbeit, wie diese große Gemeinschaft eigentlich noch funktionieren soll, ist unklar. Einerseits ist die EU eine einzige Erfolgsgeschichte. Abstimmung, Interessenausgleich, Förderung abgelegener Regionen – lieber endlose Nachtsitzungen in Brüssel, als Europas Gegensätze auf Schlachtfeldern auszutragen. Der Zusammenbruch des Kommunismus, der Aufbruch zur Demokratie, zu Marktwirtschaft und Freiheit sind unumstrittene Tatsachen. Andererseits scheinen die Träume der Westeuropäer, sich noch enger, gar zu einer politischen Union zusammenzuschließen – Zukunftsbilder, denen viele vor 1989 nachhingen –, durch den sich überschlagenden Lauf der Geschichte in weite Ferne gerückt. Gesucht wird jetzt ein Mittelweg.

Nur: Wie lässt sich die Integration der mittel- und osteuropäischen Länder in die europäischen Mechanismen mit der Vertiefung der politischen Zusammenarbeit der »Kern-Länder« verbinden? Geht das wirklich im Zeichen der völligen Gleichberechtigung und Partnerschaft? Alle im gleichen Tempo? Oder braucht es nicht, wie Jacques Delors vorschlägt, eine »Avantgarde«, die voranschreitet, während andere sich noch Zeit lassen? So wichtig die Integration des Ostens für die Stabilität des Kontinents ist, müssen nicht die langjährigen Mitglieder einen Weg finden, gleichzeitig ihre Union zu vertiefen und auf neue Politik- und Lebensbereiche auszudehnen?

Die Gemeinschaftswährung, der Euro, die neue militärische Zusammenarbeit sind praktische Zukunftsmodelle: Die Gemeinschaft als Verband, der sich auf bestimmte Verbindlichkeiten für alle einigt, der es aber auch zulässt, dass die Länder, die das wollen und können, in genau definierten Bereichen noch enger zusammenarbeiten. Europa hat schon immer von seiner Vielfalt gelebt – das ist es doch eigentlich, was unseren Kontinent so faszinierend macht. Und das gilt auch für die Zukunft: Ohne variable Modelle der Mitgliedschaft kann sich die EU nicht weiterentwickeln.

Die Unsicherheiten, das Tasten nach der Zukunft ist auch in diesem festlichen Saal zu spüren. Die Osteuropäer zeigen sich, mehr oder weniger offen, enttäuscht über die langen Wartefristen bis zur vollen EU-Mitgliedschaft. Einer spricht aus, was mancher Kollege denken mag: »Der Bevölkerung geht die Geduld aus.« Manches Statement klingt sogar wie eine versteckte Drohung: »Wenn ihr uns noch lange warten lasst, werden wir vielleicht wieder in Richtung Russland schauen.« Władysław Bartoszewski, Polens Außenminister, ein Mann von 78 Jahren, Überlebender von Auschwitz und politisch verfolgt im Sozialismus, dessen brennendes Temperament und intellektuelle Schärfe die Zuhörer sofort in den Bann ziehen, müht sich mit den Abgrenzungen ab: Welche Kriterien für eine Mitgliedschaft kann es eigentlich geben? Kann zum Beispiel die Türkei ernstlich hoffen, in nicht mehr allzu ferner Zukunft zu dieser Gemeinschaft aus dem Geist des christlichen Abendlandes zu gehören? Und könnte Europa, wenn es die Tür für die Türkei öffnet – natürlich unter Einhaltung politischer Kriterien wie Rechtsstaatlichkeit oder Minderheitenschutz –, sie vor anderen Staaten verschließen, vor Marokko oder Tunesien, den Balkan-Ländern sowie Georgien oder Aserbaidschan, wo auch europäische Träume gesponnen werden? Viele Fragen – und ein unklares Raumbild, wo dieses Europa eigentlich anfängt und wo es endet. Dabei ist von Russland, das vor den dunklen Sowjetjahren doch eine so eindeutige europäische, abendländische Prägung hatte, noch gar nicht gesprochen worden.

Grigorij Jawlinskij ist im Raum, der Chef von »Jabloko«, vielleicht der »westlichsten« russischen Partei. Die russischen Rohstoffe, das riesige Territorium, die gut ausgebildeten Menschen müssten in europäische Zukunftsstrategien eingeschlossen werden, plädiert der Mann, der bei den Präsidentschaftswahlen im März 2000 in den Großstädten viele Wähler für sich gewonnen hat. Europa müsse für Russland eine auf zehn, zwanzig Jahre angelegte Strategie entwickeln. Langfristig ausgeschlossen zu werden, das sei für sein Land – und in der Konsequenz für ganz Europa – verhängnisvoll. Jawlinskij nennt ein Stichwort, das noch für Zündstoff sorgt: die Pläne der neuen amerikanischen Administration, ein Raketenabwehrsystem (NMD) zu entwickeln und zu stationieren – Absichten, die von Europas Führern mit äußerster Skepsis aufgenommen werden.

Die Spannung wächst. Die wichtigsten Fragen sind gestellt. Jetzt konzentriert sich die Aufmerksamkeit auf Henry Kissinger. Der Altmeister der Diplomatie, lange Jahre im Dienst republikanischer Präsidenten, wirbt mit seiner knarzigen Stimme um Vertrauen für den neuen Mann im Weißen Haus. Der Zufall will, dass George W. Bush an diesem Tag in Washington als 43. US-Präsident vereidigt wird. Europa müsse Verständnis haben für Amerikas Sicherheitsbedürfnis, fordert Kissinger. Nach dem Ende des Kalten Krieges, nach so viel gemeinsamen Erfolgen in Sachen Demokratie, Menschenrechte, Umwelt irritiere Europas mehr oder weniger offener Widerstand gegen das Raketenabwehrprogramm viele Amerikaner. Viel zu diskutieren gebe es auch nicht mehr – Bush sei entschlossen, seine Pläne durchzusetzen, jedenfalls sofern sie technisch und finanziell realisierbar seien. Kissinger fragt, warum ein amerikanischer Präsident nicht alle Möglichkeiten nutzen sollte, seinen Bürgern das zu geben, was sie vor allem von ihm erwarten: Sicherheit. Kissinger erklärt, versucht Brücken zu schlagen. Aber er spart auch nicht mit skeptischen Anmerkungen. Was auf der anderen Seite des Atlantiks nicht gut ankomme, seien die Pläne für die so genannte Euro-Force. Warum bräuchten die Europäer diese eigene militärische Einheit – außerhalb der Nato? Spielten die Europäer mit dem Gedanken, diese Militärkräfte auch dann einzusetzen, wenn der Nordatlantikpakt – ergo: die Führungsmacht USA – keinen Handlungsbedarf sehe? Das Befremden Amerikas ist mit Händen zu greifen, auch wenn es Kissinger in der Forderung verpackt, ein politisches Koordinationsinstrument sei nötig, das gemeinsam definiere, wo Europa und Amerika Gefahren für ihre Sicherheit erkennen, um dann abgestimmt zu handeln.

Die Konferenz hat ein neues Thema: Wie viel Amerika ist in Europa nach dem Kalten Krieg noch notwendig? Was hält den »alten« und den »neuen« Kontinent nach 1989 eigentlich noch zusammen? Die Tagungsdramaturgie gibt Javier Solana das nächste Wort. Was für eine Karriere! Vom schöngeistigen Kulturminister der ersten sozialistischen Regierung im nachfrankistischen Spanien zum Außenminister, dann Nato-Generalsekretär – und jetzt der erste außenpolitische Bevollmächtigte der Europäischen Union, der viel geforderte Mister Gasp. Der erste in diesem neuen Amt – und er ringt um seine Rolle. Ist er der Mann, der am Telefon sein muss, falls das Weiße Haus Gesprächsbedarf mit Europa hat? Oder wird der amerikanische Präsident auch in Zukunft lieber mit dem deutschen Kanzler, dem britischen Premierminister, dem französischen Präsidenten oder, wenn es sein muss, auch mit dem Präsidenten der Europäischen Kommission telefonieren?

Solana nimmt die Fragen Kissingers direkt auf, zunächst mit einem Hinweis auf die Größe des neuen Europa: Eine EU der 27 Mitglieder hätte doppelt so viele Einwohner wie die USA und viermal so viele wie Japan. Die Zahlen sollen Selbstbewusstsein demonstrieren. Europa sei damit ein Faktor in der Welt, der über alle Mittel der Politik verfügen müsse – das heißt auch über militärische. Es gehe nicht um ein stehendes europäisches Heer, sondern um Truppen, die die europäischen Partner im Einsatzfall zusammenziehen. Aber Europa brauche zur Krisenprävention, zum Krisenmanagement die Fähigkeit, Truppen auch außerhalb seiner Grenzen einzusetzen und sie schnell dorthin zu bringen. Solana, ein verbindlicher, charmanter Mann, der im persönlichen Gespräch gern sein Gegenüber anfasst, seine Hände auf die Schultern legt, »das Fleisch bearbeitet«, wie die Amerikaner sagen, spricht werbend und nicht im Ton einer Kampfansage. Dennoch wird deutlich: Es gibt Gesprächsbedarf und Irritationen diesseits und jenseits des Atlantiks. Die Selbstverständlichkeit der Rollenverteilung seit 1945, das klare Bewusstsein zusammenzugehören, ist mit der Mauer von Berlin gefallen.

Neben Solana sitzt Österreichs Bundeskanzler Schüssel. Das Tagungsprotokoll hat eine alphabetische Sitzordnung vorgesehen. Über die langen Monate der Isolierung wegen seiner Koalition mit der Haider-Partei FPÖ sagt er jetzt kein Wort. Der Kanzler aus Wien weiß sich als Außenpolitiker und europäischer Vordenker zu profilieren, das bringt mehr, als Schlachten der Vergangenheit schlagen. Angesichts vielfältiger Bedrohungsfelder – Verbreitung von Waffen, Drogen, Terrorismus, Minderheitenkonflikte – müsse Europa seine Sicherheitslage analysieren und definieren. Notwendig sei »Mut zur eigenen Größe«. Über die klassischen Felder der europäischen Politik hinaus müsse man sich mit dem Balkan, dem Kaukasus, auch mit Afrika und Zentralasien befassen. »Auf Knopfdruck« müsse Europa Kräfte für ein ziviles Krisenmanagement entsenden können. Der Konflikt mit den USA wegen des Raketensystems, der auch hier im Raum so lebhaft diskutiert wurde, müsse durch eine »spektakuläre europäisch-amerikanische Initiative« entschärft werden. Zur »gleichberechtigten Partnerschaft« gehöre auch, dass die USA ihren Markt mehr für europäische Produkte öffnen. Europa sei ein »erwachender globaler Mit-Player«.

So aufregend das alles ist, unsere Konferenz gleicht mit ihren Ritualen – den viel zu langen Statements, den offiziösen Verlautbarungen, dem Mangel an kritischer Nachfrage – ein wenig den sagenumwobenen Europäischen Gipfeln, hinter die kein Kameraauge blicken kann. Natürlich haben der deutsche Kanzler, Frankreichs Außenminister Védrine und all die anderen Recht, wenn sie betonen: Akzeptanz und damit innere Stärke dieser Gemeinschaft könnten nur durch Transparenz, durch Einbeziehung des Bürgerwillens, durch mehr offene Diskussion entstehen. Aber so viel »Glasnost« ist im Inneren bisher nicht angesagt – und von welchem Politiker eigentlich gewünscht, wenn die Sonntagsreden vorbei sind? Mehr Macht für die europäische Exekutive wäre verbunden mit dem Verlust eigener Macht und eigener Darstellungsmöglichkeiten. Denn der politische Prozess Europas hat, bei allen Freiräumen, die sich das Europäische Parlament erkämpft hat, etwas von der Geheimdiplomatie vergangener Jahrhunderte. Beim Gemauschel um Posten und Geld stört der Bürger. Solange das Parlament so wenig Einfluss hat, solange der Bürger seine Europäische Regierung nicht selbst wählen kann, die sich dann vor ihm auch verantworten muss, solange die Aufgabenverteilung zwischen nationalen Regierungen und der europäischen Ebene nicht für den Bürger nachvollziehbarer geregelt ist und in ein Rollenspiel mündet, das die Gesetze der Mediendemokratie berücksichtigt, so lange ist die Forderung nach mehr »Partizipation« wohlfeil – und leider zu erwarten, dass die Wahlbeteiligung auch bei der nächsten Europawahl weiter sinkt. Immer buntere Kampagnen, jeweils vor der nächsten Wahl zum Europäischen Parlament, reichen nicht aus, um den europäischen Bürgerwillen wirklich zu aktivieren. Es ist wie in den nationalen Parlamenten. Der Bürger muss klar erkennen, welche Richtung er mit seiner Stimme vorgibt, wie er den europäischen Prozess beeinflusst. Solange das nicht klar wird, bleibt das Parlament in Straßburg nur ein europäisches Feigenblatt.

So gesehen ist es, wie Wolfgang Schäuble am Ende sagt, aus Bürgersicht wirklich fatal, dass der Gipfel von Nizza den Zusammenhang zwischen Erweiterung und Reform des institutionellen Zusammenspiels aufgegeben hat. So historisch die Beitrittsperspektive für Länder wie Polen, Ungarn oder Tschechien ist – für viele Bürger haben sich Hoffnungen auf »mehr« Europa bisher nicht erfüllt, mit sehr negativen Folgen für die Identifikation mit der Gemeinschaft.

Fluchtweg Mittelmeer

Es ist schon spät am Abend, als wir im Hafen von Algeciras ein Patrouillenboot der spanischen Guardia Civil besteigen. Der Grenzpolizist Juan José Fernandez hilft uns an Bord, Kommandant Marco Molina macht das Boot zur Ausfahrt fertig. Die beiden Männer haben viel Erfahrung. Seit Jahren kreuzen sie in der Straße von Gibraltar. Sie kennen die Meerenge zwischen Europa und Afrika wie ihre Westentasche.

Nacht für Nacht fahren sie hinaus, um illegale Einwanderer zu schnappen, die im Schutz der Dunkelheit von Schleppern die knapp zwanzig Kilometer übers Meer ins gelobte Land Europa gebracht werden. Die Südspitze Spaniens ist Europas südlichste Schengen-Grenze. Experten machen hier den »weltgrößten Migrationsdruck« aus: 25 000 Menschen sollen im Sommer 2000 angeblich an den Küsten Marokkos auf ihre Chance zur Flucht nach Europa warten.

Der Hafen von Algeciras ist so etwas wie Spaniens Tor hinüber nach Afrika. Von hier aus starten große Fähren ins marokkanische Tanger, aber auch in die spanische Exklave Ceuta. Algeciras hat einmal glanzvolle Zeiten erlebt; davon kündet das Hotel Reina Cristina, das mit alten Fotos von manchem königlichen Besuch aufwarten kann. Doch die Stadt hat einen Nachteil im Wettbewerb mit anderen andalusischen Ferienorten: Es gibt keinen Strand – und so ist das Reina Cristina heute ein »all inclusive«-Ressort für nicht sehr anspruchsvolle Budget-Touristen aus Großbritannien. Trotz der Standortnachteile hat sich Algeciras in den letzten Jahren herausgeputzt, für die Anbindung der modernen Hafenanlagen wurden Brücken und Straßen gebaut, natürlich mit Finanzhilfen aus Europa. Es lässt sich hier ganz gut leben. Das merken wir, als wir zufällig in die lokale »feria« hineingeraten, das Fest des Stadtpatrons, das mit Sherry, Flamenco und einer Pferdeparade genauso gefeiert wird, wie wir uns das in Südspanien vorstellen. Die Leute hier wissen, dass Tausende warten, sich bei ihnen niederzulassen – und sie brauchen sie auch, als Arbeitskräfte in der Landwirtschaft, im Tourismus. Die Andalusier kennen die tragischen Geschichten, die sich vor ihrer Haustür abspielen. »Das Meer kann verbinden, aber es kann auch zerstören und trennen. Es hat so ein Doppelgesicht. Viele sterben im Meer, andere machen Urlaub. Ich krieg' richtig Gänsehaut, wenn ich darüber spreche«, erklärt uns bei einem Gläschen »Fino« eine Frau mit rotem Kleid, Spitzenkopftuch und typisch spanischem Fächer.

Marco, der bedächtige Kommandant unseres Patrouillenboots, berichtet bei der Ausfahrt aus dem Hafen, das größte Problem sei, dass die kleinen Boote der Schlepper total überladen würden. Die Gefahr sei groß, dass so ein Flüchtlingsboot kentert. Niemand weiß, wie viele Boote schon gesunken, wie viele Menschen hier ertrunken sind, auf der Suche nach dem besseren Leben, Europa vor Augen. Marco sagt: »Wir bewegen uns immer mit äußerster Vorsicht. Es sind stets viel zu viele Leute in viel zu kleinen Booten.« Immer wieder habe er erlebt, dass nussschalengroße Fischerboote plötzlich aus der Dunkelheit auftauchten – mit vierzig, fünfzig Flüchtlingen an Bord. Die marokkanischen Schiffsführer lassen sich bereitwillig festnehmen. Sie wissen, dass sie abgeschoben werden und schon bald die nächste Fahrt übers Meer starten können. Bis zu tausend Dollar soll die Schlepper-Mafia für so eine Überfahrt kassieren. Die Meerenge zwischen Europa und Afrika trennt Arm und Reich. Es ist ein zynisches Geschäft. 1300 Leichen wurden an spanischen Küsten in der ersten Hälfte des Jahres 2000 angeschwemmt.

Anfang Juli lässt sich die Sonne im südlichsten Zipfel Spaniens Zeit mit dem Untergehen. Schräg gegenüber Algeciras liegt der Felsen von Gibraltar, ein hoch aufragender, schmaler Riegel zwischen dem Meer und dem spanischen Festland. Merkwürdige Verhältnisse an dieser Meerenge! Hier weht immer noch die Flagge ihrer britischen Majestät – und drüben, auf der anderen Seite der Straße von Gibraltar, flackern die ersten Lichter in der spanischen Exklave Ceuta. Die Stadt ist ein Erbe der kolonialen Vergangenheit Spaniens auf dem afrikanischen Kontinent.

Unser Boot nimmt Geschwindigkeit auf. Schon bald erreichen wir das offene Meer, eine der am dichtesten befahrenen Wasserstraßen der Welt. Spanien investiert viel in seine Überwachungsaufgabe für Europa. Wir beobachten einen Hubschrauber der Guardia Civil, der über einem anderen Polizeiboot schwebt. Solche Übungen, erklären uns die beiden Grenzbeamten, finden hier fast jeden Tag statt. Erst gegen halb elf wird es dunkel. Der Kommandant löscht alle Lichter an Bord. Mit Radar, Instinkt und Erfahrung geht die Guardia Civil nun auf Jagd. Aber vorerst ist alles ruhig. Wir fahren westwärts, in den »Estrecho« hinein. Keine verdächtigen Zeichen. Nur ein Fischerboot verlässt den nahe gelegenen kleinen Hafen von Tarifa – sonst geschieht nichts.

In der Nacht zuvor war es anders. Wir waren an Land unterwegs, ebenfalls in Begleitung der Guardia Civil. Zu ihrer Aufgabe gehört es auch, den gut vierzig Kilometer langen

Küstenstreifen zwischen Algeciras und Tarifa bis hinauf zum Atlantik zu kontrollieren, von der Landseite her. Für Touristen ist die Südspitze Spaniens paradiesisch – zum Ozean hin erstrecken sich lange, unberührte Strände, zum Mittelmeer kleine Buchten: an manchen Tagen erscheint das Atlas-Gebirge auf der anderen Seite des Meeres als imposante Kulisse. Der Strand von Tarifa ist ein Surfer-Paradies, weil der Wind sich nie legt, zwanzig Kilometer lang, nicht überlaufen. Aber für die Grenzpolizei ist gerade hier eine offene Flanke Europas, kaum zu kontrollieren, ein Einfallstor für Flüchtlinge.

Die Guardia Civil kennt die Treffpunkte der Schlepper und Illegalen – und tatsächlich, gleich neben einer Tankstelle schrecken wir im dichten Gestrüpp der abschüssigen Hügel zwei Männer auf, die noch versuchen, der Polizei zu entkommen. Einen der beiden kann José Comesillas, ein erfahrener Grenzpolizist, überwältigen, dem anderen gelingt es, durchs Gebüsch zu verschwinden. Dem Festgenommenen werden sofort Handschellen angelegt – Fluchtgefahr. Die Habseligkeiten, die ringsum verstreut sind, bieten den Guardias sichere Anhaltspunkte, dass die beiden Männer hier seit ein paar Stunden, vielleicht sogar Tagen ausgeharrt hatten, um entweder auf Schlepper zu warten oder auf eigene Faust in einem sicheren Moment ins Landesinnere zu fliehen. Der Mann täuscht einen Schwächeanfall vor, aber Comesillas zwingt ihn, wieder aufzustehen und sich zu erklären. Der Festgenommene spricht nur wenig Spanisch, drückt sich aber gut in Französisch aus und behauptet, schon drei Jahre in Spanien zu leben. Sein Vater sei Spanier – doch Papiere hat er nicht. »Höchstens drei Tage ist er hier«, sagt der Polizist kühl, »und er kommt sicher aus Marokko.«

Spanien hält Wache an Europas Südflanke, aber das Land, das jahrezehntelang selbst ein Auswanderungsland war, ist in einer prekären Situation. Spaniens Wirtschaft boomt – und zugleich sinkt die Geburtenrate drastisch. Gerade hier im Süden, wo in der Landwirtschaft viele Arbeitskräfte gebraucht werden, ist klar: Um den wirtschaftlichen Erfolgsweg fortsetzen zu können, müssen Arbeitskräfte ins Land geholt werden. Das führt zu einer Einwanderungspolitik nicht ohne Widersprüche. Spanien muss seinen europäischen Verpflichtungen zur Grenzsicherung nachkommen, hat aber gleichzeitig ein liberales Einwanderungsgesetz. In einer beispiellosen Initiative wurden zuletzt hunderttausende Illegale mit einem dauerhaften Bleiberecht ausgestattet. Nur gegenüber marokkanischen Staatsbürgern ist Spanien weiterhin strikt. Werden illegale Marokkaner aufgegriffen, droht ihnen – einem Abkommen mit dem nordafrikanischen Nachbarland entsprechend – die sofortige Abschiebung. Jede andere Politik würde, so befürchtet Madrid, zu einem nicht mehr abzuwehrenden Ansturm von arbeits- und wohlstandssuchenden Marokkanern führen. Mit systematischen Investitionen im Nachbarland versucht Spanien diese strengen Regeln für Marokko verdaulicher zu machen und den Menschen einen Anreiz zum Bleiben zu bieten. Aber logisch ist diese Politik nicht. Flüchtlinge aus Algerien oder Tunesien werden, wenn man sie fasst, in ein Durchgangslager gebracht und haben gute Chancen, auf Dauer in Spanien bleiben zu können.

Unser Guardia-Civil-Beamter lässt den vermeintlichen Marokkaner von einem Streifenwagen abholen. Er vermutet in der Gegend weitere Flüchtlinge und will jetzt keine Zeit verlieren. Nur ein paar hundert Meter weiter, an der Tankstelle, fällt den Polizisten ein Grüppchen von Männern auf. Sie sehen fremdländisch aus, vielleicht sind es Araber. Schlepper, vermuten die Polizisten, die hier auf Illegale warten, um sie schnell aus der gut überwachten Küstenregion wegzubringen. Tatsächlich, die drei Männer sprechen schlecht Spanisch und wirken nervös. Die Polizisten lassen sich die Papiere zeigen, vergleichen sie mit Daten im zentralen Polizei-Computer. Doch die Personen sind bislang nicht auffällig geworden. Man lässt sie laufen. Wir fragen, wie viele Flüchtlinge sie normalerweise bei so einer Fahrt aufspüren. »Das hängt von der Nacht ab. Mal sind es zwanzig, mal fünf, schwer zu sagen.«

Unsere Streifenfahrt durch hügeliges Gelände geht weiter, die Küste entlang. Es ist schon weit nach Mitternacht. Irgendwo hinter Tarifa haben sich die beiden Guardias mit Kollegen, die für die Atlantik-Seite des Küstengebiets zuständig sind, in einer Hotel-Bar verabredet. Für die Polizisten ist diese Menschenjagd Alltag und doch ein mühseliges Geschäft. Wenn sie Flüchtlinge einfangen, werden sie erst einmal auf die Wache nach Tarifa gebracht, dort überprüft, nach Marokko ausgewiesen oder in ein Übergangsheim im Landesinneren transportiert. Viele Marokkaner geben nicht auf, wenn sie ein- oder zweimal aufgegriffen wurden. Die Polizisten kennen viele Gesichter, Stammkunden. Eine Bürgerinitiative in Tarifa hat sich für die Verbesserung der Flüchtlingsunterbringung eingesetzt. Wenn jede Nacht Dutzende Flüchtlinge aufgegriffen werden, dann kann man nicht mehr improvisieren, sondern man muss eine Infrastruktur aufbauen, die Ankömmlinge mit Kleidung und Nahrungsmitteln versorgen.

Nach dem Drink – es geht jetzt auf zwei Uhr morgens zu – fahren wir weiter zu einem Parkplatz direkt oberhalb des Strands. In der Dunkelheit können wir kaum etwas erkennen. Aber die Guardias überlassen meinem Kollegen Stephan Merseburger und mir ihre starken Nachtsichtgeräte, die auch kleine, unbeleuchtete Boote auf dem dunklen Meer erkennen lassen. Aber diese Nacht scheint ruhig. Von der Festnahme an der Tankstelle abgesehen, greift die Polizei keine weiteren Flüchtlinge auf.

Auch unsere Nachtschicht auf dem Meer bleibt ohne unmittelbaren Erfolg. Zwar blinken immer wieder verdächtige Lichtchen auf den schwarz-grünen Radarschirmen. Wenn wir uns den verdächtigen Punkten nähern, sind aber keine Boote oder Floße in Sicht. Gegen sechs Uhr morgens wird es hell, und wir erschrecken fast über das massige Kreuzfahrtschiff, das in der Stunde zwischen Nacht und Tag die Straße von Gibraltar ins Mittelmeer hinein passiert. Die Passagiere ahnen nichts von dem Drama, das sich hier abspielt. Die beiden Guardias wissen: Wenn die Dunkelheit keinen Schutz mehr bietet, versucht auch niemand mehr, über die dicht befahrene Wasserstrasse herüber nach Europa zu kommen. Per Funk verständigt sich Subkommandant Juan José Fernandez mit den Kollegen im Hubschrauber. Auch die sind frustriert. »Klar ist, die Bedingungen für die Schlepper waren ideal – wenig Seegang, wenig Wind, kein Mond. Eigentlich hätten wir jemanden erwischen müssen. Aber die Schlepper wissen, dass wir bei solchen Wetterbedingungen besonders streng kontrollieren. Und sie entscheiden schließlich, wann sie losfahren und wann nicht.« Auch das kommt vor – eine Nacht um die Ohren geschlagen und die Geschichte nicht bekommen, die man eigentlich haben wollte.

Am späten Nachmittag verlassen wir Algeciras. Wir haben

eine Überfahrt nach Marokko gebucht. Die betagten Fährschiffe sind voll in diesen Frühsommertagen, kurz nach Beginn der großen Ferien in Frankreich. Die Fährgesellschaften bringen in ein paar Tagen etwa zwei Millionen Marokkaner in ihr Heimatland, absolute Hochsaison! Sie kommen mit großen Überlandbussen oder in Privatwagen, voll gestopft mit Menschen und Gepäck. Viele Jugendliche sind dabei, die meisten in Frankreich geboren. Wir fragen Mohammed, neunzehn Jahre alt, wo er seine Zukunft sieht – und die Antwort kommt prompt: »In Marokko. Ich studiere Buchhaltung. An Finanzspezialisten herrscht bei uns ein großer Mangel. Ich werde nicht in Europa bleiben. Ich liebe mein Land und werde dort leben.« Alle an Bord hier kennen die Geschichten von den Fluchtversuchen übers Meer – glückliche Geschichten und viele des Scheiterns.

Als sie unsere Kameras sieht, kommt eine Frau mittleren Alters direkt auf uns zu. Ihren Namen will sie nicht nennen. »Nennt mich Madame X«, sagt sie, fast befehlend. Ihre Stimme schwankt zwischen Empörung und Anklage: »Es tut weh zu sehen, wie all diese jungen Menschen hier, in der Straße von Gibraltar, sterben. Es ist skandalös. Das ist Ausbeutung. Die Schlepper klauen den kleinen Leuten ihr Erspartes und versprechen ihnen eine rosige Zukunft. Dabei haben die Illegalen in Europa keine Zukunft – Europa will sie doch gar nicht.«

Das Ziel unserer Überfahrt ist Ceuta, ein Stück Spanien an Nordafrikas Küste. Hier gibt es eine kleine Festung, eine restaurierte Kathedrale und seit neuestem ein Meerwasserschwimmbad, das an die Thermen César Manriques auf Teneriffa erinnert. Ceuta ist aus seinem Dornröschenschlaf erwacht und will Touristen anlocken. Für die 100 000 Einwohner ist das Leben in den letzten Jahren leichter geworden. Mit europäischen Fördergeldern wurde die Strandpromenade hergerichtet, die alte Festung restauriert, eine Meerwasserentsalzungsanlage gebaut. Dabei ist Ceuta eigentlich nur ein großer Felsen im Meer, eine Stadt ohne Hinterland. Sie lebt von Unterstützung aus Madrid, aus Europa – und vom Handel.

Die Stadt mit ihren putzigen weißen Häusern erscheint uns wie ein großer Basar. 30 000 Marokkaner kommen täglich zu Fuß mit Tagesvisa über den Grenzübergang, kaufen, was in ihrem Lande fehlt. Der Gouverneur von Ceuta empfängt uns in seinem kleinen Palast und erklärt, dass hier eine der schärfsten Wohlstandsgrenzen der Welt verläuft – der durchschnittliche Spanier verdient zwanzigmal mehr als der durchschnittliche Marokkaner. Im Moment sei die Situation besonders angespannt. In Marokko herrsche große Trockenheit, die Felder seien zerstört, viele Menschen könnten sich das Mehl nicht leisten, um Brot zu backen. So habe sich der Auswandererdruck beträchtlich erhöht. »Die Lebensbedingungen für Marokkaner und Schwarzafrikaner sind hart, und sie werden immer härter. Dabei sehen sie jeden Tag im Fernsehen die Verlockungen des europäischen Lebensstils. Jeder fünfte Marokkaner kann spanisches Fernsehen empfangen, also haben sie eine sehr konkrete Vorstellung davon, wie man bei uns lebt.« Wer könnte den Menschen verdenken, eine bessere Zukunft zu suchen?

Nirgendwo wird die Festung Europa deutlicher als in Ceuta. Ganze acht Kilometer ist der Grenzstreifen zu Marokko lang und mit Stacheldraht, Beobachtungstürmen, ausgefeilten Licht- und Signalanlagen befestigt. Der äußere Anschein weckt Erinnerungen an die Grenze, die einst durch Deutschland ging – nur die Mauer fehlt. Ceuta ist ein Vorposten. Kein ungebetener Gast soll hier durchschlüpfen – Europa will uneinnehmbar sein. Aber die Flüchtlinge kommen trotzdem, trotz dieser neuen Hightech-Grenze. Wir filmen in einem Durchgangslager mit herrlichem Blick nach Norden, wo die spanische Küste im Dunst schimmert. Die einfachen einstöckigen Gebäude sind für viele Illegale das erste feste Dach überm Kopf nach Wochen oder Monaten der Ungewissheit. Hier treffen wir diejenigen, die den Zaun irgendwie überwunden, aber den Weg übers Meer hinweg nach Europa noch nicht geschafft haben. Es sind Abgesandte aus aller Herren Völker: Chinesen, Bangladeshi, Schwarzafrikaner – und natürlich Spaniens Nachbarn vom Mittelmeer, Algerier, Tunesier, Marokkaner. Beim abendlichen Warten aufs Essen kommen wir ins Gespräch. Said aus Algerien berichtet: »Für mich erwarte ich nicht viel. Ich tue das für meine Kinder. Ich hoffe, dass sie in Europa eine gute Ausbildung erhalten.«

Auch der modernste Zaun hat seine Lücken. Es gibt viele Wege nach Europa. Oton Murandi aus Nigeria erzählt seine

Geschichte: »Sie wissen, da ist dieser Zaun um Ceuta herum. Da ist die Guardia Civil und beobachtet. Doch manchmal gucken sie nicht so genau. Du versuchst es an irgendeiner undichten Stelle – und wenn du Glück hast, bist du drin. Wenn nicht, schmeißen sie dich wieder raus.« Als die Kamera ausgeschaltet ist, erzählen sie uns von bestechlichen Polizisten und Tunnels, die unterm Zaun hindurchführen. Abenteuerliche Wege in die Festung Europa. Sangari aus Mali berichtet: »Auf marokkanischer Seite gibt es einen großen Brunnen. Da sind wir eingestiegen. Keiner hat uns gesehen. Wir waren zu dritt. Unten sind wir einen Kanal langgegangen – bis zur Grenze. Da haben wir dann den Grenzdraht mit Zangen durchschnitten. Dann sind wir auf dieser Seite wieder hochgekommen.«

Wer erst einmal drin ist, in Ceuta, wird nicht so schnell wieder ausgewiesen; da gelten die gleichen Regeln wie auf dem Festland. Das Flüchtlingslager wird zwar von einer Privatinitiative betrieben, aber vom spanischen Staat und auch von der EU finanziell unterstützt. Der Spanisch-Unterricht, den die Flüchtlinge dort bekommen, ist schon eine Vorbereitung für das Leben auf der anderen Seite des Mittelmeeres. Wer sich bis nach Ceuta durchgeschlagen hat, der schafft es nach einigen Wochen oder vielleicht Monaten des Wartens und der Ungewissheit oft auch ins ersehnte Europa – mit Papieren, ganz legal. Nur die Marokkaner nicht, sie werden, wie bereits erwähnt, zurückgeschickt.

Mich überfällt ein merkwürdiges Gefühl angesichts dieser Schlange, in der Dutzende Menschen auf Zutritt in einen Speisesaal warten, wo es Saft, Eintopf und zum Nachtisch Obst gibt. Europa regelt so vieles gemeinsam: Agrar- und Strukturpolitik, und seit neuestem sogar die Außen- und Sicherheitspolitik. Nur eine abgestimmte Einwanderungspolitik, die gibt es nicht. Jeder wurstelt sich durch. Hier in Ceuta leben Experten in Sachen Einwanderung, an der Frontlinie zwischen Süd und Nord. Was hatte Gouverneur Vivas Lara gefordert? »Die EU muss eine gemeinsame Ausländerpolitik formulieren, Einwanderung muss europäisch geregelt werden. Wir müssen entscheiden, welche Länder wir bevorzugt behandeln, und uns auch ganz praktisch fragen: Welche Berufe wollen Europäer denn nicht mehr ausüben – und was können wir den Auswanderern anbieten?«

Und mir fällt noch etwas ein: Vor mehr als 200 Jahren, da lockte ein Einwanderungsland jenseits des Atlantiks die besten Köpfe zu sich. Es bestätigte jedem Menschen in seiner Verfassung das Recht, nach seinem Glück zu streben. »The persuit of happiness«, das meinte aber nicht nur hehre politische Ziele, sondern auch eine ganz praktische Verbesserung der persönlichen Lebensverhältnisse. In dieser Schlange wird mir endgültig klar, wie verächtlich es ist, jemanden, der sein Glück sucht, »Wirtschaftsflüchtling« zu nennen.

Ein Marokkaner in Marseille

Die einstige Phöniker-Gründung Marseille ist das älteste Tor nach Europa. In nachkolonialer Zeit stand der Name Marseille lange genug für Niedergang und Konfrontation zwischen Franzosen und Einwanderern aus dem Süden. Doch in den letzten Jahren hat die Stadt eine erstaunliche Entwicklung genommen. Schon auf den ersten Blick sehen wir: Marseille glänzt. Der »Vieux Port«, der alte Hafen, ist zur schicken Bummelmeile mit glitzernden Jachten geworden. Etwas weiter draußen, Richtung Côte d'Azur, hat die Stadt, heute unter konservativer Regierung, mit den künstlich aufgeschütteten Prado-Stränden ihren Bewohnern einen neuen Zugang zum Meer geschaffen.

Schon die Griechen hatten in Marseille einen Hafen gebaut, und Tempel für ihre Gottheiten. Die Stadt wurde zum Magneten für Waren und Menschen, erst aus dem Orient, heute vor allem aus Afrika. Nach Jahren der Konfrontation und Spannungen zwischen den verschiedenen ethnischen Gruppen – hier war eine der Hochburgen des Front National von Jean-Marie Le Pen – ist ein neues Klima zwischen in Marseille geborenen und zugezogenen Menschen entstanden.

Es ist Sonntag, als wir uns mit Hassan Bouod treffen, und es ist Markttag. Der schlaksige Mann, Mitte dreißig, ist 1987 aus Marokko eingewandert und heute geschätzte 150 Millionen Francs schwer. Bouod ist zu einer Galionsfigur der neuen französischen Integrationspolitik geworden, Unternehmer des Jahres und Star der nordafrikanischen Communauté in Frankreich. Wir haben uns auf einem großen Markt im Osten

stammt selbstverständlich aus Bouods Fertigung. Während des Essens kommen wir auf Marokko und die Zukunft des Landes zu sprechen. Hassans Familie lebt noch immer dort, und er besucht die Heimat jeden Sommer für ein paar Wochen. Bouod hofft auf den jungen König, der einen Teil seiner Ausbildung in Europa absolviert hat. Aber er sagt, das Land brauche keine Almosen, sondern Hilfen zur eigenen Entwicklung: »Europa soll mit Rat und Know-how helfen, mit Joint Ventures, wie wir in der Business-Sprache sagen. Also gemeinsam betriebenen Investitionen und Unternehmen. Wir brauchen keine Blankoschecks.« Es geht also nicht um Geld? »Nicht allein. Wenn Sie Geld nach Marokko geben, aber kein Know-how, dann bringt das überhaupt nichts. Wir brauchen eine wirkliche Partnerschaft.«

Nach dem Essen will uns Hassan Bouod das Marseille zeigen, in dem er sich ganz offenbar am wohlsten fühlt, den Prado-Strand mit seinen weiten, für jedermann zugänglichen Sportanlagen. Dort wird aus dem zielbewussten Unternehmer ein fußballverrückter, fast verspielter junger Mann. Einwanderer und Franzosen finden sich sonntags auf den großen Rasenflächen zu immer neuen Mannschaften zusammen – und ihr Idol sind Männer wie Zinedine Zidane, die Migrantensöhne, die Frankreich zum Fußball-Welt- und Europameister gemacht haben. Gleich hinter den Fußballfeldern glitzert das Meer. »Das Mittelmeer ist eine Gabe der Natur. Aber es kommt darauf an, was wir Menschen daraus machen. Ob wir uns öffnen oder verschließen, das entscheiden wir«, sagt uns Bouod und stürmt aufs Fußballfeld.

»Harmonie auf See« – Mit der Fähre von Athen nach Zypern

Besonders gut haben wir nicht geschlafen in dieser Nacht. Dabei hat uns der Reeder der »Sea Harmony« seine besten Kabinen zur Verfügung gestellt. Aber das Fährschiff ist 25 Jahre alt, und man merkt's. Im westlichen Mittelmeer locken superschnelle Hotelfähren die Touristen runter von den Autobahnen. Aber in Richtung Zypern und Israel gibt es zu wenig zahlungskräftige Passagiere, und das Zeitalter der Jumbo-Ferries hat hier noch nicht begonnen. So können wir der »Sea Harmony« durchaus nostalgischen Charme abgewinnen. Dazu gehört dann wohl auch, dass die Belüftung in meiner Kabine nicht abzustellen ist. Ich habe versucht, sie mit Klopapier abzudichten, um so dem Dauerbrummen ein Ende zu machen. Aber es hat nicht geklappt. Irgendwann lange nach Mitternacht bin ich dann doch weggedöst und erst von dem leichten Rums wieder aufgewacht, mit dem die Fähre um sechs Uhr im Hafen von Patmos anlegte.

Noch ist die Sonne nicht aufgegangen und alle Touristencafés liegen ganz still da. Wie unberührt. Die Bühne, auf der sich im Sommer Tag für Tag das Märchen von der einsamen Kykladen-Insel abspielt, ist um diese Zeit, für eine kurze Stunde Wirklichkeit. Die Insel sieht ganz ursprünglich aus. So zieht es mich zum Kaffeetrinken aufs Land. Schade, dass ich meine Badehose in der Kabine vergessen habe. Das Wasser ist so klar! Aber Nacktbaden in Griechenland – ausgeschlossen. So freue ich mich an der Stille und der reinen Luft. Ein Kellner bringt Filterkaffee, Saft, geröstetes Sesambrot, köstlich. Langsam wird es warm, und über der »Sea Harmony«, die nur ein paar Schritte entfernt an der kleinen Anlegestelle festgemacht hat, geht die Sonne auf. Vor der Fähre haben sich ein paar Taxen aufgebaut; sie warten auf die Einheimischen mit ihren großen Koffern und die Touristen mit leichterem Gepäck. Irgendwo in den Bergen liegt eine Basilika und erinnert an den Apostel Paulus, der hier seine Offenbarung mit den apokalyptischen Visionen des Neuen Testaments aufgeschrieben haben soll.

Zwei Stunden später tutet die »Sea Harmony«, die Fahrt geht weiter durch die Ägäis, ganz dicht an der türkischen Küste vorbei. Wir nehmen Kurs auf die Insel Simi und das größere Rhodos. Die Sommerstimmung täuscht darüber hinweg, dass dies ein umstrittenes Meer ist. Erst seit sich Griechenland und die Türkei wegen der gegenseitigen Hilfe bei zwei schweren Erdbeben näher gekommen sind, herrscht so etwas wie ein neuer Geist zwischen diesen Antagonisten aus Tradition. Vielleicht hilft auch die Aussicht, dass die Türkei irgendwann einmal Mitglied einer großen Europäischen Gemeinschaft sein könnte, die ganz anders gedacht sein muss als der heutige geschlossene Klub, der in Griechenland endet, wo Europas Geschichte mit der Legende vom Göttervater Zeus und der Phöniker-Tochter einst begann.

Doch zurück in unsere Wirklichkeit: Griechenland hat mit der EU-Mitgliedschaft wirtschaftlich unglaublich aufgeholt. Athen ist heute eine europäische Metropole, auch wenn vor der Sommer-Olympiade im Jahr 2004 noch jede Menge Verkehrsprobleme gelöst werden müssen. In den heißen August-Tagen, vor unserer Fahrt durchs östliche Mittelmeer, liegt Ruhe über der Stadt. Die meisten Einwohner haben vor der Hitze Reißaus genommen, und so wird Athen weniger als sonst von Verkehr und Abgasen geplagt.

Wem gehört das Mittelmeer? Das ist die Frage, mit der wir seit Juli von West nach Ost unterwegs sind. »Mittelmeer« – schon der Name sagt es: Dieses Meer sollte eigentlich verbinden, nicht trennen. Es war Mitte des Römischen Weltreiches, aber immer auch eine Drehscheibe verschiedener Kulturen, Einfallstor neuer Ideen, Moden, Religionen – bis in unsere Tage. Was haben deutsche Touristen seit dem Italien-Boom der fünfziger Jahre nicht alles mitgebracht von ihren mediterranen Paradiesen? So wie die Reiseziele hat sich die Palette der kulinarischen Aneignungen beträchtlich ausgedehnt. Tapas und Pesto, Tramezzini und Falafel sind längst Teil unserer Alltagskultur geworden. Was sagte kürzlich ein Ballermann-Tourist auf Mallorca bei einem Fernseh-Interview? Ihm sei »deutsches Essen« am liebsten: »Spaghetti, Döner und so.«

Aber trotz aller Faszination, trotz der mehr oder weniger bewussten Übernahme seines Lebensstils – das Mittelmeer markiert noch immer eine scharfe Trennlinie zwischen Europa, Asien im Osten und Afrika im Süden, zwischen Christentum und Islam, zwischen Reich und Arm. Es ist, und ich denke das gerade jetzt bei der Fahrt vorbei an der türkisch-griechischen Küste, eine der Spannungszonen, die Samuel Huntington in seinem umstrittenen und dennoch klarsichtigen Buch über den »Kampf der Kulturen« beschreibt. Nach dem Kalten Krieg wachsen die neuen Bedrohungen durch Fundamentalismus, Intoleranz und skrupellose Gewaltbereitschaft. Unsere Nachbarn am Mittelmeer – das sind auch dunkle Mächte wie das Libyen Gaddafis oder Terrorgruppen, die in Syrien oder Libanon ausgebildet werden und sicher nicht nur für ihre unmittelbaren Nachbarn eine Bedrohung darstellen.

Die Gefahren sind uns sehr nahe gerückt – denken wir nur an das Gewaltpotenzial und die Unwägbarkeiten auf dem Balkan. Aber: So wie die breiten Volksmassen im »Norden« die Annehmlichkeiten der mediterranen Lebensweise in ihrem Alltag kopieren, so ist die Sehnsucht nach »Europa«, nach Wohlstand und Stabilität, nach Respekt vor dem Individuum und sozialer Absicherung im Süden für viele zum Leitbild geworden. Die beinahe täglichen Meldungen von aufgegriffenen Flüchtlingsschiffen in der Adria belegen doch, dass der oft angekündigte »Marsch« von Süd nach Nord, von den armen in die reichen Länder, längst begonnen hat.

»Mare nostrum«, unser Meer, haben es die Römer genannt. Heute nehmen wir Urlauber von den tatsächlichen Spannungen in unserem Lieblingsferiengebiet möglichst nicht Notiz. Wir entspannen uns lieber, auch wenn das eigentlich heißt: ignorant über gefährliche Krisenherde hinwegsehen. Politisch richten sich unsere Blicke, mal neugierig, mal besorgt, ohnehin eher nach Osten. Aber Europa hat auch eine Südflanke – und die Chancen und Probleme sind dort mindestens so groß wie jenseits der Oder.

Wem gehört das Mittelmeer? Auch die Amerikaner wollen einen Teil davon. Von Neapel aus dirigieren sie ihre Sechste Flotte, und ihre Radaraugen reichen von hier bis tief in die Golfregion hinein. Im Pentagon weiß man sehr genau, dass das Mittelmeer nicht nur eine potenzielle Krisenregion, sondern auch eine der geopolitischen Nahtstellen unseres Planeten ist. Die Amerikaner werden diese Basis nie aufgeben. Nirgendwo besser als hier lassen sich die Bösewichte dieser Welt, bis nach Zentralasien hinein, beobachten und, wenn es sein muss, bekämpfen. Auch die Touristen aus der Neuen Welt entdecken seit dem Ende des Kalten Krieges in Scharen das neue Europa. Dass der Dollar so viel an Wert gegenüber den europäischen Währungen gewonnen hat, macht so eine Reise für viele Durchschnitts-Amerikaner zu einem erschwinglichen Vergnügen. Und sie kommen, wie sie es am liebsten tun, nicht individuell, sondern so, wie sie seit Jahrzehnten ihr »Hausmeer«, die Karibik, bereisen und erobern – per Kreuzfahrtschiff. Die Hafenmanager von Barcelona bis Venedig, von Athen bis Istanbul freuen sich über einen stabilen Boom, und die Schiffe, die im Sommer in ihren Häfen aufkreuzen, werden immer größer. Im Hafen von Piräus lag gleich neben unserer beschaulichen »Sea Harmony« die britische »Grand Princess«, im Vergleich zu unserem Fährschiff wirkte der Musikdampfer wie ein Hochhaus. 2600 Passagieren bietet die »Grand Princess« Platz, 1400 Besatzungsmitglieder sorgen für die Gäste. Die Urlauber kommen fast alle aus den USA. Das riesige neue Kreuzfahrtschiff bietet ihnen ein Stück Heimat in einer fremden, bisweilen offenbar einschüchternden und sogar beängstigenden Welt.

Zwölf Tage ist die »Grand Princess« auf ihrem Rundtrip im Mittelmeer unterwegs. Für viele Passagiere ist Athen der Höhepunkt. Es ist »die Wiege der Demokratie«, erklärt mir Lee, der sich aus Cleveland, Ohio, auf den Weg ins Mittelmeer gemacht hat. Ihm war dieser langgehegte Traum 13 000 Dollar wert, Flug und Vollpension inklusive. Der Witwer hat sich die Reise selbst zu seinem fünfzigsten Geburtstag geschenkt. Wir treffen ihn auf der Akropolis, früh am Morgen, aber schon klettert das Thermometer auf fast vierzig Grad. »Die Türkei, wo wir losgefahren sind, und jetzt Griechenland beeindrucken mich sehr«, sagt Lee. »Hier spürt man die Geschichte, besonders wir Amerikaner. Europa ist historisch und Amerika gerade mal ein paar hundert Jahre alt. Das finde ich ungeheuer eindrucksvoll.«

Eine Stunde haben die Luxus-Touristen aus Amerika für die Erkundung der Akropolis – wenig Zeit für knapp 3000 Jahre Geschichte! Fünfzig Busse sind für die Passagiere der »Grand Princess« heute in Athen in Bewegung. Die Busfahrer erinnern sich, dass in der griechischen Hauptstadt während des Kosovo-Krieges, der gerade ein Jahr zurückliegt, noch heftig gegen Amerika demonstriert wurde. Jetzt sind die Amerikaner mit ihren Dollars wieder hoch willkommen. Wirte, Busunternehmen und Touristenführer haben die im Wochenrhythmus eintreffenden Kreuzfahrtpassagiere fest eingeplant. Wir fragen Lee, ob er es für richtig hält, dass Amerika hier im Mittelmeer Flagge zeigt, politisch, wirtschaftlich, aber auch militärisch. »Wir Amerikaner müssen hier aktiv sein. Der Nahe Osten, der Golf mit seinen Erdölquellen liegt doch gleich um die Ecke. Wir müssen unsere Interessen verteidigen. Außerdem ist es gut, auch nach dem Kalten Krieg mit Europa in Verbindung zu bleiben. Denn eigentlich haben wir

Amerikaner ja so eine Tendenz, uns abzuschotten und uns zu sehr mit uns selbst zu beschäftigen.« Was nimmt Lee von seinen acht Stunden Athen mit? »Vor allem die Eindrücke von der Akropolis, die Ruinen, durch die wir gelaufen sind. Ich habe aber auch gemerkt, wie sehr sich Europa und die USA voneinander unterscheiden.«

Die »Sea Harmony« erweist sich auf unserer Überfahrt von Athen bis Zypern nicht gerade als Luxus-Schiff. Aber die Fähre, die schon seit 1974 mit Ziel Israel durchs östliche Mittelmeer pendelt, ist gemütlich, fast familiär. Die Reise kostet viel weniger als die Passage im Flieger. Viele Reisende ziehen eine Nacht auf dem offenen Oberdeck den immer gleichen Abläufen im Flugzeug vor. Manche haben sogar Zelte aufgebaut, und am zweiten Abend kommt auf der »Sea Harmony« so etwas wie Lagerfeuerstimmung auf. Viel Zeit, Geschichten zu erzählen.

Wir treffen Odeh Marwan. Der Palästinenser mit deutschem Pass ist Dauergast auf der Fähre, drei-, viermal im Jahr macht er diese Reise – und das hat seinen Grund. Der Mann, der in Frankfurt am Main lebt, transportiert Gebrauchtwagen ins Heilige Land, am liebsten solche mit dem Stern. Bei dieser Überfahrt hat er zwei Dutzend unten im Schiffsbauch untergebracht.

Die merkwürdigsten Lebenswege stoßen auf der »Sea Harmony« aufeinander. Wir treffen einen Israeli, der vor zehn Jahren aus Russland emigriert ist, eine steile Karriere im Ministerium in Tel Aviv gemacht und sich dann aus seinem bürgerlichen Leben verabschiedet hat. Auf dem Schiff hat sich der Aussteiger mit einer Amerikanerin angefreundet und uns ausführlich seine Geschichte erzählt. »Ich bin jetzt auf einer spirituellen Reise, unterwegs nach Indien«, berichtet er. »Buddha will ich werden. Ich hoffe, das klappt noch in diesem Leben.«

Kleine Gruppen bilden sich, und irgendwo an Deck glimmt inzwischen die Wasserpfeife. Schon bald entspinnt sich eine Diskussion über Gott und die Welt, über das Mittelmeer und seine Küstenbewohner. »Hier auf dem Schiff sind Libanesen, Deutsche, Palästinenser, Schweizer, Franzosen und Israelis … und das sind alles nette Menschen, wir kommen gut miteinander aus«, sagt Odeh, der Palästinenser aus Frankfurt. Nicht ihre so unterschiedlichen Wurzeln sind für die Passagiere der »Sea Harmony« das Problem, die Politik ist die Ursache so vieler bitterer Konflikte.

Wir möchten gern darin einstimmen, aber die Wirklichkeit der globalisierten Welt holt uns unten im Maschinenraum ein. Die Besatzung der Uralt-Fähre unter griechischer Flagge besteht fast ausschließlich aus Asiaten. Sie verdienen einen Hungerlohn. Aber ein Tagessatz auf der »Sea Harmony« reicht aus, um die Familie zu Hause einen Monat zu ernähren. Nur der Maschinist ist ein junger Grieche. Diese laute, heiße, stickige Halle, drei Stockwerke hoch und schon unter der Meeresoberfläche, das ist sein Reich. Seinen Job findet er trotz der ein Vierteljahrhundert alten Technik aufregend: »Das hier ist einfach Klasse. Diese Maschine lehrt dich zu denken; du wirst klüger, weil es so viele Probleme gibt, die du lösen musst. Außerdem sind wir ständig unterwegs und lernen neue Länder und interessante Dinge kennen. Das ist schon toll!«

Immer begleitet von diesem hellen und transparenten Licht, dem Strahlen des Meeres, von türkis bis dunkelblau. Mich faszinieren die Gerüche, der helle Stein der Küsten, der in alten und neuen Bauwerken wiederkehrt, die Offenheit der Menschen. Viele Hoffnungen richten sich auf Europa, vor allem im östlichen Teil des Meeres. Hoffnung auf wirtschaftliche Unterstützung, auf politischen Halt, wie in Zypern, das seine mehr als 25-jährige Teilung überwinden will. Hoffnung, nicht ausgeschlossen zu werden. Denn das Mittelmeer gehört doch allen – und es braucht den Schutz aller, erklärt mir der Kapitän der »Sea Harmony«, der die Strecke zwischen Griechenland und Israel jetzt schon zehn Jahre befährt.

Festung Europa: Eine Art Krieg an der bulgarisch-griechischen Grenze

Costas, der Kuhhirte, ist stolz auf seinen Mitsubishi, Vierradantrieb, und er ist über Handy zu erreichen. Seit er das Auto hat, schläft er nur noch selten auf der Weide hier oben bei seinen Tieren in knapp 1200 Metern. Jetzt fährt er zweimal am Tag die halbe Stunde, um nach dem Rechten zu sehen. 200 Rinder hat er knapp unterhalb des Bellos-Berggipfels stehen. Der dichte Wald aus Buchen und Eichen erinnert fast an ein deutsches Mittelgebirge. Aber hier herrschen über dreißig Grad, und auf der Fahrstraße nach oben, die sich ausnimmt wie ein ausgetrocknetes Flussbett, haben wir eine Schildkröte Mittagsschlaf halten sehen. Costas, 31, ist in Neo-Petritsi, einem Dorf im nördlichsten Teil Griechenlands, zu Hause. Wir haben ihn bei unserer Suche nach einem Führer ins grenznahe Gebirge als kurz angebundenen Mann im ärmellosen Muskelshirt, mit Goldkettchen und einer äußerst direkten Ausdrucksweise kennen gelernt. Hier oben wirkt er wie umgewandelt. Uns beachtet er kaum mehr. Vielmehr wendet er sich gleich nach dem Aussteigen einer großen, beigefarbenen Kuh zu, massiert ihre Hinterbeine, streicht ihr über den Euter. Dabei stößt er eigenartige Laute aus: pfeift und grunzt oder zirpt wie ein Vogel. Es ist, als müsse er um das Vertrauen der Herde werben, die er doch jeden Tag betreut. Er hat sie von seinem Vater geerbt – als Lebensaufgabe.

Costas hat sechs Geschwister. Eine Schwester arbeitet in Deutschland – wie so viele aus der Gegend am Kirkili-See in Griechisch-Mazedonien. »Ich hätte auch weggehen sollen«, sagt Costas, »hier gibt es keine Zukunft. Aber ich habe den Zeitpunkt verpasst. Mit dreißig bin ich dafür zu alt.« In Costas' Heimat leben die Menschen von der Landwirtschaft. Reis und Tabak werden angebaut, Vieh wird gezüchtet. Ein wirklicher Strukturwandel ist trotz EU-Hilfe nicht zustande gekommen. Zwar ist die Gegend nicht mehr so arm wie früher. Aber das hat wenig mit regionalen Förderprogrammen zu tun, sondern vielmehr mit den Auswanderern, die Geld nach Hause schicken. Während der Sommerferien stehen in den Dörfern denn auch große Mercedes- und BMW-Limousinen mit deutschen oder französischen Kennzeichen. Die Verwandtschaft auf Heimatbesuch. »Die vielen schmucken, meist rot gedeckten Neubauten sind alle vom Geld bezahlt, das im Ausland verdient wurde«, sagt Costas. »Aus eigener Kraft hätten wir das nicht geschafft.«

Gegen diese Hilfe aus Deutschland ist die Erinnerung an den Zweiten Weltkrieg verblasst, als die Wehrmacht, von Norden, von Bulgarien kommend, hier einfiel. Griechenland wurde damals in drei Besatzungszonen aufgeteilt. Das Gebiet rund um die Stadt Serres wurde Bulgarien, damals mit Nazi-

Deutschland und dem faschistischen Italien verbündet, zur Verwaltung übergeben. Von den Verbrechen, den Massakern dieser Zeit sprechen die Menschen zwar nicht, aber die Vergangenheit lastet auf dem Verhältnis zu den bulgarischen Nachbarn.

Die Menschen hier haben überhaupt viel mitgemacht. Costas' Familie ist eine von Hunderttausenden, die Anfang der zwanziger Jahre von der Küste am Schwarzen Meer, heute Türkei, in den unbevölkerten Norden Griechenlands umgesiedelt wurden. Nach seinem Sieg im griechisch-türkischen Krieg 1922 vertrieb Atatürk die große griechische Minderheit, die seit der Antike in Kleinasien gelebt hatte. 1,6 Millionen Griechen mussten damals ihr angestammtes Land verlassen und auf dem griechischen Festland integriert werden. Doch nichts ist vergessen: weder der Verlust der Heimat noch die Lebensart. Im Gegenzug wurden übrigens auch mehr als 360 000 Türken aus Griechenland umgesiedelt. Ein tief sitzendes Trauma entstand damals, das das Verhältnis zwischen Griechen und Türken bis heute belastet. Wir spüren in den Dörfern des Bellos: Ein paar Jahrzehnte sind nichts – die Menschen auf dem Balkan haben ein langes Gedächtnis.

Wir sind durch das Tal des Strimonos zu Costas' Kuhweide gefahren. Der Fluss kommt von Norden, von Bulgarien her. Nach sieben oder acht Kilometern Fahrt durch ein enges Tal tut sich ein großer Kessel auf. Nach Bulgarien hin öffnet sich eine üppig grüne Ebene, mit hohen Bäumen am Flusslauf, großen landwirtschaftlichen Nutzflächen und ein paar Dörfern, in denen neu gebaute Hallen selbst aus der Ferne signalisieren, dass sich hier ein Wandel vollzieht. Bulgarien orientiert sich nach Europa. Die E 79 liegt in Sichtweite, eine Europastraße zwar, aber doch eng und von Lastwagen zugestellt. Für die Fahrer ist diese Grenze eine Strafe Gottes. In einer schier endlosen Schlange warten sie. Heute sind sicher mehr als 150 große Lastzüge der gnadenlosen Sonne ausgesetzt. Je höher wir kommen, desto grandioser wird der Blick auf die Gebirge, drüben in Bulgarien.

Nun findet Costas doch Zeit, von etwas anderem als seinen Kühen zu reden. »Viel hat sich verändert seit 1989, als auch hier auf dem südlichen Balkan der Eiserne Vorhang fiel«, sagt er. Bis dahin hatten sich Griechen und Bulgaren – als Vorposten von Amerikanern und Sowjets – bis auf die Zähne bewaffnet gegenübergestanden. Große Teile des Pirin-Gebirges und vor allem der Bellos-Gebirgszug waren militärisches Sperrgebiet, für Normalsterbliche nicht zugänglich. »Die ganze Gegend war total vermint, der Zugang lebensgefährlich. Es hat Jahre gedauert, bis die Minen weggeräumt und die Panzersperren entfernt waren.« Der griechische Militärposten, den wir passieren müssen, um zur Koppel zu gelangen, ist ein letzter Überrest, der von Misstrauen und Feindschaft zwischen den Nachbarn zeugt.

Mit den Bulgaren hat Costas in diesen Wende-Jahren seine eigenen Erfahrungen gemacht. Es kommt schon mal vor, dass sich Tiere verirren und auf bulgarischem Gebiet landen. Dann beginnt das große Verhandeln. Nicht dass den Tieren etwas zustößt, die kommen immer heil zurück, erzählt er. Aber im letzten Jahr hat es ihn umgerechnet fast 3000 Mark gekostet, sein Vieh wieder loszukaufen. Dabei hat er bulgarische Dörfer gesehen, und sein Urteil ist nicht sehr schmeichelhaft: Arm und schmutzig seien sie gewesen. Nein, es zieht ihn nicht dorthin. Die Grenze ist gefallen. Das ist in Ordnung. Alles Weitere wird die Zukunft weisen.

Mit den Auswirkungen der großen politischen Veränderungen bleibt Costas, auch wenn er mit seinen Tieren ganz allein ist, andauernd konfrontiert. Europas Wandel spielt sich bei ihm ab, auf den großen Weideflächen, für die er jährlich ungefähr 600 Mark bei der Präfektur von Serres als Pacht bezahlt. Fast täglich trifft er auf Flüchtlinge, die durch dieses unwegsame Gelände von Bulgarien nach Griechenland wollen. »Aber«, so sagt Costas, »die meisten zieht es gar nicht nach Thessaloniki oder Athen. Für sie ist dies nur ein Sprungbrett nach Westeuropa: zuerst nach Italien und dann weiter nach Deutschland.« Was er tue, wenn er auf so eine Flüchtlingsgruppe stoße, wollen wir wissen. »Ich lasse sie ausruhen, gebe ihnen Wasser, biete eine Zigarette an. Dann ziehen sie weiter. Das Schwerste haben sie ja noch vor sich.«

Wir fragen Costas, wie er seine Zukunft sieht. »Ich werde hier bleiben, bei meinen Tieren.« Was soll besser werden in den nächsten Jahren? Costas ist skeptisch: »Alles, was hier neu erscheint, ist Fassade. Dahinter sieht es ganz anders aus. Europa tut viel, das stimmt. Aber unsere Bürokratie ist unfähig und korrupt. Die meisten Subventionen kommen doch gar nicht bei den Menschen an, sondern landen in irgendwelchen Taschen in Athen.« Und wenn eines Tages auch Bulgarien Mitglied wird im Europäischen Klub? »Die Armen werden davon nichts haben. Nur die Reichen werden profitieren. Den Menschen, die im Sozialismus erzogen worden sind, kann man keine Gesetze beibringen. Statt zu arbeiten, haben sie zu trinken gelernt. Die können keine Verantwortung übernehmen. Wenn die Grenze aufgeht, wird die Kriminalität bei uns noch weiter steigen.«

Als der Eiserne Vorhang auch im Südosten Europas fiel, hat sich das Leben in den Dörfern um Serres drastisch geändert. Immer unsicherer ist es damals geworden, Anfang der neunziger Jahre. »Die Zahl der Diebstähle explodierte. Die Menschen trauten sich nicht mehr, ihre Haustüren offen stehen zu lassen, obwohl das bei uns immer so war«, sagt Costas. Deshalb hat die Regierung im letzten Jahr eine Sonderpolizei geschaffen, die so genannte Grenzwache. Seitdem diese Eliteeinheit den Grenzstreifen zu Bulgarien kontrolliert, hat sich die Situation merklich entspannt.

Die Truppe hat ihr Hauptquartier in Kuto Porroia, einem malerischen Gebirgsdorf am steilen Südhang des Bellos-Gebirges. Die Grenze verläuft auf 2000 Meter Höhe. Das Gelände ist unwegsam und schwer einzusehen, besonders jetzt im Sommer, mit all dem Gebüsch und den hohen Bäumen. Für Flüchtlinge, wenn sie von ortskundigen Führern gelotst werden, ist dies ein ideales Versteck, ein idealer Schleichweg nach Europa.

Elias Papadopoulos und Costas Spiridis sind beide um die 25 und mit Begeisterung bei ihrem Job. Sie sind stolz, bei der Grenzwache angenommen worden zu sein. Sie haben, wie alle Männer hier, eine überdurchschnittliche Ausbildung: Oberschule, Universität, Jahre als Gebirgsjäger der griechischen Armee. 140 Mann ist die in Kuto Porroia stationierte Einheit stark, in drei Schichten überwachen sie eine siebzig Kilometer lange Grenzzone. »Was ich hier tue, dient zuerst einmal dem Schutz der Menschen, die hier leben, auch meiner eigenen Familie«, erklärt uns Costas in gutem Deutsch. Er wurde in Berlin geboren, kehrte aber noch als Kind mit seinen Eltern in die Heimat zurück. »Seit wir hier patrouillieren, ist die Zahl der Einbrüche und Diebstähle deutlich gesunken. Aber was wir tun, dient nicht nur unserem Land, sondern ganz Europa. Wir können nicht alle Menschen zu uns hereinlassen.«

Die Truppe ist gut ausgerüstet: Landrover und Motorräder, moderne Kommunikationstechnik und vor allem Nachtsichtgeräte helfen, die Aufgabe zu erfüllen. Wir erinnern uns an die See-Patrouille in der Straße von Gibraltar. »Das Wichtigste«, sagt Costas, »ist, dass wir uns im Gelände wirklich auskennen. Wir sind alle Jungs von hier. In diesen Bergen habe ich schon als Kind gespielt. Wir kennen hier jeden Stein, selbst in der Dunkelheit.«

Die Grenzwachen haben uns zur Nachtschicht eingeladen. Nach 23 Uhr machen wir uns auf, zu einer Straße hoch in den Bergen. Beim Essen hatten sie uns von Gerüchten erzählt. Der Wirt unseres Restaurants sei Jäger – und der habe es von einem Schäfer: Angeblich sitze eine große Gruppe von Georgiern, fast dreißig Personen, irgendwo oben im Wald und warte die Nacht ab, um herunterzukommen. Die Polizisten sind davon nicht überrascht. Die Zahl der Flüchtlinge ist in den letzten Jahren immer weiter angestiegen. Über 4000 wurden im letzten Jahr gefasst – mehr als zehn jeden Tag. Bulgaren, wie in der ersten Zeit nach der Grenzöffnung, sind gar nicht mehr dabei. Seit April 2001 gibt es ein Abkommen zwischen den Nachbarländern über visafreien Besuchsverkehr; das hat die Lage sehr entspannt.

Nach gut zwanzig Minuten erreichen wir unser Ziel, knapp unterhalb der 750 Meter hohen Makrinitsa-Spitze. Elias erklärt uns die Strategie der Polizei: Von dieser kleinen Straße lasse sich das ganze Tal überblicken. Die Nachtsichtgeräte liefern selbst bei völliger Dunkelheit ein Bild von dem, was ringsum geschieht. Die Kameras, die auf Körperwärme reagieren, zeigen noch auf mehrere Kilometer, ob sich Lebewesen im Gelände bewegen, allerdings sei nicht immer auszumachen, ob es sich um Menschen oder Tiere handele. Per Funk stehen die Männer mit Kollegen in Verbindung, die in Zivilfahrzeugen unten auf der Durchgangsstraße Streife fahren, um verdächtige Fahrzeuge festzustellen. Elias zeigt nach rechts, ins Gebirge hinein: »Die Hänge hier sind sehr steil, und es gibt nicht viele Möglichkeiten, heil herunterzukommen. Die

Gruppen werden meistens von ortskundigen Bulgaren geführt. Sobald sie in der Nähe des Dorfes angekommen sind, hauen die Schlepper ab. Die Flüchtlinge werden mit kleinen Lieferwagen abgeholt, oder sie versuchen, sich selbst mit der Eisenbahn durchzuschlagen. Mit den Nachtzügen ist man schnell in Thessaloniki oder Athen.«

Die Nacht ist warm und dunkel. Die große Durchgangsstraße Richtung Nordosten, wo Skopje, die Hauptstadt des neuen Staates Mazedonien liegt, ist auch um diese Zeit noch stark befahren. Aus den Dörfern dringt Musik nach oben. Unter den hohen Bäumen gibt es viele kleine Kneipen, in denen es sich die Einheimischen in den schönen Sommernächten gemütlich machen.

Elias löst sich alle zwanzig Minuten mit seinen Kollegen am Nachtsichtgerät ab. Es ist anstrengend, das Gelände dauernd konzentriert im Blick zu behalten. Das Schwarzweißbild im Sucher flimmert, und man darf sich nicht täuschen lassen, vor allem nicht von den vielen wilden Hunden. Es ist weit nach Mitternacht. Die Kollegen von unten haben sich mehrfach per Sprechfunk gemeldet. Es gibt ein paar verdächtige Anzeichen: Ein kleiner Lkw fährt die Straße immer wieder auf und ab; drei Männer werden auf den Eisenbahnschienen beobachtet; ein BMW ohne Nummernschild ist in eine kleine Straße zwischen die beiden Dörfer hineingefahren. Aber von Flüchtlingen keine Spur. Als es auf zwei Uhr zugeht, überfällt uns Müdigkeit. Wir strecken uns auf den Eisenpritschen des Mini-Busses aus und versuchen ein wenig zu schlafen. Gegen vier Uhr geht im Südosten der Mond auf. Statt der bisherigen totalen Dunkelheit liegt nun ein metallisch-grauer Glanz über der Landschaft, und die Augen können erstaunlich viel unterscheiden. Trotz der Stille wächst die Spannung. Kein Zweifel, dass die Schlepper, die jetzt versuchen, ihre »Kunden« über die grüne Grenze nach Griechenland zu bringen, ebenfalls gut ausgestattet sind. Nachtsichtgeräte kosten heute kein Vermögen mehr. Und als Ortskundige werden die Schmuggler ungefähr wissen, von wo aus die Grenzwachen versuchen, sich einen Überblick zu verschaffen.

»Zu Beginn der neunziger Jahre sind die Flüchtlinge einfach in die Dörfer marschiert«, erzählt Elias, »da wurden unsere Leute am Morgen wach, und plötzlich spazierten zwei

Dutzend Srilankesen über den Dorfplatz.« Aber heute ist das anders. Die Grenzwache soll verhindern, dass Griechenland ein offenes Scheunentor für Immigranten bleibt. Elias ist überzeugt, dass der Tipp, den sie für heute Nacht bekommen haben, richtig war. »Der Mann hat uns schon viermal Hinweise gegeben, und immer haben sie gestimmt. Der führt uns nicht an der Nase herum.« Elias erklärt uns, im Prinzip gebe es drei Gruppen von Flüchtlingen: Drogenkuriere, die kommen allein oder höchstens zu zweit und tragen das Heroin irgendwo am Körper; Mädchen, meistens in Gruppen, die werden von professionellen Schleppern aus ehemaligen Ostblockländern nach Griechenland gebracht, als Nachschub für Bars, Nachtclubs, Bordelle. »Viele der Mädchen kommen freiwillig. Die wissen, worauf sie sich einlassen. Wir haben oft welche geschnappt und nach Bulgarien zurückgebracht. Drei Tage später waren sie wieder da.« Die dritte Gruppe sind Armutsflüchtlinge. Sie setzen alles auf eine Karte, bezahlen Tausende von Dollars für die Reise und das Geleit nach Griechenland – manchmal haben sie Glück.

Die scharfe Überwachung der Grenze hat die Situation allerdings drastisch verändert. Die Schlupflöcher sind viel kleiner geworden. Die Grenze ist jetzt in drei Abschnitte geteilt. Die griechische Polizeitruppe arbeitet überall so systematisch wie in der Präfektur Serres. Für Flüchtlinge und Schlepper kommt jetzt alles auf den richtigen Zeitpunkt an, den unbeobachteten Moment.

Halb sechs. Der Himmel wird orangefarben. Bald wird die Sonne aufgehen. Dann funktionieren die Thermogeräte nicht mehr. »Noch eine knappe Stunde«, sagt Elias, »dann müssen wir aufhören.« Um sieben Uhr ist ohnehin Schichtwechsel. Ich denke an unsere Nächte mit der Guardia Civil und viele so ähnlich verbrachte Dreharbeiten: Wenn man mit der Kamera etwas Unberechenbares einfangen will, schlägt man sich die Nächte vergeblich um die Ohren. Entweder das Gerücht mit den Georgiern hat nicht gestimmt, oder die Gruppe hat es geschafft, unbemerkt durch das dichte Überwachungsnetz hindurchzuschlüpfen. Müde und enttäuscht packen wir ein, verstauen die leeren Wasserflaschen, ziehen Jacken und Pullover wieder aus, denn schon wird es wieder warm. Da meldet sich das Funkgerät. Elias und Costas sind hellwach. Die Leute sind aufgegriffen worden. Sie hatten sich, schon ganz unten im Tal angekommen, unter einer Brücke versteckt. Wir sollen mit unserem Transportbus sofort kommen. Es seien viele, von den drei, vier Kollegen nicht leicht unter Kontrolle zu halten.

Aber über die holprige Gebirgsstraße brauchen wir gut zwanzig Minuten für die Fahrt hinunter ins Tal. Vor der Hauptstraße biegen wir links in einen Feldweg ein, und tatsächlich: Da stehen die Flüchtlinge – ein bisschen erhöht am Rand eines Feldes, ein unwirkliches Bild. Ja, es sind um die dreißig Menschen, jede Altersgruppe, Männer, Frauen und Kinder, vollkommen eingeschüchtert. Sie wirken übernächtigt, angestrengt, verzweifelt. Elias lässt sich die Situation erklären. Die Gruppe hat es unbemerkt den Berg hinunter geschafft. Offensichtlich wollte sie sich auf eigene Faust durchschlagen. Jedenfalls ist weder ein Schlepper noch ein Fluchtfahrzeug aufgefallen. Im BMW ohne Nummernschild hat sich nur ein Pärchen vergnügt. Ein Polizist, zu Fuß unterwegs, hat ihre Stimmen im Gelände gehört. Ein Flüstern hat die Flüchtlinge verraten. Widerstand haben sie nicht geleistet. So verängstigt sie jetzt sind, so waren sie es auch, als die Polizei sie aufgriff. Trotzdem, so verlangt es die Dienstanweisung, zwei Polizisten halten die Gruppe mit Maschinenpistolen im Anschlag unter Kontrolle.

Die Grenzwachen haben große Wasserflaschen verteilt, die Menschen sind halb verdurstet. Plötzlich bricht eine Frau zusammen, verdreht die Augen. »Wir kennen das«, sagt Elias, »der Kreislauf, die Anstrengung, die Enttäuschung.« Er gibt der Frau eine Tablette, verständigen kann man sich nicht. Die Gruppe wird in die Fahrzeuge geladen, schweigend, ein paar Frauen weinen leise. Die Fahrt ins Hauptquartier nach Kuto Porroia dauert nur ein paar Minuten. Dort versammeln sich die Menschen auf dem Flur der ehemaligen Dorfschule. Einzeln werden sie zur Feststellung der Personalien aufgerufen. Alle haben ordentliche Papiere. Die Frau, die auf dem Feld zusammengebrochen ist, sitzt stöhnend auf dem Boden. Polizistinnen ziehen sich weiße Handschuhe über, tasten die Frauen und Mädchen ab – Gepäck und Papiere werden haarklein auf Drogen untersucht. Aber dies sind keine Drogenkuriere.

Die Gruppe wird nicht lange in Griechenland bleiben. Es gibt gar keine Unterbringungsmöglichkeiten für so viele

Menschen. Die Georgier werden sehr schnell abgeschoben werden – so wie es ein neues Abkommen zwischen Griechenland und Bulgarien vorsieht. Elias ist müde und nachdenklich. »Wissen Sie, diese Menschen sind keine Kriminellen. Die suchen einfach eine bessere Zukunft. Die haben alles auf eine Karte gesetzt und viel Geld dafür bezahlt. Für die gibt es keinen Weg zurück. Wir tun hier unseren Job, wir müssen unsere Familien schützen, natürlich. Aber wir sind auch Menschen. Und was hier passiert …« Der Grenzpolizist ringt um Worte und bringt den Satz nicht zu Ende.

Am Tag darauf machen wir uns auf den Weg nach Bulgarien, E 79 Richtung Norden. Wir überholen die endlose Lkw-Schlange, die Fahrer langweilen sich in der Sonne und warten auf Abfertigung. Es gibt nirgends Toiletten oder eine Dusche. Nur vor dem Laden, noch auf griechischer Seite, plätschert ein kleiner Brunnen, da können sich die Fahrer, so gut es geht, frisch machen.

Wir werden am Grenzübergang Promachonas nur kurz kontrolliert. Am nächsten Tag haben wir einen Termin beim Chef der bulgarischen Grenztruppen. Das hilft bei der Abfertigung. Die Bulgaren wollen uns zeigen, dass sie sich in Sachen Flüchtlingskontrolle mindestens so anstrengen wie Griechenland. Es steht für sie viel auf dem Spiel. Die Visum-Freiheit für bulgarische Staatsbürger in Europa hängt entscheidend davon ab, ob es den Bulgaren gelingt, ihre Grenze gegen unliebsame Eindringlinge zu kontrollieren.

Doch bevor wir uns die Grenzsicherung auf bulgarischer Seite genau ansehen, haben wir einen erfreulicheren Termin. Wir treffen Philip Harnandijew, und auch er kämpft um europäische Qualitätsstandards, wenngleich auf einem ganz anderen Feld. Der 32-Jährige hat vor drei Jahren ein staatliches Weingut gekauft. Es liegt knapp dreißig Minuten nördlich auf der Straße nach Sofia, in der Nachbarschaft des Dörfchens Damianitza, das dem Betrieb auch seinen Namen gibt. Von der Straße her haben wir das Gut gar nicht erkannt. Das Gelände erinnert mit seinen großen Silos und Hallen an eine Art Raffinerie, von Wein-Romantik ist hier nichts zu spüren. Dabei hat der Jungunternehmer schon eine Menge Geld investiert und großzügige Unterstützung bei der Europäischen Bank für Wiederaufbau gefunden. Aber für Schönheitsreparaturen ist die Zeit noch nicht reif. So zeigen nur ein Dutzend neuer Edelstahltanks, dass sich hier etwas bewegt. Philip hat viel Geld auch in den Keller gesteckt, in neue Fässer aus französischer und amerikanischer Eiche und ins Marketing. »Dieses Weingut war vor der Wende mehr ein industrieller als ein landwirtschaftlicher Betrieb. Russland und Ostdeutschland waren unsere größten Kunden. Es kam nicht auf die Qualität an, sondern nur auf die Masse.«

Bis 1991 hatte der bulgarische Staat das Monopol auf die Herstellung von Alkohol, darunter fiel auch die Produktion des Weins. Das war die Ausgangslage für Philip, als er 1998 – nach einer Karriere als Journalist – ein Leben als Manager begann. So sieht er sich nicht als Winzer, sondern als Koordinator verschiedener Experten: Agronomen und Verkäufer, Kellermeister und Ausbilder. Bevor er den Betrieb übernahm, wurden in Damianitza nur drei oder vier verschiedene Weine gekeltert. Es kam gar nicht darauf an, die Unterschiede der verschiedenen Trauben und Jahrgänge herauszuarbeiten. »Sie müssen sich meine Aufgabe so vorstellen: Ich habe eine Fabrik für schwere Lastwagen gekauft. Aber jetzt will der Markt schnelle Kleinwagen. Das muss ich organisieren.«

Die ersten Erfolge haben sich eingestellt. Anfangs gab das Weingut etwa hundert Menschen Arbeit, heute sind es 130. Schon gibt es die ersten Exportverträge. Philip schmunzelt ein bisschen, als er erzählt, dass sein bester Auslandskunde zurzeit Finnland ist. Aber auch nach Deutschland und Polen liefert er wieder. Dort lieben die Verbraucher den halbsüßen Melnik-Rotwein – den er selbst nicht bevorzugt: »Der schmeckt heute noch genauso wie vor 35 Jahren.« Melnik – das ist der Name der Traube, die im extremen Klima Südwest-Bulgariens mit seinen kalten Wintern und sehr heißen Sommern gedeiht. Das kleine Örtchen Melnik hat der Rebe ihren Namen gegeben. Das Weindorf liegt ganz in der Nähe – malerisch zwischen schroffen weißen Felsen – und ist mittlerweile sehr hübsch für Touristen, die zu selten kommen, hergerichtet. »Mein Hauptziel ist im Moment gar nicht der Export. Wir sind noch zu klein, um eine eigene Vertriebsorganisation aufzubauen, und den Kampf gegen die hoch subventionierte europäische Weinwirtschaft können wir sowieso nicht gewinnen. Wir konzentrieren uns jetzt auf den einheimischen Markt.«

Den Weintrinker im Bulgaren zu entdecken – gar keine so leichte Aufgabe. Philip nennt sein eigenes Land »Smirnoff's paradise«, wegen der Vorliebe seiner Landsleute für Hochprozentiges. Es sei nicht leicht, die Gewohnheiten zu verändern und die Menschen an Wein heranzuführen. Aber der gelernte Journalist lässt sich einiges einfallen. So gibt er die Weinzeitschrift »Bacchus« heraus, um die neue Mittelschicht in der Hauptstadt Sofia anzusprechen. Sehr wichtig sei die Verpackung, betont er. Deshalb leistet sich Philip gute Designer, die dem Melnik »ein neues Gesicht« geben – mit leuchtenden, edlen Etiketten. Man sieht es nicht auf den ersten Blick, dass es sich um Wein aus Bulgarien handelt.

Qualität, das hat Philip von australischen und italienischen Beratern gelernt, entsteht aber nicht im Keller oder durch Werbung, sondern im Weinberg. Deshalb will er uns zeigen, was er dort draußen tut. Philip fährt mit uns zurück Richtung Grenze und hat noch eine Überraschung parat. Die Fahrt geht durch hügeliges Land, durch kleine Dörfer, wo sich Menschen zum Grillen treffen. Immer wieder Weingärten, um die sich keiner kümmert. Folge einer, wie Philip urteilt, »idiotischen Landreform«. Das Land wurde den Alteigentümern zurückgegeben, ein langwieriger bürokratischer Prozess setzte ein. Am Ende waren die Anbauflächen total zersplittert. Von einst 3000 Hektar werden heute nur noch 800 bestellt. Philip kauft die Mehrheit seiner Trauben bei kleinen Winzern, aber er hat mittlerweile auch eigene Anbauflächen dazugenommen. Ob er neue Weinberge anlegen will? »Nein, zunächst müssen wir die Verwilderung stoppen.«

Dann die Überraschung: Hinter einem Hügel taucht ein rostiger Wachturm auf, davor zwei Reihen Stacheldrahtzaun, zwischen denen ein vielleicht sechs Meter breiter Streifen Land liegt. Bis 1989 war hier die Grenze vor der Grenze. Viele, die damals aus der sozialistischen Welt in den Westen flüchten wollten, darunter viele Ostdeutsche, wurden von diesem Grenzzaun getäuscht. Sie glaubten sich in der Freiheit, wenn sie ihn überwunden hatten. Aber dies war nur die erste Hürde, die wirkliche Grenze liegt noch ein paar Kilometer entfernt. Der Zaun war elektrisch geladen und alarmierte die Grenztruppen, die noch Zeit genug hatten, die Flüchtlinge aufzuhalten. Zu unserer Überraschung ist der Zaun bis heute funktionstüchtig. Das bis zu sieben Kilometer tiefe Gelände bis zur tatsächlichen Grenze nennen die Bulgaren Niemandsland. Hier befinden sich die besten Weinlagen – in jahrzehntelang durch die Grenze geschützter Natur. Philip hat daraus eine Verkaufs-Idee entwickelt. Er nennt die Weine, die hier entstehen, »No man's land«.

Das Etikett und das kleine Heftchen, das er um den Hals jeder Flasche hängt, zeigen Wachturm und Stacheldrahtzaun. Das Überbleibsel des Kalten Krieges ist für Philip ein Marketing-Gag, hat aber auch einen praktischen Nutzen: »Wahrscheinlich bin ich der Einzige, der von dieser Grenzsicherung noch profitiert. Weil der Zaun da ist, kommt niemand auf die Idee, in meinen Weinbergen Trauben zu klauen.« In diese Gegend darf man nämlich nur mit Sondererlaubnis. Auch Philip und die Weinbauern müssen sich vor den Wachposten ausweisen.

Philip will uns hier demonstrieren, was er meint, wenn er von seinen Lieferanten Qualität fordert. Da gibt es Weinbauern, die halten die Streifen zwischen den einzelnen Rebzeilen von Unkraut frei, binden die Weinblätter hoch, so dass die Trauben viel Sonne bekommen – gut! Es kommt auch auf den Schnitt an – die Rebe soll nicht zu viele Früchte produzieren, sondern die einzelne Traube soll gehaltvoller werden. »Wer keine Qualität liefert, kann nicht mit Verlängerung der Abnahmegarantie rechnen. Es ist ein langwieriger Prozess. Wir geben den Bauern Hilfestellung, aber man muss auch konsequent sein.«

Von Philips Weinbergen fahren wir noch ein Stück weiter, die asphaltierte Straße entlang. Die beiden jungen Grenzsoldaten haben wir vorher um Erlaubnis gefragt. »Fahrt nur!«, haben sie uns gesagt. »Aber am Ende der Straße gibt's ein kleines Dorf.« Es liegt genau an der wirklichen Grenze. Stehen gebliebene Zeit! Die Bauern kommen mit ihren Eselsfuhrwerken von den Feldern. An der längst geschlossenen Dorfschule verblassen Zeichnungen, auf denen Dorfkinder den Grenzsoldaten Blumen überreichen, und Losungen wie »Lasst uns dem Feind allzeit entgegenschreiten«. Ein uralter Mann kommt auf uns zu, mit schleppendem Gang. Er zieht ein Bein nach. Ach, Deutsche seien wir, seufzt er auf, und dann erzählt er uns eine Geschichte aus dem Jahr 1973, damals sei er Grenzposten in der Gegend gewesen. Drei junge Leute, ein Pärchen und ein junger Mann aus Deutschland, hätten damals fliehen wollen. Über den ersten Zaun hätten sie's geschafft und auch über die eigentliche Grenze. Es war Winter, Schnee, und die Grenztruppen seien nicht so schnell zur Stelle gewesen. Die Gruppe war schon auf griechischem Gelände, da hätten sie einen von ihnen noch erwischt. Erschossen. Haben ihn rübergeholt, während die beiden anderen fliehen konnten. So sei das gewesen, 1973 in Bulgarien.

Am nächsten Morgen treffen wir Hristo Ianev, den Chef der Grenztruppen, im nahe gelegenen Städtchen Petritch. Auffallend viele Neubauten gibt es hier, viele große Autos, die Cafés sind voll besetzt. Petritch, im Grenzdreieck zwischen Bulgarien, Griechenland und dem neuen Staat Mazedonien gelegen, gilt als »Millionärsdorf«. Fast alle Einwohner sollen vom Schmuggel leben, vom Menschenhandel, vor allem mit Mädchen, sagen uns die bulgarischen Begleiter. Ianev, ein eher zurückhaltender Mittvierziger, hat sein Büro in einer alten Kaserne. Sein Schreibtisch steht vor einem großen Landschaftsrelief, das südlich bis Thessaloniki und westlich bis nach Skopje reicht.

Ianev erklärt uns, die Südwestecke des Landes sei der schwierigste Sektor der bulgarischen Staatsgrenze. Ein richtiger Flaschenhals Richtung Westen, der immer mehr Flüchtlinge anziehe. Im ersten Halbjahr 2001 sind seine Leute zu genau 837 Einsätzen ausgerückt, mehr als 2500 Flüchtlinge hätten sie dabei festgenommen. Es seien immer mehr Menschen aus der Dritten Welt dabei – aus Sierra Leone, Sudan, Afghanistan, aber auch aus China. Dazu kommen Flüchtlinge aus den ehemaligen Ostblockländern wie Rumänien, Ukraine, Moldawien. Natürlich sei es nicht ausreichend, sie einfach einzufangen und wieder abzuschieben. Es komme darauf an, die lokalen Helfer ausfindig zu machen. Zehn Schlepper habe man in diesem Jahr geschnappt und zu empfindlichen Strafen verurteilt – bis zu drei Jahren Gefängnis, tausend Mark Strafe, Beschlagnahmung der Fahrzeuge. Aber er stehe mit seinen Leuten vor einer Sisyphos-Aufgabe: »Wir werden die Flut der Menschen nicht eindämmen können, so sehr wir uns auch bemühen, die Fluchtkanäle zu stopfen. Viele haben wir schon bis zu fünfmal festgesetzt. Die probieren es, bis sie's geschafft haben.« Wie viele Männer seine Grenztruppen umfassen, verrät Ianev nicht. Er lässt uns nur wissen, dass die Einheit seit 1999 umstrukturiert wird. Bisher Teil der bulgarischen Armee, soll die Grenzwache bald – wie drüben in Griechenland – eine eigene Polizeitruppe sein. Europa, insbesondere Deutschland, sei bei der Modernisierung sehr hilfreich. Man erhalte Unterstützung bei der Ausstattung mit Nachtsichtgeräten, aber wichtig seien auch die Spezialisten, die die jungen Bulgaren ausbilden – etwa in Fragen des europäischen Rechts. Wie wichtig sein Erfolg für das ganze Land ist, weiß Ianev: »Wir machen einen Riesenjob. Von unserer Effektivität hängt die Visumfreiheit für Bulgaren in Europa ab. Bis jetzt läuft es gut. Achtzig Prozent aller Flüchtlinge fassen wir. Draußen an der Grenze – das ist wie ein Krieg.«

Der Chef selbst hat uns die Erlaubnis verschafft, zum Ende unseres Besuchs auf der Brücke zu drehen, die Griechenland von Bulgarien trennt. Hier nehmen die Bulgaren, jeden Morgen gegen elf, die Flüchtlinge wieder in Empfang, die von den Griechen geschnappt wurden. Es ist schon ein Ritual, die Zusammenarbeit zwischen den ehemals verfeindeten Ländern Routine. Alles läuft wie angekündigt: An der langen Schlange von Lastwagen vorbei, die seit Tagen auf die endgültige Einreise nach Bulgarien warten, kommt ein Konvoi weißer Autos von der griechischen Seite. Es sind Fahrzeuge der Grenzwachen, zwei Jeeps und zwei Mini-Busse, die wir aus unserer durchwachten Nacht kennen. Plötzlich tut sich, noch vor dem eigentlichen Grenzposten, ein großes Tor im metallenen Grenzzaun auf, das uns vorher gar nicht aufgefallen war. Jetzt halten die Fahrzeuge. Die Türen werden geöffnet. In den Autos sitzen die Georgier, deren Festnahme wir zwei Tage zuvor miterlebt haben. Abschiebung. Ende des Traums vom Westen. Die Menschen sehen jetzt besser aus als vorgestern. Ausgeschlafen, geduscht, sauber gekleidet. Manche haben fast elegante Kleider an. Vielleicht wollten sie damit ihren ersten Tag im Westen feiern. Jetzt müssen sie ein paar Stufen hinuntergehen, auf einen Hof, der durch einen Zaun vor Blicken geschützt ist. Außer den Georgiern sind noch drei, vier uns unbekannte Männer dabei, dem Aussehen nach Iraker oder

Afghanen. Wir sprechen die Menschen an, auf Deutsch, Französisch, Englisch. Keiner antwortet. Aber Milena, unsere bulgarische Dolmetscherin, kann auch Russisch. Und da antwortet eine der Frauen. Ja, sie seien gut behandelt worden in Griechenland. Aber alle seien dennoch furchtbar enttäuscht. Umgerechnet tausend Mark habe sie für diese Reise in den Westen bezahlt – und jetzt das. Nein, sie wird es nicht mehr versuchen. So etwas will sie nie wieder erleben.

Hristo Ianev hat die Szene und unsere Dreharbeiten verfolgt. »Wir erfüllen hier genau die Anforderungen Europas. Die Flüchtlinge werden jetzt zuerst nach Sofia gebracht. Wer einen Grund für politisches Asyl nachweist, kann in Bulgarien bleiben. Die Georgier gehören nicht dazu. Die werden wir in die Türkei abschieben.« Zwischen Georgien und der Türkei herrscht freier Reiseverkehr – Visumfreiheit. Wie die Flüchtlinge von den Türken behandelt werden, kann Ianev nicht sagen. Im Prinzip, so sagt er, können sie sich in der Türkei frei bewegen. Nicht wenige werden nach dieser gescheiterten Reise nach Westen einen zweiten Versuch wagen.

Schon steht ein Militärfahrzeug bereit, ein Pritschenwagen mit ein paar eingebauten Holzbänken, um die Gruppe in die Hauptstadt Sofia zu bringen. Mancher schafft es nur, mit fremder Hilfe hochzuklettern. Eine Frau in rotem T-Shirt und mit großer Tasche ist zu spät gekommen. Sie quetscht sich auf die hinterste Bank, zwischen zwei Männer, außen sitzen zwei Soldaten. Sie hat einen vollkommen ausdruckslosen Blick. Jetzt kommt ein Soldat, in der Hand einen ganzen Stapel Reisepapiere. Die übergibt er dem Fahrer des Lkws. Eine Viertelstunde hat die Prozedur gedauert, und schon sind die Flüchtlinge wieder unterwegs. Als der Wagen losfährt, Richtung Norden, verbirgt die Frau mit dem roten T-Shirt ihre Augen hinter den Händen.

Zeitenwende im Pelikanland

Viorel Gavril und seine Frau Adriana wohnen in der Straße Nummer 2. Einen Namen hat man ihr nicht gegeben, damals, zu Ceauçescus Zeiten, als Tulcea zum Industriestandort wurde. Die fünf Wohnblocks entlang der unbefestigten

Straße, jeweils sechs Stockwerke hoch, wurden in den siebziger Jahren genau zwischen zwei Fabriken gestellt, eine Werft und ein Stahlkombinat. Die sind bis heute die Hauptarbeitgeber in Tulcea, wo die Donau sich nach ihrer Reise durch Deutschland, Österreich, die Slowakei, Ungarn, Serbien, Bulgarien und Rumänien in drei große Arme teilt und ihr Delta zum Schwarzen Meer hin bildet.

Viorel arbeitet unten am Fluss in der Schiffswerft, die seit einem Jahr von Norwegern gemanagt wird. Oben auf einem Hügel liegt der große Industriekomplex, wo aus Eisen Stahl gekocht, aber auch aus Aluminium Bauxit gewonnen und Mangan verarbeitet wurde. Mittlerweile ist das Kombinat in drei getrennte Fabriken zerlegt und teilprivatisiert worden. Adriana hat eine Stelle dort und will im nächsten Frühjahr, wenn der Mutterschaftsurlaub vorbei ist, wieder mit der Arbeit anfangen. Die ganze Woche über schleudern die Schornsteine rötlichgrauen Staub über die Stadt; am Schlimmsten wird es freitags, sagen die Leute, da wird der Dreck der ganzen Woche rausgeblasen. Aber heute ist Samstag. Da hat der Schornstein seine Ruhe, und der Himmel ist blau. Tulcea ist der Eingang zum Donaudelta. Hier beginnt die für Europa so einzigartige Fluss- und Wasserlandschaft. Auf die Idee, hier Schwerindustrie anzusiedeln, konnte wirklich nur ein Wahnsinniger kommen.

Wir haben uns sehr früh bei den Gavrils eingeladen, weil wir gleich anschließend ins Delta aufbrechen wollen. Ganz wach sind die beiden noch nicht, als wir um acht Uhr an ihre Wohnungstür im ersten Stock klopfen. Das junge Ehepaar ist eben erst aufgestanden und reibt sich den Schlaf aus den Augen. Die Wohnung besteht nur aus diesem einen Raum – und der dient als Schlaf-, Wohn- und Kinderzimmer. Aber Viorel und Adriana ist es gar nicht unangenehm, dass wir zusehen, wie sie noch schnell die Bettwäsche verstauen. Seit vier Jahren sind sie auf diesen zwölf, dreizehn Quadratmetern zu Hause, den verglasten Balkon zur Straße hin, wo der Kochherd untergebracht ist, nicht eingerechnet. Die Verhältnisse sind mehr als beengt; fließendes Wasser gibt es nur über dem Flur in einer »Gemeinschaftsspülküche«. Trotzdem ist Gavril nicht unzufrieden: Früher hat er mit drei Kollegen aus der Werft so einen Raum bewohnt, jetzt ist er hier mit seiner kleinen Familie allein – ein Fortschritt.

Viorel ist Schlosser und stolz, bei Aker Tulcea angestellt zu sein. Die Tochtergesellschaft des skandinavischen Werftriesen, zu der auch die MTW-Werft in Wismar gehört, zahlt die höchsten Löhne in weitem Umkreis. Auf fünf Millionen Lei, umgerechnet etwa 400 Mark, kommt Viorel im Monat. Überstunden am Samstag bringen doppelten Lohn. Frau Adriana bediente, bis der jetzt anderthalbjährige Sohn kam, in der Manganfabrik eine Maschine, die vor drei Jahren aus Deutschland importiert worden war, und verdiente monatlich anderthalb Millionen Lei. Umgerechnet verfügen die Gavrils also über etwa 600 Mark – für Rumänien viel Geld. Und trotzdem müssen sie sich einschränken. »In mancher Hinsicht geht es uns schlechter als zu Ceauçescu-Zeiten«, erklärt Viorel. »Damals hätten wir mit Kind schon längst eine Vierzimmerwohnung bekommen.« – »Wir hatten viel Geld, konnten uns aber nichts kaufen«, fällt ihm Adriana ins Wort, »heute gibt es alles, aber wir können uns nichts leisten.« Die Erinnerungen an die Ceauçescu-Ära sind immer noch lebendig, obwohl der Sturz des Diktators mehr als ein Jahrzehnt zurückliegt. Die leeren Geschäfte, das ewige Warten auf die selbstverständlichsten Produkte, nein, Adriana hält nichts von der »guten alten Zeit«. »Wissen Sie, von manchem kaufe ich heute nur eine Winzigkeit, mehr können wir uns nicht leisten. Aber ich weiß wenigstens, wie das schmeckt«, erklärt uns die Frau mit den lebhaften Augen.

Obwohl die Gavrils zu den Glücklichen zählen, die nach der Revolution nicht arbeitslos geworden sind, leben sie denkbar einfach. Das kleine Apartment finanzieren sie über einen günstigen Kredit. Die Aufschrift über dem Treppenaufgang – »Wohnanlage der Eigentümer der Straße Nummer 2« – weckt allemal überzogene Vorstellungen. Zwar ist das Treppenhaus in ordentlichem Zustand, viel besser, als wir es immer wieder in Russland gesehen haben, und auch mit dem Gemeinschaftsklo, der Gemeinschaftsküche und -dusche kommen die beiden irgendwie zurecht. Nur die Gerüche, die aus den insgesamt zwölf Wohnungen auf ihrem Stockwerk dringen, stören die beiden wirklich. »Die Menschen sind unterschiedlich«, meint Adriana diplomatisch, »da gibt es auch schon mal Streit. Aber eigentlich halten wir es ganz gut miteinander aus.« Trotz des einfachen Standards ist die Wohnung nicht billig. Die monatliche Rate beträgt anderthalb Millionen. Dazu kommen Elektrizität, Wasser, Telefon. Das Einkommen reicht nicht, um am Wochenende einen Ausflug ins Donaudelta zu machen. »Das können sich jetzt nur Touristen und die Reichen leisten. Früher, da hatte unsere Fabrik ein Hotel am Meer. Dort konnten wir billig Urlaub machen. Aber das ist seit zwei Jahren vorbei. Trotzdem, vielleicht können wir in diesem Jahr einmal für drei Tage ans Meer fahren. Mein Mann schwimmt doch so gern«, sagt Adriana.

Es klopft an die Tür, und ein Junge streckt seinen Kopf herein: Adrianas Neffe, der dreijährige Sohn ihrer Schwester. Seine Mutter – dunkles Haar, fast schwarze Augen – kommt hinterher. Sie lebt seit einem Jahr allein. Ihr Mann, erzählt sie, hat jetzt einen Job in Italien, irgendwo auf einem Bauernhof, ganz legal, wie sie beteuert. Die Trennung fällt ihr schwer, aber finanziell gesehen geht es ihr besser als den Gavrils. Jetzt wartet sie auf ihr Visum für Italien. »Nein, an Rumänien hänge ich nicht. Ich würde dieses Land sofort verlassen. Nur der Abschied von meiner Familie, der wird schlimm.«

Bleiben oder abhauen? Diese Frage stellen sich viele Rumänen zwölf Jahre nach der Revolution. Das Land, das unter Ceauçescu immer eine besondere Rolle im Ostblock spielte, viele Jahre als Liebling des Westens, dann als Hort der Unbeweglichkeit und des späten Stalinismus, hat die Zeit nach 1989 nicht wirklich zu einem Umbruch nutzen können. »Die Politiker waren immer nur damit beschäftigt, Gesetze zu machen und sie wieder zu ändern, aber für die Menschen ist dabei nichts herausgekommen«, erklärt uns Mihai Baciu, einer der wenigen, denen es gelungen ist, eine Existenz aufzubauen, ohne dass der Besucher gleich das Gefühl hat, in dunkle Geschäfte zu geraten. Mihai, Ende dreißig, hat 1989 die Tage des Umsturzes in der Hauptstadt Bukarest miterlebt. Besonders die Alten, sagt er heute, hätten es schwer, den Weg in die neue Zeit zu finden. »Das Hauptproblem ist unsere Mentalität. Was traue ich mir selber zu? Oder erwarte ich, dass der Staat meine Probleme löst? Wer vierzig Jahre Kommunismus erlebt hat, dem fällt es schwer, sein Leben selbst in die Hand zu nehmen.«

Mihai versucht das mit sichtbarem Spaß und offenbar auch mit einigem Erfolg. Er hat ein kleines Reisebüro gegründet und bietet Touren durchs Donaudelta an. Michail, wie er korrekt heißt, ist Ornithologe, hat ein Jahr in Paris studiert und den Gedanken, in Frankreich zu bleiben, schnell wieder verworfen – vor allem aus Liebe zum Delta. Das Vogel- und Tierreservat ist seine Leidenschaft. So erzählt er uns gleich beim Kennenlernen, dass er bei einer Delta-Expedition mit einer Gruppe deutscher Vogelkundler einen seltenen Kiebitz entdeckte, der bisher nur im fernen Kasachstan als heimisch galt. Sofort hat er Fotos und Filmaufnahmen gemacht, seinen alten Universitätsprofessor angerufen, und nach einigen Tagen stieß er dann auf eine ganze Kolonie der bislang in Europa unbekannten Vögel. Michail finanziert sein Hobby, indem er Fahrten ins Delta organisiert: Er besorgt Charterschiffe und Unterkünfte und beschäftigt sprachkundige Studenten als Begleiter der ausländischen Reisegruppen. »So ab acht Millionen Lei, ab etwa tausend Mark im Monat kann man einigermaßen leben«, erklärt er uns. Für ein Auto und anderen Luxus reicht das noch nicht, sagt der Jung-Unternehmer. Aber Mihai, dessen Frau gerade im fünften Monat schwanger ist, glaubt an die Zukunft.

Nach dem Besuch bei den Gavrils sind wir zum Fluss gefahren, wo unser von Mihai gechartertes Boot schon bereit liegt. Die Donau schleppt sich träge in Richtung Schwarzes Meer, aber so langsam und ruhig sie scheint, ist sie dennoch gefährlich. Bis zu sechzig Meter ist der Strom hier tief, und wo das Wasser sich kräuselt, sind Strudel, die noch so gute Schwimmer nach unten ziehen würden. So sehen wir bei unserer mehr als fünfstündigen Fahrt auf dem Hauptkanal in Richtung Mündung zwar überall Menschen am Ufer in der Sonne sitzen. Aber es schwimmt fast niemand. Nur manchmal wagen sich ein paar Jungen in die Fluten, immer ganz dicht am Ufer. Zu starke Strömung! Die Donau ist hier nicht breit. Ihr Verlauf wurde schon im 19. Jahrhundert »gezähmt«. Ähnlich wie am Rhein wurden die Ufer begradigt und mit Steinen befestigt. Hochseeschiffe können diese Wasserstraße bis zu den Industriestädten Galati und Braila, gut sechzig, siebzig Kilometer im Landesinneren, benutzen. Aber auf unserer gemächlichen Reise bis zur Stadt Sulina kommen uns nur ein einziger mittelgroßer Frachter und ein altersschwaches russisches Tragflügelboot entgegen. Ansonsten begegnen wir ein paar kleinen Ausflugsschiffen, wenigen Sportbooten und Paddlern. Der kommerzielle Schiffsverkehr ist am Ende dieser Hauptschlagader Europas fast zum Erliegen gekommen.

Wir fahren durch eine vollkommen flache Landschaft, hinter den Dämmen wachsen Schilf oder hohe Bäume – Pappeln, Lärchen, Weiden. Am Ufer stehen Reiher, und bald tauchen die ersten Pelikane auf. In Europa sind sie nur im Donaudelta heimisch. 11 000 soll es hier geben, erklärt uns Michail mit Stolz, und es sind in den letzten Jahren viel mehr geworden. Die restlichen Kilometer bis zum Ort vor der Mündung ins Schwarze Meer begleitet uns rechts eine Stromleitung. Bald können wir am Horizont den Wasserturm von Sulina erkennen, der Anfang des 20. Jahrhunderts von holländischen Ingenieuren errichtet wurde und die Stadt noch immer mit Süßwasser versorgt. Sulina war noch vor fünfzehn Jahren der zweitgrößte rumänische Hafen – eine Stadt, als »Europolis« schon von Herodot erwähnt. Sulina wurde im Zweiten Weltkrieg zuerst von den Westalliierten und dann von der sowjetischen Luftwaffe bombardiert, um Rumäniens Faschistenführer Antonescu zu schwächen. Es gab Zeiten, da unterhielten die europäischen Großmächte hier ihre Botschaften und nicht im landeinwärts gelegenen Bukarest. Der Friedhof mit den Gräbern von Menschen unterschiedlichster Nationen und Religionen kündet davon. Viele Juden waren hier zu Hause, bevor sie aus Angst vor den Faschisten emigrierten oder später deportiert wurden. Heute ist Sulina nur noch ein Schatten seiner selbst.

Es ist Mitte Juli, Höhepunkt der Sommersaison. Dennoch entdecken wir fast keine Touristen. Die groß angekündigte Freihandelszone im Hafen hat keine Investoren angelockt. Stattdessen rosten ein paar Frachter vor sich hin. Die Häuser an der Flusspromenade erinnern zwar an türkische oder griechische Küstenorte und könnten auch irgendwo in der Ägäis stehen, doch sind sie in schlechtem Zustand. Ein Hotel in einem ehemals stattlichen Gebäude ist – wie es scheint – für immer geschlossen. Sulina wartet auf bessere Zeiten. Aber ob die noch einmal kommen?

Immerhin treffen wir auch hier auf einen jungen Mann, der etwas bewegen will. Marius Pitic, Ende zwanzig, ist zwar gelernter Mechaniker – aber nachdem die Schiffsreparatur im

Hafen eingestellt wurde, sah er sich gezwungen, eine neue Lebensbasis zu suchen. Seither betreibt er mit seiner Frau eine Art Bed & Breakfast-Herberge. Er bringt Touristen im eigenen Haus und, wenn die Nachfrage das erfordert, auch bei Nachbarn unter. Marius holt uns am Boot ab. Es ist früher Abend, vom Licht her die schönste Stunde des Tages. Alles nimmt einen rot-goldenen Schimmer an, und so erscheint uns auch diese mitgenommene Stadt am Fluss ganz einladend. Den Weg zu unserem Schlafplatz – etwa zehn Minuten über die staubige Dorfstraße – gehen wir zu Fuß. Kühe kommen uns entgegen und ein paar Leute in Badesachen, auf dem Heimweg vom Strand. Das Geschäft mit den Touristen läuft erst an. Statt der großen Touristengruppen, die vor 1989 vom Schwarzen Meer hierher gekarrt wurden, statt der Busladungen aus den sozialistischen Bruderstaaten, die mit den Tragflügelbooten fast im Stundentakt aus Tulcea hierher kamen, sind es in den letzten Jahren fast nur noch Individualreisende. Aber immerhin: Das Donaudelta ist nicht ganz in Vergessenheit geraten.

Parallel zu uns hat Marius eine Gruppe von acht Franzosen untergebracht. Auch immer mehr Naturfreunde aus Deutschland kommen, Italiener – und ein Japaner war auch schon da. Übernachtung und Frühstück kosten bei Marius genau fünf Dollar. Darüber, dass uns das staatliche Hotel in Tulcea fünfzig Dollar abgeknöpft hat, kann er sich nicht beruhigen. Marius' Vorbild ist der westeuropäische Agrotourismus – keine Hotelburgen, sondern Privatunterbringung, Leben in und mit der Natur. Marius hat eine kleine Karte der Umgebung ausgearbeitet, mit deren Hilfe sich seine Gäste orientieren und die schönsten Plätze zum Angeln oder Schwimmen finden. Die Zimmer sind sauber, das Sofabett ein bisschen hart, aber in der Dusche läuft kaltes und warmes Wasser. Mehr erwarten wir hier gar nicht. Und das Abendessen – frischer Fisch aus dem Schwarzen Meer, lauwarm und mit einer köstlichen Pfefferkruste, würde anderswo ein Vermögen kosten! Wir sitzen im Garten zwischen Dahlien, Margariten und Gladiolen. Gemüse und Salat baut unsere Gastgeberin hinter dem Haus an. Sie hat Sorgen, der Sommer ist zu heiß und Wasser zum Gießen knapp, so werden die Kohlköpfe nicht richtig groß. Trotzdem – dies ist Landidylle pur, und die will Marius seinen Gästen auch nahe bringen. Er sieht es wie Michail: »Für mich war es nie eine Frage wegzugehen. Ich liebe das Delta und bleibe hier. Und was die Zukunft angeht, bin ich ganz optimistisch. Ich denke, wir haben die schlimmsten Zeiten hinter uns.«

Am nächsten Morgen verlassen wir Sulina und brechen in die Wasserwelt des Donaudeltas auf. Ein von drei Störchen bewohntes Nest markiert die Stelle, an der unser Bootsführer vom Hauptkanal abbiegen muss. Das Landschaftsbild ändert sich binnen weniger Meter: Wir bewegen uns nicht mehr auf dem breiten, von großen Steinquadern eingefassten Strom, sondern auf einem kleinen Kanal, dessen Ufer von mannshohem Schilf gesäumt wird, nur vom Oberdeck unseres Boots aus kann man darüber hinwegsehen. Der Kanal führt auf zwei große Seen zu. Schon nach kurzer Fahrt erreichen wir einen Beobachtungsturm. Wir klettern hinauf, um einen weiten Blick auf das schier endlose Grün zu tun. Nur manchmal sorgen ein paar Bäume und schmale Kanäle für Abwechslung. Weit hinten glitzern die Seen. Als wir auf der Aussichtsplattform ankommen, stellen wir fest, dass der Turm demoliert wurde. Holzplanken sind aus den Wänden herausgerissen, und auch die kleine Sitzbank ist zerstört worden. Wir sind enttäuscht, selbst das Paradies ist vor Vandalismus nicht sicher. Michail erklärt: »Das ganze Delta wurde gleich nach der Revolution zum Biosphärenreservat. Damit waren zahlreiche praktische Änderungen verbunden. Für Sportboote brauchte man fortan eine Genehmigung. Gleiches gilt für die Fischerei-Lizenzen, die limitiert worden sind, um die vielen Vogelarten im Delta zu schützen. Aber das hat nicht jedem gepasst.« Michail berichtet, der Turm sei wahrscheinlich von Amateurfischern beschädigt worden. Die haben die Mär verbreitet, Türme wie dieser, Anfang der neunziger Jahre von Weltbank und World Wildlife Fund aufgestellt, seien nur gebaut worden, um die Fischer zu kontrollieren. Repariert hat ihn bisher niemand. Das ist ärgerlich. Dennoch bereut Michail keinen Augenblick, nicht in Frankreich geblieben zu sein – schon gar nicht an einem so strahlenden Sommertag wie heute.

Mihai fühlt sich nicht nur als Kind, sondern als Mitgestalter der rumänischen Revolution, und es scheint, dass die Entstehung des Delta-Reservats für ihn das glücklichste Ergebnis dieser Revolution ist. Wieder auf dem Boot, erzählt Mihai seine Geschichte weiter. Mit siebzehn Jahren kam er nach Tulcea, lernte Schweißer in der Werft. Wenig später wechselte er den Job, arbeitete sechs Jahre im städtischen Schlachthof, verdiente gut. Eine körperlich harte Arbeit, wie er sagt, aber sie habe ihm Kraft gegeben – und die spürt er bis heute. Als er um die zwanzig war, begann er mit Karate. Körperbewusstsein, Konzentration, Besinnung auf die eigenen Stärken, eine gute Vorbereitung, wie er heute sagt, auf das Jahr des Umsturzes. Als in den Weihnachtstagen 1989 das Staatsfernsehen die jungen Rumänen aufrief, nach Bukarest zu kommen, um die Freiheit der Berichterstattung zu verteidigen, fühlte Mihai sich persönlich angesprochen. So erlebte er das Ende der Diktatur in der Hauptstadt mit. Wenn er von Ceauçescus Flucht mit dem Hubschrauber vom Dach des so genannten Hauses des Volkes berichtet, jenes gigantischen Palasts, für den die halbe Altstadt Bukarests abgerissen wurde, leuchten seine Augen. Nach diesen aufregenden Tagen fand Mihai sein Lebensthema: das Donaudelta. Über seinen Freund, den Karate-Lehrer, hörte er von einem Professor, der eine Truppe von starken jungen Männern zusammenstellte, die bereit sein sollten, das Reservat notfalls mit ihren eigenen Händen zu verteidigen – zum Beispiel gegen illegale Fischer. Neunzig Männer kamen zusammen, Michail machte mit – und es ist ihnen gelungen, die Natur über die schwierigen ersten Jahre der neuen Zeit zu bringen.

Auch wenn sich nach unserem Empfinden der Anblick der Ufer bei der gemächlichen Fahrt gar nicht einschneidend ändert, bei Mihai bricht immer wieder die Begeisterung durch: Gleich hinter der nächsten Kurve werde es besonders schön, einfach großartig. Was die Politik angeht, ist er heute eher enttäuscht. Wie viele Rumänen ist Mihai nicht sicher, ob die Ereignisse von 1989 wirklich eine Tat des Volkes waren, so wie es den Anschein hatte, oder ob nicht verborgene Mächte, die Securitate zum Beispiel, hinter den Kulissen das Geschehen gelenkt haben. Dass mit Ion Illiescu ein Ex-Kommunist an die Macht kam, dass er bis heute Rumäniens Präsident ist, darüber kann Mihai nur den Kopf schütteln. So kümmert er sich statt um Politik lieber ums Naheliegende – seine Reiseagentur und das Delta.

Von Pelikanen begleitet fahren wir in einen der Seen ein. Das Schwarze Meer liegt ganz nahe, aber dies ist reinstes und klarstes Süßwasser. Eine Familie hat es sich in einer kleinen Bucht im Boot bequem gemacht und verbringt ihren Sonntag auf dem Wasser. Wind kommt auf. Am anderen Ufer ragen markant ein paar hohe Bäume empor. Dort lag Ceauçescus Delta-Residenz, erklärt uns Mihai. Als wir nahe herankommen, sehen wir, was aus der geheimnisumrankten »Villa« geworden ist – ein bescheidener Ferienkomplex mit ein paar neuen Urlauber-Häuschen und drei größeren, offenbar älteren Gebäuden, die als Restaurants genutzt werden. Die ganze Anlage mit ihrer bis zum Boden reichenden, blau gestrichenen Stahlrohr-Konstruktion passt überhaupt nicht in die Landschaft. Immerhin zieht die Geschichte offenbar ein paar Ausflügler an. Die meisten Picknick-Tische unter freiem Himmel sind jedenfalls besetzt.

Michail, der passionierte Ornithologe, stellt bei unserer Weiterfahrt durch die Kanäle unter Beweis, wie gründlich er sich auf die Betreuung deutscher Touristen vorbereitet hat. Wie selbstverständlich spult er neben den lateinischen auch die deutschen Namen der verschiedenen Reiherarten, die uns im Delta begegnen, herunter: Purpur- und Silberreiher, Seiden- und Nachtreiher, Grau- und Rallenreiher. Er zeigt uns den sehr seltenen Krauskopf-Pelikan, der meist nur allein oder zu zweit zu sehen ist, und den in Gruppen auftretenden, stärker verbreiteten rosa Pelikan. Der im Donaudelta ansässige Sichler-Ibis erscheint im Gegenlicht fast schwarz, aus geringer Entfernung aber schimmert sein Gefieder metallischblau, und der Hals changiert zwischen Bronze und Goldbraun, ein wunderschöner Vogel! Wir entdecken Wiedehopfe, Uferschnepfen und die Löffler mit ihren breiten Schnäbeln, Weißstörche, Blesshühner, Stockenten und Graugans, Kiebitz und Blauracke. Scheinbar eine phantastisch unberührte Welt aus Wasser, Grün und blauem Himmel.

Aber das Schauen und Schwelgen wird jäh unterbrochen. Am Horizont tauchen plötzlich zwei große Kräne auf. Als wir näher herankommen, erkennen wir eine Fabrikhalle, der das Dach fehlt, Wohnhäuser ohne Fenster, einen rostigen Bulldozer. Wir sind in Caraorman, dem Ort mitten im Delta, in dem Ceauçescu eine andere seiner wahnwitzigen Ideen verwirklichen wollte. Ab Frühjahr 1990, so seine Planung, sollten in dieser Fabrik mitten in der Natur unter sehr hohem Einsatz von Energie und Wasser Mineralien aus dem Delta-Sand herausgefiltert werden, Wismut und Mangan beispielsweise, um sich den teuren Import dieser Rohstoffe aus dem Ausland zu sparen. Ceauçescu und seine Leute hätten dafür einen großen Teil des Deltas sterben lassen. Aber die Revolution kam dazwischen. Wie verheerend die Eingriffe gewesen wären, sieht man in Caraorman aber bis heute. In der unmittelbaren Umgebung der zur Ruine verkommenen Anlage ist die Natur-Idylle urplötzlich zu Ende: Kein Wasser mehr – es wurde umgeleitet … Kein Röhricht mehr … Das Delta wird zur Wüste.

Doch das Gespenstische der Szenerie wird uns erst an Land völlig klar. Das Fabrikgelände wird von zwei Takraf-Kränen, noch aus der DDR importiert, beherrscht. Die Giganten rosten heute vor sich hin. Wir betreten eine der Produktionshallen. In den Fensterrahmen klappern zerbrochene Scheiben. Zu unserer Überraschung führt uns eine Treppe direkt ins Herzstück der Fabrik: das zentrale Schaltpult, an dem ein Diagramm noch Auskunft gibt über die verschiedenen Verfahren, den Sand zu reinigen und Edelmetalle auszuwaschen. Von dieser Schaltstelle aus blickten die Ingenieure direkt in die gigantische Maschinenhalle. Die riesigen Apparate, Kompressoren, durch die das Wasser mit dem Sand gejagt werden sollte, stehen noch heute in drei Reihen nebeneinander – ein absurdes Bild und zugleich ein Symbol für die Skrupellosigkeit des Ceauçescu-Regimes.

Mihai, eigentlich ruhig und besonnen, war bei seinen vielen Fahrten durchs Delta noch nie hier oben im ersten Stock der alten Halle. Als er die riesigen Gerätschaften, die zerstörten Schaltkästen, die herausgerissenen Leitungen sieht, gerät er richtig in Wut: »Und deshalb mussten meine Eltern jahrelang Speiseöl und Margarine auf Zuteilungskarten kaufen! Für solchen Quatsch hat der Staat Geld ausgegeben und ließ seine Bürger darben!«

Als wir zur Anlegestelle aufbrechen, hören wir auf einmal Pferdewiehern. Wir schauen uns um und entdecken in einer der abbruchreifen Hallen acht, zehn Tiere. Der Boden ist mit Streu ausgelegt. Aus Ceauçescus Mineralienfabrik sind Stallungen geworden.

Beruhigt hat sich Mihai immer noch nicht. Es sei schlimm, dass überall im Lande noch Werke aus der alten Zeit produzierten, koste es, was es wolle – und ohne Rücksicht auf die Umwelt. Natürlich brauche ein so großes Land wie Rumänien Industrie – aber es müssten die richtigen Projekte sein, die in das Land passen. Die EU müsse Rumänien dabei beraten und unterstützen. Industrie im Donaudelta, das jedenfalls sei der schlechteste Weg, um die Probleme Rumäniens zu lösen.

Nur ein paar hundert Meter entfernt erscheint uns Caraorman fast wie eine böse Fata Morgana. Wir fahren jetzt Richtung Norden, wieder auf den Sulina-Kanal zu. Unser Ziel ist ein Fischerdorf. Als es gegründet wurde, hatte man offenbar wenig Sinn für Poesie. Das Dörfchen heißt »Meile 23« – so weit ist es von hier bis zur Mündung der Donau ins Schwarze Meer. Aber diesmal ist die Wirklichkeit schöner, als der Name vermuten lässt. »Meile 23« überrascht uns mit kleinen, geduckten, oft strahlend blau gestrichenen Holzhäusern; die Baujahre sind im Giebelholz festgehalten. Große Gärten vermitteln den Eindruck von Wohlstand. Der Fortschritt hat mit einer nagelneuen Schiffstankstelle Einzug gehalten.

Wir sind bei Monea Ziganov und seiner Frau Ljuba angekündigt. Der Fischer, Mitte dreißig, hat in seinem Haus Gästezimmer eingerichtet, größer und moderner als die, die wir in Sulina hatten, und direkt am Fluss gelegen. Morgen früh um halb fünf will er uns zum Fischen mitnehmen. Vor dem Schlafen schlendern wir noch einmal am Ufer entlang, bis zur Kneipe am Schiffsanleger, wo sich die Dorfbewohner treffen, und wir staunen nicht schlecht. Die Leute hier in »Meile 23« sprechen noch ein altertümliches Russisch. Es sind Nachkommen der so genannten Lipowaren, die zu Zeiten Peters des Großen aus ihrer Heimat vertrieben wurden und sich im Delta angesiedelt haben. Sie haben ihre Sprache und ihre Gewohnheiten erhalten können. Die abgeschiedene Welt des Donaudeltas, sie bot den Tieren Schutz – und auch den Menschen.

Morgens um vier piept mein Mobiltelefon – Zeit zum Aufstehen. Offensichtlich bin ich als Erster wach. Auch Monea, der Fischer, scheint noch zu schlafen. Ein richtiges Badezimmer gibt es in seinem Gästehaus nicht, nur ein Plumpsklo draußen auf dem Hof. Waschen muss man sich in der Küche.

Die Decke ist so niedrig, dass ich mich beim Zähneputzen ducken muss. Gut, dass ich so früh dran bin, so entgehe ich dem Gedränge am einzigen Waschbecken. Erst zwanzig Minuten später, zehn Minuten vor der verabredeten Abfahrt, kommt Bewegung ins Haus. Monea hat seine Arbeitshosen aus dickem Cord schon an, darüber trägt er ein warmes Flanellhemd. Ljuba ist mit aufgestanden und bringt noch rasch Kaffee. Nach einem schweigsamen, kargen Frühstück steigen wir kurz nach halb fünf in Moneas schmalen Kahn, den ein jüngerer Kollege schon vorbereitet hat. Früher mussten alle Fischer für den staatlichen Betrieb arbeiten. Heute sind sie selbstständig; sie verkaufen ihren Fang entweder privat, setzen ihn den immer häufigeren Touristen vor oder bringen ihn, als letzte Möglichkeit, zur Genossenschaft, die je nach Ertrag und Qualität des Fischs bezahlt. Monea hat seine Reusen und Netze in einem schmalen Kanal und verschiedenen kleinen Seen liegen. Wir fahren zunächst wieder auf der alten Donau – zurück in Richtung Sulina-Kanal.

Ein voller Mond hellt den Nachthimmel auf. Empfindlich kalt ist es, und die Mücken stechen, wo sie einen erwischen. Zweifach gut, dass wir uns heute morgen für langärmlige Hemden entschieden haben. Von unserem betagten Johnson-Außenborder abgesehen, herrscht totale Stille. Die Vögel rufen, lassen sich aber noch nicht blicken. Wir fahren viel länger als erwartet, fast eine Dreiviertelstunde, im vollkommen ruhigen Wasser. Es erscheint wie ein großer Spiegel, der die Wolkenformationen, den Mond und das Blassrosa des Morgens verdoppelt. Im Schilf hat ein einzelner Fischer angelegt. Im Radio hört er laut klassische Musik, während ein Pelikan, von uns aufgeschreckt, wegfliegt. Der große Vogel erhebt sich nur langsam, und bei den ersten drei, vier Flügelschlägen patscht er fast unsicher aufs Wasser.

Dann erreichen wir Moneas Reusen. Er bringt das schlanke Boot mit den ziemlich hoch gezogenen Außenwänden so in Position, dass sich die Reusen gut herausziehen lassen. Wahrscheinlich hat die Menschheit so schon vor Jahrtausenden gefischt: Eine lange Holzstange dient als Markierungspunkt und Verankerung für die Reusen, die aus natürlichen Materialien gefertigt sind: Holzringe, einen guten Meter im Durchmesser, halten die Netze auseinander, damit die Fische hineinschwimmen und sich verfangen können. Die Reusen liegen dicht nebeneinander.

Doch für Monea fängt der Morgen nicht gut an: Die ersten beiden Reusen sind leer. Jetzt geht die Sonne auf, als lavarote Scheibe. Langsam, fast behutsam schiebt sie sich über das Röhricht nach oben. Mit der dritten Reuse haben wir mehr Glück – ein Wels und ein Hecht landen in unserem Boot und zappeln vor unseren Füßen. Der Hecht springt so hoch, dass er's fast wieder ins Wasser zurück schafft. Aber zufrieden sind die Fischer mit diesem Fang nicht. Die Fische sind klein, und eigentlich, so sagen die beiden, müssten nach der dritten Reuse schon gut zwanzig Kilo im Boot sein. Bei der vierten Stelle ist es besonders mühsam, die Ankerstange zu finden. Aber die Männer wissen, wo sie suchen müssen. Mit Hilfe einer langen Stange, mit dem Karabinerhaken ziehen sie die Reuse hoch. Jetzt arbeiten sie ganz konzentriert. Jeder Handgriff sitzt. Schließlich taucht die Reuse auf, die Fischer ziehen sie hoch, und da glänzt ein großer Fischleib – ein ziemlich stattlicher Wels, gute fünf Kilo, nach dem misslungenen Anfang nicht schlecht. Monea ist erfahren und hat heute keine Wunder erwartet. Das Wasser steht im Moment zu hoch. Da bleibt den Fischen viel Platz, um in entlegenere Zonen des Deltas auszuweichen. »Aber«, sagt Monea, »das wird bald wieder anders sein. Keine Aufregung! So ist das, wenn man in der Natur arbeitet.«

Wie sich die Situation der Fischer denn verändert hat, fast zwölf Jahre nach der Revolution, will ich auf unserer Fahrt zurück wissen. Monea ist ein Mensch, der seine Worte genau abwägt: »Wissen Sie, mein Großvater hat schon gesagt: Es gibt gute, und es gibt schlechte Jahre. In den Siebzigern und Achtzigern gab es Sommer, da haben wir gar nichts gefangen, und ein, zwei Jahre später ging es sehr gut. Heute sind wir nicht unzufrieden. Das Wasser ist sauber – und das Problem der illegalen Fischer hat die Regierung einigermaßen in den Griff bekommen.« Dass der Fang trotzdem größer hätte sein können, steht auf einem ganz anderen Blatt. Dann erzählt Monea die Geschichte vom 500-Kilo-Wels, der das ganze Boot ausgefüllt hat. »Ja doch, so große Fische gibt's wirklich im Donaudelta.« Anglerlatein, aber das passt zur Idylle auf dem Weg zurück nach »Meile 23«.

Für Monea, den Fischer, sind die neuen Zeiten also nicht so schlecht. Und auch die Pelikane haben von der rumänischen Revolution profitiert. Früher, sagt uns Mihai, hatten die Fischer ausdrücklich Weisung, Pelikannester zu zerstören. Die Population sollte niedrig gehalten werden. Die großen Vögel wurden als nimmersatte Fresser angesehen, als Konkurrenten für die staatliche Fischerei. 2500 Paare – mehr sollten es nicht sein. Heute soll sich der Pelikan-Bestand verdreifacht haben, und Monea, unser Fischer, hat nichts gegen sie. »Natürlich fressen sie viel Fisch, aber wissen Sie: In diesem riesigen Delta ist doch auch genug da.« Für die vielen Hobby-Angler hat er Verständnis: »Die Menschen haben ihre Arbeit verloren – und irgendetwas müssen sie doch tun, um ihre Familien zu ernähren.« Kritisch sieht Monea aber die Methoden, die von den Amateuren angewandt werden, das Fischen mit Stromstößen oder sogar Dynamit, von den engmaschigen neuen Kunststoffnetzen, aus denen es für die Jungfische gar kein Entkommen gibt, ganz zu schweigen. Aber Monea klagt nicht, auch nicht an diesem Morgen, als er nach fünf Stunden nur mit einer geringen Ausbeute zur Genossenschaft zurückkehrt. Seinen Fang hat er, wie schon seine Vorväter, mit Schilfblättern bedeckt.

Am Ende des Morgens fragen wir Monea, was er erwartet, wenn sein Land der Europäischen Union beitritt. Viel weiß Monea mit der Frage nicht anzufangen. Dass mehr Konkurrenz auf ihn zukommen wird, die Zahl der Fischereibetriebe womöglich verkleinert wird, ahnt er nicht. »Ich erhoffe mir Unterstützung für diese abgelegene Region: Ausbau der Infrastruktur, Hilfe von Experten, gerade in Umweltschutzfragen.« Und wie sieht er die Zukunft seiner Familie? »Meine Frau und ich wollen auf jeden Fall hier bleiben. Aber für unsere Tochter wäre es besser, wenn sie nach der Schule in Tulcea die Universität besuchte. Wir hoffen, dass sie Rechtsanwältin wird oder Ingenieurin.«

Monea und Ljuba verlassen sich schon heute nicht mehr auf das Fischereigeschäft allein, auch wenn sie damit ganz anständig verdienen. Mit einem Einkommen von ungefähr sieben Millionen Lei liegen sie weit über dem Durchschnitt eines rumänischen Industriearbeiters. Sie können sich damit leisten, schon mal in Urlaub zu fahren, in die Karpaten oder ans

Meer. Nur nach Bukarest, in die Hauptstadt, will Ljuba nie wieder – ihr hat ein Besuch genügt. »Im Auto ist es mir schon nach fünf Minuten zu eng. Und die schlechte Luft! Sechsmal musste ich auf dem Weg aussteigen und eine Pause machen, so übel ist mir von der Schaukelei geworden. Und dann – diese Unruhe, dieser Gestank – und all die vielen Menschen in der Stadt …!«

Die Ziganovs wollen ihr Einkommen durch den Fremdenverkehr aufbessern. Ihr Haus haben sie ausgebaut. Es gibt vier Fremdenzimmer, der geräumige Flur ist mit Holzpaneelen verkleidet und wird zum gemütlichen Aufenthaltsraum, wenn die Stechmücken am Abend die Gäste aus dem Freien vertreiben. Was noch fehlt, ist eine separate Dusche und die richtige Wassertoilette. »Die sanitären Mindeststandards, die Touristen aus dem Westen voraussetzen, sind gar nicht so einfach zu schaffen«, erklärt uns Ljuba. Im Biosphärenreservat gelten für Eingriffe in die Natur strenge Vorschriften. Das Grundwasser fängt hier schon bei einem Meter Tiefe an. Sickergruben oder Wasserleitungen müssen genehmigt werden. Aber die Fischerleute wissen, was die Fremden erwarten. »Spanier waren hier und Amerikaner – und allen hat es bei uns gefallen. Besonders angetan waren sie von meiner Küche. Nur die Italiener wollten nicht bleiben. Nicht wegen des Essens. Das hat ihnen geschmeckt. Aber ein Zimmer ohne eigenes WC – das fanden sie unmöglich.«

Wir brechen auf, zur Rückfahrt nach Tulcea. Sechs Stunden durch den nordwestlichen Teil des Deltas, der uns mit seinen hohen Bäumen, den verwinkelten Wasserläufen fast noch besser gefällt als der Süden. Wir halten das Schiff immer wieder an, um schwimmen zu gehen, und sind erstaunt darüber, wie stark die Strömung in den Flüssen und Kanälen ist. Man kommt kaum dagegen an. Für Mihai sind diese Tage eine gute Zeit. Immer wieder klingelt sein Mobiltelefon: Nachrichten von seinem Büro in Tulcea. Schon morgen soll die nächste Fahrt starten – französische Vogelfreunde haben sich kurzfristig angemeldet. Interessanter ist aber der Anruf aus der Hafenstadt Constanza. An der rumänischen Schwarzmeer-Küste kommt der Tourismus wieder in Schwung, und die Gäste wollen Ausflüge machen. Die Vertreterin einer Reiseagentur bietet einen Vertrag an. Mihai soll regelmäßig Touristen aus

Schweden betreuen. Er kommt ein bisschen ins Grübeln. Eigentlich liebt er die gemütlichen Delta-Touren mit nur ein paar wenigen Passagieren wie in diesen Tagen mit uns. Und jetzt ein Vertrag, dass regelmäßig große Busse hierher kommen sollen? Parkplätze, Müllentsorgung, Anlegestellen im Delta, all das fehlt und muss eingerichtet werden. Aber Mihai fühlt sich in seinem Entschluss bestätigt, in Rumänien zu bleiben. »Wissen Sie, die, die gehen wollten, sind schon weg. Nur wenige werden wiederkommen, selbst wenn die Lage sich bessert. Das war doch schon immer so, wenn Menschen emigriert sind. Aber die, die jetzt noch da sind, werden bleiben – und wir werden das Land aufbauen.«

Kurz vor Tulcea machen wir noch einmal Halt. Links vor der Stadt liegt flussaufwärts der Hafen mit gut zwei Dutzend Schnellbooten der rumänischen Marine, von denen niemand mehr weiß, wofür sie eigentlich noch gut sind. Davor eine ganze Flotte von Binnenschiffen, die schon viel bessere Zeiten gesehen haben. Ion und Daniela Timofte haben auf ihrem großen Kahn ein Tomatenbeet angelegt, und sie halten Hühner. Die resolute Frau und der eher zurückhaltende Mann mit Baseballmütze im Militärstil leben auf dem Schiff – und sie leben auch von ihm, aber mehr schlecht als recht. Sie sind jetzt Angestellte der Unteren Donau-Behörde. Ihre Aufgabe ist es, Steine, die aus dem Fluss gebaggert werden, zur Mündung zu bringen, zur Befestigung der Ausfahrt aufs Meer. Bis vor kurzem haben sie dafür einen Hungerlohn bekommen – jeder nur 500 000 Lei monatlich – umgerechnet gerade vierzig Mark. Die neue Regierung hat die Löhne aber schon zweimal erhöht; jetzt verdienen sie das Dreifache – und sind trotzdem alles andere als gut situiert. »Wir haben drei Kinder«, erzählt Frau Timofte, »zwei Töchter und einen Sohn. Alle sind arbeitslos. Unser Junge hat eine Ausbildung in der Schifffahrtschule gemacht – aber auf dem Fluss gibt's jetzt keine Stellen mehr. Wir haben kein Geld, uns gegenseitig zu besuchen. Aber manchmal ruft er mich an und bettelt. So wenig wir haben – ich halte das bisschen zusammen; wir alle, Großeltern, Kinder und Enkel, müssen davon leben.«

Am nächsten Morgen schauen wir in Tulcea noch einmal bei Viorel Gavril vorbei. Ganz ohne Bürokratie, ohne offizielle Begleitung lässt uns Aker Tulcea, die Werft mit den norwegischen Eignern, aufs Gelände, damit wir uns Viorels Arbeitsplatz ansehen können. Die Geschäftsleitung lädt uns ein, ein bisschen länger zu bleiben – zur Taufe des gerade fertig gestellten, kräftig rot angestrichenen Versorgungsschiffes, das in zwei Tagen auf seine erste Reise aufbrechen soll. In einer großen Fertigungshalle ist Viorel mit Schweißarbeiten beschäftigt. Hier entsteht ein neuer Schiffsrumpf. Der Rohbau steht auf dem Kopf – Kiel nach oben, um besser arbeiten zu können. Die Halle misst gut vier Fußballplätze, überall wird geschweißt und gehämmert. Stahlbleche werden von großen Rollkränen hin- und hertransportiert. Der Stahl kommt aus der Ukraine. Dort ist er noch billiger als rumänische Erzeugnisse, aber er entspricht den norwegischen Qualitätsanforderungen. Sechs Kräne sind im Einsatz und flitzen mit ihrer tonnenschweren Last über unsere Köpfe hinweg. Die Kranführer haben den schwierigsten Job. Mit ihren großen Haken und der schweren Ladung können sie leicht die Arbeiter unter ihnen verletzen. Die Funken fliegen, heiß ist es, laut und stickig. Aber die Halle ist aufgeräumt und in ordentlichem Zustand, es herrscht große Geschäftigkeit. Erst auf den zweiten Blick bemerken wir, dass auch viele Frauen in den blauen Arbeitsanzügen stecken und anstrengende Arbeiten verrichten. Trotz sichtbarer Fortschritte lässt sich auch in dieser Fabrik Rumäniens Distanz zu Westeuropa eher in Jahrzehnten als in Jahren messen. Aber Viorel fällt wenig ein, was man besser machen könnte. Über die Anweisung, beim Arbeiten immer einen Ohrenschutz zu tragen, kann er nur schmunzeln. Was die Sicherheit angeht, so unser Eindruck, muss bei den Angestellten noch viel Überzeugungsarbeit geleistet werden. Mit seiner Arbeit ist Viorel zufrieden. »Die Arbeitsverhältnisse haben sich sehr verbessert. Wir haben Aufträge bis ins nächste Jahr hinein. Ich bin wirklich sehr glücklich.«

Draußen, vor der Halle, treffen wir den norwegischen Eigner der »Active Boy«, einen gut gelaunten Fünfzigjährigen, in saloppem grünem T-Shirt, der uns am Morgen beim kargen Frühstücksbüfett im Delta-Hotel schon aufgefallen war. Peter Lorange wird sein neues, gut hundert Meter langes Schiff in der Nordsee einsetzen. Es soll Ölplattformen versorgen, Chemikalien transportieren, Wasser und Lebensmittel liefern.

Dreißig Millionen Dollar hat ihn der Auftrag gekostet, gut zwanzig Prozent weniger als ein vergleichbares Schiff bei den Kieler Howaldtswerken, bei denen er früher gerne gekauft hat. »Die Rumänen liefern wirklich außergewöhnliche Qualität. Sie haben Erfahrung, qualifizierte Leute und in den letzten Jahren viel dazugelernt. Am letzten Mittsommerfest, genau vor einem Jahr, haben wir das Schiff bestellt. Jetzt ist es fertig, und ich bin außerordentlich zufrieden.«

Der Mann mit einem Lehrstuhl am Internationalen Institut für Management-Entwicklung in Lausanne sagt Tulcea eine gute Zukunft als Werftstandort voraus. Ausschlaggebend sei, das Qualitätsniveau zu halten und sich weiter zu spezialisieren. Noch werden die technologisch anspruchsvollen Teile der »Active Boy« – etwa das Röhrensystem an Deck oder bestimmte elektronische Teile – nicht in Rumänien eingebaut, sondern erst später in Norwegen, bevor das Schiff dann im November seinen Dienst aufnehmen wird. »Auf diesem Gebiet müssen sich die Rumänen weitere Kenntnisse aneignen. Sie werden dann auch mehr Geld verdienen und ihre Marktposition verbessern. Wenn ihnen das aber nicht gelingt, sieht es nicht gut aus.«

Wir gehen zu der kleinen Zeremonie anlässlich der Fertigstellung des Schiffs. Ein paar hundert Arbeiter, die örtlichen Honoratioren und die Vertreter der Werft haben sich versammelt. Die obligatorische Flasche Sekt zerschellt am Schiffsrumpf. Optimistische Gesichter. In den nächsten Jahren soll jeden Monat ein solches Schiff fertig gestellt werden. Auch der Eigner der »Active Boy« hat schon ein weiteres bestellt. Aber eines hat er uns auch klar gesagt: »Wenn Rumänien zu teuer wird, muss ich in Zukunft woanders kaufen.«

Zauberberg in der Slowakei

Ein wenig Genugtuung kann Marian Vavercak nicht verbergen, als er berichtet, dass es die brandneue Schweizer Bergbahn nicht geschafft hat. Vierzehn hochmoderne und in den Alpen getestete Züge, komplette Eisenbahngarnituren, hat die slowakische Bahngesellschaft ZSR für ihr ausgedehntes Schmalspurnetz durch die Hohe Tatra bestellt. Die EU hat bei der Finanzierung geholfen. Aber bei der ersten Testfahrt zeigte sich, dass einige der Steigungen einfach zu steil für die Hightech-Loks aus der Schweiz waren. Die supermoderne, alpentaugliche Bahn kam einfach nicht weiter. Jetzt stehen die Züge im Ausbesserungswerk unten in Poprad. Sie werden auf die hiesigen Verhältnisse umgerüstet, mit stärkeren Motoren ausgestattet, während Marian und seine Lokführerkollegen weiterhin auf die Zukunft warten müssen und mit ihren 1970 in Dienst gestellten Fahrzeugen unterwegs sind. Die knallroten Plastiksessel der Tatra-Bahn sind für die Fahrgäste nicht sonderlich bequem; Anstrich und Outfit der Züge wirken nicht gerade wie der letzte Schrei. Aber die Loks kommen die Berge hoch – und das fast immer pünktlich, wie uns ein deutscher Eisenbahnfan bestätigt, der eigens mit seiner Familie der Bahn wegen in die Tatra gereist ist.

Im Jahr 1908 wurden die ersten Schienen durch die Tatra verlegt, eine der ältesten Hochbahnen der Welt. 1970, als die Nordischen Skiweltmeisterschaften oben in Štrbské Pleso stattfanden, auf mehr als 1300 Meter Höhe, haben die Gastgeber, damals noch die Sozialistische Republik Tschechoslowakei, das Netz erweitert und die Anlagen renoviert. Die Touristen und Einheimischen haben immer noch was davon. Die Züge fahren alle halbe Stunde von Poprad im Tatra-Vorland hoch in die Touristen-Hochburgen Starý Smokovec und Tatranská Lomnica. Die Waggons sind voll – und die Autos bleiben im Tal stehen. Aber seit dem Ende des Sozialismus, seit sich die Tschechische und die Slowakische Republik 1993 voneinander getrennt haben, hat sich auch für die Eisenbahner hier oben in der Tatra viel geändert. Dass nicht mehr so viele Tschechen und Deutsche wie früher als Touristen hierher kommen, ist nicht so entscheidend. Dafür haben sie jetzt Passagiere aus Skandinavien, Belgien, sogar aus Japan, Korea und Israel, die sich für die schroffe Schönheit des kompaktesten Hochgebirges der Welt interessieren. »Alles ist anders geworden«, sagt Marian. »Es fehlt an Kapital, aber auch an Disziplin. Früher war Lokführer ein Traumberuf. Die Lehrer gingen durch die Klassen und suchten sich die besten Schüler aus. Heute sind wir froh, wenn sich jemand bei uns meldet und bei der Bahn arbeiten will.«

Dabei verdient Marian für slowakische Verhältnisse nicht

schlecht. Nach 31 Dienstjahren ist er bei 13 000 Kronen angekommen – mehr als 600 Mark, netto. In der Freizeit renoviert er mit seinen Freunden vom Eisenbahnclub alte Züge. Die Fotos der schönsten Loks und Waggons hat er immer bei sich und zeigt sie uns so stolz wie andere Leute Familienbilder. Während sich der Zug, der wie eine extralange, höher gelegte Straßenbahn aussieht und auf Schmalspurgleisen fährt, durch den mit Fichten, Kiefern, Lärchen und Birken dicht bestandenen Wald hocharbeitet, erzählt Marian fröhlich. Ein Mann, der mit dem Leben einverstanden ist. Manches sei jetzt merkwürdig, das schon. Uniformen bekommen nur noch die Schaffner und Abfertiger auf den Bahnsteigen. Die Zugführer müssen für ihre Kleidung selbst sorgen. Geld zum Reisen, zum Beispiel um die neuen Hochgeschwindigkeitszüge in Westeuropa zu erleben, hat er nicht. Aber er sei einfach verliebt in seine Bahn. Er habe auf dieser Strecke schon einen Bären gesehen. »Ich habe zwei Töchter und keinen Sohn, aber mein kleiner Enkel«, sagt Marian mit großväterlicher Freude, »der wird sicher auch einmal Eisenbahner.«

Knapp hundert Jahre ist die Tatra-Bahn alt, Teil einer gigantischen Investition, mit der Anfang des 20. Jahrhunderts das Gebirge für den Tourismus erschlossen wurde. Eine selbstständige Slowakei gab es damals nicht. Die Tatra mit ihren bizarren Kalksandstein-Formationen und klaren Gebirgsseen, den so genannten Mondaugen, war der nördlichste Teil Ober-Ungarns. Die bürgerliche Gesellschaft der ausgedehnten k.u.k. Doppelmonarchie schuf sich eine »neue Schweiz« mit Hotels, die Jugendstil und Fachwerkbau verbanden; man schätzte Erker, Türmchen und großzügige Aufenthaltsräume – eine Prise englischer Tudor-Stil gemixt mit ein bisschen St. Moritz. Die Architekten kamen – wie später die Gäste – aus Budapest, Wien und Bratislava. Von der alten Pracht ist bis heute erstaunlich viel erhalten, ein bisschen abgeblättert meistens, aber in den letzten Jahren nach Kräften modernisiert. Bei der Finanzierung Anfang des letzten Jahrhunderts war übrigens die Zipser Sparkasse der Hauptgeldgeber – Zips, so nannte die einflussreiche deutsche Minderheit die dem Gebirge vorgelagerte Landschaft.

Wir stoßen einmal wieder auf eine Wissenslücke in Sachen mitteleuropäischer Geschichte und müssen nachlesen: Die Zipser Sachsen waren ab dem 13. Jahrhundert religiös und wirtschaftlich zu einer bestimmenden Kraft in diesem versteckten Winkel Europas geworden. Die ungarischen Könige hatten ihnen weit reichende Autonomierechte einräumen müssen. So blieb es viele Jahrhunderte. Die Kultur blühte und brachte wunderschöne Barockstädte wie Leutschau, das heutige Levoča, hervor. Aber die Zeiten änderten sich. Das vielsprachige Österreich-Ungarn zerbrach, die erste tschechoslowakische Republik wurde von Hitler zerschlagen. Während Böhmen und Mähren Generalgouvernement wurden, erhielt die Slowakei unter einer klero-faschistischen Führung eine gewisse Selbstständigkeit. In der Nazizeit wurde die überaus traditionsreiche jüdische Bevölkerung ausgelöscht. Aber nachdem slowakische Rebellen und die Rote Armee die Besatzer abgeschüttelt hatten, wurden auch die Zipser Deutschen vertrieben, und eine jahrhundertealte Symbiose endete. Das Ergebnis des Zweiten Weltkriegs in der Tatra-Region: Die ethnische Vielfalt, die das Land seit Menschengedenken ausgezeichnet hatte, war dahin. Heute ist die Slowakei selbstständig und die Hohe Tatra ihre wichtigste touristische Attraktion. Das Land sucht einen Weg nach Europa. Das war nicht leicht im Windschatten der Tschechischen Republik, die mit Václav Havel einen der Helden der europäischen 89er-Revolution hervorgebracht hatte, während die Slowakei in den wertvollen Anfangsjahren vom undurchsichtigen Präsidenten Meciar und seinen Gefolgsleuten regiert wurde. Sie hielten das Land unter Verschluss, statt es zu öffnen.

Keine guten Erinnerungen an diese Zeit hat Gabriel Ondrovic, der Bürgermeister der »Stadt Hohe Tatra«, zu der sich die kleinen Gemeinden hier im Gebirge zusammengeschlossen haben. Der breitschultrige, auf den ersten Blick etwas grob wirkende Mann ist Ende vierzig und hat seit Anfang der neunziger Jahre viele politische Kämpfe hinter sich gebracht. Er ist froh, dass Meciar abgewählt wurde. Aber besonders übersichtlich ist die politische Lage heute mit einer bunt gemischten Reform-Koalition dennoch nicht. »Jeder will regieren, aber im Lande bewegt sich zu wenig. Wenn man niemanden in unserer Hauptstadt Bratislava kennt«, erklärt Ondrovic, »ist man verloren. Nehmen Sie die neue Straße. Vor einem Jahr war das noch eine holprige Piste, unzumutbar für unsere Gäste. Da muss man schon selbst zum Verkehrsminister fahren und kämpfen. Man muss Leute persönlich kennen, um etwas zu erreichen!«

Ondrovic ist ein Macher und ein Musterbeispiel für die junge slowakische Politiker-Generation. »Wir sind optimistisch«, sagt er, »für die Älteren ist es schwierig, für die Rentner, die werden mit dem Untergang des Kommunismus nie fertig. Sie werden nie verstehen, warum der Liter Milch in dem einen Laden mehr kostet als im nächsten.« Zur Politik sei er aus der Überzeugung gekommen, dass jeder an der neuen Ordnung arbeiten müsse, Schritt für Schritt. Ondrovic hat unmittelbar nach der Wende ein Jahr in den USA verbracht und von dort die Erkenntnis mitgenommen: Um etwas zu erreichen, muss man »arbeiten, arbeiten, arbeiten ...«.

Das Feld, auf dem er ganz persönlich etwas zu bewegen versucht, ist der Fremdenverkehr. Zwar sind mittlerweile alle Betriebe privatisiert, staatliche Hotels gibt es nicht mehr. Aber noch längst nicht alle Häuser sind so ausgestattet, wie die Gäste vor allem aus dem Westen das heutzutage erwarten. In den wilden Übergangszeiten, sagt Ondrovic, seien viele Übernachtungsbetriebe an Leute gegangen, die gar nicht aus der Branche kamen. Die wollten nur schnelles Geld verdienen, Gewinn aus den Häusern herausholen, statt zu investieren. Aber vieles sei seitdem besser geworden. Viele Slowaken hätten im Ausland gelernt, wie das »neue Regime« funktioniert. Und man müsse ja längst nicht alles neu erfinden. Ondrovic hat ein persönliches Vorbild: Er war ein paar Mal in Irland und scheint sich in dieses Land verliebt zu haben. Was waren die Iren rückständig, bevor sie der EU beitraten! Und dann diese wirtschaftliche Erfolgsgeschichte in ein paar wenigen Jahren! So etwas Ähnliches stellt er sich für sein Land vor. »Die Voraussetzungen bringt die Slowakei mit«, sagt er, »die Natur ist weitgehend intakt, die Leute sind gut ausgebildet, und wir wollen arbeiten!«

Für Ondrovic ist die Verbesserung der Verkehrsanbindung vorrangig. Es gibt keine durchgehende Autobahn in die Hohe Tatra, weder von Süden aus Richtung Österreich noch von Westen aus Richtung Deutschland. Die Anreise für zahlungskräftige Gäste sei demnach einfach zu lang und zu strapaziös. So arbeitet er jetzt an der Wiedereröffnung des Regionalflughafens Poprad. Vor der Wende wurde er von der Interflug bedient und verkürzte den Weg in ein bevorzugtes Urlaubsgebiet vieler Ostdeutscher. »Wir lassen uns vom Flughafen Newcastle in Großbritannien beraten. Der war auch total heruntergekommen. Aber ein paar clevere Leute haben ihn gekauft, mit Fördermitteln der EU wieder hergerichtet – und jetzt ist er sehr erfolgreich.«

In Laufweite zum Rathaus, in dem Gabriel Ondrovic residiert, befindet sich das Vorzeige-Hotel von Starý Smokovec, das »Grandhotel«. 1904 gebaut, hat es die mondäne Welt kommen und gehen sehen. Legendär ist ein Kur-Aufenthalt von Franz Kafka, der hier 1920 sein Lungenleiden ausheilen wollte. Besondere Erinnerungen haben Alteingesessene auch an den Besuch von Fidel Castro. Er war Anfang der siebziger Jahre mit einem Tross von 160 Begleitern eingefallen und hat die Waldwege, die für diesen Anlass eigens asphaltiert worden waren, nie benutzt. Das »Grandhotel« macht seinem Namen durchaus Ehre – ein Hauch Art déco ist noch vorhanden. Aber auch realsozialistische Einsprengsel beim Mobiliar, den Kronleuchtern, im Fitness-Bereich sind zu besichtigen, trotz Millionen-Investitionen der letzten Jahre. Von den neuen Zeiten künden die Weltzeituhren über der Rezeption, von Tokio bis London – aber auch Moskau kommt noch vor. Das ist eine Referenz gegenüber den Kunden, die immer noch, vor allem im Hochsommer, aus Russland und der Ukraine anreisen, und von denen bekannt ist, dass sie in der Bar schon mal mit besonders großen Scheinen zahlen. Wenn die Gäste feiern, verrät uns der junge, allgegenwärtige Geschäftsführer, versuchen wir die verschiedenen Nationen ein bisschen auseinander zu halten – jeder hat ja seine ganz eigene Vorstellung vom Urlaub.

Übers Wochenende ist das Hotel ausgebucht. Fast alle 79 Zimmer hat ein kanadischer Getränkekonzern gemietet. Er lädt seine besten Verkäufer in der hiesigen Verkaufsregion, und die umfasst noch immer gemeinsam Slowakei und Tschechien, auf ein Dankeschön-Wochenende ein. Sport steht für die jungen Männer mit ihren Familien im Vordergrund, Bergsteigen, Rad- und Wildwasserfahren, alles vom Hotel organisiert – und am Samstagabend soll es eine große Fete geben. Als wir mit dem Chef der Gruppe ins Plaudern kommen, erzählt der uns eine merkwürdige Geschichte vom realen Kapitalismus. Die jungen Leute hier, schwärmt der drahtige

Tscheche, der Englisch mit leicht französischem Einschlag spricht, sind das beste Verkaufsteam, das man sich vorstellen kann. »Seit 1992 haben wir in den beiden Ländern den Markt erobert, mit Whisky und Tequila, Sherry und mexikanischem Bier. Wir waren die Mannschaft mit den besten Umsatzzahlen weltweit. Doch über Nacht entschied die Konzernleitung, sich von der Getränke-Sparte zu trennen. Das Unternehmen konzentriert sich jetzt auf Entertainment und Informationstechnologie. Für die jungen Leute hier heißt das: Zum 30. Juni ist Schluss.« Das war ein Schock! Aber der Stimmung tut das überraschende Ende dieser Erfolgsstory anscheinend keinen Abbruch, und, da ist der Verkaufsleiter optimistisch, die Leute sind so gut, die werden schnell neue Jobs finden.

Für den letzten Abend ihres Abschluss-Meetings ist ein opulentes Buffet aufgebaut. Im Mittelpunkt der großen Halle mixt Suzanna Sedlaková in einer improvisierten Bar Cocktails. Das bildhübsche Mädchen mit dem streng nach hinten gestriegelten Haar, den akkurat gezupften Augenbrauen und dem etwas maskenhaft geschminkten Gesicht ist der heimliche Star des Grandhotels. Seit sechs Jahren arbeitet die 24-Jährige hier. Sie hat ihre Ausbildung zur Barkeeperin in der Hotelfachschule gleich nebenan gemacht. »Und sie ist sehr gut«, sagt der Hoteldirektor. Ein bisschen Show gehört zum Auftritt. Suzanna weiß, was Gäste und Geschäftsleitung von einer jungen Frau an der Bar erwarten. Sie macht ihren Job cool, professionell und sexy. Ihre Arbeit im Grandhotel sieht Suzanna als Ticket für eine bessere Zukunft. Sie hat ihr Gehalt genau umgerechnet: 123 Dollar verdient sie im Monat – zu wenig, wie sie meint. Deshalb nimmt Suzanna Nebenjobs an, zieht mit ihrem Alu-Koffer, in dem die wichtigsten Arbeits-Utensilien Platz haben, von Disko zu Disko, als Cocktail-Queen der Hohen Tatra. Eine lange Nachtschicht kann bis zu vierzig Dollar bringen. Aber Suzanna will mehr Geld verdienen, und sie will mehr lernen. Sie will weg aus der Slowakei. Vielleicht fällt die Entscheidung schon bald. Sie hat sich bei der amerikanischen Kreuzfahrtgesellschaft Carnival Cruise Lines beworben. Nächste Woche ist Vorstellungstermin in Bratislava. Ihre Chancen stehen nicht schlecht. Suzanna hat viele Preise vorzuweisen, 1995 den Euro-Cup in Preszow, in Warschau den Absolut-Cup, und in Stuttgart hat sie beim Smirnoff-Cup die Silbermedaille der Damen geholt. Auf einem der sechzehn Carnival-Schiffe für ein paar Jahre zu reisen, das würde ihr gefallen. Und dann will sie in den USA leben. Wir fragen sie, was sie gegenüber ihren Eltern und Geschwistern empfindet, ob sie sich nicht vor Heimweh fürchtet. Darauf gibt Suzanna keine Antwort, sondern zeigt nur ein feines Lächeln.

Am nächsten Tag hängen die Wolken tief in den Bergen, aber der Hoteldirektor drängt uns dennoch, einen Ausflug zum Dunajec-Fluss zu machen. Der schlängelt sich etwa fünfzig Kilometer nordöstlich der Hohen Tatra durch eine tiefe Schlucht im Pieniny-Nationalpark. Die Floßfahrt gehört zu den touristischen Attraktionen der Gegend, ein Muss für jeden, der hier ist. Wir machen uns also auf den Weg Richtung Grenze, der Dunajec trennt die Slowakei von Polen. Im Städtchen Majere warten die Flößer schon auf uns. Auch ihr Betrieb ist mittlerweile privatisiert. Die stärkste Konkurrenz sind die Polen auf der anderen Seite des Flusses, die in der Saison über 250 Flöße betreiben. Wir werden uns einig über den Preis, 120 Mark für eine zweistündige Fahrt, Rücktransport per Mini-Bus – und schon sind wir auf dem schnell fließenden Dunajec unterwegs. Im kniehohen Wasser stehen Angler – Fliegenfischen wie im amerikanischen Kultfilm »In der Mitte entspringt ein Fluss«. Auch die Landschaft ist fast so wildromantisch wie in dem Hollywood-Streifen.

Unser Flößer ist Radosláv Marhefka, 24. Seine Kollegen rufen ihn »Rado«. Er trägt die farbenprächtige Tracht der Goren, des kleinen Bergvolks, das auf beiden Seiten der Grenze zu Hause ist. Sein schwarzer Filzhut ist mit einem roten Bändchen geschmückt, auf das kleine Muscheln aufgenäht sind. »Heute sind die aus Plastik«, erklärt er uns lachend, »aber früher reisten die Flößer bis zur Ostsee. Sie brachten das Holz über den Fluss bis zum Meer, und mit jeder Reise kam eine neue Muschel hinzu.« Mittlerweile sind wir in der Dunajec-Schlucht eingefahren. Links, auf der polnischen Seite, steil abfallende Felsenwände mit pittoresken Gipfelformationen, rechts, in der Slowakei, Wald und ein uralter Weg. Heute dient er Wanderern und Fahrradfahrern, früher verband die alte »Bernsteinstraße« die Ostsee mit der Donau.

Rado hat Elektrotechnik studiert, aber es ist schwer, hier in der nördlichen Slowakei Arbeit zu finden. Und weggehen will er nicht. Denn er liebt diese Gegend; er liebt auch diesen Gelegenheitsjob als Flößer. Während wir uns unterhalten, flattert ein Schwarzstorch auf. Er lässt sich von unserer Gesellschaft kaum stören – und Rado zeigt uns später das Nest dieses seltenen Vogels. »Wenn die Saison vorbei ist, im Winter, gehe ich nach Bratislava, zum Geldverdienen. Aber ich kehre immer wieder gerne zurück. Das Floßfahren hier liegt mir irgendwie im Blut.«

Mit der wirtschaftlichen Entwicklung sind die Flößer zufrieden. Wenn die Slowakei erst einmal zur Europäischen Union gehört, dann wird es noch besser werden, hofft Rado. Aber es macht ihm Sorgen, dass sein Land nicht dabei sein könnte, wenn die ersten mittel- und osteuropäischen Länder beitreten. Die Slowakei liegt wie ein Keil zwischen den künftigen EU-Ländern Österreich, Tschechien und Polen. »Wäre die Freizügigkeit der Urlauber, das Hin und Her, das in den letzten Jahren so einfach geworden ist, dann nicht in Frage gestellt?«, fragt Rado. Er hat Recht: Wenn die Slowakei nicht zur gleichen Zeit wie die Nachbarstaaten den Schritt in die Gemeinschaft schafft, würde hier eine Schengen-Grenze entstehen. Die wirtschaftlichen Rahmenbedingungen sprechen im Moment nicht für einen schnellen Beitritt der Slowakei. Die Regierung Meciar hat zu viel Zeit verloren in den ersten Jahren – düstere Zukunftsaussichten für Rado und seine Kollegen.

Nach elf Kilometern erreichen wir das Ziel unserer Fahrt – eine kleine Kiesbucht, genau an der Grenze zu Polen. Von den früher üblichen Grenzsicherungen gibt es keine Spur mehr. Im Gegenteil: Vor zwei Jahren wurde hier ein Übergang für Wanderer und Radfahrer eröffnet, friedliche Grenzbeamte versehen ihren Dienst in zwei kleinen Holzhäuschen mit polnischer und slowakischer Fahne. Viele Ausflügler nutzen die Möglichkeit zu einem Bier im Nachbarland. Auch zwischen den Ländern Osteuropas sind die Grenzen durchlässiger geworden im letzten Jahrzehnt. Ein neuer Eiserner Vorhang durch die Tatra – das wäre das Gegenteil von dem, was Rado von Europa erwartet.

Auf der Rückfahrt lösen wir noch eine Verabredung ein. Bürgermeister Ondrovic hatte uns gestanden, dass er abends keine Zeit für uns hätte, sondern etwas Besonderes feiern müsse – die Anfängerprüfung im Golf. Seit drei Wochen lerne er zu schlagen und zu putten – und gerade heute sei das erste »Examen« fällig. »Wenn ihr Lust habt«, hat er uns gesagt, »schaut euch doch den Golfplatz mal an.« Das Gelände erstreckt sich ein paar Kilometer vor dem Gebirge, man hat einen traumhaften Blick auf die Tatra. Neun Löcher sind zu spielen. Es gibt ein kleines Gartenhäuschen – aber klar ist: Der Golfsport steckt hier noch in den Kinderschuhen, alles wirkt mehr als rustikal. Ondrovic macht uns mit seinen Freunden bekannt. Unter ihnen fällt uns ein ausgezeichnet deutsch und englisch sprechender Mann auf; Baseball-Mütze, teure Schuhe und Sportkleidung. Der Freund des Bürgermeisters erzählt uns, was er mit dem Gelände vorhat: Hier soll ein großes Golf-Zentrum entstehen, drei Neun-Loch-Plätze, neue Hotels, für die schon nach Thermal-Wasser gebohrt wird. Die Slowakei soll vom Wellness-Trend im Westen profitieren. Nächstes Jahr beginnen die Bauarbeiten. Als wir nach seinem Beruf fragen, bleibt der Herr zunächst ein bisschen undeutlich. Er sei Ingenieur, Fachmann für Gas. Später, als wir zu einem Gulasch ums Lagerfeuer zusammensitzen, jeder eine Flasche »Zlaty Bazán«-Bier in der Hand, erzählt er uns, als es die Tschechoslowakei noch gab, da sei er Generaldirektor der staatlichen Gasgesellschaft gewesen. In den neuen Zeiten habe er sich politisch zurückgezogen, aber jetzt die Planung einer Pipeline von Russland nach Westeuropa übernommen. Er ist zuversichtlich, dass mit dem großen Golfplatz, mit den neuen Hotels auch eine ganz neue Touristen-Klientel die Slowakei entdecken wird. Aber zunächst einmal freut er sich auf das große Klubhaus aus Holz, das er für den jungen Golf-Verein bestellt hat. Es wird in den nächsten Wochen aufgestellt, von der besten Firma auf diesem Gebiet, aus Finnland. In Trainingsanzügen und mit Plastikgeschirr bewaffnet, sitzen hier die Männer zusammen, die über die Zukunft der Region bestimmen – ein Bürgermeister, ein Hoteldirektor, ein Manager. Wir fragen Gabriel Ondrovic, ob ihm bewusst ist, dass Golf im Westen als elitärer, bürgerlicher Sport gelte? »Schon«, sagt er. »Aber ist es nicht ein Zeichen der Freiheit, jetzt zu tun, was uns Spaß macht?«

Die Kollegen hatten mich vorgewarnt: Es werde ein etwas merkwürdiger Mann sein, auf den wir in Kaliningrad, dem ehemaligen Königsberg, treffen. Wir sind mit Stanislaus Lauruschonis verabredet. Der Name klingt litauisch. Doch Stani, wie ihn seine Frau Swetlana nennt, ist Russe. 1979 hatte es ihn mit seinen Eltern hierher verschlagen. Eine verworrene Geschichte. Die Familie kam vom anderen Ende der Welt. Sie hielt es im sibirischen Anadyr, direkt gegenüber von Alaska gelegen und berüchtigt als stalinistisches Straflager, nicht mehr aus. Die Siedlung am Bering-Meer war in der Zeit der Hochrüstung ein strategischer Außenposten. Stanis Vater diente bei der sowjetischen Flotte. Aber das Leben am Eismeer war für seine Familie nicht mehr zu ertragen. »Wir konnten und wollten nicht mehr dort bleiben, in der Kälte, bei diesen Temperaturen«, erklärt uns Stanislaus. So kam seine Familie nach Kaliningrad, das als Stützpunkt der baltischen Flotte militärisch für die einstige Supermacht ebenso bedeutsam war wie jener ferne asiatische Posten.

Ein Leben wie das von Stanislaus Lauruschonis war nur in der Sowjetunion denkbar. Als das Riesenreich zerbrach, blieb die Familie in Kaliningrad, wie gestrandet. Einst einziger eisfreier Ostseehafen der Sowjetunion und deshalb, wie Militärexperten damals sagten, eine Art riesiger Flugzeugträger, leben noch heute viele Militärs hier. Aber die Flotte rostet vor sich hin. Und die Lebensbedingungen für die Soldaten sind weitaus schlechter als im übrigen Russland. Das Kaliningrader Gebiet, bis 1945 das nördliche Ostpreußen, ist heute eine Exklave Russlands. Der Verwaltungsbezirk, in dem etwa eine Million Menschen leben, ist von unabhängigen Staaten umgeben, so dass jeder Kaliningrader, der in die Hauptstadt Moskau oder nach St. Petersburg reisen will, Grenzen passieren und andere Länder durchqueren muss. Für Staaten wie Litauen, Weißrussland, Polen ist es eine Genugtuung, die russischen Staatsbürger im Transit ihre neue Souveränität spüren zu lassen.

Aus dem Nach-Wende-Traum, Kaliningrad könne schnell durch einen wirtschaftlichen Sonderstatus und europäische Hilfe zum »Hongkong der Ostsee« werden, ist nichts geworden. Von Aufbruch kaum eine Spur. Das war uns schon am Flughafen klar, wo der tägliche Flug aus Kopenhagen, Kaliningrads einzige Flugverbindung nach Westeuropa, noch immer in einer jämmerlichen Baracke abgefertigt wird, deren Zustand sich seit Jahren nicht verändert hat.

Stanislaus hat uns nach Hause eingeladen. Es könnte ungewöhnlicher kaum sein. Seit Jahren wohnt er mit seiner Familie, Frau und vier Kindern, im Fort Nr. 1, einer Festungsanlage aus deutscher Zeit: 1878 wurde sie als eines von zwölf Backstein-Bollwerken zur Verteidigung Königsbergs angelegt, benannt nach dem preußischen Reformminister Stein. Es ist die pure Not, warum die Familie Lauruschonis hier lebt, für eine normale Bleibe hat sie einfach kein Geld. Aber es ist auch mehr: Stanislaus liebt dieses alte preußische Festungswerk, und er hat es sich zum Lebensinhalt gemacht, es vor weiterem Verfall zu schützen. Viel Mühe und Zeit bringt er auf, die Beschädigungen notdürftig zu reparieren, und er träumt sogar davon, demnächst Touristen durch das Fort führen zu können. »Ich war immer ein Oppositioneller«, sagt er. »Noch bevor wir alle frei reden konnten, habe ich es getan. Ich habe den Wehrdienst für die Sowjetunion verweigert und kam dafür 1983 in eine psychiatrische Anstalt in Nischni-Nowgorod, damals hieß die Stadt noch Gorki. Es war die gleiche, in der auch Sacharow eingesperrt war, bevor er rehabilitiert wurde. Heute können wir frei reden – aber ich bin noch immer rebellisch. Ich bin dagegen, das Alte aus der Welt zu schaffen, so zu tun, als habe es nie existiert.«

Ein menschenwürdiges Leben kann man das Dasein im Fort Stein kaum nennen. Das Gemäuer ist kalt, und es gibt kein fließendes Wasser. Das Ehepaar Lauruschonis lebt, isst, schläft, kocht und wäscht sich in einem Zimmer. Nur der Blick ist schön, er geht in den mit Wasser gefüllten Festungsgraben.

Für Stanislaus, der leidenschaftlich an Gorbatschow und seine Reformen geglaubt hat, ist die russische Demokratie gescheitert. Die Gesetze seien immer komplizierter geworden und der Alltag über die Jahre hin ständig mühsamer. Vor allem die zweite Präsidentschaft Jelzins, die Jahre zwischen 1996 und 2000, seien eine verlorene Zeit gewesen. Gerade das Gebiet Kaliningrad sei ein gutes Beispiel, wie Militärs und

Oligarchen die Gesellschaft in den Griff bekommen hätten. Nichts gehe voran, nur die Preise stiegen ständig. Aber Stani ist eigentlich nicht der Typ, der jammert. Sein Lebensmotto lautet: »Die Menschen müssen selbst kämpfen, sich selbst helfen, sonst wird's nichts.« Stanislaus wirkt unruhig, manchmal fahrig, mitunter zynisch. »Es ist schon eine tolle Errungenschaft, dass wir überhaupt noch leben«, sagt er und führt uns durch die alten Kasematten. Vom roten Backstein blättert weiße Farbe ab, 1920, hat er herausgefunden, wurde hier zuletzt gestrichen. »Wenn der Mensch eine Wahl hätte, würde er sich kaum für ein Leben wie dieses entscheiden«, sagt Stanislaus.

Mit bescheidenen Mitteln, aber mit ganzer Hingabe hat Stanislaus schon viel von den alten Gemäuern des Forts freigelegt. Er hat einen früheren Schießplatz wieder hergerichtet und ist beim Graben immer wieder auf Fundstücke gestoßen, die er in einem kleinen Lagerraum sammelt. Ein Museum will er es nicht nennen. Aber er präsentiert uns Alltagsgegenstände aus der Geschichte des untergegangenen Königsberg: Werkzeuge und Flaschen, Münzen und Medaillen, und natürlich Waffen aller Art. Säbel, Dolche, Gewehre.

In den letzten Jahren hat er auf dem großen, über weite Strecken vollkommen überwucherten Gelände der Festung am Rand der Stadt an den Wochenenden Gesellschaft bekommen. Junge Männer trainieren auf dem Innenhof des Forts. Auch als wir zu Besuch sind, treffen wir sie an. Es sind athletische Typen, um die zwanzig, die sich einem Hobby verschrieben haben, das uns fast surreal vorkommt. Im neuen Russland ist es aber gar nicht so ungewöhnlich: Ritterspiele. Der Anführer der Truppe ist Michail, 23, ein kräftig gebauter Mann, mit gewinnendem Lächeln. In seiner Arbeitszeit sei er Finanzmanager bei einer der vielen Kaliningrader Banken, erzählt er uns, doch heute, am Sonntag, schwingt er den kiloschweren Säbel und wappnet sich für einen Zweikampf mit einem imaginären Feind. Michail erzählt uns, dass er und seine Kameraden häufig selbst gemachte Rüstungen anlegen und als slawische und preußische Ritter verkleidet die blutige und oft genug tragische Geschichte Ostpreußens nachvollziehen. Die Vergangenheit als Zeitvertreib für die Jugend von Kaliningrad …

Stanislaus sagt uns, für ihn spiele es keine besondere Rolle, dass »sein« Fort ein militärisches Gebäude sei. Ihm gehe es darum, ein Stück des historischen Königsberg zu erhalten. Seine Passion für die alten Gebäude habe auch nichts damit zu tun, dass es sich um Zeugnisse der deutschen Geschichte handele. Das sei doch mehr ein historischer Zufall. Aber Ehrfurcht vor der Leistung der alten Baumeister, die habe er schon. Die örtliche Bürokratie habe ihn anfangs schikaniert, immer wieder gedroht, ihn und seine Familie hinauszuwerfen. Aber jetzt lasse die Stadtverwaltung ihn in Ruhe. »Zwar gibt es kein Geld zur Unterstützung, aber der Staat legt uns auch keine Steine mehr in den Weg. Immerhin!«

Wir sitzen in der Küche. Es hat lange gedauert, bis das Teewasser heiß wurde auf der alten Kochplatte. Ich frage Frau Swetlana, ob sie jemals mit dem Gedanken gespielt habe, wegzugehen, weil das Leben in Kaliningrad einfach zu hart für sie und ihre Familie sei. »Nein, ich bleibe hier, egal, was passiert. Ich bin hier geboren, wie meine Kinder auch. Ich spreche keine fremden Sprachen. Wie sollte ich mich da in Europa zurechtfinden?«

Auch für Stanislaus wäre wegzugehen keine Alternative. Er hat eine Vorstellung vom Leben im Westen, konnte nach Schweden und Polen reisen. Dort hat er, in der Stadt Thorn zwischen Warschau und Danzig, einen Mann kennen gelernt, der sich – genau wie er – der Erhaltung eines preußischen Militärforts widmet. Das Beispiel hat ihn in seinem Entschluss bestätigt, im Lande zu bleiben, auch wenn die Lebensumstände mehr als widrig sind. »Viele Menschen behaupten, dies hier sei ihre Heimat. Aber sie haben so lange kein Recht dazu, wie sie nichts tun, diese Heimat auch zu erhalten. Meine Überzeugung ist: Wir müssen auch die Taten der Generationen vor uns verantworten. Und wenn die etwas Schlimmes getan haben, müssen wir dafür einstehen.« Stanislaus trägt seinen Teil bei, indem er das Fort Stein zu erhalten versucht, so gut es mit seinen Möglichkeiten eben geht.

Vier Jahre ist es her, da war ich zum ersten Mal in Kaliningrad, dem ehemaligen Königsberg. Nach einem Redaktionsgespräch mit meinen Kollegen im ZDF-Morgenmagazin, bei dem viele der jungen Leute – darunter auch einige Ostdeutsche – bekannt hatten, das Thema Vertreibung und die Lage der ehemals deutschen Ostgebiete sei wie ein Tabu, hatten wir uns zu einer Serie über das nördliche Ostpreußen entschlossen. Schon damals hatte mich die monströse Leere Kaliningrads entsetzt. An Stelle eines Zentrums – nichts; an Stelle des Schlosses, in dem Preußens Könige gekrönt wurden – eine gigantische Bauruine aus sowjetischer Zeit; an Stelle des Altstadtviertels um den Dom – ein kleiner Park. Es war ganz anders als in Dresden, das vom Bombenkrieg auch nahezu ausgelöscht wurde, aber immerhin gaben Zwinger, Hofkirche und Schlossruine noch Halt und Anhaltspunkte für den Wiederaufbau.

In Kaliningrad gibt es keine Erinnerung, auch wenn die jungen Leute ihre Stadt jetzt mit einer gewissen Zärtlichkeit »Kjenig« nennen. Und dennoch entdecke ich beim zweiten Besuch Anzeichen für Veränderungen. 1997 war der Dom fast noch eine Ruine – nur das Hauptportal war restauriert und ein kleines Museum eingerichtet, vom dem ich besonders den alten Stich von »Königsberg« im Gedächtnis behielt. Aber über dem Kirchenschiff wölbte sich noch der Himmel. Heute ist das Dach des Doms gedeckt. Zwar wirkt die Stadt weiterhin unzusammenhängend, ohne Mitte, doch hier und da wird gebaut, und auf dem Lenin-Prospekt machen ein paar Geschäfte mit westlichen Reklametafeln auf ihr Angebot aufmerksam. Die deutlichsten Fortschrittsboten sind freilich auch hier die vielen Banken und Tankstellen. Russlands Ölkonzern Lukoil zeigt entschlossen Flagge, obgleich die Autofahrer auf sich warten lassen. Und noch eine Veränderung ist sofort wahrnehmbar: In Kaliningrad wie überall im »Neuen Russland« ist die Kluft zwischen Arm und Reich größer geworden. Boutiquen und Restaurants finden ihre Kunden, meist junge Leute, westlich gekleidet und mit Handy bewaffnet. Aber auf den Bürgersteigen warten Babuschkas stundenlang auf Käufer für Blumensträuße und eingelegte Pilze.

Bei den neuen Reichen liegt es im Trend, in eine der wenigen alten Villen zu ziehen, die aus deutscher Zeit übrig sind. Vor vier Jahren war da noch vieles baufällig, oft im Ruinenzustand; heute sind im alten Stadtteil Hufen viele Häuser aus der Gründerzeit wieder liebevoll hergerichtet. In diesem Viertel entstehen auch zahlreiche neue Einfamilienhäuser, stilistisch teilweise höchst gewagt. Einem hat der Bauherr sogar ein blau gedecktes Türmchen hinzugefügt; es sieht aus wie ein Minarett.

Unser Fahrer macht mich auf ein einsames Backsteingebäude aufmerksam, das direkt dem Dom gegenüber liegt. Das sei ein Teil der alten Synagoge, einst Treffpunkt der großen jüdischen Gemeinde des nördlichen Ostpreußen, 3000 Menschen habe sie fassen können. Heute wird in dem Haus mit Autoersatzteilen gehandelt, auf dem Gelände gastiert gerade ein Zirkus. Es gebe Gerüchte, der Sohn des letzten Rabbiners sei kürzlich in der Stadt gewesen und habe angeboten, das im Krieg ausgebrannte jüdische Gotteshaus wieder aufzubauen. Nicht alle in der städtischen Administration hätten positiv reagiert. In der Stadt wird kolportiert, dass ein leitender Mann die Idee einen weiteren Beleg für die »Invasion aus dem Westen«, die Kaliningrad heutzutage erleide, genannt habe.

Da können geschichtsbewusste Kaliningrader, und das sind gerade unter den jungen Leuten gar nicht so wenige, nur den Kopf schütteln. Sie nehmen auch Anstoß am Schicksal der »Kreuz-Apotheke« in der heutigen Frunse-, früher Königstraße. Vom alten Gebäude steht noch die Vorderfront – in einer Stadt, die ihre Geschichte verloren hat, ist das viel. Aber es findet sich kein Käufer, und die Verwaltung gewährt kein Geld für die Renovierung. Letzthin sei ein Bauarbeiter bei Sicherungsarbeiten ums Leben gekommen, erklärt man uns; ein Vorwand für die Stadtverwaltung, das Haus endgültig abzureißen. Wie sagte mir Stanislaus beim Besuch in seiner Festung? »Die Staatsmacht zerstört nicht mehr, das ist wahr. Aber sie tut auch nichts. Sie wartet, bis die Reste unserer Vergangenheit untergehen.«

Wir verlassen Kaliningrad, das in uns ein sonderbares Gefühl von Traurigkeit und verlorener Zeit hinterlässt, und machen uns auf in Richtung Ostsee. Unser Ziel ist die Kurische Nehrung, jener eigentümlich schmale Landstreifen, der sich zwischen Haff und Ostsee fast hundert Kilometer lang nördlich an der Küste hochzieht, eine Laune der Natur, mal nur 400 Meter, mal drei Kilometer breit. Die Sowjetmacht hatte die Nehrung nach dem Zweiten Weltkrieg zum militärischen Sperrgebiet erklärt. Da für Menschen der Zugang verboten war, konnten sich Fauna und Flora einzigartig entwickeln.

Seit zehn Jahren ist die Nehrung wieder geöffnet und zum Naturschutzpark erklärt worden. Beim ehemaligen Ostseebad Cranz muss man eine Polizeikontrolle passieren, um hineinzufahren. Aber, so klärt uns Alexandra Koroleva auf, sehr effektiv seien die Schutzmaßnahmen nicht, jedenfalls nicht auf russischer Seite. Der litauische Teil der Nehrung werde wirkungsvoller betreut. Die Landzunge mit ihren einzigartigen Wanderdünen und Wäldern ist bedroht, vor allem durch wilden Tourismus, sagt Alexandra: »Die Leute fahren mit ihren neuen Autos direkt ans Meer, um die Natur kümmern sie sich nicht.«

Die gut Fünfzigjährige – lebhaftes Gesicht und kurz geschnittenes Haar – bezeichnet sich als »Ökologin«. Schon ihre Mutter, eine ausgebildete Botanikerin, habe sich dem Schutz der Nehrung verschrieben. Alexandra verdient ihr Geld als Kindergärtnerin. Zwei Tage pro Woche arbeitet sie in einer staatlichen Einrichtung, ganz mit dem Herzen ist sie aber für die Umweltschutzorganisation »Eco Defense« tätig. Alexandra leistet Aufklärungsarbeit in Sachen Umwelt, gibt Kurse, leitet ein wöchentliches Radioprogramm, versucht die Politiker wachzurütteln und internationale Hilfe für den Kampf zur Erhaltung der Nehrung lockerzumachen. Ihre Großeltern, gebürtige Moskauer, wurden von Stalin verfolgt und nach dem Krieg im Kaliningrader Gebiet angesiedelt. Sie selbst liebt diese Landschaft, beklagt aber, dass die Regierung viel zu wenig zu ihrem Schutz tue. Zwar sei die Kurische Nehrung gerade in das Welt-Kulturerbe der Unesco aufgenommen worden, aber das bedeute praktisch rein gar nichts. Die Infrastruktur sei weiterhin schlecht; der Tourismus werde ausgebaut, aber für die Entsorgung von Abwässern und Müll sei nicht gesorgt. Man müsse sich ein Vorbild an Litauen nehmen: Da gebe es Fahrradwege, Informationstafeln, Anleitung, wie Mensch und Natur miteinander auskommen können. Wir fahren die schmale Straße auf der Nehrung Richtung Norden. Links das Meer, rechts das Watt, über uns ein grüner Baldachin, das Laubwerk der Bäume. Rybatschij, Rossitten, heißt der letzte Ort auf russischer Seite, kurz dahinter führt uns Alexandra zu einer Aussichtsplattform am Meer, von der aus man gut sehen kann, wie die Düne durch Neuanpflanzung von Strandhafer wieder befestigt werden soll.

Das Engagement der Kaliningrader für soziale Belange sei sehr gering, auch unter jungen Leuten, klagt Alexandra. »Die Mehrheit identifiziert sich nicht wirklich mit dem Gebiet, in dem wir leben.« Das liege vielleicht daran, dass es von Russland abgeschnitten sei und man sich hier vom »Mutterland« Russland wie abgetrennt fühlt. Die Regierung sei korrupt, und das helfe auch nicht gerade, Verantwortungsgefühl bei den Bürgern zu wecken.

Auf meine Frage, was es für sie bedeute, dass die Stadt und die ganze Region einmal deutsch waren, antwortet sie mit einer Geschichte. Vor ein paar Jahren seien Deutsche in ihr Wohnhaus gekommen; die Touristen hätten sich gefreut, dass es noch stand. Nein, sie habe den früheren Bewohnern diesen Besuch nicht übel genommen, im Gegenteil: Sie könne den Wunsch nachvollziehen, die Heimat sei doch etwas Wertvolles. Mit der Geschichte von Russen und Deutschen müsse man offen umgehen. Dass Kaliningrad noch einmal zum Spannungsfeld werde, glaubt Alexandra nicht. Dafür sei die Region nicht mehr bedeutend genug. Politische Lösungen ließen sich finden, auch wenn die Nachbarländer Polen und Litauen in die Europäische Union aufgenommen würden. Ob sich denn die Lebenssituation etwas verbessert habe, nach der Wahl des neuen Präsidenten? Da ist Alexandra eher skeptisch. Menschenrechte, Pressefreiheit – Russland und Putin hätten viel nachzuholen. Und was den Umweltschutz angehe, sei es ein schlechtes Zeichen, dass Moskau gerade das Umweltministerium aufgelöst habe. Die Probe aufs Exempel sei, ob Moskau Russland wirklich für die Atommülltransporte aus Europa öffne. Erst wenn diese Entscheidung gefallen sei, so oder so, werde klar, was man von Putin zu halten habe.

Natürlich, das räumt auch Alexandra ein, die neuen Zeiten hätten viele Vorteile gebracht. Es sei jetzt möglich, seine Meinung offen zu sagen, auch wenn nur wenige wirklich den Mut dazu haben. Sie spreche die ökologischen Fragen sehr offen an, und die Zeitungen druckten ihre Meinung, meistens jedenfalls. Manches sei aber auch schlechter geworden, zum Beispiel die Reisemöglichkeiten. Früher war von Kaliningrad aus der Kontakt zu den drei baltischen Republiken selbstverständlich. Heute kommt man ohne Visum nur noch ins Nachbarland Litauen. Wer nach Estland reisen will, zahlt allein für die Einreisegenehmigung vierzig Dollar – und für das Transitvisum durch Lettland noch einmal sechzig. Gemessen an Kaliningrader Einkommensverhältnissen fast unerschwinglich!

Vielleicht macht diese Mauer aus Gebühren und Bürokratie Alexandra den Nachbarn gegenüber ein bisschen kritischer als notwendig. »Früher wurden die baltischen Republiken«, so erklärt sie uns, »von Moskau regelrecht durchgefüttert. Viel Geld floss dorthin, nicht umsonst sind wir aus Kaliningrad zum Beispiel nach Vilnius zum Weihnachtseinkauf gefahren – dort gab es immer Krimsekt und Mandarinen.« Nein, sie finde es nicht anständig, wie sich die drei Staaten nach dem Zusammenbruch der Sowjetunion verhalten haben – »wie Bräute, die in letzter Minute die Hochzeit absagen, aber die Mitgift mitnehmen«. Allerdings, das räumt die Frau ein, es stimme, dass die baltischen Nachbarn eine lange europäische Geschichte hätten und deshalb die bessere Ausgangssituation für den EU-Beitritt. Sauber sei es dort, ordentlicher, die Leute hielten sich an Regeln. Was ihr besonders wichtig ist: Die Umweltschutzmaßnahmen seien viel durchdachter als in Russland – und sie würden auch durchgesetzt.

Wir sehen den Unterschied auf den ersten Blick. Nördlich von Rossitten liegt gleich hinter dem russisch-litauischen Grenzübergang der kleine Ort Nida, zu deutsch Nidden. Er ist aus zwei Gründen berühmt: Erstens verfügt er über die größte Düne der Nehrung. Seine zweite Attraktion ist das Thomas-Mann-Haus auf dem so genannten Schwiegermutterberg. Noch bevor wir in den Ort hineinfahren, steigen wir auf die höchste Erhebung, 52 Meter: links das Haff, rechts die Ostsee, dazwischen gleißend weiß-gelb ein Sandmeer – Maspalomas lässt grüßen; früher hat man dieses Paradies die »preußische Sahara« genannt. Die Landschaft hat viele fasziniert, vor allem die Dresdner Brücke-Maler. Auch vom Thomas-Mann-Haus aus, einem Holzgebäude, leuchtend blau gestrichen, das der Nobelpreisträger aus dem Verkaufserlös der »Buddenbrooks« erstanden hat, genießt man einen phantastischen Blick übers Haff. Seine Verbundenheit mit dem Fischernest am Ende Europas hat Mann sehr anschaulich in einem Vortrag vor dem Münchner Rotary-Club im Jahr 1931 beschrieben. Der Wortlaut ist heute auf einem Faltblatt nachzulesen, das uns die Direktorin der Gedenkstätte zum Abschied in die Hand drückt. Der Großbürger Mann fühlte sich in der nordischen Einfachheit wohl, liebte das Licht und den derben Menschenschlag, auch wenn er ihn vor seinen Rotary-Freunden – ästhetisch betrachtet – als »unschön« beschreibt.

Die Geschichte seines Hauses ist eine sehr deutsche. Thomas Mann kam 1929 zum ersten Mal hierher. Da war Nidden – als Folge des Ersten Weltkrieges – schon litauisch, und die Grenze zwischen Deutschland und Litauen verlief dort, wo heute die russisch-litauische ist. Aber viele Deutsche waren in Nida geblieben. Katja und Thomas Mann »erfüllte die Landschaft«, und sie ließen sich von einem deutschen Architekten aus Memel, heute Klaipeda, ihre »Ferienhütte« bauen. Die Möbel, die eigens für die große Familie angefertigt wurden, sind verloren. Doch die Ausstellung zeigt die Architektenzeichnungen und zeugt von den drei nordischen Sommern, die der berühmteste Dichter seiner Zeit in durchaus komfortablen Umständen zwischen Meer und Watt verbracht hat. Die Öffentlichkeit nahm lebhaften Anteil an den Ferien des Star-Literaten. In Zeitungsausschnitten und zahlreichen Interview-Mitschriften ist nachzulesen, dass die Manns Journalisten gern empfangen haben, auch ausländische Reporter konnten auf ein Stündchen beim Nobelpreisträger auf der Holzterrasse sitzen. Doch das Ostsee-Idyll währte nicht lange. Die Museumsdirektorin berichtet von zwei Zwischenfällen. Einmal habe Mann ein Paket erhalten. Örtliche Jung-Nationalsozialisten hatten es geschickt. Der Inhalt: einer seiner Romane, halb verbrannt. Die Manns empfanden das als Drohung. Ein anderes Mal, im Sommer 1932, fühlten sie sich bei einem Spaziergang im Wald verfolgt. Katja Mann stellte die zwei Männer energisch zur Rede; sie entpuppten sich zwar nicht als Nazis, sondern als französische Journalisten. Aber Thomas Mann war verunsichert, und tatsächlich kam er danach nie mehr in sein ostpreußisches Ferien-Domizil. Nach 1933 fühlte er sich in Litauen nicht mehr sicher und gab das Haus auf. Viermal ist es seitdem restauriert worden, die Litauer tun für seine Erhaltung, was sie können. Das Thomas-Mann-Haus in Nidden ist ein eigentümliches Zeugnis, wie eng Europa einmal zusammengehörte und dass niemand vor seinen Abgründen sicher ist.

Während Nieselregen einsetzt, fahren wir weiter bis ans nördliche Ende der Nehrung bei Klaipeda. Man muss eine Fähre nehmen, um nach Memel überzusetzen. Die Stadt war bis 1918 nordöstlicher Außenposten Deutschlands, heute ist es der große Seehafen Litauens mit vielen neuen Fährverbindungen nach Skandinavien, nach Rügen und Travemünde. Wir streifen die Stadt nur und fahren weiter Richtung Süden. Unser Ziel ist noch gut zwei Stunden entfernt, ein kleiner Ort etwa auf halber Strecke bis zur Hauptstadt Vilnius: Tauragé, Tauroggen. Der Ort selbst lohnt den Besuch kaum. Die wechselvolle Geschichte hat das heute 30000 Einwohner zählende Städtchen immer wieder zwischen Deutschen und Russen zerrieben. Zwei Weltkriege haben von der historischen Bausubstanz fast nichts übrig gelassen. Aber wir finden hier ein faszinierendes Beispiel für die Anstrengung, auch im Baltikum den wirtschaftlichen Wandel herbeizuführen. Antanas Stankus, knapp über fünfzig, versucht, aus dem Zusammenbruch der Sowjetunion und der Unabhängigkeit Litauens das Beste zu machen und setzt auf die Verbindung nach Europa. Inmitten einer ziemlich trostlosen Kulisse postsozialistischen Zusammenbruchs übt er den Neuanfang.

Vom Äußeren seiner Firma »Svytis« sind wir zuerst enttäuscht. Kein stattliches neues Fabrikgebäude, sondern nur ein paar flache, unscheinbare Hallen und ein einfaches, zweistöckiges Bürohaus. Aber im Inneren ist die Anstrengung unverkennbar: alles blitzblank, sauber gestrichen, so ordentlich wie sich unsere Kaliningrader Ökologin Alexandra Litauen eben vorstellte. Stankus hat 1993 mit dänischen Partnern ein Textilunternehmen gegründet. Die Stoffe mit zeitgemäßen Mustern kommen aus Dänemark, geschneidert wird hier – das Joint Venture wird von Jahr zu Jahr erfolgreicher. Heute beschäftigt Stankus 350 Näherinnen, seine Maschinen laufen im Zwei-Schicht-Betrieb: von morgens halb sieben fast bis Mitternacht. Die Hallen sind in der Tat nicht sehr ansehnlich, aber sie waren billig – nur etwa tausend Dollar hat er für die großen Dächer bezahlt, die früher eine gigantische Schweinezucht beherbergten. Stankus hat klare Zukunftsperspektiven. Auch im benachbarten Sowjetsk, dem früheren Tilsit drüben im Kaliningrader Gebiet, das nur fünfzig Kilometer entfernt ist, unterhält er eine Näherei und will sie vergrößern: von jetzt achtzig auf 200 Arbeitsplätze. Er denkt an weitere Investitionen in der Ukraine und Russland, könnte sich vorstellen, seine Kunden vor allem in Deutschland schon bald direkt und nicht mehr über seine dänischen Partner zu beliefern. Als Konkurrenten sieht er vor allem die billigen Textilfabriken Asiens. »Aber«, so sagt Stankus, »wir haben einen großen Vorteil: Wir sind einfach näher an den europäischen Märkten dran. Wir können sehr schnell reagieren. Sehen Sie: Unsere dänischen Auftraggeber rufen uns an und bestellen ein bestimmtes Teil aus unserer Kollektion, weil es sich so gut verkauft. Wir reagieren dann sofort, und in ein paar Tagen sind unsere Lastwagen mit den georderten Stücken schon in Dänemark. Das schaffen die Chinesen nicht. Außerdem ist es immer noch billiger, Fracht per Land als auf dem Luftweg zu verschicken.«

Für Tauragé ist die Umtriebigkeit des Unternehmers ein Glücksfall. Die ursprünglich landwirtschaftlich geprägte Stadt wurde in sowjetischen Zeiten zu einem Industriezentrum entwickelt. Aber die allermeisten Betriebe sind seit 1990 zusammengebrochen, die Arbeitslosenzahlen dementsprechend hoch. Stankus listet penibel auf: Eine Elektronik-Firma ging bankrott – 2000 Arbeitsplätze weg; von den 1300 Arbeitsplätzen in einer Backstein- und Röhrenfabrik sind noch 120 übrig; eine Konservenfabrik pleite – 800 Arbeitsplätze verloren; die Fleischfabrik, einst 900 Arbeiter, beschäftigt noch 150 Menschen; die Möbelfabrik, 350 Arbeitsplätze, hat die Produktion eingestellt. Horrorzahlen, die man der Stadt auch ansieht. Die Fabrikanlagen stehen still, die Schornsteine rauchen nicht, die Plattenbauten aus den alten Zeiten wirken baufällig. Aber es gibt eben auch ein anderes Tauragé, mit ansehnlichen neuen Einfamilienhäusern am Rand der Stadt, mit Erfolgsgeschichten wie der des Antanas Stankus.

Trotz der Misere ist Stankus optimistisch. »In zehn Jahren wird Litauen ein vollwertiger Partner in Europa sein. Wir haben zwar keine Bodenschätze, kein Öl, keine Kohle, aber wir sind gut ausgebildet, und wir sind ein altes Transitland zwischen Ost und West. Wir gehören einfach dazu, wie alle mittelosteuropäischen Staaten – und ich bin übrigens auch zuversichtlich, was die Entwicklung in Russland angeht.« Der Balte findet über Wladimir Putin nur gute Worte. Der neue

Mann im Kreml gehe in die richtige Richtung, Schritt für Schritt und nicht überstürzt. Stankus glaubt, dass Litauen eine große Rolle bei der Eingliederung des russischen Kaliningrad ins europäische Wirtschaftssystem spielen wird. »Dort haben viele zuerst nur nach Deutschland geschaut. Für die war klar – der Westen wird unsere Probleme lösen. Aber aus Deutschland kamen keine Investoren, sondern nur Reisebusse mit alten Leuten.« Stankus versteht die politische Befangenheit der deutschen Unternehmer. Er will in die Lücke springen: »Wir kennen die russische Sprache, die Mentalität der Menschen. In sechzig Jahren Sowjetunion haben wir gelernt, mit den Russen umzugehen – und jetzt machen wir unsere Erfahrungen mit ihren neuen Gesetzen und Zollvorschriften.«

Stankus redet in unsere Kamera vielleicht ein bisschen optimistischer, als er wirklich ist. Denn auch seine Erfahrungen mit der russischen Bürokratie sind nicht die besten. Die kleine Fabrikation in Sowjetsk aufrecht zu erhalten ist mühsam. Obwohl Stankus Arbeitsplätze sichert, helfen ihm die Behörden nicht. Die Zollabfertigung ist auch im dritten Jahr der Zusammenarbeit endlos und unberechenbar. Aber Putin, so hofft er, wird sich der Probleme annehmen. Zumindest gibt es Anzeichen dafür: Der neue Präsident habe gerade seinen Verteidigungsminister Iwanow zu einer Art Inspektionsreise nach Kaliningrad geschickt; Moskaus erfolgreicher Bürgermeister Luschkow hat Zusammenarbeit und Unterstützung angekündigt. Stankus ist sicher, dass sich im Kaliningrader Gebiet etwas bewegt. So wirbt er, etwa bei Auftritten vor skandinavischen Botschaftern, mit der Nähe Tauragés zu Russland. Gerade hat er ein fünfstöckiges Gebäude im Zentrum der Stadt gekauft. Dort, an der alten Hansastraße von Königsberg nach Riga und Tallinn, will er ein litauisch-russisches Geschäftszentrum einrichten.

Das Gebäude, das entfernt an Industriebauten des Bauhauses erinnert, hat eine kuriose Geschichte. Zu Sowjetzeiten war dort das städtische Dienstleistungszentrum untergebracht – Stankus war einer der Direktoren. Auf zwei Etagen verrichteten beispielsweise die achtzig städtischen Frisöre ihren Dienst; hier standen die Nähmaschinen der Schneiderinnen, bei denen sich der litauische Sowjetbürger seine Hose flicken lassen konnte. Aus diesem bürokratischen Gebilde ist heute »Svytis« geworden – eine Wendung in der Geschichte, die sich Stankus am wenigsten hat vorstellen können. Denn die Familie des tatkräftigen und fröhlichen Geschäftsmanns hat Schlimmes durchgemacht: Die ganze Sippe wurde 1951 nach Sibirien deportiert, nur weil die Großeltern Großbauern waren. Acht Jahre lang verbrachten sie in Krasnojarsk und Irkutsk, bevor sie nach Stalins Tod wieder in die Heimat zurückkehren durften. Er selbst war bei der Deportation ein Baby, aber seine Mutter hat ihm von der schrecklichen Bahnfahrt in den Viehwaggons immer wieder erzählt. Irgendwann sei ihr die Milch ausgegangen, und sie habe den Säugling nicht mehr ernähren können. Von dieser Zeit und von der Abstammung seiner Familie hat Stankus erst viel später erfahren. Heute ist der Mann stolz, dass sie zum ersten Mal im Jahr 1580 erwähnt wurde. Er gehört dem neuen litauischen Adelsverein an, nennt sich Senator und hat sich auf seine private Visitenkarte ein buntes Wappen drucken lassen. Bitter hat ihn die Geschichte nicht gemacht: »Wir sollten den Menschen in Russland keine Vorwürfe machen. Die meisten Mitgefangenen meiner Familie in Sibirien waren Russen. Stalin hat auch seine eigenen Leute nicht verschont. Die Fehler haben damals die Politiker gemacht, nicht die Menschen.«

Stankus schaut nach vorne. Zusätzlich zu dem Bürogebäude im Zentrum hat er Grund gekauft – 1500 Hektar von einer zusammengebrochenen Kolchose. Er pflanzt Getreide, Raps, Mais. Großbauer will er nicht werden, aber wenn westliche Investoren kommen, dann hat er jede Menge Boden parat. Seine Frau stieg auch in die Textilfabrikation ein und will bald eine Sockenfabrik eröffnen. Aber sein Lieblingsprojekt ist die Zusammenarbeit mit einer norwegischen Firma, die Jachten herstellt. Auch dafür könnten sich in Tauragé, wo gut ausgebildete junge Männer ihr Geld vor allem damit verdienen, Gebrauchtwagen aus dem Westen für den Export nach Russland »aufzuarbeiten«, Arbeitskräfte finden.

Zwei Söhne hat Stankus, beide haben in der Hauptstadt Vilnius Wirtschaft studiert – internationale Geschäftsbeziehungen beziehungsweise Marketing und Management. Er würde sich natürlich freuen, wenn sie in seine Geschäfte eintreten. Aber zuerst sollen sie noch mehr lernen – in Westeuropa, in den Vereinigten Staaten. »Erst einmal müssen sie selber wachsen und lernen. Dann kann man auch die Verantwortung für so einen Betrieb übernehmen.« Wir verlassen den Mann und seinen Heimatort und haben gelernt, dass man sich von heruntergekommenen Fassaden nicht täuschen lassen soll.

Von Tauragė fahren wir nach Norden, auf einer scheinbar endlosen, schnurgeraden Straße – es ist die uralte »Via Baltica«, Richtung Riga. Wir übernachten in Šiauliai, deutsch Schaulen, in einem neuen, überraschend schrillen Hotel. Auch das ist so ein Reiseeindruck: Was hier in Mittel-Osteuropa verändert wird, geschieht mit dem übergroßen Willen, es modern erscheinen zu lassen. Auch diese Unterkunft mit der viel zu hohen Lobby, den rot gestrichenen Eisenträgern, den minimalistisch eingerichteten Zimmern ist für die Provinzstadt eigentlich zu grell. Aber das Bett ist bequem, das Bier an der Bar frisch gezapft – und warum sollten wir uns, nach den mühseligen Reiseerfahrungen vor 1989, über zuviel Bequemlichkeit beschweren? Šiauliai ist für uns Zwischenstopp auf dem Weg nach Lettland. Doch am nächsten Morgen wollen wir zeitig am »Kryziu Kalnas« sein.

Der »Berg der Kreuze«, heutzutage das litauische Nationaldenkmal, hat eine denkwürdige Geschichte. Ein paar Kilometer östlich der Hauptverkehrsstraße erhebt sich eigentlich nur ein Hügel, kein Berg. Aber schon von weitem sind die Kreuze zu erkennen, und es sind viele. Je näher man kommt, desto mehr sieht man: es sind Tausende. Der Berg, ein Heiligtum des Volkes, ist wahrscheinlich auf einer vorchristlichen Kultstätte entstanden. Hier wurden die Freiheitskämpfer, die während der Aufstände gegen das zaristische Russland ihr Leben ließen, beigesetzt und mit Kreuzen geehrt, zuerst im Jahr 1821, dann 1863 und 1864. Ein Historiker hat Anfang des 20. Jahrhunderts ein paar hundert Kreuze gezählt, der »Berg-Hügel« wurde, wie ein einheimischer Führer berichtet, »zu einer Stätte des Gebets, zu einem Denkmal von Hoffnung und Spiritualität«. Nach der Okkupation Litauens durch die Sowjetunion im Zweiten Weltkrieg wurde er auch zum Symbol der litauischen Nation. Hierher kamen in den fünfziger Jahren die Menschen, die das Glück hatten, aus den Gulags wieder in die Heimat zurückzukehren. Auch sie stellten Kreuze auf – als Zeichen der Dankbarkeit und als Mahnung.

Die Sowjets versuchten aber mit aller Macht die Erinnerung zu zerstören. Mehrere Male ließen sie bei Nacht und Nebel Bulldozer anrollen, um die Kreuze wegzuräumen, zuerst 1961, dann dreimal in den siebziger Jahren, als der Westen sich auf den Weg der Entspannung machte. Aber immer geschah das gleiche: Schon am Morgen nach der Verwüstung waren neue Kreuze aufgestellt worden.

Heute sind es wahrscheinlich Hunderttausende, die da auf einer kleinen Fläche, nur 4000 Quadratmeter, dicht gedrängt stehen. Längst ist der Berg in der litauischen Provinz nicht nur nationale Pilgerstätte. Gläubige aus aller Welt kommen hierher. Wir beobachten eine Gruppe aus Japan, sehen ein Kreuz aus massivem rötlichen Stein, das Armenier hier aufgestellt haben. Papst Johannes Paul II. hat das Heiligtum 1993 besucht und hier eine Messe gefeiert. Damals hat er die einheimische Kirche aufgefordert, an dieser Stelle auch ein Kloster zu errichten – und der Franziskaner-Orden hat die Idee verwirklicht. In Sichtweite des »Kreuzberges« ist ein neues Kloster entstanden, ein schönes Backsteingebäude mit architektonischen Anklängen an Italien. Die integrierte kleine Kirche beeindruckt vor allem deshalb, weil hinter dem schlichten Altar eine große Scheibe in die Wand eingelassen ist – dahinter erscheint der Berg der Kreuze wie ein Bild nicht von dieser Welt.

Wir treffen Pater Severinus, einen Deutschen, der 1993 seinen Job als Diözesangeistlicher in Fulda aufgegeben hat, um seinen Orden im Osten zu verstärken. Obwohl er mittlerweile perfekt das komplizierte Litauisch spricht und bei seinen Mitbrüdern nicht mehr als Ausländer gilt, will er nicht für seine einheimischen Kollegen sprechen. Er hat Pater Nikolai, den Oberen der Ordensgemeinschaft, zum Interview mitgebracht. Aber der ist zu scheu, um das Deutsch zu benutzen, das er so oft gebrauchte, als er in Kasachstan Russland-Deutsche geistlich betreute. »Ich habe die Messe auf Deutsch gelesen und auf Russisch gepredigt«, sagt der bedächtige, große Mann – und wir spüren, dass es ihm wirklich lieber ist, wenn der Deutsche für ihn redet. Pater Severinus sieht den Berg nicht ohne Kritik: Manches sei schlicht frömmlerischer Kitsch, sagt er, manche Inschrift auf einem Kreuz grenze an Häresie. Aber vom Glauben des Volkes, der sich hier über Jahrzehnte verdichtet hat, ist der Franziskaner sehr beeindruckt. »Der Berg ist eine Mischung aus Frömmigkeit und Nationalbewusstsein«, erklärt er uns, »die Menschen verehren Christus, der bereit war, sein Kreuz auf sich zu nehmen.« Aber von dieser Stelle lässt sich nicht nur zurück, sondern auch in die Zukunft schauen. Bis heute, sagt der Franziskanerpater, ist das Schicksal der Litauer schwierig. »Das Land nimmt jetzt seit vier Jahren hintereinander in der UN-Selbstmord-Statistik den ersten Platz ein. Litauen hat die meisten Selbstmord-Fälle pro Einwohner weltweit. Dafür gibt es einen Grund. Viele Leute haben den radikalen Wechsel der Gesellschaftsordnung nicht verkraftet, viele sehen keinen klaren Weg in die Zukunft. Viele haben doch die Erfahrung gemacht – dort wo ein Herz sein sollte, ist nur ein Geldschein.«

Die beiden Patres begleiten uns auf den Hügel. Der Ort wird von einem großen Kreuz und einer Mutter-Gottes-Statue beherrscht. Zwischen den Hauptwegen sind schmale Pfade entstanden. Überall große und kleine Kreuze, aus Holz und Metall, verwitterte und ganz neue. Die Pilger hängen immer neue kleine Rosenkränze an die Kruzifixe. So einen Kreuzweg gibt es sonst nirgendwo auf der Welt. Severinus erinnert an das harte Schicksal der Litauer während der Sowjetzeit. Mehr als eine Million Menschen seien damals aus ihrer Heimat verschleppt worden – ein Viertel des Volkes. Die meisten seien wiedergekommen, aber tief traumatisiert. Die Entwicklung, die diese Pilgerstätte nach der Unabhängigkeit Litauens von der Sowjetunion genommen hat, stellt den freien Ausbruch der Gefühle dar, der damals möglich war – nach so vielen Jahren der Unterdrückung und Verdrängung. Jetzt ist es Sitte geworden, dass Brautpaare aus dem ganzen Land freitags oder samstags vorbeikommen, in ihren festlichen Kleidern, um ein Kreuz aufzustellen. Aber trotz der Freiheit seien viele Menschen noch immer von einem Gefühl der Unsicherheit bedrängt. Pater Severinus sagt: »Das alte Sprichwort gilt noch immer: Wenn jemand auf dem Roten Platz in Moskau hustet, hört man's bis nach Vilnius, der litauischen Hauptstadt.«

Nicht minder reserviert schaut man in Riga gen Osten. »Nein, Putin kann man nicht vertrauen. Den Russen fällt jedes Jahr eine neue Stichelei ein, um uns zu verunsichern. Einmal ist es ein Wirtschaftsboykott, dann sind es Vorwürfe wegen der Lage der russischen Minderheit bei uns. In diesem Jahr ist es unser Wunsch, der Nato anzugehören. Immer etwas Neues – und offen gestanden: Deswegen fühle ich mich hier in meiner Heimat nicht ganz sicher.« Von Aija Klava hätten wir ein solches Geständnis am wenigsten erwartet. Die attraktive junge Frau spricht ausgezeichnet Deutsch. Mit ihren gerade 25 Jahren hat sie eine beeindruckende Karriere gemacht. Nach einem Studium der Betriebswirtschaft und dem von einer politischen Stiftung geförderten Auslandsaufenthalt in München konnte sie im größten Einkaufszentrum der lettischen Hauptstadt Riga einen Job finden. Zuerst wurde sie Marketing-Managerin, dann machten die norwegischen Investoren ihr ein unwiderstehliches Angebot: Seit einem halben Jahr ist sie Direktorin des »Centr« in der Audéju-Straße. Das »Centr« ist Lettlands Einkaufsadresse Nummer eins mit 8000 Quadratmetern Verkaufsfläche, 80 000 Kunden die Woche, in bester City-Lage. Noch, denn die Konkurrenten schießen überall aus dem Boden, besonders »auf der grünen Wiese«, und die Letten sind, wie Aija uns erklärt, äußerst preisbewusst. »Aber noch kommen sehr viele Kunden zu uns. Es ist vor allem unser Name, der die Käufer anzieht. Dieses Warenhaus gibt es seit 1936. In Sowjetzeiten kamen die Menschen sogar aus Moskau und St. Petersburg. Alle wussten, wo sie uns finden, und so ist es bis heute.«

Riga hat, das sieht man auf den ersten Blick, die Chancen der Wende entschlossen genutzt. Die Stadt hat viele Vorteile: Ihre zentrale Lage macht sie zur Metropole des Baltikums. Fast ein Drittel der lettischen Bevölkerung wohnt hier. An diesem strahlenden Sommertag im Juli 2001 hält es die Menschen nicht in den Büros, die Studenten nicht in den Hörsälen. »Zehn Monate ist es bei uns grau und regnerisch – da will man im Sommer nach draußen«, erklärt Aija, warum es an diesem Nachmittag nicht allzu viele Käufer ins »Centr« verschlägt. Dafür sind die Straßencafés und Bars brechend voll. Das Warenangebot ist einem mittleren westeuropäischen Kaufhaus durchaus ebenbürtig, die Preise aber auch. »Wir bewegen uns bewusst nicht auf einem allzu hohen Niveau. Wir bieten alltägliche Konsumgüter zu normalen Preisen. Aber was wir vermitteln wollen, ist ein erholsames und sicheres Einkaufserlebnis. Mittlerweile können sich vielleicht zwei Drittel der Letten leisten, in einem Haus wie unserem einzukaufen, und seit ein, zwei Jahren beobachten wir, dass die Menschen nicht nur das Notwendigste kaufen. Nicht mehr vor allem Lebensmittel oder Haushaltsgeräte wie Kühlschrank, Bügeleisen oder Waschmaschine. Wir verkaufen jetzt viel Kleidung, Wohn-Design – also Dinge, die der Seele wohl tun.«

Lettland ist auf dem Weg in die Konsumgesellschaft – und die Kaufhauschefin sieht's mit Wohlgefallen. Trotzdem schleicht sich auch die Armut unerwartet ins Bild. Als wir im Café des Kaufhauses einen Cappuccino trinken, greift plötzlich eine alte Frau nach den leeren Mineralwasserflaschen auf unserem Tisch. Sie will mit dem Pfand ein paar Pfennige verdienen. Aija ist über die Sicherheitsleute, die Anweisung haben, Bettler nicht in ihre schöne, neue Konsumwelt hineinzulassen, verärgert.

Viele Letten sind schnell reich geworden in den neuen Zeiten. 150 Dollar-Millionäre gibt es in dem Land mit den nur zweieinhalb Millionen Einwohnern. Es ist wie überall in Osteuropa – die Entwicklung treibt die Gesellschaft auseinander. Plötzlich gibt es Arm und Reich, wobei die Unterschiede in Riga, auf den ersten Blick jedenfalls, nicht so scharf scheinen wie anderswo. Das Land sucht seinen eigenen Platz zwischen Ost und West – und nach einer neuen wirtschaftlichen Basis. Das spiegelt sich auch im Kaufhaus, das zum überwiegenden Teil genau die gleichen Produkte im Angebot hat, die man auch in Deutschland finden würde. Aber es gibt Ausnahmen. In der Lebensmittelabteilung macht uns Aija darauf aufmerksam, dass die Kunden sehr bewusst lettische Lebensmittel in ihre Körbe packen. »Früher hatten wir fünf Sorten Brot – heute fünfzig. Die Konservenfabrik Spilva hat ein großes einheimisches Sortiment entwickelt – Marmeladen, eingelegte Beeren, Salatsaucen, saure Pilze, alles nach unserem, dem lettischen Geschmack. Es gibt auch viele lettische Süßigkeiten. Die Schokoladenfabrik Laima beispielsweise stellt Pralinen in allen Variationen her. Das kaufen die Leute gerne. Es schmeckt nach zu Hause und enthält weniger Konservierungsstoffe als die Lebensmittel, die von weit her importiert werden. Außerdem sind unsere Sachen auch ein bisschen preiswerter.« Verpackt sind die einheimischen Produkte genauso auffällig und strahlend wie ihre West-Konkurrenz. Die Konservenfabrik Spilva bietet mittlerweile nicht nur landestypische Produkte, sondern hat zum Beispiel auch »italienische« Tomatensauce im Sortiment. »Das können Sie unbesorgt kaufen«, erklärt Aija, »genauso gut wie ein amerikanisches Produkt, aber frischer und billiger!«

Im Treppenhaus mit der konstruktivistisch angehauchten Holztreppe bleibt die Managerin vor einem alten Schwarzweißfoto stehen. Es zeigt die Wurst- und Fleischtheke des Kaufhauses, wie sie zwischen 1960 und 1980 ausgesehen hat. Dem offiziellen Fotografen ist damals entgangen, dass die Kühlregale leer waren. »Ich kann mich noch erinnern, wie das war – verrückt«, sagt Aija, »die Leute kamen von überall her, aus Weißrussland, aus der Ukraine. Sie glaubten, hier gibt's Dinge, die sie zu Hause nicht kriegen. Sie kauften fünfzehn Hemden oder zehn Pakete Waschpulver – kein Wunder, dass diese Artikel dann bei uns fehlten.«

Als ich frage, wie ihre Eltern mit der neuen Zeit zurechtkommen, wird der optimistische Blick etwas düsterer. »Mein Vater wurde zweimal deportiert – unmittelbar nach der Besetzung im Zweiten Weltkrieg und dann noch einmal Ende der vierziger Jahre. Er war damals noch ein Kind, und eine Erklärung gab es nicht. Seine Eltern waren reiche Bauern. Das genügte. Die Sowjets versuchten, die Elite unserer Gesellschaft zum Schweigen zu bringen.« Beide Eltern sind noch am Leben und genießen die dramatische Veränderung der Lage, vor allem die Möglichkeiten zu reisen. Ob in Lettland so etwas wie eine Auseinandersetzung mit der Vergangenheit begonnen hat? O ja, sagt Aija, in den Schulen, in öffentlichen Veranstaltungen werde viel über die so genannten Jahre der Okkupation gesprochen, übrigens auch über die Zusammenarbeit mit den Hitler-Deutschen und die Vernichtung des lettischen Judentums. Es gebe jetzt einen Holocaust-Gedenktag, und das »Museum der Okkupation« werde – vor allem von Jugendlichen – stark angenommen. Aber viele der Verantwortlichen seien zu alt, um sie noch vor Gericht zu stellen.

Auch auf dem zentralen Platz Rigas, wo das legendäre »Schwarzhäupterhaus« aus der Hanse-Zeit prächtig wieder aufgebaut wurde, entgeht man der Vergangenheit nicht. Ein geduckter, schwarz verkleideter Gebäuderiegel, offensichtlich aus Sowjetzeiten, schiebt sich in den Platz hinein und behindert die Sicht auf den Daugava-Fluss. »Manche meinen, wir sollten den Klotz abreißen«, erklärt Aija, »aber ich meine, er gehört zu unserer Geschichte; wir sollten ihn stehen lassen.« Lettland 1941–1991 – ein Museum der Besetzung ist dort untergebracht, ein Mahnmal und Informationsort zugleich. Gegenüber hämmern und spachteln Bauleute. Dort, wo ein moderner Anbau der technischen Universität stand, wird das alte Rathaus wieder aufgebaut, von Grund auf neu errichtet, mit Hilfe historischer Fotografien. Der Wille Rigas, die eigene Geschichte wieder ans Licht zu holen, an die kurzen Zeiten anzuknüpfen, in denen Lettland unabhängig und frei war, ist unverkennbar.

Wir fragen Aija, ob sie sich vorstellen könnte, auch mal im Ausland zu leben. »Ja, ich habe daran gedacht«, sagt sie. »Eine internationale Erfahrung, mehr Geld verdienen – warum nicht? Auf der anderen Seite hat mir Lettland viele Chancen gegeben. Ich glaube nicht, dass ich in den USA oder in Deutschland so jung, wie ich bin, eine Position wie meine bekommen hätte. Also, ich bleibe erst einmal hier.«

Kurz vor Mitternacht schlendern wir über die Jaunavu-Straße zu unserem Hotel zurück. Die Sonne ist gerade untergegangen, und der Himmel strahlt metallisch blau in einer der legendären weißen Ostseenächte. Ewige Dämmerung. Die Straßencafés sind immer noch voll besetzt, Straßenmusikanten spielen Mendelssohn Bartholdy. Leichtigkeit liegt in der Luft, Zufriedenheit und Selbstbewusstsein. Aber die Vergangenheit ist nicht vergessen in Riga. »Vertraut Putin nicht!«, sagt uns Aija. »Er ist ein Fuchs, ein echter Kommunist. Man weiß nicht, was man von ihm erwarten soll.«

Gipfel in St. Petersburg

Anfang April 2001 – Bundeskanzler Gerhard Schröder und Russlands Präsident Wladimir Putin treffen sich an historischem Ort, in St. Petersburg. Die Stadt gilt als Russlands Schaufenster zum Westen. Für Deutsche und Russen ist sie Schauplatz tiefer gemeinsamer Erfahrungen, intensiver und bitterer Momente des Zusammenlebens zweier Nachbarn im

Haus Europa. Zehntausende Deutsche – Kaufleute, Handwerker, Beamte – haben zu zaristischen Zeiten in St. Petersburg gelebt, haben Russland bei wirtschaftlicher Modernisierung und Reform geholfen. Die letzte Zarin war eine Prinzessin aus deutschem Haus. Aber die fast symbiotische Beziehung der beiden größten Nationen Europas wurde von zwei Diktatoren in tiefe Feindschaft verwandelt, die Millionen Menschen mit dem Leben bezahlten und bis heute nachwirkt. Der Kalte Krieg vertiefte die Kluft, und trotz offiziell verordneter Freundschaft wurden auch viele Ostdeutsche ihr Misstrauen gegenüber den Russen nie los. Bis heute haben, so geht es mir beim Spaziergang an der Newa entlang durch den Kopf, Deutsche und Russen den »Eisernen Vorhang« des Misstrauens zwischen ihren beiden Völkern noch nicht ganz niederreißen können.

Die Alexander-Newskij-Kathedrale, meinem Hotel gegenüber, ist heute keine Kirche mehr, sondern ein Museum, wie zu Sowjetzeiten. Die Ticket-Verkäuferin erlässt mir den teuren Eintrittspreis – umgerechnet fünfzehn Mark für Touristen aus dem Westen – und winkt mich mit einer kleinen Kopfbewegung einfach ins Innere. Schwarzweißfotos geben Auskunft über die Zerstörung der Kirche im Zweiten Weltkrieg und die glanzvolle Wiederherrichtung in den Jahren danach. Heute bestaunen Besuchergruppen die übergroßen Heiligendarstellungen. Auf der anderen Seite des zentralen Platzes liegt das Petersburger Rathaus. Politisch gesehen sind wir zu einer spannenden Zeit gekommen. Während sich die deutsche und die russische Delegation jenseits der Newa zu ersten Gesprächen treffen, hat sich hier eine Menschenansammlung formiert; eine Bühne ist aufgebaut; Sprechchöre, Transparente. Die Menge demonstriert für Pressefreiheit. Auch hier in St. Petersburg finden sich wie in der Hauptstadt Moskau viele, die für die Unabhängigkeit des privaten Fernsehsenders NTW kämpfen. Parolen gegen die Regierung und gegen Putin werden gerufen, Misstrauen und Leidenschaft liegen in der Luft. Es sind ein paar Tausend, die für Demokratie und Meinungsfreiheit demonstrieren. Hier ist es also – das neue Russland, wenn auch der neue Mann im Kreml, der seine Karriere im KGB begann, auf diesem Platz vielen unheimlich ist.

St. Petersburg – eine russische Schicksalsstadt. Als Zar Peter Russlands Hauptstadt im Jahr 1712 in den äußersten

Westen verlegte, zwang er seinem Land ein Bekenntnis zu Europa auf. Heute ist die Peter-und-Paul-Festung ein Ausflugsziel, die Zarengräber in der bescheidenen St.-Georgs-Kathedrale sind mit frischen Blumen geschmückt. In einer kleinen Seitenkapelle liegt die Grabstätte der von der russisch-orthodoxen Kirche mittlerweile heiliggesprochenen Familie von Nikolaus II., dem letzten Zaren. Die Gebeine wurden jahrelang (auch gentechnisch) untersucht, bis zweifelsfrei feststand, dass es sich wirklich um die Überreste der 1917 in Jekaterinburg Erschossenen handelt. Wir erinnern uns an unseren Spaziergang im Schnee, die kleine Kapelle, die wenigen Besucher, die den Ermordeten in Jekaterinburg in tiefer Kälte mit frommer Inbrunst ihre Reverenz erwiesen. Hier in St. Petersburg ist die Atmosphäre anders. Die Grabstätte der Zaren, so bescheiden sie ist, erzählt die Geschichte einer mächtigen Dynastie, zeugen die Namen doch vom Machtwillen der Herrscher Russlands. Der Mythos der Romanows zieht viele an, nicht nur Touristen. Der Gegensatz zwischen dem riesigen Land, das sie beherrschten, und dieser niedrigen Grabeskirche rührt auch den eher distanzierten Besucher. Eine Geschichte voller Widersprüche und Gewalt. Nur ein paar Schritte von der kleinen Kathedrale entfernt liegt das Symbol der Oktoberrevolution am Ufer der Newa – der Panzerkreuzer Aurora, von dem aus das Signal zur Erstürmung des Winterpalais gegeben wurde. Als wir vorbeifahren, exerzieren Soldaten vor dem Kriegsschiff mit den charakteristischen großen Schornsteinen.

Vom Rathausplatz schlendere ich an einem der vielen Stadtkanäle entlang Richtung Westen. Es ist noch früh am Morgen, als ich die Nikolaus-Marine-Kathedrale erreiche. Ein eingezäunter Kirchbezirk, das geduckte, blaue Gebäude wird von goldenen Kuppeln gekrönt. Ein Gottesdienst ist im Gange. Die Menschen gedenken der Besatzung des im August 2000 explodierten Atom-U-Boots Kursk. Wir spüren eine lebendige Trauer – und vielleicht steckt in der Intensität des Gebets auch ein leiser Protest gegen die Regierung, die so lange brauchte, um die Ursache für die Katastrophe beim Namen zu nennen. Die Kirche ist fast voll, obwohl es ein Werktag ist. Die Popen erscheinen in kostbaren Gewändern vor dem Ikonostas, der Bilderwand, und die Frauen werfen sich mit ihrem ganzen Körper vor ihnen nieder. Abgetragene Mäntel, ausgeschlurfte Pantoffeln – und doch ein Strahlen in den Augen.

Ein Hauch von Frühling liegt in der Luft – blauer Himmel, auch wenn auf der Newa noch dicke Eisschollen treiben. Die Stadt ist ein barock-klassizistisches Gesamtkunstwerk, mit faszinierenden Blickachsen. Das sanfte Frühlingslicht lässt die Patina leuchten. Ich kenne kaum eine andere Großstadt mit einem so ausgedehnten, geschlossenen historischen Stadtkern. Und obwohl St. Petersburg erst 300 Jahre alt und »am Reißbrett« entstanden ist, wirkt es nicht künstlich, sondern sehr bewohnt und von seinen Menschen in Besitz genommen. Doch die Neuzeit fordert ihren Tribut. In den Schaufenstern liegen von »Boss« bis »Gap« alle Waren unseres Konsumzeitalters aus. Zeichen wirklichen Aufschwungs gibt es nur wenige – kaum Bau- oder Renovierungsarbeiten, dabei hätten die allermeisten Häuser mit ihren Toskana-Farben nicht nur eine Auffrischung, sondern eine Sanierung bitter nötig.

Ich erinnere mich an den Dezember 1991, als das ZDF aus St. Petersburg in einer Sondersendung über den Hunger in Russland berichtete. Mehr als hundert Millionen Mark kamen damals zusammen. Das war für alle überraschend und nur aus der Dankbarkeit der Deutschen für die Wiedervereinigung zu erklären, und vielleicht auch aus einem tief sitzenden Schuldkomplex. Nach den Ostverträgen war viel für die Versöhnung mit Polen getan worden. Aber die Schuld des Zweiten Weltkriegs, die gegenseitigen Gräueltaten zu bearbeiten – das hatte, über alle politische Entschlossenheit hinweg, die Menschen in beiden Ländern überfordert. Vielleicht auch deshalb der Ausbruch des Mitgefühls angesichts der russischen Misere Anfang der neunziger Jahre.

Die Jahre postsozialistischer Verelendung breiter Massen scheinen im Frühjahr 2001 zwar vorbei zu sein. Aber St. Petersburg stürmt, anders als Moskau, nicht nach vorne, auch wenn die schlimmste Armut von den Straßen verschwunden ist. Für viel Sightseeing bleibt während des Gipfels keine Zeit. Doch Schröder und Putin, die beiden Regierungschefs, die jung genug sind, um den Zweiten Weltkrieg nicht als prägendes politisches Ereignis erlebt zu haben, machen keine Umwege um die schwierigen Abschnitte der deutsch-russischen

Geschichte. Das Protokoll lässt ihr Zusammentreffen auf dem Friedhof beginnen, wo mehr als 800000 St. Petersburger bestattet sind, die während der Blockade der Stadt durch die deutsche Wehrmacht vom 8. September 1941 bis zum 27. Januar 1944 durch Hunger, Kälte oder Bomben ums Leben gekommen sind. Und doch geht es bei diesem Gipfel – dem vierten Zusammentreffen von Schröder und Putin binnen weniger Wochen – vor allem um die Zukunft: um die künftige deutsch-russische Zusammenarbeit, um den politischen Kurs, den Russlands neue Regierung einschlägt. Auch in Washington regiert mit George W. Bush ein Mann der Nachkriegsgeneration. Die Verbindung zwischen Amerika und Russland herzustellen, Misstrauen auf beiden Seiten abzubauen, ein Gefühl gemeinsamer Verantwortung für globale Bedrohungen herzustellen – das ist der Hintergrund dieser nur vordergründig bilateralen Begegnung.

Die fast sensationelle Wahl Putins zum Nachfolger Boris Jelzins liegt gerade ein Jahr zurück. Putin hat nach innen entschlossene Akzente zur Verwaltungsreform und Modernisierung Russlands gesetzt. Aber seine Gegner sehen nicht ohne Skepsis, dass er die Moskauer Zentralgewalt wieder stärkt, den Krieg in Tschetschenien nicht beenden kann und außenpolitisch geradezu demonstrativ Verbindungen aus Sowjettagen wieder anknüpft, die Jelzin – zur Genugtuung des Westens – vernachlässigt hatte. Strategische Kontakte zu China, vorsichtige Unterstützung Iraks auf diplomatischem Parkett, Kontakte zu Kuba und Nordkorea. Unter Putin sucht Russland wieder eine eigenständige Rolle auf der Bühne der Weltpolitik. Gerhard Schröder hat die Chance intensiver deutsch-russischer Beziehungen längst erkannt und setzt, wenn auch in anderem Stil, fort, was Helmut Kohl in der Zusammenarbeit mit Gorbatschow und Jelzin begonnen hat.

Im November 1998, gerade einen Monat nach seiner Wahl zum Bundeskanzler, kam Schröder zum ersten Mal nach Moskau. Statt eines Saunabesuchs standen die russischen Auslandsschulden auf der Tagesordnung. Da war sofort von Abkühlung der Beziehungen die Rede. Doch nach dem Rücktritt von »Zar Boris« am letzten Tag des Jahres 1999 kam Schröder mit seinem jungen Nachfolger entschlossen ins Geschäft, nüchtern im Ton, ohne die Rituale der Männerfreundschaft zwischen Helmut und Boris. Bei seinem Antrittsbesuch in Berlin im Juni 2000 wurde dem neuen Mann aus dem Kreml ein besonders breiter roter Teppich ausgelegt, Putin von Politik und Wirtschaft heftig umworben. Dass auch er auf die persönlichen Seiten der Beziehung nicht verzichten will – und auf die damit verbundene Wirkung von Fernsehbildern –, machte Schröder klar, als er sich Anfang Januar mit Frau zum Weihnachtsfest in Moskau einladen ließ und mit Putin Schlitten fuhr. Seitdem ist sogar ganz offiziell von persönlicher Freundschaft die Rede.

Aber trotz aller Klimaverbesserung – die Probleme Russlands sind nicht kleiner geworden. In St. Petersburg sind trotz aller Freundschaftsbeteuerungen kritische Töne zu hören: Hat Putin wirklich die Kraft zu Reformen? Verfolgt er einen Demokratie und Marktwirtschaft verpflichteten Kurs, oder führt der ehemalige Agent sein Land in Richtung eines autoritären Regimes? Und was verbindet ihn wirklich mit Deutschland: die Suche nach einem Partner bei den schwierigen Umbauarbeiten oder romantische Erinnerungen an eine schöne Zeit als Spion in Dresden?

Beim Gipfel von St. Petersburg geht es – wie schon im Jahr zuvor in Berlin – mehr um Symbole als um praktische Ergebnisse. Die »Leuchtturm-Projekte« intensiver wirtschaftlicher Zusammenarbeit haben, das lassen Wirtschaftskreise vorab durchblicken, die Erwartungen durchaus nicht erfüllt. Aber die deutsche Seite spricht nicht von ihren Enttäuschungen, sondern zeigt tapfer auf die kleinen Fortschritte, die zuletzt erreicht wurden. Beim Gipfel geht es nicht um Zahlen, sondern um die Festigung einer Beziehung, um Vertrauen. Was die Wirtschaft angeht, arbeitet immerhin seit der Begegnung in Berlin ein hochrangiger Arbeitskreis aus Wirtschaft und Politik regelmäßig hinter den Kulissen. Man trifft sich alle sechs Wochen in Moskau oder Berlin, bespricht Erfolge und Misserfolge – und das, wie die deutsche Seite anerkennt, in aller Offenheit. Vor seinem Besuch in St. Petersburg hat der Bundeskanzler Russland den »Schwerpunkt« der deutschen und europäischen »Ostpolitik« genannt – und damit an die Tradition früherer sozialdemokratischer Kanzler angeknüpft. Doch anders als früher geht es dabei nicht mehr um die Koexistenz feindlicher Blöcke. Es geht um pragmatische Schritte zu einer neuen strategischen Partnerschaft in der Außenpolitik. Aus deutscher Sicht gehören Fortschritte in der Wirtschaft unbedingt dazu, nicht nur weil sich die Unternehmer endlich bessere Handelszahlen wünschen. Vor allem weil sich auf diesem Feld die neue Verbindung mit Leben füllt. Doch im neuen Russland muss ein zäher Kampf gegen Bürokratie und Rechtsunsicherheit gekämpft werden – und auch unter Putin hat sich daran nicht viel geändert. Unter vier Augen sagen Mitglieder der deutschen Delegation: Wie sollen wir unsere Unternehmer zum Investieren bringen, wenn selbst Russen immer noch Monat für Monat Milliardenbeträge außer Landes schaffen? Und von den »Leuchtturm«-Projekten strahlen die meisten bislang allenfalls symbolisch.

Putin hat sich alle Mühe gegeben, den Deutschen in seiner Heimatstadt einen glanzvollen Empfang zu bereiten. Die Universität auf der Wassiljewskij-Insel, direkt an der Newa im Barockstil Peters des Großen gebaut, ist für den Gipfel hergerichtet worden. Wladimir Putin hat dort 1974 sein Jura-Studium beendet, bevor er beim KGB anfing. Heute ist die Universität ein offener Platz des Lernens und des Austauschs – auch für junge Russen und junge Deutsche, die hier gemeinsam Kurse belegen. Vor der prächtigen Kulisse von Winterpalast und Admiralität ist gerade an diesem Ort die Entschlossenheit von Zar Peter I. zu spüren, sein Reich zu modernisieren und zu öffnen. Und so ist es wohl kein Zufall, dass Putin gerade diese Örtlichkeit für seine Gespräche mit Schröder ausgewählt hat. In der Politik geht es um Symbole, um so mehr, je weniger praktische Erfolge vorzuweisen sind. Deshalb haben Wladimir Putin und Gerhard Schröder den »St.-Petersburger Dialog« ins Leben gerufen – eine »Ideenbörse für die Zukunft«, wie es der russische Präsident in seiner Begrüßungsansprache nennt. Intellektuelle aus beiden Länder wurden eingeflogen, Wissenschaftler, außenpolitische Experten, Chefredakteure; sie besprechen in kleinen Arbeitskreisen konkrete Schritte der weiteren Zusammenarbeit.

Es bleibt nicht beim Smalltalk. Dafür sorgt schon die politische Großwetterlage. Was die Menschen auf der Straße aufregt, bleibt in den Konferenzsälen nicht ohne Wirkung, etwa die Themen Pressefreiheit und Tschetschenien. In den Tagen vor dem Gipfel waren auch die deutschen Zeitungen voll kritischer Kommentare. NTW, Russlands einziger Fernsehsender, der sich immer wieder kritisch zum Beispiel mit der Situation im Kaukasus beschäftigt, soll vom regierungsnahen Energiekonzern Gazprom übernommen werden. Für die ausländischen Beobachter, aber auch für kritische Bürger Russlands ist diese Transaktion ein Testfall für das Verständnis der russischen Regierung von Pluralismus und Öffentlichkeit. Putin ist das Thema augenscheinlich unangenehm. Schröder versucht sich aus der Affäre zu ziehen, indem er einer kleinen, regierungskritischen Moskauer Radiostation ein Interview gibt. In seinem Eingangs-Statement beim offiziellen Forum betont er auch, kritische Anmerkungen könnten unter Partnern nur nützlich sein. Es gehe darum, sagt der Kanzler, die Zivilgesellschaften ins Gespräch zu bringen. Dazu gehöre auch, dass Medien ihre Aufgabe, die Macht zu kontrollieren, frei ausüben könnten. Ziel des St. Petersburger Dialogs sei ein neues Russland, das die Werte Europas teilt. Nach diesen aus deutscher Sicht notwendigen Vorbemerkungen kommt der Bundeskanzler aber auf sein Lieblingsthema, die »strategische Partnerschaft« beider Länder, zurück, und das gefällt seinem Gastgeber sichtlich besser.

Aber – das ist in St. Petersburg deutlich zu spüren – der Kredit, den Putin beim Berliner Gipfel noch hatte, braucht sich auf. Statt hochfliegender Entwürfe der deutsch-russischen Zusammenarbeit dominiert Zurückhaltung – sowohl bei der Wirtschaft und erst recht bei den Intellektuellen. Um Russland zu reformieren, bedarf es gewaltiger Kräfte. Um zu beurteilen, wie weit Wladimir Putin mit seinen Reformanstrengungen gekommen ist, sei es vielleicht noch zu früh, sagen viele. Aber in der Politik hält man sich gern an Symbolen fest, und so wird der Gipfel von St. Petersburg vor allem ein Gipfel der Hoffnung. Putin setze auf Deutschland, um sein Land auf die Weltbühne zurückzuführen und es zu modernisieren, heißt es in Regierungskreisen. Die Aufgabe sei unermesslich groß, der Mann brauche noch Zeit und politischen Kredit. Aber unverkennbar sei doch seine entschlossene Ausrichtung nach Westen und der Wille, Deutschland dafür als Brücke und Motor zu nutzen. Das dürften die Deutschen – vor dem Hintergrund der Geschichte und angesichts der Möglichkeiten für die Zukunft – auf keinen Fall zurückweisen.

Putins Computer-Kids

Drei Monate nach dem Gipfel bin ich wieder in St. Petersburg. Es ist Mitte Juli, und die Stadt glänzt in sommerlicher Pracht. Die Parks sind überfüllt. An den Backsteinmauern der Peter-und-Paul-Festung lehnen die Menschen zum Sonnenbaden. Im glanzvollen Garten des Peterhofs, des Sommerpalastes der Zaren, direkt am Finnischen Meerbusen gelegen, führen die Petersburger ihre Sommergarderobe aus. Die Belustigungen in dem großen Park, die sich zum Teil noch Peter der Große persönlich hat einfallen lassen – Metallgerüste, die aussehen wie Bäume und aus denen plötzlich Wasserfontänen hervorschießen –, bereiten juchzenden Kindern und ihren stolzen Eltern noch immer sichtbares Vergnügen.

Wieder nimmt mich die flach ins Meer gebaute Stadt mit ihren goldenen Turmspitzen und Kirchenkuppeln, mit den mäandernden Wasserläufen und den pastellfarbenen Gebäuden, die in der Sommersonne ein eigentümliches Leuchten ausstrahlen, gefangen. Die Architektur erinnert mehr an Italien als an Russland. Aber einen solchen Himmel gibt es nur hier und nur in diesen Sommertagen: transparent und blass, klar und durchscheinend, und in den Abendstunden in allen denkbaren Schattierungen zwischen Orange, Rot und Violett leuchtend. Juli ist die beste Zeit für St. Petersburg. »Pieter«, wie die Russen die Stadt nennen, versteckt ihr Strahlen die langen Monate vom Herbst bis zum Frühjahr meist in Kälte, Regen, Schnee und grauer Düsternis. Doch der Sommer versetzt die Einheimischen in eine Art Ausnahmezustand, nicht nur nachts, wenn die niemals endende Dämmerung der »weißen Nächte« unser normales Zeitgefühl aus dem Takt bringt. Geradezu enthusiastisch geben sich die Petersburger dem kurzen, in diesem Jahr aber heißen Sommer hin, mit Temperaturen bis zu dreißig Grad.

Die Stadt hat nicht nur den Namen geändert, seit die Sowjetunion zerfallen ist. Leningrad war das ganz im Westen der UdSSR gelegene Zentrum der Rüstungsindustrie, der Raumfahrt, der Nuklearwirtschaft, mehr ein Bollwerk gegen den Westen als Russlands Brückenkopf nach Europa. St. Petersburg im Sommer 2001 zeigt – trotz aller Alltagsbedrängnisse – eine Lust am Bürgerlichen, an der Vergangenheit. Die Schlangen vor dem frisch restaurierten und erstmals für die Öffentlichkeit zu besichtigenden Badepavillon der kaiserlichen Familie im Peterhof sind nur ein Beispiel für die Neugier an allem, was die Stadt einmal ausgemacht hat, zu Sowjetzeiten aber verboten war.

Es sind schwere Übergangsjahre. Die ehemaligen Experten und Forscher für ausgefeilte Militärtechnologien müssen sich neu orientieren, hoch spezialisierte Fachleute sich plötzlich auf dem Markt zurechtfinden, der keine rechte Verwendung für ihre Kenntnisse hat. So produzieren früher streng geheime Rüstungsbetriebe jetzt Kochtöpfe oder Badewannen. Dennoch sind die ehemaligen Institute des militärisch-industriellen Komplexes die Basis für ein Hochtechnologie-Wunder, das zeigt, wo die Stadt in Zukunft eine neue wirtschaftliche Basis finden könnte. Schon heute ist für junge Leute aus ganz Russland, bis ins ferne Sibirien, St. Petersburg ein Sprungbrett für die globale »New Economy«. St. Petersburg ist, vor Moskau, die Hightech-Hauptstadt Russlands. »Wir ernten jetzt die Früchte, die noch in der Sowjetzeit gesät wurden«, bestätigt uns Arcady Khotin, der Chef des Software-Unternehmens Arcadia. Er beschäftigt mehr als hundert junge Programmier. Sie alle sind noch Studenten an den staatlichen Universitäten und arbeiten nebenbei bei Arcadia – für sehr gutes Geld und fast ausschließlich für westliche Kunden.

Arcady ist ein Mann, der die Sowjetunion wahrlich nicht zu loben hat. In den siebziger Jahren hatte der 1946 geborene Mann begonnen, sich für Computer zu interessieren. Nach seinem herausragenden Uni-Abschluss in Informatik habe er sich in vielen Betrieben beworben. Zunächst, so erzählt er uns im Sitzungsraum seines Unternehmens, das er auf zwei Etagen eines Universitäts-Instituts untergebracht hat, seien seine Gesprächspartner am Telefon immer begeistert gewesen von seinen Noten und Referenzen. Doch wenn er zum Vorstellungsgespräch kam und seinen Pass vorzeigte, der unter dem Stichwort Nationalität »jüdisch« verzeichnete, dann war der Job meist schon vergeben. Juden galten in der Sowjetunion, so sagt Arcady, als nicht zuverlässig. Jetzt sei das alles anders. »Ich zum Beispiel frage meine Mitarbeiter gar nicht nach ihrer Religionszugehörigkeit, und dass ich Jude bin, interessiert heute in St. Petersburg niemanden mehr.«

Arcady Khotin ist ein bisschen korpulent und erklärt offenherzig, warum. »Wissen Sie, meine Eltern haben die Blockade im Zweiten Weltkrieg miterlebt – 900 Tage. Sie haben gehungert. Als der Krieg vorbei war, hat mir meine Mutter so viel zu essen gegeben, wie es eben nur ging. So ganz habe ich den Speck von damals immer noch nicht abgelegt!«

Die politischen Veränderungen begannen schon in den achtziger Jahren. Plötzlich bekam Arcady doch die Jobs, die er wollte. Es galt, Software für Staatsunternehmen zu entwickeln. Die letzten Jahre der Sowjetunion waren eine gute Übung im Marketing, meint er. Arcady musste sich die Betriebe suchen, die an seinen Software-Produkten interessiert waren. Als dann Gorbatschow regierte, das Land sich zum Westen öffnete und auch das Verbot, Hochtechnologien in die Sowjetunion zu exportieren, nicht mehr so ernst genommen wurde, arbeitete Arcady an der russischen Version der Word-Programme mit und erinnert sich bis heute an ein Händeschütteln mit Bill Gates. Aber sein persönliches Wende-Jahr war 1993. Damals gründete er, zusammen mit seiner Frau und der damals 22-jährigen Tochter, seine Firma, die heute einer der Vorzeigebetriebe des modernen St. Petersburg ist. »Wir hatten begriffen, dass wir die Software-Entwicklung vom Service trennen mussten. Wir mussten die Notwendigkeiten des Marktes erkennen und dabei die Talente nutzen, die wir in St. Petersburg haben.«

Arcady hat sich erfolgreich etabliert. »Bei der Wende Anfang der neunziger Jahre hatten wir Angst, unser Leben umsonst zu leben. Heute schauen wir nach vorne. Und obwohl ich keinen Grund habe, einem ehemaligen KGB-Agenten Lobgesänge zu widmen, muss ich doch sagen: Putin hat dem Land eine Richtung gegeben. Wir können jetzt ruhig in die Zukunft schauen.« Aber Arcady fügt lachend hinzu, dass er manchmal immer noch den »communist bullshit« im Kopf habe. Die Veränderung der Mentalität sei das eigentliche Problem im heutigen Russland. Die innere Haltung, dass der Staat den Bürgern etwas schulde, die stelle er auch bei jungen Leuten immer noch fest. Dagegen anzugehen und den Menschen klarzumachen, dass jeder für sich verantwortlich sei – das sei gar nicht so einfach.

Mit seinen breiten Hosenträgern, seiner direkten, verschmitzten, manchmal selbstironischen, manchmal ein wenig zynischen Art wirkt Arcady fast wie ein New Yorker. Er hat sich einen breiten amerikanischen Akzent angewöhnt, dabei hatte er bis zur Wende fast keine Gelegenheit, Englisch zu hören oder zu sprechen. »In den siebziger Jahren – da gab es hier nichts – keine Nachtclubs, keinen Sex – alle hatten viel Zeit zum Denken. Die jungen Leute, die heute heranwachsen, die haben fast alle Väter, die aus der alten sowjetischen Computerbranche kommen.« St. Petersburg sei auch deshalb ein idealer IT-Standort, weil es immer noch die alte »Community« der Informatik-Spezialisten gebe.

Zu den jungen Leuten, die bei der Firma von Arcady Khotin Arbeit und eine Zukunftsperspektive gefunden haben, gehört auch Matwej Kazakow. Auf den 22-Jährigen sind viele stolz: neben Arcady Khotin vor allem Professor Wladimir Parfjonow, den manche den russischen IT-Papst nennen. Matwej ist ein schmaler junger Mann, blass und konzentriert, ganz so, wie man sich einen Naturwissenschaftler eben vorstellt. Seine Mutter ist Mathematikerin, sein Vater Chemiker. Hätten sie nicht den hoch begabten und erfolgreichen Sohn, müsste man sie wohl zu den Verlierern der neuen Zeiten rechnen. So aber ist alles anders. Dank Matwej muss sich die Familie keine Sorgen um die Zukunft machen. Wir schlendern mit Matwej durch St. Petersburg und landen vor der Kasaner Kathedrale am zentralen Petersburger Newskij-Prospekt. In der großen Kirche hat sich in diesen neuen Zeiten ein Brauch entwickelt, der manchem Russen merkwürdig vorkommt. In bestimmten Kreisen ist es schick geworden, sich kirchlich trauen zu lassen und die Hochzeitszeremonie nicht mehr in einem staatlichen Hochzeitspalast zu begehen. Matwej findet es komisch, wie sich die Brautpaare im Halbstundentakt vor der Kathedrale anstellen. Überhaupt ist ihm die religiöse Renaissance seines Landes einigermaßen fremd. Die Religion stellt zu viele Fragen, meint er, und gibt zu wenig Antworten. Für ihn wäre es undenkbar, in der Kirche zu heiraten. Wir unterhalten uns auf Englisch. Aber Matwej ist mit seinen Kenntnissen nicht zufrieden. In seiner Schulzeit habe er sich nur für Mathematik interessiert und alles andere vernachlässigt, sagt er uns. Erst später, auf der Universität, sei ihm klar geworden, wie wichtig Fremdsprachen sind, und er gebe sich jetzt große Mühe. Dabei kann Matwej sich gut ausdrücken. Aber er ist eben ein Perfektionist, ein junger Mann mit hohen Ansprüchen an sich selbst und an andere.

Matwej hat auch klare Vorstellungen von seiner beruflichen Zukunft. Er will in St. Petersburg bleiben. Hier ist er zur Schule gegangen – ins mathematisch-physikalische Lyzeum, vielleicht das beste naturwissenschaftliche Gymnasium des Landes, wie er sagt. Hier macht er jetzt seinen Magister an der Uni und dann bald auch sein Doktorat. Dabei mangelt es nicht an Möglichkeiten, sich eine Zukunft auch im Ausland aufzubauen. Matwej hat an IT-Wettbewerben in Amerika, Frankreich, den Niederlanden und in Deutschland teilgenommen. Gut hat es ihm fast überall gefallen, sagt er, besonders die Wolkenkratzer in New York haben es ihm angetan. Aber zu Hause ist er eben hier: »Ich liebe St. Petersburg, seine Geschichte und Kultur, auch wenn viele Häuser ein bisschen heruntergekommen sind. Und außerdem – ich bin verantwortlich für meine Familie. Alle leben doch von dem, was ich verdiene.«

Matwej studiert noch – aber nebenbei hat er einen Job, bei Arcadia. Der bringt ihm fast zehnmal so viel ein wie ein russischer Durchschnittsverdiener bekommt: 1200 Dollar im Monat. Woran genau er an den Computern von Arcady Khotin arbeitet, das darf Matwej nicht verraten, nur so viel: Der Software-Auftrag kommt aus Australien, und es wird noch mehr als ein Jahr dauern, um ihn – zusammen mit fünf Kollegen – zu Ende zu führen. Matwej lädt uns in die Wohnung ein, die seine Eltern vor einigen Jahren in der Petersburger Altstadt kaufen konnten. Die Fassaden in der Rilejewer Straße, die noch zum eindrucksvollen Altstadtkern gehört, sind gepflegt, vier oder fünf Stockwerke hoch, einige verfügen über eindrucksvolle Jugendstil-Ornamente aus der Zeit vor der Revolution. Das Treppenhaus ist wie immer in Russland schmutzig, dabei gäben das schmiedeeiserne Geländer und die mosaikbelegten Böden genug her für ein richtiges Schmuckkästchen.

Die Kazakows leben im zweiten Stock, mit insgesamt sieben Personen: die Eltern und ihre drei Söhne – Matwej ist der älteste – und ein Großeltern-Paar. Die Wohnung ist groß und zeigt anschaulich, wie sich das Leben verbessert hat. Früher war das eine typisch russische »Kommunalka«, die sich mehrere Familien teilten. Die früheren Mitbewohner sind nach und nach ausgezogen, und heute bewohnen die Kazakows die Altbauwohnung alleine. Aber Matwejs Vater räumt freimütig ein: »Nein, zur neuen Mittel- oder Oberschicht gehören wir noch lange nicht. Vielleicht Matwej, wenn er das Geld, das er verdient, auch für sich selbst ausgeben könnte. Von meinem Gehalt und dem meiner Frau könnten wir nicht so leben.« Ich frage Matwej, ob es ihn belastet, dass er der Hauptenährer der Familie ist, derjenige, der Eltern und Brüdern ein halbwegs komfortables Leben ermöglicht. »Nein, überhaupt nicht«, antwortet er, »wir sind so erzogen worden, immer das Wohl der ganzen Familie im Auge zu behalten. Außerdem habe ich vor allem meiner Mutter viel zu verdanken. Sie hat meine Begabung früh erkannt.« Aber richtig sei schon, dass sein Leben nicht einfach ist. »Ich muss arbeiten, ich muss studieren. Manchmal habe ich sogar zu wenig Zeit, um auszuschlafen. Mit vier bis fünf Stunden muss ich auskommen.« Aber Matwej jammert nicht, sondern verlangt sich etwas ab: »Ein junger Mann muss arbeiten, erholen kann man sich, wenn man alt ist. Ich fühle mich noch kräftig, deshalb schaffe ich das alles. Meine Mama sagt, ich soll nicht so viel arbeiten. Ich bin aber ein erwachsener Mensch, und sie kann mir nichts diktieren.«

Ein kleiner Raum in der Wohnung ist für Matwej reserviert. Hier hat er die Dinge aufgestellt, die er sich vom ersten selbst verdienten Geld geleistet hat – kleine Heiligtümer: eine Musikanlage und ein Fernseh- und Videosystem mit allen Schikanen. Ins Kino geht er nicht gerne. Aber er hat sich eine Videokollektion zugelegt – »Pulp Fiction«, »Gladiator«, der Science-Fiction-Streifen »Matrix«, jeweils im Originalton mit Untertiteln – damit entspannt sich Matwej, jedenfalls wenn er die Zeit dazu findet, und, so erklärt er uns, auf diese Weise wird auch sein Englisch mit der Zeit besser.

Matwejs Mutter, Anna Kazakowa, serviert im Wohnzimmer Tee und selbst gebackenen Schokoladenkuchen. Matwejs jüngerer Bruder ist dazu gekommen und der Familienhund. Wir beginnen ein bisschen zu politisieren. Es heißt, dass die Eltern des neuen Präsidenten Putin hier in der Nähe wohnen. Ob sie davon schon gehört haben? Ja, aber wo genau sie ihre Wohnung haben, das wissen sie nicht. Matwejs Vater wirft ein, er habe eine Zeit lang mit Putin zusammengearbeitet, als der Abteilungsleiter in der Petersburger Stadtverwaltung war. Putin sei nur ein Jahr älter und in die gleiche Schule gegangen. Der Präsident sei ein Mann mit klaren Vorstellungen. Er werde sicher auch die Lage der Lehrer bald verbessern. Vor der Revolution hätten Lehrer so viel verdient wie Generäle. Die Lage heute sei absolut lächerlich. Die Eltern seiner Schüler würden sich beispielsweise beschweren, weil er im Chemieunterricht über fast keine Reagenzien verfüge, und Computer gebe es in der Schule nur von der allerältesten Generation. Das alles müsse sich ändern – und es werde sich auch ändern, deshalb habe er Putin doch gewählt.

Auch Arcady Khotin erwartet von Putin mehr als Ankündigungen. »Jelzin hat alles Bestehende kaputtgemacht. Das war gar nicht schlecht. Er hat uns die Freiheit gegeben. Aber jetzt ist die Zeit, endlich wieder etwas aufzubauen. Putin geht in die richtige Richtung. Nicht nur, dass er Gesetze ändert, er sorgt auch dafür, dass die Veränderungen durchgesetzt werden.« Deshalb sei der Weg, den Putin mit den neuen Steuergesetzen einschlage, richtig. Bisher habe in Russland doch praktisch niemand Steuern bezahlt, Putin habe das ganze System neu definiert. Er, Khotin, sei jetzt bereit, seinen Steuerobulus zu entrichten. 24 Prozent Unternehmenssteuer, 13 Prozent persönliche Steuern – damit könne man doch gut leben. Russland sei, auch verglichen mit westlichen Ländern, eine Art Steuerparadies. Angst vor einem neuen Autoritarismus hat er nicht. Ein System wie damals mit so immensen Militärausgaben, das könne sich Russland gar nicht mehr leisten. Deshalb sei die Sowjetunion doch schließlich zusammengebrochen. Nein, das wird nicht mehr wiederkommen.

Einen Teil des neuen Russland zu schaffen, das nimmt auch Professor Parfjonow für sich in Anspruch. Er ist Dekan des Informatik-Instituts am renommierten ITMO, dem Institut für Präzisionsmechanik und Optik, wo Jung-Genies wie Matwej Kazakow gleich dutzendweise entdeckt und ausgebildet werden. 1900 ist das ITMO gegründet worden, während der Sowjetzeit war es ein für die Außenwelt verschlossenes System, wo etwa Spionage- und Aufklärungsgeräte entwickelt wurden. Heute kümmert sich Parfjonow um Studenten aus ganz Russland. Informatik-Professoren aus dem ganzen Land wenden sich an ihn und machen ihn auf herausragende Talente aufmerksam. In Russland, erklärt uns der etwas nervös wirkende Mann, hat sich seit 1991 ein System von Wettbewerben in Mathematik und Physik entwickelt. So kämen die Begabten zum Vorschein. Professor Parfjonow lädt die Sieger zu einem halbjährigen Vorkurs nach St. Petersburg ein. Wenn sie sich bewähren, dann können sie ohne weitere Aufnahmeprüfung an der Elite-Universität studieren. Den Studenten Matwej hat Professor Parfjonow früh unter seine Fittiche genommen. Gemeinsam haben sie Erfolge errungen bei den verschiedenen internationalen Informatik-»Olympiaden« wie zuletzt im Frühjahr 2001 im kanadischen Vancouver. »Sterben oder Überleben« – vor dieser Alternative stand sein Institut, als die Sowjetunion auseinander brach, erklärt Parfjonow. Er hat fürs Überleben gekämpft, indem er eine enge Verbindung zur IT-Wirtschaft suchte. Jetzt, so meint er, können nicht nur die Studenten, sondern das ganze Institut zuversichtlich in die Zukunft blicken.

Seine größte Sorge ist, dass die jungen Leute zu früh vom Arbeitsleben aufgefressen werden. »Besonders kleine Firmen machen den ganz jungen Studenten verlockende Angebote. Hundert Dollar – das ist für unsere Verhältnisse schon viel. Auf den Studenten lastet ein enormer Druck. Sie haben nicht nur sich selbst, sondern oft auch ihre Familien zu versorgen. Wenn sie aber sofort ins Berufsleben einsteigen, dann vernachlässigen sie das Studium und entwickeln sich nicht mehr weiter. Auf lange Sicht können sie nur verlieren.«

Der Dekan hat auf diese Situation mit einem strengen Verhaltenskodex für seine Fakultät reagiert: Wer sich hier einschreibt, verpflichtet sich, die ersten drei Jahre nicht zu arbeiten. Ab dem vierten Jahr vermittelt der Professor Jobs in Computerfirmen und sichert den jungen Leuten so ein angemessenes Einkommen. Nach dem fünften Studienjahr, kurz vor dem Magister-Examen, werden Uni und Beruf miteinander kombiniert – mit einem für russische Verhältnisse außerordentlich guten Gehalt wie bei Matwej. Das Wichtigste für Professor Parfjonow ist, dass die Fachleute im Lande bleiben, dass sie den verlockenden Angeboten vor allem aus den USA widerstehen. »Wir müssen als Europäer gemeinsam verhindern, dass sich die Amerikaner die begabtesten Menschen aus der ganzen Welt zusammenkaufen und wir total ins Hintertreffen geraten.«

Aus diesem Grund ist wohl auch Professor Manfred Esser nach St. Petersburg gegangen. Als Vertreter eines großen deutschen Elektronik-Konzerns hat er seit Herbst 2000 an der ITMO eine neue Fakultät aufgebaut. Die russischen Computer-Experten, erklärt uns Esser, seien zwar ausgezeichnete Programmierer, aber zu wenig anwendungsorientiert. Es fällt ihnen schwer, die Kundenwünsche realistisch einzuschätzen, Projekte zu managen und den Zeitaufwand zu kalkulieren. Mit Parfjonow hat Esser ein Programm entwickelt, das dieses Defizit ausgleichen soll – und das Echo bei den Studenten ist enorm. 250 Bewerber für das erste Studienjahr haben Esser und Parfjonow getestet, und zwar nicht nur nach fachlichen Kriterien, sondern auch nach so genannten »soft skills«, Persönlichkeitsmerkmalen wie Selbstsicherheit und Selbstdarstellung, Team-Orientiertheit und Fremdsprachenbegabung. 78 Studenten sind übrig geblieben, von denen sich 41 in dem neuen Studiengang eingeschrieben haben. Ihnen bietet Esser eine praxisbezogene Ausbildung, auch mit Professoren aus Deutschland, vor allem aber eine langfristige Perspektive. Parallel zur Arbeit an der Uni entwickeln die jungen Leute Software für deutsche Unternehmen, zum Beispiel für Internet-Anwendungen. Während wir filmen, bearbeitet einer der jungen Russen den Internet-Auftritt eines münsterländischen Schützenvereins!

Die Studenten sollen nebenbei arbeiten – aber nicht zu viel. »Wir zahlen dafür ein faires Gehalt und bieten Bedingungen wie auf dem westlichen Arbeitsmarkt: Weiterbildung, eine private Krankenversicherung, einen eigenen Betriebsarzt, Boni bei besonders guter Leistung oder auch, wenn ein Kind geboren wird. Sie glauben gar nicht, wie das einschlägt«, sagt Esser. Natürlich bieten sich auch Gelegenheiten, in Deutschland zu arbeiten. Aber es geht um Praxiserfahrungen, nicht um dauerhaftes Abwerben. Esser ist durchaus zuversichtlich, was die Zukunft angeht: »St. Petersburg ist schon jetzt die IT-Hauptstadt Russlands. Wir holen Leute aus Moskau oder Nowosibirsk hierher – und im Moment machen wir uns auch keine Sorgen um die Stabilität des Standorts.«

Auch Arcady Khotin, in gewisser Weise ein Konkurrent des

deutschen Professors beim Kampf um die besten Köpfe, hat nicht mehr so viel Sorge um die Abwanderung allzu vieler junger Spezialisten. Die Grenzen seien jetzt ja offen, die Fachleute hätten also die Möglichkeit, die Welt zu entdecken, aber eben auch wieder zurückzukommen. Und in der Tat, viele seien wieder gekommen, weil ihnen das Leben im eigenen Land, mit der Familie und den Freunden doch besser gefalle. Das gelte übrigens auch für die kleine Gruppe der besonders begabten Studenten, zu denen zum Beispiel auch Matwej gehöre. »Diese Leute wissen, dass sie hier die Spitze sind. In Kalifornien müssen sie mit den Besten aus Indien, Bulgarien, Spanien und anderen Ländern konkurrieren – und plötzlich sind sie nicht mehr ganz vorne. Das ist für viele gar nicht leicht zu ertragen.«

Matwej Kazakow war im März 2001 mit zwei Gruppen von zwei unterschiedlichen St. Petersburger Universitäten zur Endausscheidung bei der Computer-Olympiade im kanadischen Vancouver. 64 Teams aus der ganzen Welt hatten sich qualifiziert, von mehr als 2500, die insgesamt an den regionalen Ausscheidungen teilgenommen hatten. Die Petersburger haben den ersten und dritten Platz belegt. »Wissen Sie«, sagt Matwej, »wir haben hier keine Rohstoffe, und für Landwirtschaft ist unser Gebiet auch nicht besonders geeignet. Aber wir können Hirne kultivieren.« Ein Angebot von IBM, nach Amerika zu kommen, das er gleich nach dem Sieg seines Teams erhielt, lehnte er ab. »Natürlich wäre es reizvoll, für ein oder zwei Jahre an eine ausländische Universität zu gehen«, sagt er. »Aber wie soll ich dann meine Eltern ernähren? Außerdem muss ich an den Zeitplan meiner Karriere denken. Programmierer müssen sehr früh anfangen, sonst verpassen sie die Chancen. Wenn du mit 35 immer noch nur auf die Tasten drückst, dann hast du nichts erreicht.« Nein, er wolle seine Ausbildung an der Petersburger Uni beenden und dann so mit dreißig eine eigene Firma gründen. Der einzige Vorteil des Auslands sei die größere politische Stabilität und das höhere Einkommen. Aber im Moment gehe es ihm doch gut, und er sehe keinen Grund, das Land zu verlassen.

Eines komme hinzu: »Wissen Sie, ich habe schon ein bisschen Angst, im Ausland meine russische Seele zu verlieren.« Seine beiden wichtigsten Förderer, Professor Parfjonow und

Arcady Khotin, hätten befürchtet, dass er in den Westen gehe. Aber er habe sich entschlossen: »Ich bleibe hier, sie können sich auf mich verlassen!« Auch Matwej ist für Putin und mit der Bilanz seines ersten Präsidenten-Jahres zufrieden: »Es ist gut, dass wir die Tür nach Europa geöffnet haben. Es ist gut, dass wir frei sind, mit allen zu kommunizieren, übers Internet, dass wir reisen können. Aber Russland darf sich nicht allzu sehr anpassen. Putin hat Ordnung geschaffen und Russland Stärke zurückgegeben. Wir sind ein eigenständiges und ganz besonderes Land. Ein Kontinent für sich.«

Nachbetrachtung
Eine Reise in schwierigen Zeiten

Mit dem Kanzler nach Asien

28. Oktober 2001. Fast acht Wochen nach den Terroranschlägen auf das World Trade Center in New York und das Pentagon in Washington fliegt Bundeskanzler Gerhard Schröder mit einer großen Regierungsdelegation nach Indien und China. Es ist seine bisher längste Auslandsreise, die ursprünglich vor allem der Vertiefung der Wirtschaftsbeziehungen und der Anbahnung neuer Geschäfte dienen sollte. Mit dem Anti-Terror-Krieg hat sie jedoch eine völlig neue Dimension bekommen. Neu-Delhi und Peking sind plötzlich hoch politische Stationen geworden. Der Führung in Indien ist die Aufwertung des Militärregimes im benachbarten Pakistan suspekt. China hat seine politische Unterstützung für die »Allianz gegen den Terror« zugesagt, überraschend genug, nachdem zu Beginn des Jahres China und die USA wegen der amerikanischen Überwachungsflüge in der Straße von Taiwan um ein Haar in eine Art Kalten Krieg im Pazifik geraten wären. Aber bei der Reise geht es nicht nur darum, die »Allianz gegen den Terror« zusammenzuhalten. Gerhard Schröder ist sich darüber im Klaren, dass sich die Welt seit dem 11. September 2001 neu ordnet. Und Deutschland soll daran mitwirken. Also wurde kurzfristig auch Islamabad ins Besuchsprogramm aufgenommen und die Tour um einen Tag verlängert. Und unmittelbar vor Reisebeginn hat der Kanzler für den Rückflug noch ein privates Essen mit Wladimir Putin in Moskau eingeplant. Nur drei Wochen zuvor war Schröder bei Amerikas Präsident Bush gewesen. Die Botschaft dieser hektischen Reisediplomatie ist klar: Deutschland spricht von Gleich zu Gleich mit den Großen der Welt – der Bundeskanzler in der Rolle des Staatsmanns.

Seit die Weltpolitik im Herbst 2001 als Antwort auf die Terroranschläge in Bewegung geraten ist, verständigen sich die USA, Europa, Russland und China bei eher informellen Gesprächen auf Grundsätze ihrer künftigen Zusammenarbeit. Nach dem Golfkrieg hatte der amerikanische Präsident George Bush eine »neue Weltordnung« angekündigt, die jedoch aus vielerlei Gründen keine Gestalt annahm. Der plötzliche Umbruch am Ende des Kalten Krieges führte im Gegenteil dazu, dass sich Europa – vor allem Deutschland und das riesige Russland – erst einmal mit sich selbst beschäftigte. Amerika hatte mit Bill Clinton zwar einen außenpolitisch ambitionierten Präsidenten, der sich – nicht immer zum Gefallen seines heimischen Publikums – sogar mit den Problemen auf dem fernen Balkan oder im Nahen Osten befasste. Aber die Fäden zusammenzuführen, eine neue Ordnung nach der Konfrontation der Blöcke aufzubauen, das gelang Clinton in seiner achtjährigen Amtszeit nicht. Der 11. September 2001 veränderte die Weltlage. Nun hat ausgerechnet George W. Bush, ein innenpolitisch orientierter Mann mit wenig Auslandserfahrung, die Chance, zu Beginn des 21. Jahrhunderts etwas in Gang zu bringen, was sein Vater nur in Umrissen andeuten konnte.

Zunächst einmal aber geht es, auch bei der Asien-Reise des Bundeskanzlers, um eine neue politische Ordnung für Afghanistan. Diplomaten aus aller Welt, auch Bundesaußenminister Joschka Fischer, arbeiten an einer »Post-Taliban«-Struktur, unter Einbeziehung aller Volksgruppen. Eile ist geboten – und zwar nicht nur wegen der unsäglichen Leiden der Bevölkerung. Im Westen, vor allem in Deutschland, regt sich Kritik am militärischen Vorgehen der USA. Je länger der »Krieg« dauert, desto mehr rücken die Bilder vom brennenden Welthandelszentrum in den Hintergrund. Jetzt sehen wir Abend für Abend verletzte oder tote Kinder. Gerade die Koalitionspartner des Kanzlers, die traditionell pazifistisch orientierten Grünen, können sich immer weniger zur »uneingeschränkten Solidarität« bekennen. Es sei »eine Reise in schwierigen Zeiten«, verlautet aus »Regierungskreisen«. Bei den Gesprächen in Pakistan, Indien und China gehe es um die »Grundzüge einer neuen globalen Sicherheitsarchitektur«. Nein, beeilt man sich zu versichern, der Kanzler werde gewiss keine Vermittlerrolle im Kaschmir-Konflikt spielen. Das sei von seinen Gastgebern auch gar nicht gefragt, aber angesprochen werde das Thema selbstverständlich.

Die Maschine des Kanzlers hat Kurs nach Südosten aufgenommen. Sieben Stunden sind es bis Islamabad, übers Schwarze Meer, den Nordzipfel des Irak und den Iran. Die »Konrad Adenauer«, ein Airbus A 310 in der VIP-Version, ist fast bis auf den letzten Platz besetzt. Etwa fünfzig Journalisten sind an Bord, dabei hat das Bundespresseamt über hundert Kollegen abgesagt. Die größte Wirtschaftsdelegation, die ein Kanzler je dabei hatte, Vorstände von Siemens, Lufthansa, ThyssenKrupp, aber auch Vertreter wichtiger mittelständischer Unternehmen, werden mit einer zweiten Maschine direkt nach Neu-Delhi kommen. Bald nach dem Start lässt sich der Bundeskanzler sehen, in dunkelblauer Wolljacke und aufgeräumter Stimmung. Jeder Journalist bekommt einen Handschlag. Dann beginnt das Bordprogramm. Als wir Europa verlassen, erscheinen auf den Bildschirmen die Karten des Vorderen Orients und Zentralasiens. Herat, Dschalalabad, Kandahar, Kabul – der Computer rechnet genau aus, wie weit unsere Maschine von diesen afghanischen Städten entfernt ist. Unter uns fliegen amerikanische Kampfflugzeuge Angriffe gegen Afghanistan. In welcher Höhle, unter welchem der Berge mag sich Bin Laden versteckt halten?

Am Vormittag erreichen wir die an den Ausläufern des Himalaja gelegene pakistanische Hauptstadt. Islamabad ist eine Reißbrettstadt, für Pakistan keineswegs repräsentativ. Die Kanzlerkolonne rast vom Flughafen durch gepflegte Wohnquartiere, wo offenbar Militärangehörige untergebracht sind. Auf den Flachdächern stehen Uniformierte – Maschinenpistolen in Händen, die in weißen Handschuhen stecken. Der Highway ist für uns abgesperrt. Busse, Lastwagen und Menschen in weiten Gewändern scheinen alle Zeit zu haben, den Regierungskonvoi vorbeifahren zu lassen.

Der Westen tut jetzt alles, um Regierungschef General Perves Musharraf zu stützen, den Mann, der 1999 mit einem Militärputsch an die Macht kam. Über diese Vergangenheit sieht Kanzler Schröder genauso hinweg wie die Amerikaner. Der Westen braucht Musharraf, den einflussreichsten Nachbarn Afghanistans, und Pakistan als Basis für seine Militäroperationen. Zudem will man vermeiden, dass sich auch hier der Islamismus durchsetzt. Pakistan verfügt seit 1998 über Atombomben. Dass die »islamische Bombe« in die falschen Hände gerät, ist in diesen Tagen für viele ein Schreckensszenario. So hat sich auch Schröder mit seinem Kurzprogramm vorgenommen, die stabilisierende Rolle hervorzuheben, die Pakistan seit dem 11. September in der Region spielt. Von Pakistan aus ist humanitäre Hilfe für das Nachbarland noch immer möglich. Zwar widersetzt sich Musharraf der Forderung, die Grenzen für Millionen vom Hunger bedrohter Flüchtlinge zu öffnen. Aber er lässt es zu, dass humanitäre Organisationen von seinem Territorium aus in Afghanistan operieren.

Während sich der gastgebende General und der Kanzler aus Deutschland zu einem ersten Gespräch in den Palast des »chief executive« zurückziehen, warten wir Journalisten auf die im Anschluss daran vorgesehene Pressekonferenz und sprechen mit Kollegen, die das Land und den Nachbarn Afghanistan gut kennen. Wir treffen auf große Skepsis hinsichtlich des Erfolgs der US-Militäroperationen. Das Netzwerk Bin Ladens und der Herrschaftsapparat der Taliban seien nicht in kurzer Zeit zu zerstören, hören wir. Über den Winter würden sie auf jeden Fall kommen, und mit ein paar hundert Mann Bodentruppen sei dieses Land nicht zu befrieden. Hinzu kommt: Die Nordallianz, mit der sich die USA jetzt praktisch verbündet haben, ist für Pakistan ein gefährlicher Nachbar. Da herrscht uraltes Misstrauen, weniger von Staat zu Staat als von Stamm zu Stamm.

Wir deuten es als Geste, dass der Gastgeber bei der Pressekonferenz nicht in Uniform, sondern im hellen Straßenanzug erscheint. Nach den Begrüßungsformeln wiederholt Musharraf, was er in den letzten Tagen immer wieder gesagt hat: Er sei für eine kurze und entschlossene Militäraktion, die Opfer unter der Zivilbevölkerung möglichst vermeide. Es müsse an einem Konzept für den Wiederaufbau Afghanistans gearbeitet werden; das Land müsse auch nach dem angestrebten Ende der Taliban-Herrschaft in seinen jetzigen Grenzen erhalten bleiben. Und was die politischen Lösungen angehe, das alles müsse jetzt auf die »fast track« – auf die Überholspur. In Anwesenheit Schröders vermeidet Musharraf, seine Forderung nach Beendigung der Angriffe zum Fastenmonat Ramadan zu wiederholen. Aber die Position des Pakistani unterscheidet sich von der Schröders und des Westens in wesentlichen Punkten.

Der Kanzler wirkt angespannt. Er räumt ein, »in Details« gebe es Differenzen in der Sichtweise der Probleme. Worin die bestehen, erfahren wir nicht. Schröder wiederholt aber seinen Standpunkt, man dürfe die Angriffe jetzt nicht unterbrechen, sonst würden sie ihre Wirkung verlieren. Im Übrigen: Dinge, die man in Pakistan gerne hört. Die Bundesregierung will sich humanitär engagieren, das sei trotz der militärischen Angriffe weiter möglich; sie plädiert für eine »Post-Taliban«-Lösung, die die Kräfte aus dem Land selber zur Geltung bringen will; und – konkretester Punkt: Berlin bietet Pakistan eine Starthilfe zum Ausbau der Handelsbeziehungen an, mit einer Hermesbürgschaft über immerhin hundert Millionen Mark. In seinem Eröffnungsstatement hat der Kanzler das Stichwort »Kaschmir« vermieden. Erst auf Nachfrage sagt er knapp, wenn er in Indien darauf angesprochen werde, wolle er für dasselbe plädieren wie hier: Indien und Pakistan müssten in dieser Krise wieder ins Gespräch kommen. Dann verschwinden die Delegationen hastig zu dem verspäteten Mittagessen. Wir Journalisten haben eine Stunde Zeit, die Eindrücke zu sortieren, Kontakt mit den Redaktionen aufzunehmen und uns wieder in die Busse zu begeben. Die erste Etappe liegt hinter uns – sechs Stunden Pakistan.

Diffizile Gespräche in Neu-Delhi

Der Ehrenhof des Präsidentenpalastes von Neu-Delhi, wo wir auf die Ankunft von Bundeskanzler Schröder warten, zeugt noch immer vom Glanz des britischen Imperiums. Auch die berittene Vorhut, die den extralangen Mercedes des Staatsgastes geleitet, sowie die Garden in ihren prunkvollen weißroten Uniformen und malerischen Turbanen erinnern an die Vergangenheit. Das Protokoll ist für den Deutschen eine schwere Probe aufs diplomatische Geschick. Der Bundeskanzler muss – wie alle Staatsgäste in Indien – den roten Teppich des großen Appellplatzes allein beschreiten und die Formationen der indischen Armee grüßen. Dann erst stellt ihm der indische Ministerpräsident sein Kabinett vor und Schröder entsprechend die deutsche Delegation. Am Ende der Reihe – und auch das gehört zum ungewohnten indischen

Protokoll – warten die Journalisten. Das erinnert immerhin daran, dass Indien trotz aller wirtschaftlichen und kulturellen Probleme eine Demokratie mit funktionierender Presselandschaft ist. Der Kanzler beantwortet zwei Fragen und bleibt auch hier bei seinem Standpunkt: Deutschland kann im Kampf gegen den Terror nicht neutral sein; militärische Hilfe bleibe weiterhin angeboten; wann sie aber notwendig werde, das entscheiden die Amerikaner. Aber es gibt neue Zwischentöne. In einem Nebensatz sagt der Kanzler, man müsse an die militärische Sicherung der neuen »Post-Taliban«-Regierung in Afghanistan denken. Vielleicht wäre das eine Rolle für die Deutschen? Mehr als berechtigt erscheint die selbstkritische Bemerkung aus der deutschen Delegation, man habe sich vor dem 11. September zu wenig um die Probleme Süd- und Zentralasiens gekümmert, und das räche sich jetzt.

Der Flug von Islamabad bis nach Neu-Delhi hat zwar nur kurz gedauert, dennoch ging er über eine der schwierigsten Grenzen der Welt. Pakistan und Indien gelten als feindliche Brüder. Wie im Nahen Osten schwelt auch hier ein schwieriges Erbe der britischen Kolonialzeit. Für den Bundeskanzler ist es ein diffiziles Terrain. Schröder muss die Mitte zwischen seinen beiden Gastgebern in Pakistan und Indien halten. Indien wirft Pakistan, das ein Drittel der Bergregion Kaschmir besetzt hält, Terrorismus vor. Verschärft wird der Konflikt dadurch, dass beide Staaten seit Ende der neunziger Jahre Atommächte sind. Schon gibt es Spekulationen, amerikanische und israelische Spezialkommandos trainierten für den Fall, dass General Musharraf gestürzt würde und islamistische Fundamentalisten die Macht in Islamabad übernehmen, die Sicherstellung der Atomsprengköpfe. Ein beunruhigendes Szenario nicht nur für Südostasien! Schon die Aufforderung des Kanzlers, die beiden Länder sollten zum Dialog zurückkehren, befremdet viele in Neu-Delhi. Für die meisten Inder ist Kaschmir auch ein Teil des globalen Kampfs gegen den Terror, dem sich Schröder auf dieser Reise verpflichtet hat. Bis vor kurzem haben die Inder noch alle diplomatischen Anstrengungen unternommen, um Pakistan von den USA als »Schurkenstaat« eingestuft zu sehen, wie Irak oder Libyen. Die Chancen dafür sind mit dem 11. September allerdings schlechter geworden. Im Kampf gegen die Taliban kann Indien nur bedingt ein Verbündeter sein. Eine militärische Rolle ist für das Land, in dem 150 Millionen Moslems leben, ausgeschlossen. Insofern lautet das Ziel Schröders, auch Indien solle die »Allianz gegen den Terror« politisch-diplomatisch unterstützen.

Nächster Programmpunkt ist ein kurzer Besuch am Denkmal für Mahatma Gandhi, den legendären indischen Staatsgründer und Friedenskämpfer. In einer weiten Grünanlage markiert ein schwarzer Stein die Stelle, an der Gandhi ermordet wurde. Die Stätte, wo sein Leichnam verbrannt wurde, ist leicht erhöht und mit Blumen geschmückt. Schröder legt einen Kranz nieder, umrundet die kleine Anlage, wie vom Protokoll vorgesehen, und streut am Ende Blütenblätter über den Platz. Was ihm dabei durch den Kopf geht, hält der Bundeskanzler im Gästebuch fest: »Ein Leben für Freiheit und Unabhängigkeit. Eine Verpflichtung, die Menschenwürde zu verteidigen, zu jeder Zeit und an jedem Ort.« So sucht jemand nach Worten, um auch das eigene Handeln zu rechtfertigen. Wie schwierig praktisches Handeln sein kann, musste Gandhi erfahren, als nach dem Erfolg des gewaltfreien Kampfes gegen die Kolonialmacht das unabhängig gewordene Indien in einer Orgie des Hasses unterzugehen drohte.

Der Besuchstag in Neu-Delhi endet mit einer nächtlichen Pressekonferenz mit Ministerpräsident Atal Behari Vajpayee im Garten seiner eher bescheidenen Residenz. Der Gastgeber sagt nur einen einzigen nicht vorbereiteten Satz. Der allerdings bestimmt am nächsten Tag die Schlagzeilen der indischen Presse: Es bestehe kein Anlass zu einem Treffen mit General Musharraf am Rande der UN-Vollversammlung. Wenn man sich sehen wolle, müsse man nicht so weit fliegen. Über den Auftritt des indischen Regierungschefs wundern sich nicht nur die deutschen Korrespondenten. Schon bei der offiziellen Begrüßung am Morgen war uns der schleppende Gang Vajpayees aufgefallen. Jetzt, vor der Presse, wirkt er ausgesprochen hölzern. Seine Erklärung ist sorgsam vorbereitet, er liest sie vom Blatt ab. Auf die wenigen genehmigten Fragen von Journalisten antwortet er mühsam und nach langen Denkpausen. Auch beim anschließenden Essen bewegt er sich mit Mühe. Kaum vorzustellen, wie ein solcher Mann ein Milliardenvolk führt.

Angesichts des Terrors rücken die Wirtschaftsbeziehungen zu Indien in den Hintergrund dieser Gespräche. Dabei ist das Land mit seinen 1,1 Milliarden Bewohnern und seiner boomenden Hightech-Industrie schon heute ein überaus wichtiger Markt. Schröder kündigt an, die deutsche Präsenz »massiv« auszubauen. Den mitreisenden deutschen Unternehmern gefällt, dass Schröder auch die Probleme anspricht, die vor allem den Mittelstand beunruhigen: die Schwierigkeiten mit der Bürokratie und den schleppenden Fortgang der Privatisierung. Auf nicht ebensolches Wohlgefallen bei den indischen Geschäftsleuten stößt, dass der Kanzler für die wirtschaftliche Zusammenarbeit auch Umweltstandards und soziale Rahmenbedingungen für die Arbeitnehmer anmahnt. Das, so sagt er, sei keine Einmischung, sondern notwendig für die Einbeziehung Indiens in den Weltmarkt. Die Deutschen sind von den Chancen auf dem riesigen Markt überzeugt. Ein neues Wort, die hervorragend ausgebildeten indischen Software-Ingenieure betreffend, macht die Runde: Diese »High-Potentials« müssten auf dem deutschen Arbeitsmarkt eine Chance bekommen. Siemens-Chef Heinrich von Pierer erklärt aber, es gehe nicht nur um noch mehr »Green Cards« für Arbeit suchende indische Spezialisten in Deutschland. Sein Unternehmen werde auch weiterhin Arbeitsplätze in Indien schaffen, um diese indischen Superhirne »abzuschöpfen«. Übrigens verdient Indien schon heute jede zehnte Rupie mit Hightech-Produkten.

Der Kanzler hat mit der Rolle als »Vorstandsvorsitzender der Deutschland AG« keine Probleme. Vor den mitreisenden Journalisten erzielt er einen Heiterkeitserfolg mit der Bemerkung, die Botschaft »Kauft lieber bei uns als bei anderen!« falle ihm nicht schwer. Aber wichtig sei, dass die geschäftlichen Interessen die politischen Linien nicht dominieren. Auch vor Unternehmern spricht Schröder über den »Kampf gegen den Terror«. Freier Welthandel, von dem alle profitierten, bringe Völker und Kulturen zueinander. Die Globalisierung müsse politisch gestaltet werden, damit sie nicht zu einer neuen Spaltung der Welt führe.

Applaus von Indiens Superhirnen

Wenn auf dem Flughafen der südindischen Stadt Bangalore an diesem Dienstag gleich zwei Airbusse der Deutschen Luftwaffe landen, so zeigt dies, wie wichtig die Bundesregierung das »indische Silicon Valley« nimmt. Die Wirtschaftsdelegation ist so groß, dass Minister Müller für seine Gäste einen eigenen Airbus bestellen musste. Dennoch muss Deutschland im südindischen Bundesstaat Karnataka nicht mühsam für sich werben. Viele deutsche Firmen sind seit Jahren hier ansässig, und seit der Hightech-Boom Zehntausende neuer und hoch qualifizierter Arbeitsplätze hervorgebracht hat, stehen die Investoren aus dem Ausland Schlange.

Der Kanzler ist vorausgeflogen und wird schon an der Flugzeugtreppe mit einem Blumenkranz begrüßt, den er aber ein bisschen verlegen rasch wieder ablegt. Das Besuchsprogramm ist dicht gedrängt. Noch auf dem Weg ins Stadtzentrum macht die Kolonne des Kanzlers in zwei Software-Schmieden Halt: beim indischen Hochtechnologie-Konzern Wipro und bei der örtlichen Niederlassung von Siemens. Software-Produkte und Systemtechnik werden hier entwickelt, mit ganz praktischen Anwendungen, etwa in der Medizin und selbst für kriminaltechnische Ermittlungen. Wipro, Indiens größter Hightech-Konzern, hat in Bangalore allein 14000 Mitarbeiter, Nike und Alcatel gehören zu den Kunden. Der Vorstandsvorsitzende ist mit einem geschätzten Vermögen von 35 Milliarden Dollar der reichste Mann Indiens. Siemens beschäftigt dagegen in Bangalore vergleichsweise wenig Menschen – 500 Software-Ingenieure, die ihre Produkte zum größten Teil für den deutschen Markt entwickeln. Bei Wipro wird Gerhard Schröder fast wie ein Pop-Star empfangen. Tausende Arbeitnehmer haben sich in einer Art Amphitheater auf dem Firmengelände inmitten ultramoderner Gebäude versammelt. Selbst auf den Dächern sitzen sie und klatschen begeistert, als der Kanzler sich an sie wendet. Schröder lässt auch hier seine Sorge anklingen, der Terrorismus könne das Grundklima der Internationalisierung der Welt gefährden. Betont freundlich, fast wie eine Einladung nach Deutschland, klingt es, als er vor der Menge, überwiegend jungen Männern, sagt: »Wir können viel voneinander lernen und gemeinsam ein Zeichen für eine friedliche Welt setzen. Alle Völker sollen von dieser Art der wirtschaftlichen Arbeitsteilung profitieren.«

Für den Kanzler ist ein Computer-Schnellprogramm vorgesehen – ein Ausflug in die Hightech-Welt, auf den Gerhard Schröder mit Neugier, aber auch ein bisschen Skepsis reagiert. Dennoch ist der Termin für ungewöhnliche Fernsehbilder und somit eine Menge Werbung gut: einerseits für eine noch engere Zusammenarbeit mit Indien, andererseits für einen Politiker, dem der Umgang mit Zukunftstechnologien nicht schwer fällt. Die jungen Spezialisten reagieren freundlich auf den Politiker aus Deutschland. »Ich finde gut, dass er kommt«, sagt ein Student mit randloser Brille, »dann machen wir bald noch mehr Geschäfte.« Ob er sich vorstellen könne, auch einmal in Deutschland zu arbeiten? Das sei eine Frage des Lebensstils, der Sprache, vor allem der Kultur: »Die ist ein Problem – aber sonst, warum nicht?« Die Bilder von fremdenfeindlichen Attacken sind auch in Indien längst angekommen, und diese Männer können sich aussuchen, wo sie ihr Talent einsetzen: in USA, Japan, Großbritannien ... Deutschland ist da nicht unbedingt zwingend. Außerdem geht es diesen Leuten auch im eigenen Land nicht schlecht. 2000 Mark verdient ein Software-Ingenieur hier – ein Spitzengehalt. Schon heute ist Deutschland für Indien der wichtigste europäische IT-Kunde und der zweitwichtigste Handelspartner überhaupt. Von den ersten 10 000 Green Cards wurden 2000 an Inder vergeben, schon ab 2002 sollen noch einmal 10 000 neue Arbeits- und Aufenthaltsgenehmigungen für Deutschland ausgegeben werden.

Auf der anschließenden Fahrt von der »Electronic City« in das Zentrum Bangalores sind die Zeichen des Wandels unverkennbar. Viele moderne Gebäude, neue Kleinwagen aus indischer Produktion, Werbung für elektronische Produkte. Aber der knapp einstündige Weg ist zugleich ein Schnellkurs über die Gegensätze, die Indien noch immer prägen. Neben den Symbolen der Moderne sehen wir auch das pure Gegenteil: Kühe auf der Straße, unbefestigte Pisten, Elendsgestalten, die in primitiven Hütten hausen. Bangalore ist eine Stadt des ungebremsten Wirtschaftswachstums, aber das heißt auch: über vierzig Prozent Bevölkerungszuwachs in zehn Jahren. Geburtenexplosion, Zuzug vom Lande – mittlerweile leben in der Region mehr als sieben Millionen Menschen. Schon Nehru hat sich Bangalore als »Stadt der Zukunft« erträumt. Aber neben den IT-Labors gibt es heute vierzig Prozent Analphabeten, zunehmende Luftverschmutzung, zu wenig Jobs für immer mehr Menschen. Die Infrastruktur kann das Wirtschaftswachstum nicht mehr bewältigen. So bricht die Stromversorgung immer wieder zusammen.

Indien ist zwischen zwei Grundströmungen eingezwängt: einerseits die Chancen der neuen Industrien, andererseits die »negativen Prozesse« wie Bevölkerungswachstum und Landflucht. Die Erlöse der Computerbranche müssen größer werden als die Faktoren, die das Wachstum auffressen. Wie das Rennen ausgeht, weiß niemand. Aber die »New Economy« bietet dem Land eine unverhoffte Chance – und hat es binnen weniger Jahre in wichtigen Industriebereichen in die Weltklasse aufsteigen lassen. So ist auch der Kanzlerbesuch eine Art Zukunftsinvestition. Indien wird in fünfzehn Jahren die bevölkerungsreichste Nation der Erde sein und zu einer wirtschaftlichen Großmacht werden, sofern es bei den Wachstumsraten der letzten Jahre bleibt.

Am Abend erwartet uns noch eine besondere Herausforderung: den Bericht vom Kanzlerbesuch in Bangalore an die »heute«-Nachrichten in Deutschland zu überspielen. Eine lokale Fernsehstation gibt es nicht, nach zahllosen Telefonaten haben wir aber eine Adresse ausfindig gemacht, wo uns angeblich geholfen werden kann. Was genau sich unter den Buchstaben VSNL verbirgt, ist uns nicht klar. Aber die Kollegen in Mainz haben uns wie das ARD-Büro in Neu-Delhi Mut gemacht: Von dort könnten wir »auf den Satelliten«. Die Fahrt von unserem Hotel, das hat uns ein immer freundlicher Mr. Murti von VSNL wissen lassen, der unsere penetranten Anrufe den ganzen Tag über geduldig entgegengenommen hat, soll nicht lange dauern. Aber sie wird zu einem Ausflug in den Teil Bangalores, den wir mit dem Kanzler nicht kennen lernen konnten. VSNL befinde sich im vierten Stock des Gebäudes der »Patrol Bank«, hat uns Mr. Murti mit sanfter Stimme am Telefon erklärt, in der Sanjeynagar-Straße. Es gebe keine Hausnummer, wir würden das aber schon finden und sollten bitte ein paar Minuten vor der bestellten Leitungszeit bei ihm sein. Also suchen wir im Hotel einen Taxi-Fahrer, schärfen ihm ein, wohin es gehen soll. Ja, er kenne das Gebäude. Zuerst reden wir noch ganz entspannt über die Welt nach den Terroranschlägen. Die Geschäfte seien sehr schlecht geworden, Kunden und Touristen blieben aus, sagt uns der Fahrer. Aber mit leuchtenden Augen erzählt er uns, sein Neffe sei bei einer Hightech-Firma beschäftigt, auch in Deutschland sei er schon gewesen. Endlich erreichen wir die Sanjeynagar-Straße. Sie stellt sich als sehr lang und nach Einbruch der Dunkelheit äußerst belebt heraus. Gesäumt von kleinen Läden und Restaurants, vollgestopft von Fahrradfahrern und gemächlich fressenden Kühen. Allmählich fürchten wir – so kurz vor Erreichen des Ziels – das angepeilte Satelliten-Fenster zu verpassen. Unser Fahrer weiß doch nicht genau, wo die Patrol Bank ist. Dann die rettende Idee: Mit unserem Mobiltelefon können wir ja aus dem Wagen heraus bei Mr. Murti anrufen! Und so dirigiert Mr. Murti dank Hightech unseren Taxifahrer in einer uns völlig unverständlichen Sprache zur richtigen Adresse.

Drinnen staunen wir nicht schlecht: In einer blank polierten Halle im zweiten Stockwerk sind die Apparate aufgebaut, die die Verbindung zum »Intelsat« sicherstellen. Über Raisting bei München wird die Leitung geschaltet – unser Bericht von den Gegensätzen in Bangalore erreicht das deutsche Fernsehpublikum in bester Bild-Qualität, direkt aus der Bodenstation des indischen Fernmeldesatelliten.

Peking – Freundschaft zahlt sich aus

Sieben Stunden dauert der Flug von Bangalore nach Peking. Als wir ankommen, ist es schon später Nachmittag – noch einmal zweieinhalb Stunden Zeitunterschied zu Indien, in Deutschland haben die Kollegen gerade zu arbeiten begonnen. Den ganzen Flug über war das Wetter trüb gewesen, hatte eine dichte Wolkendecke jede Sicht versperrt. Über Peking aber scheint die Sonne. Die freundlichen Mitarbeiter der deutschen Botschaft, die uns in Empfang nehmen, halten das fast für ein Wunder: Am Horizont sehen wir die nördlichen Berge, von denen die Hauptstadt eingerahmt ist. Das gibt's wegen der Inversions-Wetterlage und wegen der hohen Luftverschmutzung nur ein paar Tage im Jahr. Dieser Tag ist eine strahlende Ausnahme.

Wir sind diesmal im »Ministerflieger« geflogen, der Kanzler kommt zwanzig Minuten später. Das bringt uns ein paar Momente Vorsprung, uns auf die Empfangszeremonie in der »Halle des Volkes« einzustellen. Wir fahren vom Flughafen direkt ins Stadtzentrum, zum »Platz des Himmlischen Friedens«. Hier war die chinesische Demokratiebewegung 1989 brutal zusammengeschossen worden, doch der Bann, den die westlichen Staaten damals gegen die Pekinger Machthaber verhängt hatten, ist mittlerweile vergessen. Chinas Wirtschaft boomt – und davon will sich jeder eine Scheibe abschneiden. Spätestens die Entscheidung des Internationalen Olympischen Komitees, die Sommerspiele 2008 hierher zu vergeben, hat das Regime endgültig hoffähig gemacht.

Schon bei der ultramodernen Stadteinfahrt wird uns klar, dass wir die Dritte Welt hinter uns gelassen und es hier mit einem ehrgeizigen Land zu tun haben, das nach vorne will. Alles wirkt gut geplant und wohl geordnet – es fällt auch auf, dass die neuen Bauten, Banken, Hotels, Apartmenthäuser, nicht billig hochgezogen, sondern architektonisch durchaus anspruchsvoll gestaltet sind. Man könnte die Einfahrt nach »Downtown Peking« glatt mit Atlanta oder Philadelphia verwechseln. Nach einer Dreiviertelstunde – zum Teil im »Stop and Go«-Verkehr – erreichen wir das Zentrum.

Die »Halle des Volkes« ist ein verästeltes Kongress-Zentrum, repräsentativ und unverkennbar im stalinistischen, das Individuum so klein machenden Baustil. Zur Begrüßung des Kanzlers ist der rote Teppich ausgerollt und eine Ehrenkompanie von grün uniformierten Soldaten angetreten. Über der malerischen Szenerie geht der Mond auf, der voll und glänzend wie ein Lampion am Himmel hängt. Plötzlich kommt Bewegung in die Szene. Die Delegationsbusse mit den Wirtschafts- und Bundestagsvertretern fahren vor, dann folgen die Limousinen mit den engsten Mitarbeitern, schließlich die Mercedes-Stretch-Limousine des Kanzlers. Das Empfangsprotokoll: militärische Ehren, diesmal in der Halle. Die chinesische Kapelle spielt das Deutschland-Lied besonders temperamentvoll. Die Sicherheitsvorkehrungen und Einschränkungen für unsere Kameraleute sind – wie uns der ZDF-China-Korrespondent, mein alter Kollege Joachim Holtz, erklärt – weniger rigide als bei früheren Gelegenheiten. Fast hat man den Eindruck, die Gastgeber würdigen auf diese Weise, dass Schröder nun schon zum dritten Mal als Kanzler in Peking ist. Fotografen, Journalisten und Kameraleute werden in den großen Saal gebeten, in dem sich die Delegationen schon niedergelassen haben. Nach der freundlichen Begrüßung wird Ministerpräsident Zhu Rongji, ungewöhnlich genug, persönlich. Er bedaure, dass Schröder zwar seine Ehefrau Doris, nicht aber die kleine Tochter mit nach Peking gebracht habe. Der Kanzler nimmt den Ball auf, Fragen nach der Familie bedeuten in China schließlich besondere Wertschätzung. Das Kind müsse doch in die Schule, da dürfe man keine Ausnahme machen – Grund zur Heiterkeit am lang gezogenen ovalen Tisch. Demonstrativ gutes Klima.

Die anschließende Pressekonferenz ist eher unergiebig. Abgesehen von einem papierenen Bekenntnis zur »Koalition gegen den Terror« gibt es keine Anhaltspunkte, wie diese Partnerschaft in Zukunft politisch ausgefüllt werden soll. Die einzige Konkretisierung besteht darin, dass Zhu hinzufügt, die Militäraktionen in Afghanistan müssten schnell verlaufen und – natürlich – die Zivilbevölkerung schonen. Gerhard Schröder hebt bei dieser »Pressebegegnung« ganz auf die Wirtschaft ab. Während seines Aufenthaltes werden Milliardenverträge unterschrieben, in der Chemieindustrie und – besonders wichtig – im Bereich der Hochtechnologien. Aber diese Aufträge für deutsche Firmen könnten nur ein Vorgeschmack auf noch größere Chancen in diesem Riesenmarkt sein. Die Deutschen hoffen auf einen Großauftrag für das europäische Airbus-Konsortium, und es winkt sogar eine zweite Linie für den Transrapid. Alles hängt davon ab, ob es dem deutsch-chinesischen Unternehmen gelingt, die Referenzstrecke in Schanghai termingerecht in Betrieb zu setzen. Die Schnellbahn auf Stelzen ist ein Renommierprojekt, vor allem für Ministerpräsident Zhu, der die Einweihung noch vor dem angekündigten Ende seiner fünfjährigen Amtszeit erleben will. Die technischen Schwierigkeiten sind groß, erzählen uns die Experten unter der Hand. Die Trasse der Magnetschwebebahn darf keine fünf Millimeter abweichen; und das hinzubekommen wird sehr schwierig werden. Schröder nutzt die Pressekonferenz zu einem Hinweis ans heimische Publikum: Der Ausbau der Handelsbeziehungen schaffe ein Stück Sicherheit, gerade in Zeiten der Konjunktureintrübung und wachsender Arbeitslosigkeit. An der Vorbereitung der Olympiade in Peking beteilige sich Deutschland gerne, sagt der Kanzler. Und auch dabei denkt er an Aufträge für die deutsche Wirtschaft.

Im Pekinger Terminkalender des Kanzlers ragt der Vortrag an der Beida-Universität im Norden der Stadt heraus. Seit Bill Clinton hier sprach und die anschließende Diskussion mit den Studenten um fast eine Stunde überzog, alles live auf CNN übertragen, hat die Uni das Image des besonderen Gesprächsforums. Gerhard Schröder hat sich am ersten Morgen nach der offiziellen Begrüßung in der Hochschule angesagt. Wer hier einen Studienplatz bekommt, gehört zu den Besten des Landes, hier öffnen sich die Türen für eine Karriere in und außerhalb Chinas. Schröder referiert über die deutsch-chinesischen Beziehungen, über die jüngsten Veränderungen seiner Außenpolitik, über das Deutschland nach der Wiedervereinigung. Rund tausend Studenten bilden das Auditorium, aufmerksam und spontan begleiten sie die Ausführungen des Gastes aus Deutschland. Beifall, Lachen und manchmal auch eher kritisches Gemurmel. Eine lebendige Atmosphäre, besonders bei der anschließenden Frage- und Antwortrunde. Schröder hat sich dieses Forum ausgesucht, um grundsätzliche politische Bemerkungen zum Thema Rechtsstaat und Menschenrechte zu machen. Er referiert ausführlich über das Prinzip der Gewaltenteilung, argumentiert, dass in einer freien und offenen Gesellschaft die Bürger nicht nur am Haben, sondern auch am Sagen beteiligt werden sollten. Wie so oft bei solchen Gelegenheiten gebraucht er das Wort »Teilhabe« – im materiellen wie in einem übergeordneten politischen Sinn. Er vermeidet aber Kritik an seinem Gastland, zum Beispiel an der epidemisch verbreiteten Todesstrafe, an mangelnder Presse- oder Versammlungsfreiheit. Er wolle aus den Ritualen anderer China-Besucher ausbrechen, argumentiert er später, als Kritik an seinem eher sanften Umgang mit den chinesischen Gastgebern laut wird. Der Kanzler fühlt sich auf dem Podium sichtlich wohl und beantwortet die Fragen der

Studenten. Eine junge, ernste Frau mit Brille scheut sich nicht, eine Frage zur Familie Schröders zu stellen und damit das Auditorium zum Lachen zu bringen. Sie habe gelesen, dass der Bundeskanzler ja aus kleinen Verhältnissen stamme. Ob es wirklich stimme, dass Schröder als junger Mann seiner Mutter versprochen habe, er werde sie später mal im Mercedes fahren? Schröder grinst und bestätigt die Anekdote. Allerdings sei es kein Mercedes geworden, sondern ein Audi.

Überraschungen in Dalian

Nach gerade mal 24 Stunden Peking heißt es schon wieder: Weiterflug. Nächstes Ziel ist die große Unbekannte in unserem China-Programm: die Stadt Dalian am chinesischen Meer. Unsere Helfer vom Bundeskanzleramt haben die wichtigsten Informationen aufgeschrieben: Knapp sechs Millionen Einwohner, gerade mal hundert Jahre alt und – nach Hongkong – der zweitwichtigste Hafen des Riesenlandes. Was uns nach Dalian führt? Eine private Einladung des Ehepaars Zhu an das Ehepaar Schröder. Der chinesische Ministerpräsident und seine Gattin Lao An revanchieren sich für ein Abendessen, das der Kanzler und seine Gattin Doris Schröder-Köpf im Expo-Jahr 2000 für sie in Hannover gegeben haben. Ein Essen mit besonderer Geschichte: Beim Staatsbesuch Zhus in Deutschland konnten die Leute vom chinesischen Protokoll kaum glauben, dass es sich tatsächlich um eine Einladung in die Privatwohnung handele. Ebenso ungläubig wie nachdrücklich hatten die Chinesen gefragt: Wie viel Protokoll- und Sicherheitsbeamte denn mitkommen könnten? Vielleicht zwanzig? Keine, hieß es aus dem Haushalt Schröders – dafür sei die Wohnung einfach zu klein. Keine? Das konnten die Chinesen weder fassen noch akzeptieren. Keine sind keine, hieß es aus Berlin, und schließlich saßen die Zhus bei Schröders am Abendessentisch ohne Begleitung, nur mit Dolmetscher, und fühlten sich offenbar richtig wohl. Die Gegeneinladung ins Gästehaus der Regierung ist die erste »private« Abendessen-Einladung eines chinesischen Ministerpräsidenten an einen ausländischen Kollegen.

Der Flug von Peking dauert nur eine knappe Stunde. Schon

bald befinden wir uns über dem Meer. Dalian liegt auf einer Halbinsel, auf halbem Weg nach Korea oder Japan. Die Welt unter uns erscheint vom Sonnenuntergang wie verzaubert. Dann tauchen aus der einsetzenden Dunkelheit die Lichter einer Großstadt auf. Schon beim Anflug wird uns klar: Dieses Dalian ist eine Riesenstadt – und, wie sich zeigen sollte, eine chinesische Erfolgsgeschichte. Großer Bahnhof für einen Privatbesuch. Doris Schröder-Köpf ist extra von zu Hause eingeflogen, und die Gastgeber haben zur Begrüßung nicht nur zwei Schulkinder, sondern auch den regionalen Gouverneur vorausgeschickt. Blumen und ein erstes Erinnerungsfoto. Wir rasen durch die abendliche Stadt. Nach fünfzehn Minuten erreichen wir das Zentrum, eine Ansammlung von Wolkenkratzern, die Straßen spektakulär erleuchtet. Verblüffung pur. Dalian ist neu, supermodern, gigantisch. Shopping-Center, Fünf-Sterne-Hotels, ein Baseball-Stadion. Fast so unwirklich wie Disneyland und fast so bunt wie Hongkong. Die Straßen sind von Menschen gesäumt, nicht unbedingt weil sie dem Kanzler zujubeln wollen. Die Polizei hat die Zufahrtsstraßen abgesperrt, und jetzt warten Tausende geduldig, bis die zwanzig, dreißig Fahrzeuge unserer Kolonne durch sind. Nach einer knappen halben Stunde erreichen wir unser Ziel: Oben auf dem Berg gibt es einen Villenbezirk, die Gästehäuser der Regierung. Boris Jelzin soll hier regelmäßig Urlaub machen. Ein-, zweistöckige Villen in einem sehr großzügigen Park, die Anlage äußerst gepflegt und weitläufig. Irgendwie erinnert uns der Hügel an ein anderes Funktionärs-Refugium, an Wandlitz; nur ist hier alles viel edler.

Eine Dreiviertelstunde nach unserer Ankunft am Flughafen trifft die Kanzler-Karawane ein. Der Gouverneur übernimmt die Begrüßung und hält einen kleinen Vortrag über die Vorzüge Dalians. Auch innen sind die Villen vom Feinsten: Marmorböden und kostbare Leuchter. Die Zeiten des Puritanismus sind in China endgültig vorbei. Die Röcke der bedienenden Damen sind hoch geschlitzt. An allen Ecken sind Sicherheitsleute präsent. So ganz privat ist dieser Besuch eben doch nicht. Fotografen und Kamerateams bauen sich auf. Plötzlich kommt Unruhe auf: Mit Gattin Lao An erscheint Ministerpräsident Zhu Rongji auf der Treppe – offenbar ein bisschen früher als vom Protokoll vorgesehen. Er erblickt die Journalisten, und ihm wird – wie das verblüffte Gesicht verrät – schlagartig klar: Ein Rückzug ist jetzt nicht mehr möglich. Also den Rücken gerade gemacht und herunter zur wartenden Presse. Der chinesische Regierungschef erweist sich als Mann mit Talent zu Smalltalk und Witz. Ob er sich an den Besuch in Hannover erinnere, fragen wir. »Natürlich«, sagt Zhu, und fügt hinzu: »Dalian – das ist das Hannover Chinas.« Da lachen alle mit. »Herr Schröder hat uns nach Hause eingeladen – meine Frau und mich –, und heute revanchieren wir uns.« Die Schröders sind immer noch nicht da, und die Sicherheitsbeamten werden langsam nervös, zumal die Bemerkungen und Fragen der Journalisten ein wenig spitzer werden. »Aber hier ist alles ein bisschen größer als in Schröders Altbauwohnung!« – »Ja, das stimmt«, sagt Zhu, »aber mir hat der Gouverneur die Villa nur geliehen. Zu Hause hab' ich viel weniger Platz. Und außerdem: Je kleiner die Wohnung, desto familiärer die Atmosphäre.« Dann geht die Tür auf, und die Schröders treten ein. Herrn Zhus Gesicht hellt sich sichtlich auf, als ihm Doris Schröder-Köpf die Wange hinhält. Jetzt also endlich: das offizielle Abendessen-Foto, und schon zieht die Sicherheit Kameras und Fotoapparate dezent aus dem Verkehr. Privat ist schließlich privat. Nicht einmal, ob mit Stäbchen gegessen wird, will man uns verraten.

Für mich und das ZDF-Team ist die Geschichte aber trotzdem noch nicht zu Ende. Eigentlich war dieses Pressetreffen nur als Fototermin geplant. Keine Fragen, keine Antworten! Doch die Szene, die wir eben miterlebt haben, wollen wir dem deutschen Fernsehpublikum nicht vorenthalten. Und das bedeutet, spät am Abend noch eine Überspielung zu organisieren. Das ZDF-Büro in Peking strengt sich mächtig an und teilt uns schließlich mit, wir könnten unser Material um 22 Uhr über TV Dalian absetzen. Allerdings müssten wir damit rechnen, dass alles nicht ganz einfach ablaufen werde. Überspielungen aus der Provinz sind in China sehr ungewöhlich. Die Behörde erscheint in Gestalt einer reizenden, hilfreichen Dame. Sie ist Mitte zwanzig, und statt uns zu behindern, hat sie gleich einen Wagen mit Chauffeur mitgebracht, der uns zur Fernsehstation fährt. Dort erwartet man uns schon. Der Gouverneur hat von unserer Anfrage erfahren. Natürlich sollen die Bilder überspielt werden, hat der junge Mann, dem man Chancen in der Pekinger Regierungszentrale nachsagt, befohlen. Also steht die Leitung. Nur spielt uns die Technik einen Streich. Es gibt einen Materialfehler, und so kommen die Bilder in Deutschland verzerrt an. Wir mühen uns bis nachts um halb zwei ab. Dann hat es keinen Sinn mehr. Dass Dalian das Hannover Chinas ist, erfährt der deutsche Zuschauer mit Verzögerung.

Der letzte Tag unserer Reise beginnt wie alle zuvor früh – und wird erst 24 Stunden später in Berlin enden, nach Zwischenstopps in Schanghai und Moskau. Zunächst steht uns auf dem Weg zum Flughafen aber noch eine kleine Stadtrundfahrt durch Dalian bevor. Zu unserer Überraschung übernimmt die zierliche junge Dame, die uns am Abend zuvor betreut hat, das Mikrofon und erläutert die lokalen Sehenswürdigkeiten. Wie in Peking – alles eine Nummer größer als zu Hause. Die Schauseite Dalians ist eine Parkanlage am Meer mit Kongresszentrum und modernem Museumsbau. Am Rand der mächtigen Plaza – des größten Platzes in China, wie uns die »Fremdenführerin« stolz erläutert – entstehen vier gut zwanzigstöckige Türme mit Eigentumswohnungen. Blicke in die Seitenstraßen offenbaren ein weniger spektakuläres Stück China, niedrigere Häuser, ältere Straßen, aber – ein Entwicklungsland ist China, gerade im Vergleich zu Indien, wirklich nicht mehr. Im Gegenteil! Das Land ist entschlossen, in der ersten Reihe der wirtschaftlichen und politischen Mächte mitzuspielen. Es gibt nicht viele Länder, denen es gelungen ist, Armut und Elend hinter sich zu lassen und wenn nicht allen, so doch vielen Bürgern Chancen zu bieten. Auf China trifft das zu.

Vergangenheit und Zukunft in Schanghai

Die Flugzeit nach Schanghai beträgt nur gut zwei Stunden. Wir wollen auf dem Weg ein Interview mit dem Bundeskanzler machen, das noch am Vormittag in Deutschland gesendet werden soll. Sieben Stunden Zeitverschiebung, das heißt: Wenn alles gut geht, können wir noch das »ZDF-Morgenmagazin« erreichen, der richtige Sendeplatz für ein zusammenfassendes Gespräch über die Asien-Reise. Gleich nach dem

Start gibt es das Signal: Wir können in den kleinen Besprechungsraum der »Konrad Adenauer« kommen. Ganz ausgeschlafen sieht Schröder nach der Nacht in Dalian nicht aus. Aber wie immer vor Kameras nimmt er seine Konzentration zusammen und formuliert knapp und präzise. Über das Abendessen verrät er nicht viel. Ja, nett sei es gewesen und interessant. Beide Zhus seien Ingenieure, Praktiker durch und durch; sie stünden mitten im Leben.

Wir fragen nach dem politischen Ertrag der Reise. Was ist herausgekommen neben persönlichen Freundlichkeiten und Milliardenaufträgen für die Wirtschaft? Man könne das eine vom anderen nicht trennen, sagt Schröder. Dass Peking in der Verurteilung des Terrors an der Seite der Vereinigten Staaten stehe, sei ein ungeheurer politischer Fortschritt. Ob er sich nicht missbraucht fühle, da seine chinesischen Partner ihre eigene muslimische Minderheit im Westen des Landes einfach zu »Terroristen« erklärten und sozusagen auf eine Stufe mit Osama Bin Laden stellen? Ähnlich wie beim Putin-Besuch sechs Wochen zuvor in Berlin, als er mahnte, das Tschetschenien-Problem »differenziert« zu betrachten, gibt sich Schröder auch in dieser Sache betont zurückhaltend. Es gebe keinen »guten und bösen Terror«. Wer terroristische Mittel einsetze zur Verfolgung seiner politischen Ziele, »den muss man bekämpfen, gleichgültig an welchem Ort«. Was die Menschenrechtssituation angeht, verweist er auf den »langfristig angelegten Rechtsstaatsdialog mit China« und auf seine Rede an der Beida-Universität. Er habe seine Position in Sachen Menschenrechte »ohne belehren zu wollen« deutlich gemacht. Als nächstes schaut er bereits auf sein nächtliches Treffen mit Wladimir Putin. Hauptthema sei die afghanische Regierung nach dem Sturz der Taliban. Er wolle sich mit seinem Kreml-Kollegen darüber abstimmen, dass eine neue Regierung in Kabul unter dem Dach der Vereinten Nationen ganz Afghanistan repräsentieren müsse.

Dann ist es Zeit, die Plätze wieder einzunehmen. Anflug auf Schanghai in turbulentem Wetter. Dass China oder Indien die Angriffe der USA gegen das Terrornetzwerk in Afghanistan militärisch unterstützen, war nicht zu erwarten. Der wesentliche Ertrag dieser Reise ist die sichere Erkenntnis, dass keiner der »Global Players« die US-Angriffe gegen Afghanistan nutzt, um Washington zu kritisieren. Im Gegenteil: Alle signalisieren weiter politische Unterstützung. All die Zweifel, die in den Monaten vor dem 11. September über den außenpolitischen Kurs der Vereinigten Staaten entstanden waren, die diplomatischen Scharmützel zwischen Washington und Peking beziehungsweise Moskau, sei es in Sachen Raketenabwehr oder US-Präsenz im Pazifik, die damit verbundene Sorge vor einer Abkühlung des Weltklimas, scheinen fürs Erste ausgeräumt. Der Terror, so viel ist nach dieser Asien-Reise des deutschen Kanzlers klar, hat die großen Mächte der Welt enger zusammengebracht, und Deutschland hat sich als wichtiger Dolmetscher zwischen den Hauptstädten erwiesen.

Auf der letzten Etappe seiner China-Reise kann sich Schröder also auf seine Rolle als Handelsvertreter konzentrieren – und er tut's mit Lust. Schanghai hat in den letzten Jahren ein unglaubliches Entwicklungstempo vorgelegt.

Ich erinnere mich an einen Besuch vor genau zwanzig Jahren. Als Student hatte ich im Jahr 1981 die Gelegenheit, ein paar Tage in der Stadt am Jang Tse zu verbringen. Damals gab es keinen individuellen Tourismus, sondern nur die Möglichkeit, ein staatlich organisiertes Ausflugsprogramm zu buchen. Wir waren aus Hongkong eingeflogen und hatten erstaunt festgestellt, dass die angekündigte »Gruppe« genau aus uns beiden bestand. Auf dem Flugfeld wurden wir von zwei uniformierten Chinesen in Empfang genommen. Einer stellte sich vor – in perfektem Deutsch – und geleitete uns zu unserem Erstaunen zu einer pastellgelben Limousine, deren Sitze mit Seide ausgeschlagen waren. Wir wurden ins Jing-Jang-Hotel gebracht, einem Überbleibsel aus der französischen Kolonialzeit, und durften zum Abendessen aussuchen, ob wir französisch oder chinesisch speisen wollten. Die Tage in Schanghai waren ein kurioser Abstecher in ein bürokratisches, total durchorganisiertes Land, das unseren in einem x beliebigen Hongkonger Reisebüro gebuchten Pauschalausflug wie einen Staatsbesuch abspulte. Besichtigung eines »Kinderpalastes«, Rundfahrt auf dem Fluss, Besuch einer Volkskommune. Ein australischer Farmer, der dort mit einer großen Gruppe ebenfalls zur Besichtigung unterwegs war, stellte schließlich die Frage aller Fragen: Warum ausgerechnet wir zwanzigjährigen Studenten aus Deutschland immer mit diesem Privatwagen herumgefahren würden, während sie es in ausgeleierten Bussen aushalten müssten? Wir hatten die Antwort mittlerweile herausgefunden. Das Schanghaier »Tourismus-Ministerium« sortierte die Touristen streng nach Nationalitäten – und uns zwei Deutsche einfach in einen Bus mit Australiern oder Japanern zu setzen, das war im Plan nicht vorgesehen.

Schanghai hatte ich seitdem als februarkalte und dennoch imposante Stadt im Gedächtnis – beeindruckend vor allem die Kolonialkulisse am Fluss –, aber auch arm, grau, kaum beleuchtet. Es gab damals fast keine Geschäfte, die Menschenmassen steckten in Mao-Uniformen. Bauern boten ihre Habseligkeiten und allerlei Kuriositäten – Schlangen, Schnecken, Geflügel – auf dem Boden hockend für Pfennige an.

Was für ein Gegensatz zur Weltmetropole, die jetzt vor uns liegt! Vom nagelneuen Pudong-Flughafen weisen die Stelzen des Transrapid in Richtung Stadt. Die Schnellbahn soll im Jahr 2003 den Probebetrieb aufnehmen! Am Horizont taucht schon die Hochhaus-Kulisse auf – Dutzende von Wolkenkratzern, binnen eines Jahrzehnts aus dem Boden gestampft. Als wir uns dem neuen Zentrum nähern, verblüfft uns der städtebauliche und architektonische Wurf. Hier wurde nichts schnell hochgezogen, sondern mit Sorgfalt und Ambition gebaut, Straßen und Parks wirken großzügig und zeigen dennoch ein menschliches Maß. Zum Mittagessen lädt der Bundeskanzler zu einem letzten Empfang während seiner Asien-Reise. Dazu ist auch eine Delegation der Hannover Messe erschienen, unter Führung des langjährigen Oberbürgermeisters Herbert Schmalstieg. Noch zehn Jahre, sagt er uns beim Aperitif, dann ist Schanghai *die* Welthandelsmetropole. Vor uns steht ein neuer Wolkenkratzer aus Stahl und Glas. Der Turm wirkt wie eine moderne Interpretation des Empire State Building.

Dank

Fernsehen ist Teamarbeit, und so ist auch dieses Buch, als schriftliche Zusammenfassung der Reisen, die ich innerhalb von zwei Jahren für das ZDF unternehmen konnte, ein Ergebnis des Zusammenwirkens vieler, bei denen ich mich zum Schluss sehr herzlich bedanken möchte.

Die Idee für die Sendereihe und für einzelne Themen stammen vor allem von meinen Kolleginnen und Kollegen in der Hauptredaktion Außenpolitik des ZDF: Claudia Ruete, Thomas Walde, Christian Dezer, Susanne Biedenkopf-Kürten und Robert Bachem. Sie trieben mich immer wieder an, machten auch Unmögliches möglich und haben sowohl Wünsche wie Terminakrobatik ihres »Frontman« mit Gleichmut ertragen. Für ihre Loyalität, Unterstützung und alles Engagement in einer fast dreijährigen intensiven Zusammenarbeit mein aufrichtiger und freundschaftlicher Dank. Den Mut, für die neuartigen Auslandsreportagen attraktive Sendeplätze zu finden, hatten die ZDF-Chefredakteure Klaus Bresser und Nikolaus Brender sowie Programmdirektor Markus Schächter und Planungschef Martin Berthoud. Auch dafür: Alle Achtung!

Viele haben die einzelnen Reisen vorbereitet, Protagonisten gefunden, Transporte zu Lande, zu Wasser und in der Luft organisiert, Drehgenehmigungen erwirkt – auch dort, wo das letzte »Nein« anscheinend schon gesprochen war. Immer wieder konnte ich auf die Unterstützung der Kolleginnen und Kollegen unseres Studios in Moskau zurückgreifen. Vor allem von Bürochef Dirk Sager habe ich bei der Einschätzung der Lage im Lande viel profitiert. Die Reisen durch Russland sowie die Drehs in Aserbaidschan und Georgien wären ohne die Arbeit von Lena Federowa nicht zu Stande gekommen. Meine Zuneigung zu Russland verdanke ich vor allem ihr.

Die Reise durch Amerika hat das Team unseres Studios Washington rund um Eberhard Piltz mit meinen langjährigen

Kolleginnen Lanny Johnson und Alice Kelley sowie Katherine Leiken vorbereitet. Am Mittelmeer-Projekt waren unsere Studios in Paris, Rom und Kairo beteiligt; mich persönlich haben Brigitte Müller und Corinna Jessen unterstützt.

Wege auf fremdem Terrain haben mir auf fast allen Kontinenten viele Kollegen der Hauptredaktion Außenpolitik gewiesen: Hilde Buder (New Orleans, Austin, Oman), Katrin Eigendorf (Jekaterinburg, Trans-Sib, Jerusalem), Yvette Gerner (Perm, Kazan, Tiflis, Atlanta, Chicago, Athen, Baltikum), Karl Hinterleitner (Donaudelta, Bulgarien), Halim Hosny (Irak, Kuwait, Saudi-Arabien), Stephan Merseburger (Straße von Gibraltar, Marseille), Hülya Özkan (Aserbaidschan) und Michael Renz (San Francisco, New York, Amman, Slowakei). Assistiert von Beate Schuldt haben wir uns an den ausgefallensten Orten der Welt verabredet, selten verpasst und uns, wenn wir wieder in Mainz waren, in die weite Welt gesehnt!

Eine besondere Freude war es für mich, endlich wieder Kameramänner beim Bildersammeln zu beobachten. Viel braucht es dazu: natürlich ein gutes Auge, schnelle Reaktionsfähigkeit, aber vor allem auch Einfühlungsvermögen für Menschen und Situationen. Gute Kameramänner müssen sich manchmal unsichtbar machen, manchmal müssen sie das Eis zwischen Reporter und seinem Gesprächspartner brechen, manchmal fallen ihnen die entscheidenden Fragen ein. Die Arbeit braucht Mut und Intuition, Risikobereitschaft und Geduld, Freude am Team und Eigenverantwortung. Meine Kollegen Jan Bruns, Ibraim Batout, Jens Heik, Harald Marten, Jens Neumann, Stephan Radke, Jürgen Rapp und Anatoli Rudakow haben all das bewiesen.

Manche unserer Drehtage waren schier endlos. Ich werde jeden einzelnen von ihnen vermissen.